공문서를 바르게 쉽게 품위 있게 작성할 수 있는
공공언어 사용설명서

공공언어 사용설명서

공문서를 바르게 쉽게 품위 있게 작성할 수 있는

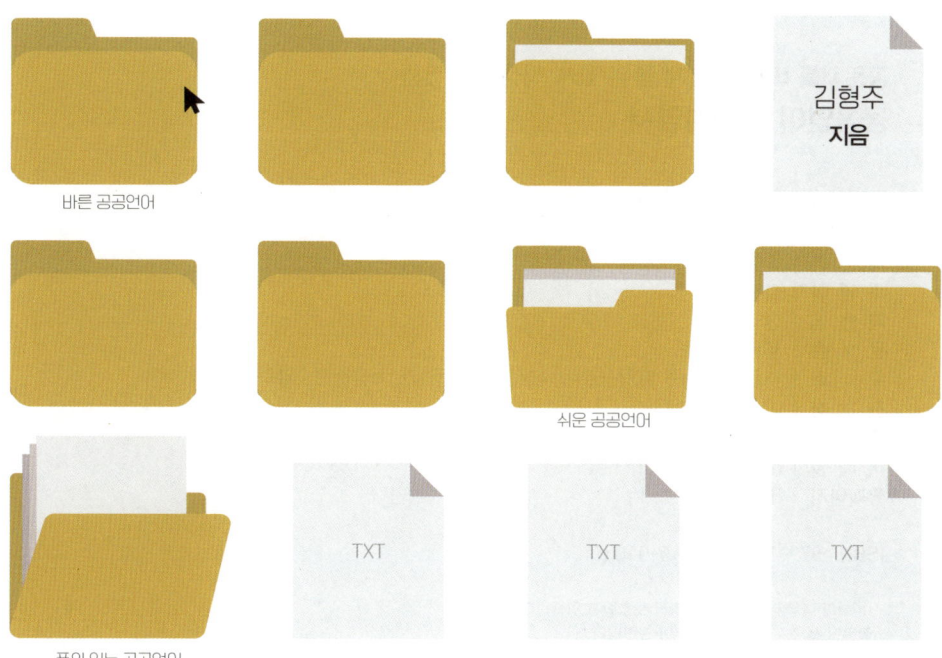

김형주 **지음**

바른 공공언어

쉬운 공공언어

품위 있는 공공언어

한국문화사

공문서를 바르게 쉽게 품위 있게 작성할 수 있는
공공언어 사용설명서

1판 1쇄 발행   2024년 9월 20일

지 은 이 | 김형주
펴 낸 이 | 김진수
펴 낸 곳 | 한국문화사
등 록 | 제1994-9호
주 소 | 서울시 성동구 아차산로49, 404호 (성수동1가, 서울숲코오롱디지털타워3차)
전 화 | 02-464-7708
팩 스 | 02-499-0846
이 메 일 | hkm7708@daum.net
홈페이지 | http://hph.co.kr

ISBN   979-11-6919-246-0   03710

· 이 책의 내용은 저작권법에 따라 보호받고 있습니다.
· 잘못된 책은 구매처에서 바꾸어 드립니다.
· 책값은 뒤표지에 있습니다.

오류를 발견하셨다면 이메일이나 홈페이지를 통해 제보해주세요.
소중한 의견을 모아 더 좋은 책을 만들겠습니다.

머리말

　지난 2004년 한국브리태니커 '세계대백과 모바일사전'을 축약하는 작업에 참여한 것을 시작으로 2024년까지 국립공주박물관, 국립세종도서관, 국립중앙박물관, 다산북스, 단국대학교 산학협력단, 멘토르, 민음사, 북스힐, 살림출판사, 상명대학교 산학협력단, 서돌, 서울대학교 출판문화원, 서울지방보훈청, 솔출판사, 시사영어사, 안그라픽스, 에코의 서재, 조선북스 교육미디어, 청어람미디어, 펭귄클래식코리아, 한국경제신문 한경BP, 한국문화예술교육진흥원, 한국보건의료연구원, 한국오라클, 한국환경정책평가연구원, 한빛미디어, 합동군사대학교 등에서 프리랜서로 교정·교열하는 일을 하였다.

　또한 2012년부터 2024년까지 경제·인문사회연구회, 경찰인재개발원, 계룡시청, 국군인쇄창, 국립공주박물관, 국립공주병원, 국립생태원, 국립중앙과학관, 국민건강보험공단 대전지사, 국민권익위원회, 국세청, 공군본부, 공군역사기록관리단, 공군항공소프트웨어지원소, 관세청 국경관리연수원, 금산군청, 논산시청, 농림축산식품부, 당진시청, 대전공공보건의료지원단, 대전교육연수원, 대전시인재개발원, 대한장애인체육회, 대한지적공사, 문화체육관광부 한국정책방송원, 법무연수원 교정연수과, 법제처, 세종광역치매센터, 세종교육원, 세종시교육청, 세종시청, 식품의약품안전처, 아산시청, 예산군청, 육군종합행정학교, 중소기업기술정보진흥원, 중앙문화재돌봄센터, 천안시청, 청양군청, 축산물품질평가원, 충남공무원교육원, 충남교육청, 충남교육청교육연수원, 충남도청, 충남소방본부, 충남인재개발원, 충남장애인체육회, 충남지방경찰청, 충북단재교육연수원, 충북단재교육연수원 북부분원, 태안군청, 태안해안국립공원, 통계청 통계교육원, 한국가스기술공사, 한국과학기술원, 한국과학기술대, 한국서부발전, 한국소비자원, 해군본부, 해군정보사령부, 행정안전부, 홍성군청 등에서 공무원의 대화예절, 공공언어 바로쓰기, 공문서(기안문·보도자료) 작성법, 수사보고서 작성법, 기획보고서 작성법 등을 강의하였다. 지금도 국립국어원 원내 국어문화학교에서 '알기 쉽게 말 다듬기'를 강의하고 있다.

  이 책은 지난 20년간의 경험을 정리한 것이다. 그동안 여러 기관에서 강의했지만 항상 제한된 시간과 지면 때문에 미처 하지 못했던 이야기들이 많았다. 무엇보다 2021년 6월에 개정된 『국어기본법』 14조 2항에 따라 문체부가 2022년부터 중앙행정기관과 지자체, 공공기관, 특수법인 등을 대상으로 매년 '공공기관 공공언어 사용 실태 평가'를 시행하고 있는데 현장의 공무원들에게 마땅히 참고할 만한 책을 추천하기 어려웠다. 그래서 부족하나마 이 책을 쓰게 되었다. 그동안 이해하기 어려운 순화 대상어와 일본어 투 표현을 쓰지 말라고 강조하면서도 선뜻 내어놓을 만한 목록이 없어 아쉬웠는데, 이 책에는 공공기관이 배포한 보도자료 10만 건 이상을 파이썬(Python)으로 분석하여 순화 대상어 목록부터 일본어 투 용어 목록까지 다양하게 정리하여 제시하였다. 아울러 가장 최신의 '우선 개선 행정용어' 목록을 마련하였다. 이 책이 공문서를 작성하는 사람뿐만 아니라 공문서를 교정·교열하거나 교육·평가하는 사람들에게 조금이나마 도움이 되기를 바란다.

2024년 8월

김 형 주

차례

머리말   005

01 바른 공공언어 쓰기   010

바른 공공언어의 정의   012

바른 공공언어 쓰기의 필요성   014

바른 공공언어 쓰기의 실제   019

02 쉬운 공공언어 쓰기   216

쉬운 공공언어의 정의   218

쉬운 공공언어 쓰기의 필요성   220

쉬운 공공언어 쓰기의 실제   225

CONTENT   TXT

03 품위 있는 공공언어 쓰기   338

품위 있는 공공언어의 정의   340
품위 있는 공공언어 쓰기의 필요성   342
품위 있는 공공언어 쓰기의 실제   347

04 부록   400

꼭 알아야 할 순화어 목록   402
꼭 알아야 할 전문용어 표준화 목록   497
꼭 알아야 할 일본어 투 목록   531
꼭 알아야 할 자극적 표현 목록   538
꼭 알아야 할 고압적·권위적 표현 목록   539
꼭 알아야 할 차별적 표현 목록   543
공공기관 보도자료 '우선 개선 행정용어' 목록   552
공공기관 누리집 '우선 개선 행정용어' 목록   558

01

- ☑ **바른 공공언어 쓰기**
- ☐ 쉬운 공공언어 쓰기
- ☐ 품위 있는 공공언어 쓰기
- ☐ 부록

01

 바른 공공언어의 정의

　기본적으로 '공문서 등'은 '바른 공공언어'로 작성해야 한다. 그래야만 국민과 바르게 소통할 수 있고 정부 정책을 바르게 전달함으로써 정책 효과를 높일 수 있다. 더 나아가 정부 기관의 공적 문서로서 글의 정확성 요건을 갖추었다 할 수 있으며 국민의 바른 글살이에 본보기가 될 수도 있다. 그런데 공공언어를 바르게 쓰기 위해서는 우선 '바른 공공언어'와 '정확성'의 개념부터 명확하게 규정할 필요가 있다.

　사전적인 의미로 '바르다'는 "규범에 어긋나지 않음"을 뜻하므로 바른 공공언어의 '바른'은 어문규범에 어긋나지 않음을 뜻한다. 따라서 공문서는 「한글 맞춤법」과 「표준어 규정」, 「외래어 표기법」, 「국어의 로마자 표기법」에 맞게 작성해야 한다. 여기에 덧붙여 국립국어원에서 '공공기관 등'이 작성한 '공문서 등'을 평가할 때 적용하는 정확성 기준도 준수해야 한다. 정확성 기준이 곧 바른 공공언어의 기본 요건이 되기 때문이다. 참고로 2022~2024년 공공기관 공공언어 평가에 적용된 정확성 기준에는 어문규범 외에도 어법에 맞는 어휘 사용과 문장성분의 자연스러운 호응 등이 포함되어 있는데, 평가 주체나 목적, 대상 등에 따라 정확성 기준은 얼마든지 달라질 수 있다.

 '공공언어'란 좁은 의미에서 '공공기관 등'이 국민에게 공공의 목적으로 사용하는 언어로 정의된다. 즉 공무원의 언어가 공공언어인 셈이다. 그런데 방송언어도 국민에게 공공의 목적으로 사용된다는 점에서 공공언어에 포함해야 한다는 목소리가 있다. 요컨대 '공공언어'를 국민에게 공공의 목적으로 사용하는 모든 언어로 폭넓게 정의하자는 것이다. 파급 효과만을 놓고 따진다면 방송언어만큼 영향력이 큰 언어도 없기 때문이다. 원칙적으로 이 주장에 동의하지만, 현실적으로 방송언어는 공무원의 언어와 달리 공익적인 가치보다 상업적인 가치를 중시할 뿐만 아니라 방송매체와 프로그램, 방송인에 따라 언어를 개성 있게 사용하고 있으므로 똑같은 기준을 적용하기 어렵다. 무엇보다 정부 기관이 방송언어를 평가 대상으로 삼는 것이 바람직하지 않다는 지적이 있으므로 방송언어는 공공언어이지만 다른 관점에서 다루어야 한다.

> ▶ 2021년 6월에 개정된 『국어기본법』에서는 '공공기관 등'을 중앙행정기관, 지방자치단체, 「공공기관의 운영에 관한 법률」에 따라 설립된 공공기관, 그 밖의 법률에 따라 설립된 특수법인으로, '공문서 등'을 '공공기관 등'이 공무상 작성한 공문서뿐만 아니라 도면이나 현수막, 안내판 등으로 규정하고 있다. 따라서 문서 언어 환경만 중요한 것이 아니라 청사 언어 환경과 온라인 언어 환경도 중요하다는 인식의 전환이 필요하다.
> ▶ 국립국어원이 '공공기관 공문서 언어 사용 평가를 위한 기초 연구(2022)'와 '공공기관 공공언어 진단(2023)'에서 밝힌 정확성 평가 기준은 어문규범 오류와 비문법적 표현 오류(문장 호응 오류 포함)가 전부이다. 평가 대상 기관

이 2022년 이전과 비교했을 때 40여 곳에서 600여 곳으로 늘면서 평가 기준을 간소화한 것으로 보인다. 그런데 '2024년 공공기관 공공언어 진단(2024)'에서는 전년도에 비해 평가 대상 기관이 425개 기관으로 줄었지만 정확성 평가 기준은 그대로 유지되었다. 그 결과 정확성 평가 항목 중 띄어쓰기 오류와 어휘 선택 오류(번역 투, 일본어 투 등) 등은 평가하지 않는데, 이는 '실질적인 공공언어개선'이라는 평가의 본래 목적에는 어긋난다. 참고로 공문서 평가 기준은 국립국어원 '입찰 공고' 게시판에서 누구나 확인할 수 있다.

▶ 평가 대상 기관 중 17개 광역지자체는 2024년(2023년 실적) 정부합동평가 지표에 보도자료 평가 항목이 포함되어 있다. 이에 따라 이들 기관의 보도자료에 잘못된 표기·표현의 개수가 기준치보다 적으면 '통과'로, 기준치보다 많으면 '미통과'로 평가될 예정이다. 참고로 문체부는 지자체 합동평가와 관련하여 '쉽고 바른 공공언어 쓰기 평가용 용어 목록(1700개 내외)'을 매달 지자체에 발송하고 있다.

바른 공공언어 쓰기의 필요성

(1) 바른 공공언어를 쓰는 것은 공무원의 의무이다

"책을 펴낼 때 감인관(監忍官), 감교관(監校官), 창준(唱準), 수장(守匠), 균자장(均字匠)은 책 1권에 1자의 오자가 있을 때마다 태(笞, 가느

다란 회초리로 때리는 형벌) 30대에 처한다. 1자를 더 틀릴 때마다 더 높게 벌한다. 인출장(印出匠)은 책 1권에 1자를 틀리거나 글자의 인쇄가 지나치게 짙거나 희미하면 태 30대에 처한다. 1자가 더 틀릴 때마다 더 높게 벌하되 글자 수에 따른다. 감인관이나 감교관은 5자 이상 틀리면 파면한다. 창준 이하 장인은 벌을 받은 후로부터 근무 일수 50일을 줄인다. 사면이 되기 전에는 다시 일을 맡기지 않는다."

조선 시대 법령서인 「대전후속록(大典後續錄)」 예전(禮典) 잡령(雜令)에 있는 글이다. 오늘날에는 공문서에 오탈자가 있어도 조선 시대와 달리 처벌하지 않지만 『국어기본법』을 비롯해 「중앙행정기관 및 지방자치단체 자체감사기준」, 「행정업무의 운영 및 혁신에 관한 규정」, 「행정업무운영편람」 등에서 공문서를 어문규범에 맞게 정확하게 작성할 것을 요구하고 있으므로 바른 공공언어를 쓰는 것은 공무원의 기본적인 의무라고 할 수 있다. 비록 공문서를 어문규범에 맞게 작성하는 일이 쉽지 않더라도, 띄어쓰기 규정을 비롯해 사잇소리 규정 등에 다소 문제가 있더라도 바른 공공언어 쓰기를 가볍게 여겨서는 안 된다. 만약에 경찰관이 '큰 소리'와 '큰소리'의 차이를 모른다면, 교사가 '학년도'와 '년도'의 차이를 모른다면, 시청 공무원이 '및'과 '또는'의 차이를 모른다면 실수를 피하기 어렵고, 그것은 그냥 실수로 끝나는 것이 아니라 결과적으로 국민의 손해와 불편을 초래할 수 있기 때문이다. 그러한 이유로 공문서는 법적으로나 행정적으로 한 점의 오류도 없어야 한다. 참고로 일본 정부의 '공문서 등의 관리에 관한 법률(公文書等の管理に関する法律)'에서는 공문서를 국가 기관의 역사적 기록으로서 국민의 공적인 지적자원이라고

규정하고 있다. 비유컨대 공문서를 그 옛날 사관들이 목숨을 걸고 기록한 실록과 같다고 여겨야 하는 것이다.

> ▶ '감인관'은 책을 만드는 전체 과정을 관리·감독하는 관리이고, '감교관'은 책을 교정·교열하는 일을 맡은 관리이다. '창준'은 책을 소리 내어 읽으면서 교정하는 일을, '수장'과 '균자장'은 활자를 관리하는 일을, '인출장'은 인쇄하는 일의 실무를 맡은 관리이다.
>
> ▶ '공문서 등'은 『국어기본법』 제14조 '공문서 등의 작성·평가' 규정과 「중앙행정기관 및 지방자치단체 자체감사기준(행정업무규정)」 제26조 '감사결과보고서의 작성 및 보고', 「행정업무의 운영 및 혁신에 관한 규정」 제7조 '문서 작성의 방법', 「행정업무운영편람」 '문서 작성의 일반원칙' 등에 따라 어문규범에 맞게 한글로 작성하여야 한다.

(2) 공공언어는 살아 있는 어문규범이다

"몇 주 전 국민학교로 실습을 나갔을 때 선생님에게서 들은 얘기다. 저학년 시험문제에 '다음 중 가구가 아닌 것을 고르라'는 문제가 나왔는데 대부분의 아이들이, 보기에 '세탁기'가 있음에도 불구하고 '침대'를 답으로 골랐다는 것이다. 이 때문에 답이 잘못되었음을 설명해 주느라 무척이나 고생했다."

동아일보 1994년 7월 8일 자 독자의 편지란에 실린 글이다. 한 가구 회사가 침대는 가구가 아니라고 지속적으로 광고한 결과, 아이들이 침대를 가구가 아니라고 여기게 되었다는 웃지 못할 일화이다. 공공언어도 이와 같다. 잘못된 말을 자주 접하면 그것이 잘못된 말인지 모르게 된다. 실제로 우리 주위에 있는 공공시설물 이용 안내문을 보면, 2곳 중 1곳에서 "삼가해 주십시오"라는 표현을 쓰고 있다. 국어사전에 있지도 않은 '삼가하다'라는 말을 널리 알리는 꼴이다. 올바른 표현은 "삼가십시오"이고, 문맥에 따라 "하지 말아 주세요"라고 바꾸어 쓸 수 있다.

참고로 이관규 외(2014)의 '한글 맞춤법 영향 평가' 보고서를 보면 우리나라 국민 중 한글 맞춤법을 배운 적이 있다고 응답한 사람은 93.5%나 되지만 초등학교에서 배웠다는 사람이 70.6%를 넘고 중학교 18.7%, 고등학교 9.7%, 대학교 0.4% 순으로 나타났다. 즉 우리 국민의 99.6%가 한글 맞춤법을 제대로 배우지 못했음을 알 수 있다. 이런 상황에서는 공공언어의 역할이 매우 중요하다. 공공언어는 일상생활에서 자주 접할 수 있으므로 그 자체로 살아있는 어문규범이라고 할 수 있기 때문이다. 이는 공공언어가 국민의 언어생활에 모범이 되어야 하는 진짜 이유이다.

(3) 가운뎃점도 재판한다

누군가 의도적으로 타인의 저작권을 침해하는 책을 발간했지만 책을 유통시키지 않고 창고에 보관만 했다면 저작권법 위반이 성립할까? 저작권법 제137조 제1항 저작물의 '공표'와 관련하여 저작권법 위반의 죄가 성립하려면 책을 "복제·배포"해야 한다. 이와 관련하여 대법원 판례(2017도18230)에서는 통상적으로 가운뎃점은 단어 사이에 사용할 때 '과/와'의 의미로 해석되므로 단순히 복제만 한 것으로는 죄가 성립하지 않는다는 취지로 무죄 판결을 내렸다.

그런가 하면 대법원 판례(94모32) 중에 '실화죄' 형법 제170조 제2항의 "자기의 소유에 속하는 제166조 또는 제167조에 기재한 물건을 소훼한 자"라는 표현을 두고 "자기의 소유에 속하는"이라는 수식어가 제166조만을 수식하는지, 제167조까지 수식하는지 논란이 일었던 적이 있다. 이와 관련하여 대법원은 "자기의 소유에 속하는 제166조에 기재한 물건 또는 자기의 소유에 속하든, 타인의 소유에 속하든 불문하고 제167조에 기재한 물건"으로 보아야 한다고 해석하였다.

이러한 판례가 없다고 하더라도 공문서는 기록물 유형에 따라 '영구, 준영구, 30년, 10년, 5년, 1년' 동안 보존할 뿐만 아니라 민형사상 책임이 따르고 각종 증명자료로 활용될 수 있으므로 문장부호 하나, 수식어 하나라도 허투루 쓰면 안 된다.

▶ 공인중개사가 중개를 마치고 거래계약서를 작성한 뒤 거래계약서에 "서명·날인" 해야 한다는 문구와 관련해 1심(서울행정법원 2008. 3. 12. 선고 2007구합32655 판결)은 "서명 또는 날인"으로 해석했으나 2심(서울고등법원 2008. 8. 26. 선고 2008누9005 판결)과 최종심(대법원 2009.2.12. 선고 2008두16698 판결)은 "서명 및 날인", 즉 "서명과 날인"으로 해석하였다. 그 결과 개정된 「공인중개사법」에서는 논란이 된 "서명·날인"을 "서명 및 날인"으로 문구를 수정하였다.

바른 공공언어 쓰기의 실제

　공공언어를 바르게 쓰기 위해서는 바른 공문서 작성법 강의를 들어야 한다. 다만 그 전에 기본적으로 '공공기관 등'이 작성한 '공문서 등'을 평가할 때 사용하는 정확성 평가 기준과 평가 항목을 확인해야 한다. 그래야만 공문서의 기본 요건인 정확성 개념을 제대로 이해할 수 있기 때문이다. 그런데 현장에서는 정확성 평가 기준과 평가 항목은 뒷전이고 공문서의 형식만 강조하거나 여전히 어휘 중심의 맞춤법 교육을 하는 사례가 적지 않다. 국민의 눈에 띄는 표현 중심의 보고서 작성법보다 상사의 눈에 띄는 형식 중심의 보고서 작성법을 중시하는 분위기도 여전하다.

　이제는 달라져야 한다. 강의자료만 하더라도 이미 만들어진 교재나 강사가 직접 쓴 책을 활용하기보다 강의를 요청한 기관에서 가장 최근에 작성한 공문서를 활용하여 만들어야 하고, 해당 기관의 공문서를 전수조사해야 한다. 전수조사는 1년 단위로 해야 하지만 1~2달 단위도 무방하다. 전체 모집단의 5% 내외를 표본조사하는 지금의 방식은 '평가를 위한' 조사로 활용할 수 있을 뿐이고 '개선을 위한' 조사를 하고자 한다면 어떤 부서가 어떤 오류 표현을 얼마나 자주 사용하는지 전수조사를 해야 부서별 문제점도 파악할 수 있고 개선의 우선순위와 절차 등을 기관 맞춤형으로 제공할 수 있기 때문이다.

　일반적으로 정확성 평가 기준과 평가 항목은 공공언어 사용 실태를 평가하는 기관이나 개인에 따라 다를 수 있다. 설령 국립국어원이 통일된 평가 기준을 제시한다고 하더라도 지금까지 그랬듯이 여러 가지 이유를 들어 수정안을 적용할 수 있다. 따라서 평가를 받고자 한다면 평가 전에 최소한 평가 기준과 평가 항목 등을 확인해야 한다. 평가의 질은 평가기관이나 평가자의 경험에 달려 있는 것이 아니라 신뢰할 수 있는 평가 기준과 객관적인 평가 방법에 달려 있기 때문이다. 다음 [표1]은 국립국어원이 제시하는 가장 일반적인 정확성 평가 기준이다.

> ❯ 국립국어원이 2022년부터 실시하고 있는 이른바 '공공기관 공공언어 사용 실태 평가'는 명목상 "실질적인 공공언어개선"을 목적으로 한다고 밝히고 있지만, 전체 모집단의 약 3~5%를 표본조사하는 방식을 활용할 뿐만 아니라 평가 항목을 최소화함으로써 '개선을 위한' 평가가 아니라 '평가를 위한' 평가임을 스스로 드러내고 있다.
>
> ❯ "실질적인 공공언어 개선"이라는 목적에 맞게 평가하기 위해서는 전수조사 방식을 채택하고 평가 항목도 띄어쓰기를 비롯해 정확성과 소통성뿐만 아니라 공공성까지 모두 포함해야 한다. 아울러 진단 결과를 토대로 '우선 개선 행정용어 목록'을 기관별 또는 분야별로 제공해야 한다. 현실적으로 모든 오류를 한꺼번에 개선할 수 없으므로 빈도와 중요도 등을 감안해 최소한의 개선 목록을 매년 제공하는 것이다. 이와 관련하여 국립국어원이 2018년에 제시한 '필수 개선 행정용어 목록'은 목록 구성뿐만 아니라 '필수'라는 용어의 개념조차 현실적이지 않기 때문에 '우선'으로 이름부터 바꾸기를 바란다. 아울러 이전과 마찬가지로 평가 후에 기관별로 평가 등급만 공개한다면 평가 환류가 제대로 이루어질 수 없으므로 평가 결과를 교육 등에 활용할 수 있도록 평가 환류 체계를 도입할 필요가 있다.

표1 민현식 외(2010)의 공공언어 정확성 평가 기준

평가 영역	평가 요소	평가 항목
정확성	표기의 정확성	한글 맞춤법 및 표준어 규정을 지켰는가
		띄어쓰기를 잘 하였는가
		외래어 및 로마자 표기법을 지켰는가
	표현의 정확성	어휘를 의미에 맞게 선택하였는가
		문장을 어법에 맞게 사용하였는가
		문장을 우리말답게 표현하였는가

▶ 민현식 외(2011)에서는 표현의 정확성과 관련하여 '어휘를 의미에 맞게 선택하였는가'의 세부 평가 내용으로 '구별해서 써야 할 말'을, '문장을 어법에 맞게 사용하였는가'의 세부 평가 내용으로 '문장성분 간의 호응, 접속 오류'를, '문장을 우리말답게 표현하였는가'의 세부 평가 내용으로 '과도한 관형화·명사화 구성, 번역 투, 동어반복, 우리말답지 않는 표현, 이중피동, 이중사동' 등을 꼽았다.

일반적으로 국립국어원에서는 공문서의 정확성을 평가할 때 [표1]을 평가 기준으로 제시하지만 그것을 그대로 따르도록 강요하지 않는다. 오히려 "문장을 우리말답게 표현하였는가"를 "단락 구성을 짜임새 있게 하였는가"로 바꾸어 제시하는가 하면, 표기의 정확성을 표현의 정확성과 순서를 바꾸어 제시하기도 한다. 전자는 어휘와 문장뿐만 아니라 문단을 평가 대상에 포함했다는 점에서, 후자는 표현의 정확성을 표기의 정확성보다 더 중시했다는 점에서 의의가 있다. 그런가 하면 국립국어원은 띄어쓰기가 「한글 맞춤법」 규정의 일부인 점을 감안하여 "띄어쓰기를 잘

하였는가"를 "한글 맞춤법과 표준어 규정을 정확하게 지켰는가"에 통합해서 다루기도 한다. 이 책에서는 이를 반영하여 오류가 나타나는 층위를 어휘와 문장에 국한하지 않고 문단으로까지 넓혀 [표1]을 [표2]와 같이 간추려 제시한다.

표2 간추린 공공언어 정확성 평가 기준

평가 영역	평가 항목
정확성	어휘를 정확하게 사용하였는가(어문규범 오류, 띄어쓰기 오류, 어휘선택 오류)
	문장을 정확하게 사용하였는가(문장호응 오류, 문장구성 오류)
	문단을 정확하게 사용하였는가(문단호응 오류, 문단구성 오류)

그동안 공공언어의 정확성 평가는 평가 주체에 따라 [표1]을 다양한 형태로 수정하여 사용했으나 결과적으로 어휘 층위의 오류를 평가하는 데서 벗어나지 못하는 한계를 드러냈다. [표1]만 하더라도 6개 평가 항목 중 4개가 어휘에 관한 오류라는 점에서 어휘 중심의 정확성 평가라는 지적을 피하기 어렵다. 문장 층위의 오류로는 문장 호응을 다루는 것이 전부이고 '우리말다움'의 평가는 제대로 이루어지지 않고 있다.

실제 공문서상의 오류가 문장 또는 문단 층위에서 다양하게 나타난다는 점을 고려하여 평가 기준에 문단 층위의 오류를 포함해야 하며 [표1]과 달리 평가 기준을 좀 더 단순하게 수정할 필요가 있다. 평가 기준이 복잡하면 평가도 쉽지 않지만 실제 공문서 작성 지침으로 삼기도 어렵기 때문이다.

> ▶ 엄밀히 말해 평가 기준보다 더 중요한 것이 평가 목록이다. 구체적인 평가 목록이 있어야 프로그램을 활용하여 자동 진단이 가능할 뿐 아니라 평가

자의 개인적인 평가 능력에 영향을 받지 않고 객관적인 평가를 할 수 있으며 공무원에게도 구체적인 개선 목록을 제공할 수 있기 때문이다.

▶ 실례로 사동의 뜻을 더하는 접미사 '시키다'를 남용하는 현상만 하더라도 '정지시키다'는 쓸 수 있지만 '교육시키다'는 이중사동 표현이므로 쓸 수 없다. '교육하다'는 그 자체로 사동의 뜻을 포함하지만 '정지하다'는 사동의 뜻이 약하기 때문이다. 그렇다면 '감소시키다'나 '금지시키다, 마취시키다, 소개시키다, 심화시키다, 포함시키다, 확대시키다, 환기시키다'는 어떨까? 공문서 작성자나 평가자가 이를 직관적으로 판단할 수 있으면 다행인데 그렇지 않다면 평가가 제대로 이루어질 수 없다. 심지어 이런 표현을 사용하는 것에 문제가 없다고 생각하는 사람들도 있다. 따라서 평가 목록이 필요하다. 평가 목록이 있으면 해당 기관에 어떤 오류 표현이 얼마나 사용되는지 바로 확인할 수 있고, 보다 직접적이고 구체적인 개선을 요구할 수 있기 때문이다.

1. 어휘를 정확하게 사용하였는가

'정확성' 영역의 첫 번째 평가 항목인 '어휘를 정확하게 사용하였는가'의 세부 평가 내용은 크게 어문규범 오류, 띄어쓰기 오류, 어휘선택 오류로 구성할 수 있다. 이는 실제로 공문서에서 자주 발견되는 대표적인 오류 유형이다.

▶ 어문규범 오류에 띄어쓰기 오류가 포함되지만 띄어쓰기 오류는 빈도가 매우 높을 뿐 아니라 유형도 매우 다양하므로 어문규범 오류와 분리하여 따로 다룰 필요가 있다.

1) 어문규범 오류

공문서에서 자주 발견되는 어문규범 오류에는 「한글 맞춤법」 제3장의 두음법칙 오류, 제4장의 사이시옷 오류와 준말 오류, 부록의 문장부호 오류, 「외래어 표기법」 오류, 「국어의 로마자 표기법」 오류 등이 있다.

(1) 두음법칙 오류

두음법칙은 한자어 '란(欄), 량(量), 률(率), 년도(年度)' 등을 적을 때, 둘째 음절 이하에서는 본음대로 '란, 량, 률, 년도' 등으로 적지만, 첫음절에서는 발음의 편의를 위해 '난, 양, 율, 연도' 등으로 적도록 한 음운현상이다. 두음법칙은 한자어에만 적용하고 고유어와 외래어에는 적용하지 않는다.

▶ 예외적으로 '한 냥'과 '몇 년'의 '냥, 년', '두 량'과 '몇 리'의 '량, 리'는 첫음절에서도 두음법칙을 따르지 않고, '공-염불, 역-이용, 연-이율'처럼 접두사가 붙어서 된 말이나 '남존-여비, 해외-여행'처럼 합성어는 둘째 음절 이하에서도 두음법칙을 따른다.

▶ 칸 란(欄)과 마찬가지로 난초 란(蘭)도 한자어 뒤에서는 '란'으로 적지만 고유어 뒤에서는 '난'으로 적어야 한다. 따라서 '고산제비란'과 '솔잎란' 등은 '고산제비난'과 '솔잎난'으로 적어야 하는데, 국가표준식물목록에서 난초의 이름을 검색해 보면 대부분 '란'으로 등재되어 있다.

👆 '윗난'과 '공란'의 표기가 다른 이유
구분된 지면을 뜻하는 '란(欄)'은 한자어 뒤에서 본음대로 '란(논평란, 투고란)'으로 적지만, 고유어와 외래어 뒤에서는 '난(어린이난, 가십난)'으로 적는다. '윗난'에는 고유어 '위'가 쓰였고, '공란'에는 한자어 '공(空)'이 쓰여 표기가 다르다.

전 업무처리지연 및 **데이터량** 급증이 예상되는 상황
후 업무처리 지연과 **데이터양** 급증이 예상되는 상황

  분량이나 수량을 뜻하는 명사 '량(量)'은 첫음절에서 '양(양적, 양형)'으로 적지만, 둘째 음절 이하에서는 '량(감소량, 노동량, 수출량, 작업량)'으로 적는다. 다만, 예외적으로 고유어나 외래어 뒤에 올 때는 둘째 음절 이하에서도 '양(기름양·구름양·먹이양, 데이터양·에너지양·칼슘양)'으로 적는다. 실제로 그렇게 발음하는 사람들이 많기 때문에 그러한 현실 발음을 존중하여 표기에 반용한 것이다.

전 장애인등록증 **반납율** 저조한 편
후 장애인등록증 **반납률** 낮은 편

  비율을 뜻하는 접사 '률(率)'은 첫음절에서 '율'로 적지만, 둘째 음절 이하에서는 '률(가동률, 공실률, 분담률, 수익률)'로 적는다. 다만 예외적으로 '모음'이나 'ㄴ' 받침 뒤에서는 둘째 음절 이하에서도 '율(참여율, 할인율)'로 적는다.

전 바지 원단은 보온·**보냉**이 가능한 가방으로
후 바지 원단은 보온·**보랭**이 가능한 가방으로 / 바지 원단은 **보온이** 가능한 가방으로

  차가움을 뜻하는 '랭(冷)'은 첫음절에서 '냉(냉각, 냉방)'으로 적지만, 둘

째 음절 이하에서는 본음대로 '랭(과랭, 온랭)'으로 적는다. 다만 '가스-냉각'처럼 합성어는 둘째 음절 이하에서도 '냉'으로 적는다.

> ▶ 참고로 '보온'의 뜻이 "주위의 온도와 관계없이 일정한 온도를 유지함"이므로 '보온'과 '보랭'을 함께 쓸 필요는 없다.

전 합리적 **보험요율** 개발 등을 제안하고
후 합리적인 **보험료율** 개발 등을 제안하고

요금을 뜻하는 '료(料)'는 첫음절에서 '요(요금, 요율)'로 적지만, 둘째 음절 이하에서는 본음대로 '료(강연료, 검사료)'로 적는다. 다만 '공공-요금'처럼 합성어는 '공공요금'으로 적어야 한다. '보험료율'을 합성어로 보면 '보험요율'로 적어야 한다고 생각하기 쉽지만, '보험료-율'은 '보험료'에 접사 '율'이 붙어서 된 말이므로 '보험요율'로 적지 않는다.

전 사업 **신청년도** 납부 실적이 없는 경우
후 사업 **신청 연도** 납부 실적이 없을 때

기간을 뜻하는 '년도(年度)'는 '연도별'처럼 첫음절에 올 때는 두음법칙에 따라 '연도'로 적지만 '2024년도'처럼 숫자 뒤에 올 때와 '과년도, 금년도, 내년도, 전년도, 학년도' 등의 복합명사일 때는 본음대로 '년도'로 적는다. '신청 연도'처럼 복합명사가 아닐 때는 띄어 쓰되 '년도'가 두 번째 어절의 첫음절에 오기 때문에 '연도'로 적는다. '1차 연도, 생산 연도, 입학 연도'도 마찬가지다.

> ▶ '결산 연도, 사업 연도, 시공 연도, 영업 연도, 예산 연도, 회계 연도' 등은 표준국어대사전에 '결산^연도, 사업^연도, 시공^연도, 영업^연도, 예산^연도, 회계^연도'의 형태로 올라와 있으므로 붙여 쓰거나 띄어 쓸 수 있다. 참고로 '과세^연도, 기준^연도, 사업^연도, 출판^연도' 등은 우리말샘에만 올라와 있지만 마찬가지로 붙여 쓰거나 띄어 쓸 수 있다.
> ▶ '2022년도'처럼 '해'를 나타낼 때는 '년도'로 적는다. 숫자와 '년도'는 띄어 쓰는 것을 원칙으로 하되 붙여 쓸 수 있다.

[전] 병은 **연록색**을 띤 유리제품으로
[후] 병은 **연녹색**을 띤 유리제품으로

청(靑)과 황(黃) 사이의 중간색을 뜻하는 '녹(綠)'은 첫음절에서 '녹'으로 적지만, 둘째 음절 이하에서는 본음대로 '록'으로 적는다. 따라서 '녹색' 또는 '연록'이라고 적는다. 다만 '진-녹색'이나 '연-녹색'처럼 접두사가 붙어서 된 말은 '진녹색, 연녹색'으로 적는다. 이와 달리 '청록색'은 '청록-색'으로 분석되므로 '청녹색'으로 적지 않는다.

[전] **통·리장**의 임기는 2년으로 하고
[후] **통·이장**의 임기는 2년으로 하고 / **이·통장**의 임기는 2년으로 하고

마을을 뜻하는 '리(里)'는 첫음절에서 '이(이장)'로 적지만, 둘째 음절 이

하에서는 본음대로 '리(촌리)'로 적는다. 그런데 '이장'과 '통장'을 아울러 이를 때, '이 · 통장' 또는 '통 · 이장'으로 적을 수 있으나 '리 · 통장' 또는 '통 · 리장'으로 적을 수는 없다. 왜냐하면 '이장'의 '이'가 첫음절에 오는 말이기 때문이다.

> 전 변경사유를 **윗란**에 구체적으로 기술해 주세요.
> 후 변경사유를 **윗난**에 구체적으로 기술해 주세요.

구분된 지면을 뜻하는 '난(欄)'은 첫음절에서 '난'으로 적지만, 둘째 음절 이하에서는 본음대로 '란(독자란, 답란, 상란, 투고란)'으로 적는다. 다만, 예외적으로 고유어나 외래어 뒤에 올 때는 둘째 음절 이하에서도 '난(소리난, 어린이난 · 윗난, 가십난 · 유머난)'으로 적는다.

(2) 사이시옷 오류

사이시옷은 '나무'와 '가지'가 결합한 '나뭇가지[나문까지]'처럼 앞말의 받침에서 [ㄷ] 소리가 나면서 뒷말의 첫소리에서 된소리가 나거나 '나무'와 '잎'이 결합한 '나뭇잎[나문닙]'처럼 앞말의 받침에서 [ㄴ] 소리가 날 때 앞말의 받침에 'ㅅ'을 받쳐 적음으로써 [ㄷ]과 [ㄴ] 소리가 날 수 있는 환경을 만들어 주는 음운현상이다. 다만 사이시옷은 고유어와 고유어, 고유어와 한자어 합성어 사이에서 일어날 때만 표기에 반영하고 한자어와 한자어 사이, 외래어와 고유어, 외래어와 한자어 합성어 사이에서 일어날 때는 표기에 반영하지 않는다.

▶ 「한글 맞춤법」 제3장 제4절 제30항에서는 고유어와 고유어, 고유어와 한자어 합성어 중에 앞말이 모음인데 뒷말의 첫소리 'ㄱ, ㄷ, ㅂ, ㅅ, ㅈ'이 [ㄲ, ㄸ, ㅃ, ㅆ, ㅉ]으로 소리가 나거나 뒷말의 첫소리 'ㄴ, ㅁ' 또는 모음 앞에서 [ㄴ] 소리가 날 때 'ㅅ'을 받쳐 적도록 하고 있다. 예컨대 등굣길이 [등꼳낄]로, 하굣둑이 [하굗뚝], 남폿불이 [남폳뿔], 담뱃세가 [담뺃쎄], 이삿짐이 [이삳찜], 콧노래가 [콘노래], 뒷말이 [뒨말], 훗일이 [훈닐]로 소리 나므로 'ㅅ'을 받쳐 적도록 한 것이다. 이를 '사이시옷' 또는 '사잇소리 현상'이라고 한다.

▶ 다만 '공기 방울, 뒤 건물, 손아래 누이, 손위 누이, 아래 줄, 위 줄, 하루 동안'처럼 합성어가 아닌 말은 띄어 쓰고 'ㅅ'을 받쳐 적지 않는다.

▶ 개수(個數), 기차간(汽車間), 내과(內科), 대가(代價), 도수(度數), 마구간(馬廏間), 백지장(白紙張), 소수점(小數點), 소주잔(燒酒盞), 시구(詩句), 이점(利點), 전세방(傳貰房), 제상(祭床), 치과(齒科), 초점(焦點), 허점(虛點), 화병(火病) 등은 한자어와 한자어가 결합한 말이므로 뒷말의 첫소리에서 [개:쑤]나 [기차깐]처럼 된소리가 나더라도 'ㅅ'을 받쳐 적지 않는다. 다만 곳간(庫間), 셋방(貰房), 숫자(數字), 찻간(車間), 툇간(退間), 횟수(回數) 등은 한자어와 한자어가 결합한 말이지만 예외를 두어 'ㅅ'을 받쳐 적도록 하고 있다.

👆 '근삿값'과 '데이터값'의 표기가 다른 이유

'근삿값'과 '데이터값'은 [근삳깝]과 [데이털깝]으로 둘 다 앞말의 받침에서 [ㄷ] 소리가 난다. 그런데 '근삿값'은 한자어 '근사'와 고유어 '값'의 합성어이므로 'ㅅ'을 받쳐 적지만, '데이터값'은 외래어 '데이터'와 고유어 '값'의 합성어이므로 'ㅅ'을 받쳐 적지 않는다. '사이시옷'은 외래어와 한자어, 외래어와 고유어 사이에 적용하지 않기 때문이다.

👆 '수돗물'과 '수도세'의 표기가 다른 이유

'수돗물'은 표준발음이 [수돈물]이므로 'ㅅ'을 받쳐 적는다. 이와 달리 '수도세'는 앞말의 받침에서 [ㄷ] 소리가 나는 것 같지만 표준발음이 [수도쎄]이므로 'ㅅ'을 받쳐 적지 않는다.

👆 '윗집'과 '위층'의 표기가 다른 이유

'윗집'과 '위층'은 [윋찝]과 [윋층]으로 둘 다 앞말의 받침에서 [ㄷ] 소리가 난다. 그런데 '윗집'은 뒷말의 첫소리 'ㅈ'이 된소리인 [ㅉ]으로 소리가 나 'ㅅ'을 받쳐 적지만, '위층'은 뒷말의 첫소리 'ㅊ'이 그대로 [ㅊ]으로 소리가 나 'ㅅ'을 받쳐 적지 않는다.

👆 '전셋집'과 '전세방'의 표기가 다른 이유

'전셋집'과 '전세방'은 [전섿찝]과 [전섿빵]으로 둘 다 앞말의 받침에서 [ㄷ] 소리가 난다. 그런데 '전셋집'은 한자어 '전세'와 고유어 '집'의 합성어이므로 'ㅅ'을 받쳐 적지만, '전세방'은 한자어 '전세'와 한자어 '방'의 합성어이므로 'ㅅ'을 받쳐 적지 않는다. '사이시옷'은 한자어와 한자어 사이에 적용하지 않기 때문이다.

👆 '존댓말'과 '반대말'의 표기가 다른 이유

'존댓말'과 '반대말'은 [존댄말]과 [반댄말]로 둘 다 앞말의 받침에서 [ㄴ] 소리가 난다. 그런데 '존댓말'의 표준발음은 [존댄말]이므로 'ㅅ'을 받쳐 적지만, '반대말'의 표준발음은 [반대말]이므로 'ㅅ'을 받쳐 적지 않는다. 똑같은 이유로 '나랏일'과 '나라말'의 표기도 다르다. 참고로 표준발음은 표준국어대사전에서 확인할 수 있다.

전 국토 **꼭지점** 둘레길 개통
후 국토 **꼭짓점** 둘레길 개통

'꼭짓점'은 고유어 '꼭지'에 한자어 '점(點)'이 결합한 말로 표준발음이 [꼭찓쩜]이므로 'ㅅ'을 받쳐 적는다.

전 민원 **뒷처리**
후 민원 **뒤처리**

'뒤처리'는 고유어 '뒤'에 한자어 '처리(處理)'가 결합한 말로 앞말의 받침에서 [ㄷ] 소리가 나는 것 같지만 표준발음이 [뒤:처리]이므로 발음할 때 [ㄷ] 소리를 내서도 안 되고 적을 때 'ㅅ'을 받쳐 적어서도 안 된다. 더군다나 뒷말의 첫소리 'ㅊ'이 그대로 [ㅊ]으로 소리가 나므로 'ㅅ'을 받쳐 적을 이유가 없다. 이와 같은 이유로 '뒤뜰[뒤:뜰], 뒤쪽[뒤:쪽], 뒤칸[뒤:칸], 뒤통수[뒤:통수], 뒤편[뒤:편], 뒤풀이[뒤:풀이]' 등도 'ㅅ'을 받쳐 적지 않는다.

> 올해 난 콩은 '햇콩'이라고 하지 않고 '해콩'이라고 한다. 앞말의 받침에서 [ㄷ] 소리가 나는 것 같지만 뒷말의 첫소리 'ㅋ'이 그대로 [ㅋ]으로 소리가 나므로 'ㅅ'을 받쳐 적을 이유가 없기 때문이다.

전 각 페이지 상단 **머릿글**에는 목차를 표시해야 한다.
후 각 페이지 위의 **머리글**에는 목차를 표시해야 한다.

'머리글'은 고유어 '머리'에 고유어 '글'이 결합한 말로 앞말의 받침에서 [ㄷ] 소리가 나는 것 같지만 표준발음이 [머리글]이므로 'ㅅ'을 받쳐 적지 않는다. '머리기사, 머리소리'도 표준발음이 [머리기사], [머리소리]이므로 'ㅅ'을 받쳐 적지 않는다.

전 패스트푸드의 **반댓말**인 슬로우푸드는
후 패스트푸드의 **반대말**인 슬로푸드는

'반대말'은 한자어 '반대(反對)'에 고유어 '말'이 결합한 말로 앞말의 받침에서 [ㄴ] 소리가 나는 것 같지만 표준발음이 [반:대말]이므로 'ㅅ'을 받쳐 적지 않는다. '나라말, 머리말, 인사말'도 표준발음이 [나라말], [머리말], [인사말]이므로 'ㅅ'을 받쳐 적지 않는다.

▶ '노랫말, 뒷말, 존댓말, 혼잣말'의 표준발음은 [노랜말], [뒨말], [존댄말], [혼잔말]이므로 'ㅅ'을 받쳐 적는다.
▶ '첫째 날'과 '첫째 주'는 한 낱말이 아니므로 띄어 쓰고 'ㅅ'도 받쳐 적지 않는다. 기본적으로 사잇소리는 한 낱말에서 일어나는 음운현상이기 때문이다.

전 일부 관계자들의 **배속**만 불리는 호구책으로
후 일부 관계자의 **뱃속**만 불리는 꼼수로

'뱃속'은 고유어 '배'에 고유어 '속'이 결합한 말로 표준발음이 [밷쏙]이므로 'ㅅ'을 받쳐 적는다. '머릿속, 바닷속, 안갯속, 장삿속, 조핫속'도 표준발음이 [머릳쏙], [바닫쏙], [안갣쏙], [장삳쏙], [조핟쏙]이므로 'ㅅ'을 받쳐 적는다.

▶ "배의 안쪽"을 뜻하는 말은 '배 속'처럼 띄어 쓴다. '뱃속'은 "마음을 속되게 이르는 말"로 붙여 쓴다. 기본적으로 본뜻에서 멀어지지 않은 말은 띄어 쓰고, 본뜻에서 멀어진 말은 붙여 쓴다. 집안의 맏이가 사는 집을 '큰집'이라고 하고, 크고 넓은 집을 '큰 집'이라고 하는 것도 그러한 이유 때문이다.
▶ '호구책'은 "가난한 살림에서 그저 겨우 먹고살아 가는 방책"을 뜻하는 말이므로 "몇몇 관계자들의 배속만 불리는 호구책"이라는 표현은 문맥에 맞지 않는다.

전 한우농가가 최근 **소값** 폭락으로 인해 경영난에 힘들어하면서
후 한우농가가 최근 **솟값** 폭락으로 경영난에 시달리면서

'솟값'은 고유어 '소'에 고유어 '값'이 결합한 말로 표준발음이 [솓깝]이므로 'ㅅ'을 받쳐 적는다. 그런데 '근삿값, 기댓값, 나잇값, 대푯값, 소릿값'과 달리 '고깃값, 솟값, 우윳값, 채솟값, 휘발윳값'은 표준국어대사전에 올라와 있지 않고 우리말샘에만 올라와 있다. 이럴 때는 어떻게 해야 할까? 이와 관련하여 일부에서는 한 낱말이 아니므로 '고기 값'이나 '소 값'처럼 띄어 써야 한다고 주장하기도 하는데, 우리말샘에만 올라와 있더라도 '값'은 '수치'나 '가격' 등을 나타낼 때 붙여 쓸 수 있도록 하고 있으므로 붙여 쓰되 'ㅅ'을 받쳐 적어야 한다.

▶ 다만 '고깃값'이나 '솟값' 등이 다소 어색하게 느껴진다면 '고기 가격, 소 가격, 우유 가격, 채소 가격, 휘발유 가격'처럼 쓸 수도 있다.

전 가격은 일반 **숫소**보다 낮은 가격에
후 가격은 일반 **수소**보다 낮은 가격에

'수소'는 고유어 '수'에 고유어 '소'가 결합한 말로 앞말의 받침에서 [ㄷ] 소리가 나는 것 같지만 표준발음이 [수소]이므로 'ㅅ'을 받쳐 적지 않는다.

> ▶ 사잇소리 규정에 따라 '수놈'과 '수소'로 적는 것이 어색하다는 이유로 아예 '수컷'과 '황소'로 적는 사람들이 많아져 규범 표기가 줄고 있다는 지적도 있다.

전 아랫마을 **하구둑** 주변이
후 아랫마을 **하굿둑** 주변이

'하굿둑'은 한자어 '하구(河口)'에 고유어 '둑'이 결합한 말로 표준발음이 [하굳뚝]이므로 'ㅅ'을 받쳐 적는다. '도낏자루, 막냇동생, 장맛비'도 표준발음이 [도낃짜루], [망낻똥생], [장맏삐]이므로 'ㅅ'을 받쳐 적는다.

> ▶ '하굿둑'의 순화어는 '강어귀둑'이다. 참고로 2019년 3월 5일 행정안전부는 '하구언'의 순화어로 '하구둑' 사용을 권고한 바 있으나 '하구둑'은 비표준어이다.

전 **햇님**의 그림자
후 **해님**의 그림자

'해님'은 고유어 '해'와 고유어 '님'이 결합한 말로 앞말의 받침에서 [ㄴ] 소리가 나는 것 같지만 표준발음이 [해님]이므로 'ㅅ'을 받쳐 적지 않는다.

▶ 가겟세, 가짓수, 갈빗집, 건넛방, 결괏값, 고갯짓, 고깃국, 고깃덩이, 고깃배, 고랫등, 고춧가루, 골칫거리, 골칫덩어리, 공깃돌, 공깃밥, 공붓벌레, 구둣방, 구둣주걱, 귀갓길, 기댓값, 기찻길, 꼭짓점, 나잇값, 대푯값, 등굣길, 막냇삼촌, 만둣국, 먹잇감, 모깃불, 목푯값, 북엇국, 보랏빛, 세뱃돈, 송홧가루, 순댓국, 시곗바늘, 아랫글, 안줏감, 어깻죽지, 어젯밤, 애굣덩어리, 우윳값, 이야깃거리, 잇자국, 자릿세, 자릿수, 잔칫집, 장밋빛, 재밋거리, 전셋집, 제삿밥, 절댓값, 조갯살, 종잣돈, 좌푯값, 최댓값, 최솟값, 킷값, 하굣길, 화젯거리 등은 사이시옷을 받쳐 적어야 한다.

▶ 댓잎, 베갯잇, 아랫마을, 예삿일, 윗마을, 잇몸, 제삿날, 훗일 등도 사이시옷을 받쳐 적어야 한다.

▶ 도로명 '개나리길'은 [개나릳낄]처럼 소리가 나지만 2001년 8월 4일 국어심의회에서 사잇소리를 도로명에 반영하지 않기로 심의하였다. '개나리길'을 로마자로 적을 때도 'Gaenari-gil'처럼 적는다.

(3) 준말 오류

원칙적으로 공문서에는 본말을 사용해야 한다. 준말은 구어에 가까워 공문서에 적합하지 않기 때문이다. 준말 오류에는 단어 준말 오류와 조사·어미 준말 오류 등이 있다. 어미의 준말 오류와 관련하여 어간의 끝 음절 받침에 '단언'처럼 울림소리 'ㄴ'이 올 때는 어미 '하다'의 'ㅏ'가 줄어 '단언컨대'처럼 거센소리로 적지만, '생각'처럼 안울림소리 'ㄱ'이 올 때는 어미 '하다'의 '하'가 줄어 '생각건대'처럼 예사소리로 적는다.

▶ 「한글 맞춤법」 제4장 제5절 제40항에서는 어간의 끝음절 '하'의 'ㅏ'가 줄고 'ㅎ'이 다음 음절의 첫소리와 어울려 거센소리가 될 적에는 거센소리로 적도록 한다.

▶ 동일한 문서 내에서 '했다'와 '하였다'를 혼용하는 것은 준말과 본말을 혼용하는 것이므로 피해야 한다.

▶ 준말은 '사이'를 '새'처럼 단어의 일부를 줄이는 말이지만 줄임말은 '공정거래위원회'를 '공정위'처럼 두 단어 이상을 짧게 줄인 말이다. 흔히 '소재·부품·장비'를 줄여서 '소부장'이라고 하는데 이러한 줄임말은 정확성 오류가 아니라 소통성 오류이자 공공성 오류로 볼 수 있다. 인터넷상에서 즐겨 쓰는 줄임말처럼 소통하는 데 어려움이 있을 뿐만 아니라 품위 있는 표현이라고 할 수 없기 때문이다.

> ☝ '무색게'와 '예방케'의 표기가 다른 이유
>
> '무색게'는 '무색하게'의 준말이고, '예방케'는 '예방하게'의 준말이다. 이 둘의 표기가 다른 까닭은 준말 규정에 따라 어간의 끝음절 받침에 '무색'처럼 안울림소리 'ㄱ'이 오면 예사소리로 적고, '예방'처럼 울림소리 'ㅇ'이 오면 거센소리로 적기 때문이다. 다만 일반적으로 공문서에는 입말보다 글말을 써야 하므로 준말 '무색게' 대신에 본말 '무색하게'를 쓰는 것이 자연스럽다.

전 협의체를 조속히 **구축키**로 결정하여
후 협의체를 조속히 **구축기**로 결정하여

'구축하다'는 어간의 끝음절 받침에 안울림소리 'ㄱ'이 사용되었으므로 어미 '하다'의 '하'가 줄어 '구축기로'로 적는다. 다만 '구축기로'가 너무 어색하다면 본말인 '구축하기로'로 적으면 된다.

[전] 훈령으로 위임해 입법예고 절차를 **생략토록** 했다.
[후] 훈령으로 위임해 입법예고 절차를 **생략도록** 했다.

'생략하다'는 어간의 끝음절 받침에 안울림소리 'ㄱ'이 사용되었으므로 어미 '하다'의 '하'가 줄어 '생략도록'으로 적는다. 다만 '생략도록'이 너무 어색하다면 본말인 '생략하도록'으로 적으면 된다.

[전] 은닉도 **서슴치** 않았다.
[후] 은닉도 **서슴지** 않았다.

'서슴'은 '서슴거리다'의 어간으로 어간의 뒤에 어미 '하다'가 오지 않는다. 따라서 거센소리가 만들어질 수 없으므로 '서슴지'로 적는다.

▶ '연구하다, 상관하다, 활발하다, 무심하다, 청하다'처럼 어간의 끝음절 '하' 바로 앞에 오는 말이 모음이거나 받침이 울림소리일 때는 '연구토록, 상관치, 활발치, 무심치, 청컨대'처럼 거센소리로 적지만 '익숙하다, 섭섭하다, 깨끗하다'처럼 어간의 끝음절 '하' 바로 앞에 오는 말의 받침이 안울림소리면 '익숙지, 섭섭지, 깨끗지'처럼 예사소리로 적는다.
▶ 참고로 '삼가지, 서슴지'는 기본형이 '삼가하다, 서슴하다'가 아니라 '삼가다, 서슴다'이므로 뒷말을 거센소리를 만들 수 있는 'ㅎ'이 존재하지 않기

때문에 예사소리로 적는다.

▶ '깨끗지, 넉넉지, 녹록지, 섭섭지, 익숙지'가 올바른 표기이지만 어색하게 느껴진다면 '깨끗하지, 넉넉하지, 녹록하지, 섭섭하지, 익숙하지'처럼 본말로 쓰면 된다.

전 외교 수주전에 첫 발을 **내딛을** 계획이다.
후 외교 성과를 내기 위해 첫발을 **내디딜** 계획이다.

'내딛다'는 '내디디다'의 준말로 자음 앞에서는 '내딛고, 내딛지'처럼 활용하지만, 모음 앞에서 '내딛을, 내딛으니, 내딛었다'처럼 활용하지 않고 '내디딜, 내디디니, 내디디면서, 내디뎌, 내디뎠다'처럼 활용한다.

전 사업계획을 **수립토록** 규정하고 있으나
후 사업계획을 **수립도록** 규정하고 있으나

'수립하다'는 어간의 끝음절 '하' 바로 앞에 오는 말이 '수립'처럼 안울림소리이므로 '수립도록'으로 적는다.

▶ '사임토록, 예방토록, 입안토록, 정비토록, 총괄토록'처럼 어간의 끝음절 '하' 바로 앞에 오는 말의 받침이 울림소리일 때는 거센소리로 적지만, '계획도록, 깨끗도록, 보급도록'처럼 어간의 끝음절 '하' 바로 앞에 오는 말의 받침이 안울림소리일 때는 예사소리로 적는다.
▶ 울림소리란 목청을 울리는 소리로 모든 모음이 이에 속하고, 자음 중에는

'ㄴ, ㄹ, ㅁ, ㅇ'이 이에 속한다.

전 올해는 화이트 크리스마스**에요**.
후 올해는 화이트 크리스마스**예요**.

조사 '이다'는 '이에요'의 형태로 쓰고 형용사 '아니다'는 '아니에요'의 형태로 쓴다. 아울러 앞말에 받침이 없으면 '이에요'의 준말인 '예요'를 쓰고, 앞말에 받침이 있으면 '이에요'를 쓴다. '크리스마스' 뒤에는 '이에요'를 쓰든지 '예요'를 써야 한다.

▶ 참고로 '오히려'의 준말은 '외려'이고, '도리어'의 준말은 '되레'이다.

전 오랫만의 근황을 알려
후 오랜만의 근황을 알려

'오랜만'은 '오래간만'의 준말이다. '오랜만'과 형태가 비슷한 '오랫동안'은 부사 '오래'와 명사 '동안'의 합성어이다. 참고로 '오랜만에'는 '오랫만에'로 쓸 수 없고, '오랫동안'은 '오랜동안'으로 쓸 수 없다.

(4) 문장부호 오류

기존의 문장부호 규정은 원고지 중심의 전통적인 글쓰기 환경에 맞추어 1988년에 제정되었다. 그런데 글쓰기 환경이 컴퓨터와 인터넷 기반으로 변화하면서 2015년 1월 1일부로 현실에 맞게 규정의 일부가 개정되었다. 특히 자판에 없는 부호를 자판에 있는 부호로 바꾸어 쓸 수 있도록 함으로써 문서 작성의 효율성을 높였다.

마침표

'마침표'는 공문서에서 연월일을 대체할 때 한다. 아울러 장·절·항·목 등을 구분하는 문자나 숫자 다음에 한다.

> ▶ 직접 인용문의 뒤에는 마침표를 하는 것이 원칙이지만 하지 않을 수 있다. 다만 직접 인용문이 2문장 이상일 때는 해야 한다.
> ▶ '운영함.'이나 '운영할 것.'과 같은 용언의 명사형이나 '운영.'처럼 서술성이 있는 명사로 끝나는 문장에는 마침표를 하는 것이 원칙이지만 하지 않을 수 있다. 다만 '공청회'처럼 서술성이 없는 명사로 끝나는 문장에는 마침표를 하지 않는 것이 원칙이고 "기억하세요. 주민 공청회."처럼 앞에 마침표가 있을 때는 균형을 맞추기 위해 마침표를 해야 한다.
> ▶ 2015년 이전에는 제목이나 표어에 문장부호를 하지 않도록 했으나 지금은 하지 않는 것을 원칙으로 할 수 있도록 하였다.

전 '23.1.2~2.28. 추후 연장될 수 있음.
후 2023. 1. 2.~2. 28., 다음에 연장될 수 있음.

공문서에서는 연월일을 마침표로 대신하는 것을 원칙으로 한다. 그런데 '23. 1. 2'처럼 '일'의 자리에 마침표를 생략하는 일이 종종 있다. '일'의 자리에 마침표를 하지 않는 것은 연월일을 쓰다가 만 것처럼 보일 수 있고, 그 뒤에 다른 숫자를 덧붙여 날짜를 변조할 수 있으므로 반드시 마침표를 해야 한다.

전 협의회('**23.2.22일**)
후 협의회(**2023. 2. 22.**)

전 신임교육 일정(**8.25일자**)
후 신임교육 일정(**8. 25. 자**) / 신임교육 일정(**8월 25일 자**)

전 개최연도: **2023.**
후 개최연도: **2023년**

'연월일'이나 '연월' 또는 '월일'을 표기할 때는 숫자 뒤에 글자를 쓸 수도 있고 마침표를 할 수도 있다. 그런데 '연'이나 '월' 또는 '일'을 단독으로 표기할 때는 숫자 뒤에 마침표를 할 수 없다.

전 2024. 3. **13.으로** 민원 유권해석 이전부터
후 2024. 3. **13.로** 민원 유권해석 이전부터

연월일을 마침표로 '3. 13.'은 '3월 13일'로 읽어야 한다. 따라서 '13.' 뒤에는 '으로'가 아니라 '로'가 와야 한다.

전 **1** 사업개요
후 **1.** 사업 개요

장·절·항 등을 표시하는 문자나 숫자 뒤에는 반드시 마침표를 해야 한다. 문자나 숫자를 붙임표나 마침표 등으로 연결하여 하위 장·절·항 등을 구성했을 때도 마침표를 해야 한다.

전 신랑이 신부의 집에서 살기도 했다.(이는 조선이 시집살이 사회가 아니었음을 의미한다)

후 신랑이 신부의 집에서 살기도 했다.(이는 조선이 시집살이 사회가 아니었음을 의미한다.) / 신랑이 신부의 집에서 살기도 했다(이는 조선이 시집살이 사회가 아니었음을 의미한다).

문장 뒤에 이어지는 괄호 안의 내용이 문장 형식으로 되어 있을 때 괄호 안에도 마침표를 해야 한다. 다만, 괄호를 사이에 두고 마침표를 중복해서 해야 할 때는 괄호 안에 마침표를 생략할 수 있다.

▶ 일반 출판물에서는 가독성을 고려하여 문장부호를 불필요한 상황에서 사용하지 않는데, 공문서에서도 이를 적용할 수 있다.

쉼표

'쉼표'는 특별한 의미 없이 문장과 문장을 연결할 때 습관적으로 하는데, 가독성을 떨어뜨릴 수 있으므로 하지 않아도 된다. 특히 '서울 경기 인천 강원….'처럼 나열하는 것이 확실한 상황에서는 쉼표를 생략할 수 있고, '4000명'처럼 천 단위를 적을 때도 쉼표를 생략할 수 있다. '또한'이나 '즉' 뒤에 하는 쉼표도 생략할 수 있다.

[전] 앞으로도 교과와 연계한 배움이 싹트는 교육과정이 운영될 수 있도록

[후] 앞으로도 교과와 연계한, 배움이 싹트는 교육과정을 운영할 수 있도록

절과 절의 경계를 나타낼 때 하는 쉼표는 생략할 수 있으나 앞말과 뒷말의 의미 경계를 나타낼 때 하는 쉼표는 생략하기 어렵다.

[전] **그러나,** 근로기준법과 복무조례에 의한 연차 산정방식의 차이로

[후] **그러나** 근로기준법과 복무조례에 따른 연차 산정방식이 달라

문장부호 규정에서는 '그러나' 뒤에 쉼표를 "쓸 수 있다"라고 언급한다. 예전에는 '그러나, 그러므로, 그런데, 그리고' 뒤에 쉼표를 하지 못하도록 했으나 지금은 할 수 있다는 입장이다. 다만 규정이 그렇더라도 가독성을 고려하면 가급적 하지 않는 것이 자연스럽다.

> ▶ 2015년에 개정된 문장부호 해설에서는 '그리고, 그러나, 그런데, 그러므로' 등과 같은 접속 부사 뒤에 쉼표를 하지 않는 것이 자연스럽지만 쉼표에는 꼭 접속의 기능만 있는 것이 아니므로 필요한 경우에는 쉼표를 할 수 있도록 하고 있다.

[전] 그동안 **우리는** 안보는 미국을 중시하고

[후] 그동안 **우리는,** 안보는 미국을 중시하고

쉼표가 문장성분 간의 의미 경계를 표시할 때는 생략하지 않는다. 다시 말해 앞말이 뒷말과 직접적인 관계에 있지 않을 때, 두 말 사이에 반드시 쉼표를 해야 한다.

> ▶ '즉'은 "에너지 전환이 이뤄져야 한다. 즉, 정부는" 처럼 앞에 마침표가 오면 쉼표를 하지 않아도 되지만, "이에 정부는 일터, 즉 기업에 여가 친화적" 처럼 앞에 마침표가 오지 않으면 '즉' 앞에 쉼표를 하는 것이 자연스럽다.
> ▶ "필요하다. 첫째," 처럼 순서를 나타내는 말 앞에 마침표가 있으면 '첫째, 둘째' 뒤에 쉼표를 하는 것이 자연스럽지만, "첫째, 빠른 판단력, 둘째," 처럼 순서를 나타내는 말 앞에 쉼표가 있으면 뒤에 쉼표를 하는 것이 어색하게 느껴질 수 있으므로 이런 경우에는 "첫째는 빠른 판단력, 둘째는" 처럼 쉼표를 생략하는 편이 자연스럽다.

전 구성되었고, 진료부, 간호부, 관리부 등 여러 부서에서
후 구성되었고 진료부, 간호부, 관리부 등 여러 부서에서 / 구성되었고, 진료부·간호부·관리부 등 여러 부서에서 / 구성되었고, 진료부 간호부 관리부 등 여러 부서에서

구절 경계 쉼표와 단어 경계 쉼표를 이어 쓰는 것은 문장부호의 기능을 약화시키는 요인이 될 뿐만 아니라 가독성을 떨어뜨리는 요인도 되기도 한다. 이럴 때는 구절 경제 쉼표를 생략하는 방법과 단어 경계 쉼표를 가운뎃점으로 바꾸는 방법, 단어 경계 쉼표를 생략하는 방법을 쓸 수 있다.

가운뎃점

  '가운뎃점'은 열거할 말들을 일정한 기준에 따라 묶거나 짝을 이루는 말을 하나의 어구로 묶을 때 하는데, 표준국어대사전에 한 낱말로 올라와 있으면 하지 않아야 한다. 예를 들어 '시도'나 '시군'은 표준국어대사전에 한 낱말로 올라와 있으므로 가운뎃점을 하면 안 된다. 다만 '금은동'이나 '육해공'처럼 표준국어대사전에 한 낱말로 올라와 있지 않지만, 우리말샘에 한 낱말로 올라와 있는 말들은 가운뎃점을 해야 하지만 하지 않을 수 있다. '농·임산물'이나 '민·관·산·학'처럼 표준국어대사전과 우리말샘에 한 낱말로 올라와 있지 않은 말들은 가운뎃점을 해야 한다.

▶ 국립국어원의 '온라인 가나다'에서는 '금은동'을 표준어에 준하는 표현이라고 설명한다. 표준어라면 표준국어대사전에 한 낱말로 올리면 그만인데, 국민 참여형 개방사전인 우리말샘에 올려놓고 전문가가 감수했기 때문에 신뢰해도 된다는 것이 국립국어원의 설명이다. 그 결과 '금은동'은 가운뎃점을 하는 것이 원칙이지만 한 낱말처럼 사용하는 언어 현실을 감안하여 가운뎃점을 하지 않아도 된다.

▶ '시장'과 '도지사'를 아울러 '시도지사'라고 써야 할까, '시·도지사'라고 써야 할까? 사실 둘 다 올바른 표기는 아니다. '시도지사'처럼 쓰려면 표준국어대사전에 한 낱말로 올라와 있어야 하는데 아직은 한 낱말이 아니다. 그렇다고 '시·도지사'처럼 가운뎃점을 쓰자니 '시지사'와 '도지사'를 아울러 이르는 말이 되므로 그것도 곤란하다. 이러한 상황에서 국립국어원의 '온라인 가나다'에서는 '시도지사'가 우리말샘에 한 낱말로 올라와 있으므로 가운뎃점을 하지 않아도 된다고 안내한다. 참고로 '시·도'의 장을 '시도지사'라고 부르는 것은 '都(도)·道(도)·府(부)·縣(현)'의 장을 아울러 '知事(지사)'

라고 부르는 일본어에 영향을 받은 것으로 보인다.

▶ '구·군'의 장은 '구·군수'나 '군·구청장'이라고 하지 않고 '구청장·군수'나 '군수·구청장'이라고 해야 한다. '시·군·구'의 장도 '시장·군수·구청장'이라고 해야 한다.

전 지난 5월부터 **산·학·연** 전문가로 구성된 심사위원회의
후 지난 5월부터 **산학연** 전문가로 구성된 심사위원회의

'산학연'은 한 낱말이므로 가운뎃점을 할 필요가 없다. 그런데 '산·학·연·관(産·學·硏·官)'이나 산·학·연·민·관(産·學·硏·民·官), 산·학·연·병(産·學·硏·病), 산·학·연·정(産·學·硏·政) 등은 아직 한 낱말이 아니므로 가운뎃점을 해야 한다. '산학연'이 한 낱말이라고 해서 '산학연·관'처럼 표기하는 것은 부자연스럽다.

▶ '읍·면'은 한 낱말이 아니므로 가운뎃점을 해야 하지만 우리말샘에 한 낱말로 올라와 있으므로 가운뎃점을 하지 않을 수 있다. 이와 달리 '읍면사무소'는 표준국어대사전과 우리말샘에 한 낱말로 올라와 있지 않으므로 '읍·면사무소'라고 해야 한다. 다만 '읍면 사무소'처럼 띄어 쓴다면 가운뎃점을 하지 않을 수 있다.

전 **원부자재** 및 완제품 정보를 교환하고
후 **원·부자재**와 완제품 정보를 교환하고

'원·부자재'는 한 낱말이 아니므로 가운뎃점을 해야 한다. '농·임산물, 농·축산업, 농·축업, 농·축협, 실·과, 원·하청, 이·전직, 이·통장, 자·타각'도 마찬가지다. 그런데 '신·증축, 오·탈자, 위·변조, 유·무형, 융·복합, 존·비속, 항·포구' 등은 한 낱말이 아니지만 우리말샘에 한 낱말로 올라와 있으므로 가운뎃점을 하지 않을 수 있다.

전 **육·해·공군** 및 해병대 지휘관 등과 협의하여
후 **육해공군** 및 해병대 지휘관 등과 협의하여

'육해공군'은 한 낱말이므로 가운뎃점을 할 필요가 없다. 이와 달리 '육해공'은 한 낱말이 아니므로 '육·해·공'처럼 가운뎃점을 하는 것이 원칙이다. 다만, 우리말샘에 '육해공'이 한 낱말로 올라와 있으므로 이에 근거하여 '육해공'처럼 가운뎃점을 하지 않을 수 있다.

전 좁은 도로와 **주·정차** 차량으로 사다리차 접근이 어려운
후 좁은 도로와 **주정차** 차량으로 사다리차 접근이 어려운

'공사립, 국내외, 군경, 노사, 노사정, 대내외, 근현대, 농어가, 농어촌, 도농, 민관, 산학연, 상중하, 시공간, 시도, 시군, 승하차, 아침저녁, 온습도, 이착륙, 인허가, 입출력, 전후, 장단점, 장차관, 중경상, 증개축, 출퇴근, 화생방'처럼 표준국어대사전에 한 낱말로 올라와 있는 말에는 가운뎃점을 하지 않는다. 참고로 '내외부, 농축산, 상하반기, 석박사, 시군구, 시도지사, 연근해, 영유아, 예결산, 오폐수, 온오프라인, 유무선,

융복합, 읍면동, 전월세, 전현직, 중대형, 중장기, 중장년, 초중고, 탈부착' 등은 한 낱말이 아니지만, 우리말샘에 한 낱말로 올라와 있으므로 가운뎃점을 하지 않을 수 있다.

> ▶ '가공·수출'과 '가공수출'은 뜻이 다르다. '가공·수출'은 "가공과 수출"을 뜻하지만 '가공수출'은 "가공하여 수출하다"를 뜻한다.
> ▶ 가운뎃점을 비롯해 '및'이나 '과/와'는 모두 뜻이 같은데, 한 문서 내에서 이를 혼용하는 것은 바람직하지 않다. 참고로 '및'은 '또는'이 아니라 '과/와'의 뜻으로만 써야 하는데, 읽는 사람이 '또는'으로 오해할 수 있으므로 가급적 즐겨 쓰지 않도록 한다.

빗금

'빗금'은 '금메달/은메달/동메달'처럼 대비되는 두 개 이상의 어구를 묶어 나타낼 때 그 사이에 하거나 '1000원/개'처럼 기준 단위당 수량을 표시할 때 해당 수량과 기준 단위 사이에 한다. '빗금 오용'은 공문서에서 자주 발견되는 오류 중 하나인데 빗금을 '또는'의 뜻으로 쓰지 않고 '과/와'의 뜻으로 쓰는 오류가 주를 이룬다.

> ▶ 문장부호에서 빗금의 해설을 보면 둘 이상의 어구를 서로 대비해서 보이고자 할 때, 상위어 또는 상위 개념이 같으면서 개념상 대비되는 어구들을 하나로 묶을 때 쓴다고 풀이되어 있다. 그런데 이러한 풀이만으로는 '남반구/북반구'를 '남반구 또는 북반구'로 보아야 하는지, '남반구와 북반구'로 보아야 하는지 구별하기 어렵다. 이와 관련하여 국립국어원 온라인 가나다

에는 둘 다 가능하다는 답변이 올라와 있지만, 이관규(2010:38)는 "빗금은 선택 관계를 표시한다. 빗금의 좌우에 있는 요소 중 어느 것을 선택해도 된다는 의미를 가지고 있다. 경우에 따라서는 빗금이 'and'의 의미를 가지고 있을 때도 있는데, 이러한 경우에도 물론 '선택'의 의미를 유지하는 게 일반적이다."라고 설명한다. 즉 '남반구 또는 북반구'로 보아야 한다는 것이다.

전 투자연계/전시회·박람회/시장개척
후 투자 연계, 전시회·박람회 개최, 시장 개척

빗금에는 '또는'의 뜻이 있다. '과/와'의 뜻으로 쓸 때는 쉼표(남한, 북한)나 가운뎃점(남한·북한)을 하고, '또는'의 뜻으로 쓸 때는 빗금(남한/북한)을 해야 한다. 실례로 '이/가'만 하더라도 '이'와 '가'를 이르는 말이 아니라 '이' 또는 '가'를 뜻하는 말이다.

▶ 빗금의 앞뒤 낱말은 "남반구/북반구"처럼 붙여 써야 하지만 띄어 쓰는 것이 허용된다.

따옴표

'큰따옴표'는 인용하거나 책의 제목, 신문 이름 등을 나타낼 때 하고, '작은따옴표'는 인용문 안에 인용문이 있거나 마음속으로 한 말, 책의 소제목, 예술 작품의 제목, 상호, 법률, 규정 등을 나타낼 때 한다. '따옴표 오용'은 공문서에서 자주 발견되는 오류 중 하나인데 작은따옴표를 큰따옴표처럼 쓰는 오류가 주를 이룬다.

|전| "중소기업 경영 안정"…5900억 지원
|후| 중소기업 경영 안정 자금, 5900억 지원

인용할 때는 큰따옴표를 하지만 강조할 때는 작은따옴표를 해야 한다. 참고로 보도자료 제목에 따옴표나 말줄임표를 남용하는 것은 바람직하지 않다. 보도자료의 제목은 전체 내용을 요약한 것이든, 주요 내용을 간추린 것이어야 한다.

> ▶ 공공기관의 보도자료에 인용문이 존재하는 까닭은 기관장이나 담당자의 말을 직접 빌려 사실을 확인하려는 의도에서 이루어져야 한다. 그러한 의도가 없는 인용문은 움베르토 에코의 시적처럼 보도자료 작성자가 글을 쓸 능력이 없거나 글을 쓰는 수고를 덜기 위한 꼼수로밖에 볼 수 없다.

|전| "빠르게 처리해 줄 것"을 당부했다.
|후| 빠르게 처리해 줄 것을 부탁했다. / "빠르게 처리해 주세요"라고 부탁했다.

> ▶ 공공기관의 보도자료에는 관례적으로 본문(body)의 마지막 부분에 기관장이나 담당자의 말을 인용하곤 하는데 말을 그대로 옮기는 것이 아니라 내용의 일부를 다듬어 옮기는 일이 일상적이다. 그런데 이런 식이라면 큰따옴표를 붙이는 것도, 인용문 뒤에 직접 인용격 조사 '라고'를 붙이는 것도 부자연스럽다.

괄호

'괄호'는 원문의 이해를 돕기 위해 설명이나 논평을 덧붙일 때 하거나 고유어에 대응하는 한자나 로마자를 함께 보일 때 한다. 괄호 안에 괄호를 할 때는 밖의 괄호를 대괄호로 하고, 안의 괄호를 소괄호로 한다. 다만 '한국(韓國)'이나 '유럽연합(EU)'처럼 말뜻을 오해하기 어려울 때는 굳이 한자나 로마자를 함께 적지 않도록 한다. 괄호가 많은 글은 가독성이 떨어지기 때문이다.

전 2020년 **자유무역협정(FTA)**활용
후 2020년 **자유무역협정[FTA]** 활용

실제로 잘 지켜지지 않지만 '유네스코(UNESCO)'처럼 괄호 안과 밖의 음이 같을 때는 소괄호를, '국제연합교육과학문화기구[UNESCO]'처럼 괄호 안과 밖의 음이 다를 때는 대괄호를 한다. '자유무역협정'을 '에프티에이'라고 적는 일이 흔치 않으므로 '자유무역협정[FTA]'이라고 하든지 '자유무역협정'이라고 해야 한다.

전 확대(('22년)26→('23년)32점)
후 확대[(2022년) 26점 → (2023년) 32점]

소괄호 안에 또 소괄호를 할 일이 있을 때, 바깥쪽의 소괄호를 대괄호로 바꾸어 쓴다.

줄임표

'줄임표'는 말을 생략하거나 줄일 때 한다. '줄임표 오용'은 공문서에서 자주 발견되는 오류 중 하나인데 줄임표 형식 오류가 주를 이룬다. 주로 언론에서 편집상의 이유로 지키지 않는 오류 중 하나이다.

▶ 줄임표는 가운뎃점을 하는 것이 원칙이지만 가급적 자판에 있는 문장부호를 사용하도록 문장부호를 개정하면서 마침표로 대신할 수 있도록 하였다.

전 평범한 일상을 되찾는 그날을 **기다리며..**
후 평범한 일상을 되찾는 그날을 **기다리며....**

말을 문장 중간에서 줄일 때는 6개 내지 3개의 줄임표를 하지만, 문장 끝에서 줄일 때는 7개 내지 4개의 줄임표를 해야 한다.

앰퍼샌드(&)

'앰퍼샌드(ampersand)'는 그리고(and)를 뜻하는 기호로 '&'의 이름이다. 표준국어대사전에는 "주로 회사명이나 참고문헌, 상업문 따위에 쓴다"라고 되어 있어 공문서에 쓰는 것은 바람직하지 않다. 무엇보다 '가운뎃점'과 뜻이 같지만 상대적으로 훨씬 더 복잡하게 보여 그만큼 가독성이 떨어진다. 활자는 보이지 않고 문장부호만 보이는 식이다.

전 **천안&아산&공주시, 홍성&부여&예산군** 등 6개 시군을 대상으로
후 **공주·아산·천안시, 부여·예산·홍성군** 등 6개 시군을 대상으로

앰퍼샌드는 우리나라 문장부호 규정에 따로 설명이 없으므로 하지 않아야 한다. 문장부호 규정이란 표기의 통일성을 갖추기 위한 최소한의 사회적 약속이므로 약속되지 않은 기호를 쓰는 것은 바람직하지 않다. 무엇보다 앰퍼샌드에는 '과/와'의 의미가 있으므로 가운뎃점으로 바꾸어 쓰면 된다.

아포스트로피(')

'아포스트로피(apostrophe)'는 "영어에서, 생략 또는 소유를 나타내는 기호의 이름"(표준국어대사전)이다. 공문서에 '아포스트로피'를 남용하는 것은 단순히 부적절한 일에서 그치는 것이 아니라 매우 위험한 일이다. 「정부공문서규정」에 공문서는 간단하고 '분명하게' 쓰도록 되어 있는데, 2023년 현재를 기준으로 '23은 2023년의 준말로 볼 수 있지만, 시간이 흐른 뒤에 '23을 2023년의 준말로 보지 않을 수 있기 때문이다.

전 '23. 2. 1. ~ 3. 1.
후 2023. 2. 1.~3. 1.

"23.'은 '2023년'을 줄여서 표시한 기호인데, 시간이 흘러 2123년이 되었을 때는 더 이상 쓸 수 없으므로 전혀 경제적이지 않다.

▶ 아포스트로피를 옥스퍼드 학습자 사전에서는 생략('63 for 1963), 소유(Sam's), 복수(letter's)의 기호로, 케임브리지 사전에서는 소유[I'm(I am)] 또는 생략['85(1985)]의 기호로 설명한다. 두 사전의 용례만 놓고 보면 아포

스트로피가 1900년대의 준말처럼 보일 수도 있는데, 이는 뜻풀이를 작성한 연도에 불과하다. 아포스트로피의 가장 큰 문제점이 바로 여기에 있다. 기록할 때와 해독할 때의 시간이 다르면 왜곡이 생긴다는 것이다. 더욱이 우리나라 문장부호 규정에서 '아포스트로피'를 따로 규정하지 않고 있으므로 공문서에는 쓰지 않도록 한다.

▶ '아포스트로피'처럼 글자 수를 줄이는 기호는 필사의 시대에 만들어진 것으로, 한때 논문을 작성할 때 썼던 ibid.나 op. cit.처럼 글을 쓰는 수고를 덜기 위한 장치에 불과하다. 그런데 이제는 시대가 달라져 더 이상 필사를 하지 않아도 되기 때문에 이러한 생략 기호는 이전 시대의 유습(謬習), 즉 잘못된 버릇이나 습관에 지나지 않는다.

기타

전 선택항목은 해당번호에 'ㅇ'**으로** 표시하여 주시기 바랍니다.

후 선택항목은 해당번호에 'ㅇ'**로** 표시하여 주시기 바랍니다. / 선택항목은 해당번호에 'ㅇ'**로** 표시하기 바랍니다.

문장부호로서 '숨김표(○)'는 금기어나 공공연히 쓰기 어려운 비속어 또는 밝힐 수 없는 사항을 나타낼 때 쓰기도 하지만 단순히 동그라미를 하라는 뜻으로도 쓴다. 후자의 뜻으로 쓰는 동그라미는 '공표' 또는 '동그라미표, 영표'라고 한다. 따라서 "○표를 하세요."라는 말은 "○를 하세요."라고 쓴다. "○표를 하세요."는 "공표표를 하세요"처럼 읽히기 때문이다.

표3 특수문자의 이름

기호	외국어	우리말 이름[분야]
&	ampersand	앰퍼샌드[일반], 앤드 기호
'	apostrophe	아포스트로피[언어], 생략 기호
*	asterrisk	눈표[일반], 꽃표[매체]
@	at sign, commercial at	골뱅이[매체]
\	back slash	역빗금
∵	because mark	거꿀삼발점[매체], 왜냐하면 기호
○	circle mark	공표, 동그라미표, 영표[일반]
^	circumflex, caret	캐럿[정보·통신], 삿갓표, 웃는눈 기호
:	colon	쌍점[언어]
©	copyright mark	저작권 기호[법률]
×	cross mark	가새표, 가위표[일반]
☞	index	손표, 손가락표[일반]
¶	pilcrow	단락 기호
※	reference mark	참고표, 참고 기호
;	semicolon	쌍반점[언어]
/	slash	빗금[언어]
∴	therefore mark	삼발점[매체], 그러므로 기호
		vertical bar	세로줄

▶ 따로 [분야]를 표시하지 않은 특수문자는 표준국어대사전에 등재되어 있지 않지만 일상적으로 널리 사용할 수 있는 이름이다.

(5) 「외래어 표기법」 오류

다른 나라의 말을 우리말로 적는 것은 쉬운 일이 아니다. 기본적으로 외래어 표기는 철자가 아니라 발음을 기준으로 삼는데, 사전마다 발음이 다른 것도 문제고, 지명이나 인명은 사전에서 발음을 찾을 수 없는 것도 문제다. 또한 발음을 기준으로 삼지만 camera[kæmərə]나

Elisabeth[ilízəbəθ]처럼 발음이 아니라 철자를 따르기도 하고, 미국 발음과 영국 발음이 다를 때는 영국 발음을 기준으로 삼지만 관례를 인정하여 미국 발음을 따르기도 한다. 발음 정보가 알려져 있지 않은 일부 언어는 철자를 따르도록 하고 있다. 따라서 철자는 같아도 나라별로 표기가 다를 수 있다. 예컨대 David는 영어권에서 '데이비드'라고 하지만, 프랑스어권에서는 '다비드'라고 하고, Charles도 영어권에서 '찰스'라고 하지만, 프랑스어권에서는 '샤를'이라고 한다. 참고로 외국인의 이름을 우리말로 적을 때, 원칙적으로 국적보다 태생이 더 중요하다.

> ▶ 외래어는 우리말로 자리를 잡은 다른 나라의 말이고, 외국어는 아직 우리말로 자리를 잡지 못한 다른 나라의 말이다. 이 둘은 사전 등재 여부나 우리말 대체어 유무로 구별하는데, 우리말로 대체할 수 있는 말 중에 사전에 등재된 다른 나라의 말을 어떻게 처리해야 할지 난감하다. 흔히 사전에 등재되지 않은 말과 우리말로 대체할 수 없는 말을 외국어로 처리하기 때문이다. 이러한 이유로 외래어와 외국어를 따로 구별하지 말고 모두 외국어로 처리하자는 주장도 있다.
>
> ▶ top의 미국 발음은 [tap]이고, 영국 발음은 [tɒp]인데 영국 발음에 따라 '톱'으로 적는다. 이와 달리 class의 미국 발음은 [klæs]이고, 영국 발음은 [klaːs]인데 관례에 따라 '클래스'로 적는다. 그런가 하면 accent는 [æksent]로 미국과 영국의 발음이 같지만 관례에 따라 '악센트'로 적도록 하고 있다.
>
> ▶ V[vi]도 미국과 영국의 발음이 [비]로 같지만 관례에 따라 '브이'로 적도록 하고 있다.

발음에 따라 적기

Saint Valentine[vælən tain]'s Day는 해마다 성 발렌티누스 사제가 순교한 2월 14일에 사랑하는 사람끼리 선물을 주고받는 서양 풍습에서 유래한 날이다. 이날은 철자에 따라 '발렌타인'으로 적지 않고 발음에 따라 '밸런타인'으로 적는다.

▶ 발음에 따라 application[æplikeiʃən]은 애플리케이션, barbecue[bɑəbɪkju]는 바비큐, biscuit[bɪskɪt]은 비스킷, block[blɔk]은 블록, body[bɔdi]는 보디, capture[kæptʃər]는 캡처, caramel[kærəmel]은 캐러멜, carol[kærəl]은 캐럴, class[klæs]는 클래스, complex[kɔmpleks]는 콤플렉스, conference[kɔnfərəns]는 콘퍼런스, contents[cɔntents]는 콘텐츠, control[kəntroul]은 컨트롤, culture[kʌltʃər]는 컬처, data[dɑːtə]는 데이터, deck[dek]은 덱, front[frʌnt]는 프런트, frontier[frʌntíər]는 프런티어, leadership[liːdəʃip]은 리더십, license[laisəns]는 라이선스, lucky[lʌki]는 러키, miracle[mirəkl]은 미러클, manual[mænjuəl]은 매뉴얼, message[mesidʒ]는 메시지, narrator[næreitər]는 내레이터, nonsense[nɑːnsens]는 난센스, outlet[autlet]은 아웃렛, partnership[partnərʃip]은 파트너십, pioneer[paiəníər]는 파이어니어, presentation[prezənteiʃən]은 프레젠테이션, recreation[rekrieiʃən]은 레크리에이션, report[ripɔːrt]는 리포트, royal[rɔiəl]은 로열, running[rʌniŋ]은 러닝, solution[səluːʃən]은 설루션, sponge[spʌndʒ]는 스펀지, summer[sʌmər]는 서머, target[taːrgit]은 타깃, universal[juniversəl]은 유니버설, vision[víʒən]은 비전, workshop[wɜːkʃɔp]은 워크숍으로 적는다.

▶ [ə]는 '어'와 '으'의 중간 음이므로 counselor[kaunsələr]는 '카운슬러'로 적는다.

전 파도를 **그라데이션**으로 표현한
후 파도를 **그러데이션**으로 표현한

gradation[grədeɪʃən]은 철자에 따라 '그라데이션'으로 적지 않고 발음에 따라 '그러데이션'으로 적는다.

▶ 지명이나 인명 중 발음기호가 알려지지 않은 말은 되도록 현지음에 가깝게 적는 것을 원칙으로 한다. 예컨대 Rio de Janeiro는 흔히 철자에 따라 '리오데자네이로'라고 하지만 브라질 발음에 따라 '리우데자네이루'라고 해야 하고, Cannes도 철자에 따라 '칸느'라고 하지만 영국 발음에 따라 '칸'이라고 해야 한다.

▶ 오스트리아의 수도는 Wien 또는 Vienna라고 하는데, 전자는 독일어 발음이고 후자는 영어 발음이다. 따라서 현지에서 쓰는 발음에 따라 오스트리아 수도는 '빈'이라고 해야 한다. 이와 마찬가지의 이유로 베니스(Venice)는 이탈리아 발음에 따라 베네치아(Venesia)로, 시저(Caesar)는 로마 발음에 따라 카이사르(Caesar)로 적어야 한다.

▶ 최근 터키 정부는 Turkey에 '칠면조' 또는 '겁쟁이'라는 부정적인 뜻이 있어 나라 이름을 Türkiye로 바꾸었다. 이에 국립국어원은 발음에 따라 '터키'를 '튀르키예'로 적기로 하였다.

> ### ☝ '레이다'와 '레이더'의 복수 표기
> radar[reidɑːr]는 발음에 따라 '레이다'로 적어야 한다. 그런데 1987년 외래어 표기를 정비하는 과정에서 '레이다'가 '레이더'로 바뀌어 〈국정교과서편수〉 자료에 실렸다. 오랜 논란 끝에 2016년에 '레이다'를 공식 표기로 인정하면서 이미 널리 사용되고 있던 '레이더'를 관용 표현으로 함께 쓸 수 있도록 하였다.

철자에 따라 적기

중국 쓰촨성 일대에 서식하는 '시옹마오(熊猫)', 즉 '곰고양이'는 중국을 대표하는 동물 중 하나이다. 영어로는 panda[pændə]라고 하는데, 이를 발음에 따라 적으면 '팬더'가 되지만 철자에 따라 '판다'로 적도록 하였다.

전 **캐톨릭** 등 성직자들이
후 **가톨릭** 등 성직자들이

catholic[kæθəlik]은 발음에 따라 적으면 '캐설릭'이 되지만 철자에 따라 '가톨릭'으로 적도록 하였다.

> ▶ 철자에 따라 category[kætəgɔːri]는 카테고리, cholera[kɔlərə]는 콜레라, mania[meɪniə]는 마니아, model[madl]은 모델, paris[pæris]는 파리, radio[reidiou]는 라디오로 적는다.

관례에 따라 적기

mammoth[mæməθ]는 발음에 따라 [매머스]로 적어야 하지만 '매머드'가 관례적으로 널리 쓰이고 있는 점을 인정하여 '매머드'로 적도록 하였다. '매머드'와 함께 '맘모스'도 널리 쓰이고 있으나 이는 일본식 외래어 표기이므로 관례적 표기로 인정하지 않았다.

▶ 이극로는 1935년에 "외래어가 우리말에 들어올 때 우리화하는 것이 옳다"라고 말한 바 있다. 외국에서 어떻게 발음하든 우리의 음운체계와 우리의 언어 감각에 맞게 적어야 한다는 것이다. 실례로 Socrates를 그리스에서는 '소크라테스'라고 하지만 영국에서는 '소크러티즈', 프랑스에서는 '소크라라드', 스위스에서는 '소크라티스'라고 한다. 또한 Wien을 독일에서는 '빈'이라고 하지만, 영국에서는 '비에너', 프랑스에서는 '비엔느', 스위스에서는 '비에네스'라고 한다. 이처럼 유럽에서는 다른 나라의 말을 자기 나라의 발음에 따라 적는다.

▶ 몇 해 전까지 'VR'은 '브이알'로 적지 않고 '브이아르'로 적었다. 알파벳 'R'의 발음이 [ɑ:r]이기 때문이다. 그런데 2022년 12월 20일 국어심의회가 관례에 따라 '알'로도 적을 수 있도록 하여 이제는 '브이알'로도 적을 수 있다.

▶ 알파벳 'Z'는 미국 발음이 [ziː]이고 영국 발음이 [zed]이지만, 네덜란드에서 일본을 거쳐 들어온 말이므로 네덜란드 발음 [zet]에 따라 '제트'로 적는다. 알파벳 'Z'를 [지]로 적으면 알파벳 'G'와 구별하기 어렵다는 점을 고려한 것이다. 따라서 'MZ'는 '엠지'가 아니라 '엠제트'라고 적어야 한다. 다만 'DMZ'는 '디엠제트'라고 적는 것이 원칙이지만 관례에 따라 '디엠지'로도 적을 수 있다.

전 **아젠다** 2030에서 지속가능한 공약을 달성하기 위해
후 **어젠다** 2030에서 지속할 수 있는 공약을 달성하기 위해

agenda[ədʒendə]는 발음에 따라 '어젠더'로 적어야 한다. 그러나 우리나라에서 오랫동안 Atlanta[ætlæntə], California[kæləfɔːniə], Victoria[viktɔːriə] 등을 '애틀랜타, 캘리포니아, 빅토리아'로 적어 왔으므로 인명이나 지명의 [ə]는 관례에 따라 '아'로 적도록 하였다. 그것이 일반 용어에도 확대 적용되어 2013년 4월 24일 제108차 정부·언론외래어심의공동위원회에서 agenda를 '어젠다'로 적도록 심의하였다.

전 **지놈** 서비스 산업의 미래
후 **게놈** 서비스 산업의 미래

genome[dʒiːnoum]은 발음에 따라 '지놈'으로 적어야 한다. 그러나 우리나라에서 오랫동안 미국이나 영국식 발음이 아니라 독일식 발음에 따라 '게놈'으로 불러왔던 관례에 따라 2000년 5월 30일 제33차 정부·언론외래어심의공동위원회에서 'genome'을 '게놈'으로 적도록 심의하였다.

> ▶ 관례에 따라 cabinet[kæbənit]은 캐비닛, chocolate[tʃɔːkələt]은 초콜릿, navigation[nævəgeiʃən]은 내비게이션, pamphlet[pæmflət]은 팸플릿으로 적는다.

전 젤렌스키 대통령이 **키예프**에서 우크라이나 군인들을 만났다.

후 젤렌스키 대통령이 **키이우(키예프)**에서 우크라이나 군인들을 만났다.

우크라이나의 수도 Kyiv[kýjiv]는 그동안 관례적으로 러시아식 표기인 '키예프'로 적어 왔으나 2022년 3월 우크라이나어 표기를 심의하여 우크라이나식 표기인 '키이우'로 적을 수 있도록 하였다.

▶ '아조프해'는 '아조우해', '보리스폴 국제공항'은 '보리스필 국제공항', '하리코프'는 '하르키우', '도네츠강'은 '시베르스키도네츠강'으로 적을 수 있다.

무성파열음 적기

「외래어 표기법」 제3장 제1절 제1항에서는 무성파열음 [p], [t], [k]가 단모음 다음의 어말에 올 때와 단모음과 자음([l], [r] [m] [n] 제외) 사이에 올 때 받침으로 적도록 하고 있다. 이와 달리 장모음이나 이중모음 다음의 어말에 올 때와 자음 뒤 어말에 올 때, 자음 앞에 올 때 '으'를 붙여 적어야 한다.

전 해안**데크** 산책로를 조성하면
후 해안**덱** 산책로를 조성하면

deck[dek]의 무성파열음 [k]는 단모음 [e] 다음의 어말에 오기 때문에 받침으로 적어야 한다. 따라서 '데크'가 아니라 '덱'으로 적는다.

▶ 무성파열음 적기에 따라 gips[dʒɪps]의 [p]는 단모음 [i]와 어말의 자음

[s] 사이에 오기 때문에 받침으로 적어야 한다. 따라서 '기브스'가 아니라 '깁스'로 적는다.
▶ 무성파열음 적기에 따라 trot[trot]의 [t]는 단오음 [o] 다음의 어말에 오기 때문에 받침으로 적어야 한다. 따라서 '트롯'이라고 적어야 하지만, 승마용어 '트롯'과 구별하기 위해 '트로트'로 적도록 하였다.

전 중세시대를 연상케 하는 **카페트** 모양을 활용해
후 중세시대를 연상케 하는 **카펫** 모양을 활용해

carpet[kɑːrpit]의 [p]는 단모음 [e] 다음의 어말에 오기 때문에 받침으로 적어야 한다. 따라서 '카페트'가 아니라 '카펫'으로 적는다.

▶ 무성파열음 적기에 따라 net[net]의 [t]는 단모음 [e] 다음의 어말에 오기 때문에 받침으로 적어야 한다. 따라서 '네트'가 아니라 '넷'으로 적어야 한다. 그러나 '네트'를 관용적 표기로 인정하여 예외적으로 '네트'로 적도록 하였다. mat[mæt]도 마찬가지로 '매트'를 관용적 표기로 인정하여 예외적으로 '매트'로 적도록 하였다.
▶ 무성파열음 적기에 따라 Uzbek[uzbek]의 [k]는 단모음 [e] 다음의 어말에 오기 때문에 받침으로 적어야 한다. 따라서 '우즈벡'이 아니라 '우즈베크'로 적어야 한다.

전 '여행용가방(캐리어)을 갖고 가는 여행'이라는 **컨셉**으로 기획
후 '여행용가방을 끌고 가는 여행'이라는 **콘셉트**로 기획

concept[kɔnsept]의 [t]는 자음 뒤 어말에 오기 때문에 '으'를 붙여 '트'로 적어야 한다. 따라서 '컨셉'이나 '콘셉'이 아니라 '콘셉트'로 적는다.

> ▶ 무성파열음 적기에 따라 teamwork[tiːmwərk]의 [k]는 자음 뒤 어말에 오기 때문에 '으'를 붙여 '크'로 적어야 한다. 따라서 '팀웍'이 아니라 '팀워크'로 적는다.
> ▶ 무성파열음 적기에 따라 tape[teɪp]의 [p]는 이중모음 [ei] 다음의 어말에 오기 때문에 '으'를 붙여 '프'로 적어야 한다. 따라서 '테잎'이 아니라 '테이프'로 적는다.

전 10주년 축하 **케익** 커팅 행사를 가졌나
후 10주년 축하 **케이크**를 자르는 행사를 하였다

cake[keik]의 [k]는 이중모음 [ei] 다음의 어말에 오기 때문에 '으'를 붙여 '크'로 적어야 한다. 따라서 '케익'이 아니라 '케이크'로 적는다.

> ▶ 무성파열음 적기에 따라 flute[fluːt]의 [t]는 장모음 [uː] 다음의 어말에 오기 때문에 '으'를 붙여 '트'로 적어야 한다. 따라서 '플룻'이 아니라 '풀루트'로 적는다.
> ▶ 무성파열음 적기에 따라 swap[swap]의 [p]는 이중모음 [wa] 다음의 어말에 오기 때문에 '으'를 붙여 '프'로 적어야 한다. 따라서 '스왑'이 아니라 '스와프'로 적는다.

유성파열음 적기

「외래어 표기법」 제3장 제1절 제2항에서는 유성파열음 [b], [d], [g]가 어말에 올 때와 자음 앞에 올 때 '으'를 붙여 적도록 하고 있다.

전 **헐리웃** 슈퍼스타의
후 **할리우드** 슈퍼스타의

Hollywood[hɑliwud]의 [d]는 어말에서 '으'를 붙여 '드'로 적어야 한다. 따라서 '헐리웃'이 아니라 '할리우드'로 적는다.

> ▶ 유성파열음 적기에 따라 lobster[lɔbstər]의 [b]는 자음 앞에서 '으'를 붙여 '브'로 적어야 한다. 따라서 '랍스터'가 아니라 '로브스터'로 적는다. 그런데 최근에 '랍스터'가 미국 발음을 따른 관례적인 표기임을 감안하여 '랍스터'로도 적을 수 있도록 하였다.
> ▶ 유성파열음 적기에 따라 adlib[ædlib], David[deivid], Robinhood[rabinhud]는 어말에 유성파열음이 오기 때문에 '애드리브, 데이비드, 로빈후드'로 적는다.

☞ **'시카고 커브스'와 '멜 깁슨'의 표기가 다른 이유**
Cubs[kʌbs]와 Gibson[gíbsn]은 [b]가 동일하게 자음 앞에 오기 때문에 '으'를 붙여 '브'로 적어야 한다. 따라서 '커브스'와 '기브슨'으로 적는데, Gibson은 관례를 인정하여 '깁슨'으로 적도록 허용하였다.

마찰음 적기

「외래어 표기법」 제3장 제1절 제3항에서는 마찰음 [f], [s], [v], [z], [θ], [ð]를 어말과 모든 자음 앞에서 '으'를 붙여 적도록 하고 있다. 아울러 [ʃ]는 어말에서 '시', 자음 앞에서 '슈'라고 적고, 뒤에 오는 모음에 따라 [ɑ]와 만나면 '샤', [æ]와 만나면 '섀', [ə]와 만나면 '셔', [e]와 만나면 '셰', [ɔ]와 만나면 '쇼', [u]와 만나면 '슈', [i]와 만나면 '시'로 적어야 한다.

전 **샷시** 주위에 솜털처럼 생긴 방풍모를 설치
후 **새시** 주위에 솜털처럼 생긴 방풍모를 설치

sash[sæʃ]의 [ʃ]는 어말에서 '시'로 적어야 한다. 아울러 발음에 따라 '샤시'나 '샷시'가 아니라 '새시'로 적는다.

▶ 마찰음 적기에 따라 leadership[liːdərʃip]은 리더십, flash[flæʃ]는 플래시, shield[ʃiːld]는 실드로 적는다.

전 공유 오피스가 있는 **쉐어하우스** 분양
후 공유 오피스가 있는 **셰어하우스** 분양

sharehouse[ʃeəhaus]의 [ʃ]는 모음 [e]와 만나면 '셰'로 적어야 한다. 따라서 '쉐어'가 아니라 '셰어'로 적는다. 'chef[ʃef]'도 마찬가지로 '셰프'로 적는다.

전 교육단체 **스탭**과 소통하기
후 교육단체 **스태프**와 소통하기

staff[stæf]의 [f]는 어말에서 '으'를 붙여 적어야 한다. 따라서 '스탭'이 아니라 '스태프'로 적는다.

중모음 적기

「외래어 표기법」 제3장 제8항에서는 [ou]를 '오'로 적도록 하고 있다. 'doughnut[dounʌt]'을 '도우넛'이라고 하지 않고 '도넛'이라고 하듯이 '오우'를 '오'로 적도록 한 것이다.

전 행정업무용 컴퓨터 1000여 대를 **윈도우**11(window11)로 교체한다고
후 행정업무용 컴퓨터 1000여 대를 **윈도**11로 교체한다고

window[windou]는 '윈도우'가 아니라 '윈도'로 적는다. windows도 마찬가지다. '윈도우즈'나 '윈도즈'가 아니라 '윈도'로 적는다.

▶ 중모음 적기에 따라 brochure[brouʃə]는 브로셔, shadow[aiʃædou]는 섀도, rainbow[reinbou]는 레인보, rotary[routəri]는 로터리, snow[snou]는 스노, yellow[[jelou]는 옐로로 적는다.

반모음 적기

「외래어 표기법」 제3장 제9항에서는 반모음 [w]를 뒤에 오는 모음에

따라 [ə], [ɔ], [ou]가 오면 '워', [ɑ]가 오면 '와', [æ]가 오면 '왜', [e]가 오면 '웨', [i]가 오면 '위', [u]가 오면 '우'로 적도록 하고 있다. 또한 반모음 [j]를 뒤에 오는 모음에 따라 [ɑ]가 오면 '야', [æ]가 오면 '애', [ə]가 오면 '여', [e]가 오면 '예', [ɔ]가 오면 '요', [u]가 오면 '유', [i]가 오면 '이'로 적도록 하고 있다.

전 **아쿠아마린** 시설을 갖춘
후 **아콰마린** 시설을 갖춘

aquamarine[akwəmərin]은 '아콰마린'으로 적는다. [kwə]는 반모음 적기에 따라 '콰'라고 적어야 하기 때문이다. 다만 aqua[ækwə]를 단독으로 쓸 때 관례에 따라 '아쿠아'로 적고, marine[mərin]을 단독으로 쓸 때 관례에 따라 '마린'으로 적는다.

> ☝ **'슈퍼'와 '주스'의 표기가 다른 이유**
>
> 'super[sju:pər]'는 반모음 적기에 따라 '슈퍼'로 적고, juice[dʒu:s]는 발음에 따라 '주스'로 적는다. 철자만 놓고 보면 똑같은 'u'이지만, 발음이 다르기 때문에 다르게 적는 것이다.

인명 적기

「외래어 표기법」 제4장 제1항과 제2항에서는 서양인의 이름을 적을 때 특별한 규정이 없지만, 제3국의 발음이 널리 통용되는 이름은 관례에 따라 적도록 하고 있다. 이에 따라 로마의 장군 '카이사르(Caesar)'는 영어식 이름인 '시저'가 널리 통용되는 점을 고려하여 '시저'라고 적을 수 있다. 동양인의 이름 중 중국인의 이름은 신해혁명이 일어난 1911년을 기준으로 그 이전에 태어난 사람은 한국 한자음으로, 그 이후에 태어난 사람은 중국 한자음으로 적도록 하고 있다. 일본인의 이름은 과거와 현대의 구분 없이 일본식 발음에 따라 적도록 하고 있다.

전 세계적인 석학 **개리 제레피** 듀크대 글로벌가치사슬센터장
후 세계적인 석학 **게리 게러피(Gary Gereffi)** 듀크대 글로벌가치사슬센터장

국립국어원 누리집 첫 화면 어문규범 항목의 용례 찾기에서 'Gary'를 검색하면 영어로는 '게리', 프랑스어로는 '가리'라고 적는다는 것을 확인할 수 있다. 아울러 'Gereffi'를 검색하면 어떤 사람도 검색되지 않지만 문제가 되는 Gere를 Bere 등과 함께 검색하면 '게러' 또는 '게레'로 적을 수 있다는 것을 유추할 수 있다. 그런데 'Gary Gereffi'의 동영상을 찾아보면 [게리 게러피]에 가깝게 발음하는 것을 확인할 수 있으므로 'Gary Gereffi'는 우리말로 '게리 게러피' 또는 '게리 게레피' 정도로 적는 것이 무난하다. 다만 우리말 인명 표기가 정확하지 않을 수 있으므로 로마자를 병기하도록 한다.

전 **아이보시 코이치** 주한일본대사를 초치하여
후 **아이보시 고이치(相星 孝一)** 주한 일본대사를 불러

「외래어 표기법」 제2장 표기 일람표 표 4에서는 어두에서 '가, 기, 구, 게, 고, 다, 도', 어중과 어말에서 '카, 키, 쿠, 케, 코, 타, 토'로 적도록 하고 있다. 따라서 '相星 孝一'는 '아이보시 고이치'라고 적어야 한다.

> ▶ 2020년 도쿄올림픽에서 우리나라 전지희 선수가 여자 단체 8강전에서 만난 독일의 탁구선수 '페트리사 솔랴(Petrissa Solja)'를 KBS와 SBS에서는 '솔자'로, MBC에서는 '솔야'로 소개하였다. '다음'과 '네이버'의 인물 정보에서는 '솔자'로 소개하였는데 이것은 올바른 표기일까? 인명 표기를 올바르게 하기 위해서는 우선 국립국어원 누리집 첫 화면에서 어문규범 항목의 '용례 찾기'로 들어가 독일인 중에 'Petrissa Solja'를 찾으면 된다. 만약 똑같은 이름이 없다면 해당 표기와 관련하여 'lja'를 끝 무자로 지정하여 철자가 비슷한 사람의 이름을 어떻게 표기하는지 참고하면 된다. 그렇게 검색한 결과, 블라허 콜랴(Blacher Kolja)를 찾을 수 있으므로, 'Solja'를 '솔랴'로 적으면 된다는 사실을 유추할 수 있다. 최종적으로 구글에서 'Petrissa Solja'로 동영상을 검색해서 발음을 확인하면 된다.

(6) 「국어의 로마자 표기법」 오류

「국어의 로마자 표기법」 제1장 제1항에서는 「표준어 규정」 제2부 「표준발음법」에 따라 로마자를 적도록 하고 있다. 아울러 제2장에 세부 표기 일람을 다음 [표4], [표5]와 같이 제시하고 있다.

표4 「국어의 로마자 표기법」 자모음 표기 일람표

자음						모음				
ㄱ	ㄲ	ㅋ	ㄷ	ㄸ	ㅌ	ㅏ	ㅓ	ㅗ	ㅜ	ㅡ	ㅣ
g/k	kk	k	d/t	tt	t	a	eo	o	u	eu	i
ㅂ	ㅃ	ㅍ	ㅈ	ㅉ	ㅊ	ㅐ	ㅔ	ㅚ	ㅟ	ㅑ	ㅕ
b/p	pp	p	j	jj	ch	ae	e	oe	wi	ya	yeo
ㅅ	ㅆ	ㅎ	ㄴ	ㅁ	ㅇ	ㅛ	ㅠ	ㅒ	ㅖ	ㅘ	ㅙ
s	ss	h	n	m	ng	yo	yu	yae	ye	wa	wae
ㄹ						ㅝ	ㅞ	ㅢ			
r/l						wo	we	ui			

표5 「국어의 로마자 표기법」 받침 표기 일람표

받침											
ㄱ	ㅋ	ㄲ	ㄳ	ㄺ	ㄴ	ㄵ	ㄶ	ㄷ	ㅌ	ㅅ	ㅈ
k	k	k	k	k	n	n	n	t	t	t	t
ㅊ	ㅎ	ㅆ	ㄹ	ㄽ	ㄾ	ㅀ	(ㄼ)	ㅁ	ㄻ	ㅂ	
t	t	t	l	l	l	l	l	m	m	p	
ㅍ	ㅄ	ㄿ	(ㄿ)	ㅇ							
p	p	p	p	ng							

▶ 1940년대 조선어학회안을 시작으로 1948년·1959년·1984년 문교부안과 2000년 문광부안을 거쳐 2014년 현행 국어의 로마자 표기법이 만들어졌다.

▶ [표4]를 보면 'ㄱ, ㄷ, ㅂ'을 'g, b, d' 또는 'k, t, p'로 적을 수 있도록 하는데, 모음 앞에서는 'g, b, d'로 적고, 자음 앞 또는 어말에서는 'k, t, p'로 적어야 한다. 'ㄹ'은 모음 앞에서 'r'로, 자음 앞 또는 어말에서는 'l'로 적도록 한다. 다만 'ㄹㄹ'은 'll'로 적는다.

▶ [표4]를 보기 전에 표준국어대사전에서 발음을 먼저 확인한다. 발음을 확인한 후에 해당 발음을 [표4]에 따라 적는다. 참고로 고유명사는 첫 글자

를 대문자로 적는다.

▶ 구리[구리]는 Guri, 대관령[대괄령]은 Daegwallyeong, 백마[뱅마]는 Baengma, 백암[배감]은 Baegam, 벚꽃[벋꼳]은 beotkkot, 설악[서락]은 Seorak, 영동[영동]은 Yeongdong, 옥천[옥천]은 Okcheon, 울릉[울릉]은 Ulleung, 월곶[월곧]은 Wolgot, 임실[임실]은 imsil, 종로[종노]는 Jongno, 한밭[한받]은 hanbat, 호법[호법]은 Hobeop으로 적는다.

지명 적기

전 **Haeundae**

후 **Hae-un-dae**

'해운대'는 Haeundae로 적는데, Ha/eun/dae처럼 끊어 읽게 되면 '하은대'가 되기 때문에 발음상 혼동할 우려가 있을 때는 음절 사이에 붙임표를 할 수 있다.

▶ '합덕'의 표준발음은 [합떡]이지만 된소리되기는 로마자 표기에 반영하지 않기 때문에 'Haptteok'으로 적지 않고 'Hapdeok'으로 적는다. 압구정[압꾸정]은 Apgujeong, 팔당[팔땅]은 Paldang, 울산[울싼]은 Ulsan'으로 적는다.

▶ '여의도'의 표준발음은 [여의도]와 [여이도]인데 아무리 '의'가 [이]로 소리 나더라도 'ui'로 적어야 한다. 따라서 '여의도'는 'yeouido'로 적는다.

전 **Pusan** National University

후 **Pusan** National University / **Busan** National University

개정된 「국어의 로마자 표기법(2000)」에 따라 '부산'은 Busan으로 적어야 한다. 다만 개인의 성명이나 회사 및 단체의 이름, 상표 등은 기존의 로마자 표기를 그대로 사용할 수 있도록 하였다.

> 2000년 이후 Kimpo, Pusan, Taegu, Cheju의 표기가 Gimpo, Busan, Daegu, Jeju로 바뀌었다. 어두에 오는 자음 ㄱ, ㄷ, ㅂ, ㅈ를 k, t, p, ch에서 g, d, b, j로 적도록 하였기 때문이다. 아울러 ㅋ, ㅌ, ㅍ, ㅊ은 k', t', p', ch'에서 어깻점을 없애는 것으로 바꾸었다.

인명 적기

전 Kim **Hyeong Ju**
후 Kim **Hyeongju**

성과 이름은 띄어 쓰되 이름은 띄어 쓰지 않는다. 다만 이름을 잘못 읽을 수 있을 때는 붙임표(-)를 쓸 수 있다. 아울러 이름의 첫음절만 대문자로 쓰고 둘째 음절은 소문자로 쓴다.

전 **Hyeongju, Kim / Kim, Hyeongju**
후 **Kim Hyeongju**

성과 이름은 우리말 어순에 따라 성을 앞에 쓰고 이름을 뒤에 쓴다.

성과 이름 사이에 쉼표를 하지 않는다.

> ▶ 이름에서 일어나는 음운변화는 표기에 반영하지 않는다. 따라서 김빛나[김빈나]는 Kim Binna로 적지 않고 Kim Bitna로 적는다.
> ▶ 이름을 적을 때 붙임표를 쓸 수 있도록 한 이유는 '김민국'을 Kim Minguk으로 적으면 '김밍욱'으로 읽을 수 있어 Kim Min-guk으로 적을 수 있도록 한 것이다.
> ▶ '김맑음' 같은 한글 이름은 겹받침 적기의 한계 때문에 Kim Mak-eum으로 적을 수밖에 없다. '김맑음'을 로마자 표기법에 따라 적으면 '김막음'이 된다.

2) 띄어쓰기 오류

공문서에서 자주 발견되는 띄어쓰기 오류에는 한 낱말 띄어쓰기 오류를 비롯해 명사 띄어쓰기 오류(의존명사 띄어쓰기, 단위명사 띄어쓰기, 고유명사 띄어쓰기, 전문용어 띄어쓰기), 조사·어미·접사 띄어쓰기 오류, 보조용언 띄어쓰기 오류, 숫자·날짜 띄어쓰기 오류, 문장부호 띄어쓰기 오류 등이 있다.

> ▶ 띄어쓰기의 제1원칙은 본뜻에서 멀어지지 않은 말은 띄어 쓰고, 본뜻에서 멀어진 말은 붙여 쓰는 것이다. 예를 들어 집의 규모가 크면 '큰 집'처럼 띄어 쓰지만, 집의 규모와 상관없이 맏이가 살면 '큰집'처럼 붙여 쓴다.
> ▶ 사전에서 낱말을 찾다 보면 '한글^맞춤법'처럼 일명 '웃는 눈' 또는 '삿갓' 기호로 불리는 '서컴플렉스(^)'를 사용한 낱말을 볼 수 있는데, 이는 띄

어 쓰는 것을 원칙으로 하되 붙여 쓸 수 있음을 뜻한다.

(1) 한 낱말 띄어쓰기 오류

「한글 맞춤법」 제1장 제2항에서는 띄어쓰기의 총칙을 밝히고 있다. 각 단어를 띄어 쓰라는 것이다. 이때 각 단어란 사전에 올라와 있는 한 낱말을 뜻한다. 참고로 "가는귀먹다, 같이하다, 굵은소금, 궂은일, 귀담아듣다, 그곳, 그길로, 그다음, 그동안, 그럴듯하다, 그분, 난생처럼, 남의집살이하다, 눈여겨보다, 더욱더, 마른기침, 멀리하다, 바람피우다, 보잘것없다, 숨은그림찾기, 안절부절못하다, 알은체하다, 어린이날, 어쩌고저쩌고하다, 어처구니없다, 온데간데없다, 이래라저래라, 제아무리, 지난겨울, 착하디착한, 첫발자국, 하루빨리, 하잘것없다, 한마디, 함께하다" 등은 한 낱말처럼 보이지 않지만 한 낱말로 굳어진 말이다.

> ▶ "한 낱말로 굳어진 말"이란 본래 한 낱말이 아니지만 표준어 규정 제1장 제1항에 따라 "교양 있는 사람들이 두루 쓰는 현대 서울말"로 인정받아 한 낱말로 사전에 올라온 말을 뜻한다.
> ▶ '단시간'과 '뒷일, 이만저만, 이맘때' 등은 한 낱말로 굳어진 말이므로 붙여 쓴다.

👆 '그 이전'과 '그다음'의 띄어쓰기가 다른 이유
'그'는 관형사이고, '이전'과 '다음'은 명사이다. 따라서 각 단어를 띄어 써야 하지만 '그 이전'과 달리 '그다음'은 한 낱말로 굳어진 말이므로 붙여 쓴다.

👆 '이 중, 저 중'과 '그중'의 띄어쓰기가 다른 이유
'이, 그, 저'는 관형사이고 '중'은 의존명사이다. 따라서 각 단어를 띄어 써야 하지만 '이 중, 저 중'과 달리 '그중'은 한 낱말로 굳어진 말이므로 붙여 쓴다. 이와 비슷한 형태의 '이분, 그분, 저분'은 모두 한 낱말로 굳어진 말이므로 붙여 쓴다.

👆 '새 옷'과 '새날'의 띄어쓰기가 다른 이유
'새'는 관형사이고 '옷'과 '날'은 명사이다. 따라서 각 단어를 띄어 써야 하지만 '새 옷'과 달리 '새날'은 한 낱말로 굳어진 말이므로 붙여 쓴다.

👆 '큰 소리'와 '큰소리'의 띄어쓰기가 다른 이유
'큰'은 관형사형이고 '소리'는 명사이다. 따라서 각 단어를 띄어 써야 하지만 커다란 소리를 뜻하는 '큰 소리'와 달리, 야단치는 소리나 장담 또는 과장하여 하는 말을 뜻하는 '큰소리'는 한 낱말로 굳어진 말이므로 붙여 쓴다.

👆 '함께 뛰다'와 '함께하다'의 띄어쓰기가 다른 이유
'함께'는 부사이고, '뛰다'와 '하다'는 동사이다. 따라서 각 단어를 띄어 써야 하지만 '함께 뛰다'와 달리 '함께하다'는 한 낱말로 굳어진 말이므로 붙여 쓴다. '같이하다'도 마찬가지다.

전 **각 항**의 금액을 소폭 증가하거나
후 **각항**의 금액을 소폭 늘리거나

'각'은 관형사이고 '항'은 명사이므로 각 낱말을 띄어 써야 하지만 '각항'은 한 낱말로 굳어진 말이므로 붙여 쓴다. 다만 법제처는 「알기 쉬운 법령 정비기준(제10판)」에서 "각조(各條)와 각항(各項)은 국어사전에 독립된 하나의 단어로 실려 있으나 법령문에서 더 자주 사용되는 '각 호'나 '각 목'을 띄어 쓰는 것과 형평을 고려해 '각 조'와 '각 항'도 띄어 쓴다."라는 규정을 따로 두고 있다. 따라서 공문서를 작성할 때는 '각항'처럼 붙여 쓰는 것이 맞지만 자치법규 등을 제·개정할 때는 '각 항'처럼 띄어 써야 한다.

> ▶ 법제처의 설명과 달리 '각호'는 한 낱말로 사전에 올라와 있다. 다만 '각목'은 여전히 한 낱말로 올라와 있지 않아 법제처가 지적한 대로 띄어쓰기를 통일하기 어려운 점이 있다. 그런데 '각국'이나 '각방'은 한 낱말이므로 붙여 쓰지만 '각 기관'이나 '각 장'은 한 낱말이 아니므로 띄어 쓰고 있는 현실을 감안하면 타당한 지적이라고 하기 어렵다.

전 **그 동안** 추진상황을 보고
후 **그동안** 추진상황을 보고

'그'는 관형사이고 '동안'은 명사이므로 각 낱말을 띄어 써야 하지만 '그동안'은 한 낱말로 굳어진 말이므로 붙여 쓴다. '그간, 그날, 그다음, 그달, 그동안, 그때, 그만큼, 그분, 그사이, 그전, 그중, 그쪽' 등도 마찬가지다. '그 기관'이나 '그 지역' 등은 한 낱말로 굳어진 말이 아니므로 띄어 써야 한다.

전 확진자는 격리 **기간동안** 증상이 나타나는
후 확진자는 격리 **기간 동안** 증상이 나타나는

'기간'과 '동안' 명사이므로 각 낱말을 띄어 쓴다. 이와 달리 '그동안, 오랫동안, 한동안' 등은 한 낱말로 굳어진 말이므로 붙여 쓴다.

전 **끊임 없이** 활발한 활동을 이어가는
후 **끊임없이** 활발한 활동을 이어가는

'끊임없다'는 형용사이고, '끊임없이'는 부사이므로 각 낱말을 띄어 써야 하지만 둘 다 한 낱말로 굳어진 말이므로 붙여 쓴다. 참고로 "간데온데없다, 거침없다, 경황없다, 관계없다, 그지없다, 기탄없다, 꼼짝없다, 꾸밈없다, 끝없다, 난데없다, 너나없다, 느닷없다, 다름없다, 다시없다, 대중없다, 더없다, 덧없다, 두말없다, 두서없다, 뜬금없다, 막힘없다, 맛없다, 맥없다, 멋없다, 문제없다, 물색없다, 물샐틈없다, 버릇없다, 변함없다, 보잘것없다, 볼것없다, 볼품없다, 부질없다, 빈틈없다, 빠짐없다, 사정없다, 상관없다, 서슴없다, 소용없다, 속없다, 속절없다, 손색없다, 수없다, 숨김없다, 스스럼없다, 실없다, 쓸데없다, 쓸모없다, 아낌없다, 아랑곳없다, 어김없다 어림없다, 어이없다, 어처구니없다, 여지없다, 염치없다, 영락없다, 온데간데없다, 올데갈데없다, 유례없다, 인정사정없다, 재미없다, 정신없다, 주책없다, 진배없다, 철없다, 채신머리없다, 터무니없다, 턱없다, 틀림없다, 하염없다, 하잘것없다, 한없다, 허물없다, 형편없다" 등은 한 낱말로 굳어진 말이므로 붙여 쓴다.

전 흑림과 **나골드 강**이 어우러진 숲에서
후 흑림과 **나골드강**이 어우러진 숲에서

'나골드'와 '강'은 명사이므로 각 낱말을 띄어 써야 하지만 2017년 개정된 「외래어 표기법」에 따라 붙여 쓴다. 참고로 2017년 「외래어 표기법」 일부 개정안에서 "해, 섬, 강, 산 등이 외래어에 붙을 때는 띄어 쓰고, 우리말에 붙을 때는 붙여 쓴다"라는 조항이 삭제되었다.

전 **다음 번** 수량을 점검하여
후 **다음번** 수량을 점검하여

'다음'은 명사이고 '번'은 의존명사이므로 각 낱말을 띄어 써야 하지만 '다음번'은 한 낱말로 굳어진 말이므로 붙여 쓴다.

> ▶ 기본적으로 "어떤 차례의 바로 뒤"를 뜻하는 말은 '다음 날'이나 '다음 주, 다음 달, 다음 해'처럼 띄어 써야 한다. 만약에 '다음날'을 붙여 쓰면 '다음'이라는 말의 본뜻에서 멀어져 "정하여지지 아니한 미래의 어떤 날"을 뜻하는 말이 된다. 그런데 '다음번'은 한 낱말로 굳어진 말이므로 띄어 쓰지 않아도 된다.

전 **다함께** 행복한 지역을 구현하기 위하여
후 **다 함께**, 행복한 지역을 만들기 위하여 / **다 함께** 행복한, 지역을 만들기 위하여

'다'와 '함께'는 부사이므로 각 낱말을 띄어 쓴다. '다 같이'도 한 낱말로 굳어진 말이 아니므로 띄어 쓴다. 참고로 '다 함께'는 부사이므로 뒤에 오는 용언 '행복한'과 '만들기 위하여'를 둘 다 꾸미게 된다. 이를 중의적인 표현이라고 하는데, '다 함께' 뒤에 쉼표를 하면 '만들기 위하여'만 꾸미게 되고, '행복한' 뒤에 쉼표를 하면 '행복한'만 꾸미게 된다.

전 이제는 **더욱 더** 촘촘한 복지행정 구현을 위해
후 이제는 **더욱더** 촘촘하게 복지행정을 이루기 위해

'더욱'과 '더'는 부사이므로 각 낱말을 띄어 써야 하지만 '더욱더'는 한 낱말로 굳어진 말이므로 붙여 쓴다. '더더욱'도 마찬가지다.

전 **동 법**은 명칭과 형식여하를 불구하고
후 **동법**은 명칭과 형식이 어떠한가에도 불구하고

'동'은 관형사이고 '법'은 명사이므로 각 낱말을 띄어 써야 하지만 '동법'은 한 낱말로 굳어진 말이므로 붙여 쓴다.

▶ '동 법'은 띄어쓰기를 잘못한 정확성 오류뿐만 아니라 이해하기 어려운 한자어를 사용한 소통성 오류 표현이기도 하다. '동법'의 순화어가 '같은 법'이기 때문이다. 참고로 "동법에 따라"는 "이 법에 따라"로 바꾸어 쓰는 것이 자연스럽다.

전 제5호 서식에 따라 **매분기** 다음 월 15일까지
후 제5호 서식에 따라 **매 분기** 다음 달 15일까지

'매'는 관형사이고 '분기'는 명사이므로 각 낱말을 띄어 쓴다. '매 경기, 매 순간, 매 학기, 매 회계연도'도 마찬가지다. 다만 '매년, 매달, 매번, 매월, 매주, 매해' 등은 한 낱말로 굳어진 말이므로 붙여 쓴다.

전 황토를 구성하는 **몇가지** 퇴적물은
후 황토를 구성하는 **몇 가지** 퇴적물은

'몇'은 수사이고 '가지'는 의존명사이므로 각 낱말을 띄어 쓴다. 따라서 '몇 년, 몇 차례, 몇 해' 등도 띄어 쓴다.

▶ 다만 '몇'이 '얼마 되지 않는 수'를 나타낼 뿐만 아니라 앞뒤로 숫자 표현이 쓰인 '몇십, 몇백, 몇천, 몇억'이나 '십몇, 백몇, 천몇, 억몇' 등은 붙여 쓸 수 있다. 이러한 원칙은 표준국어대사전의 뜻풀이와 용례만으로 유추할 수 없다. '표준국어대사전 편찬 지침1' (2000:209~210)에만 이러한 원칙이 소개되어 있기 때문이다.

전 안전취약가구 점검에 **발벗고** 나서
후 안전돌봄가구를 점검하는 데 **발 벗고** 나서

'발'은 명사이고 '벗다'는 동사이므로 각 낱말을 띄어 쓴다. 참고로 '꿈꾸

다, 뒤잇다(뒤이어), 손잡다' 등은 한 낱말로 굳어진 말이므로 붙여 쓰지만 '자리 잡다, 팔 걷다' 등은 한 낱말로 굳어진 말이 아니므로 띄어 쓴다.

| 전 | **밤 사이** 제주 우도 해상
| 후 | **밤사이** 제주 우도 해상

'밤'과 '사이'는 명사이므로 각 낱말을 띄어 써야 하지만 '밤사이'는 한 낱말로 굳어진 말이므로 붙여 쓴다.

| 전 | **올 봄** 클래식 연주회를 지하철에서 무료로
| 후 | **올봄** 클래식 연주회를 지하철에서 무료로

'올'과 '봄'은 명사이므로 각 낱말을 띄어 써야 하지만 '올봄'은 한 낱말로 굳어진 말이므로 붙여 쓴다. '올여름, 올가을, 올겨울, 올해' 등도 마찬가지다.

| 전 | **우리도**의 우수한 환경
| 후 | **우리 도**의 아름다운 환경

'우리'는 관형사이고 '도'는 명사이므로 각 낱말을 띄어 쓴다. '우리 정부, 우리 지역, 우리 시, 우리 군' 등도 마찬가지다. 참고로 '우리말'과 '우리글'은 한 낱말로 굳어진 말이므로 붙여 쓴다.

전 **월 초 · 말** 각기 다른 시기에 뿌려
후 **월초 · 월말** 각기 다른 시기에 뿌려

'월'은 명사이고 '초'와 '말'은 의존명사이므로 각 낱말을 띄어 써야 하지만 '월초'와 '월말'은 한 낱말로 굳어진 말이므로 붙여 쓴다. 참고로 '1월 초'와 '1월 말'처럼 수사 뒤에서는 띄어 쓴다.

전 세계와 연결된 **의미있는** 토론의 장을 마련하기 위해
후 세계와 연결된 **의미 있는** 토론의 장을 마련하기 위해

'의미'는 명사이고 '있다'는 형용사이므로 각 낱말을 띄어 쓴다. 이와 달리 "가만있다, 값있다, 관계있다, 뜻있다, 맛있다, 멋있다, 상관있다, 재미있다" 등은 한 낱말로 굳어진 말이므로 붙여 쓴다.

전 **이 날** 수상자들에게는 상장과 메달을 수여한다.
후 **이날** 수상자에게는 상장과 메달을 수여한다.

'이'는 관형사이고 '날'은 명사이므로 각 낱말을 띄어 써야 하지만 '이날'은 한 낱말로 굳어진 말이므로 붙여 쓴다. 참고로 '이같이, 이것, 이곳, 이날, 이달, 이만큼, 이분, 이전, 이쪽, 이해' 등은 한 낱말로 굳어진 말이므로 붙여 쓰지만 '이 같은, 이 외에도, 이 중' 등은 한 낱말로 굳어진 말이 아니므로 띄어 쓴다.

| 전 | **이밖**에도 다양한 체험을 통한
| 후 | **이 밖**에도 다양한 체험으로

'이'는 관형사이고 '밖'은 명사이므로 각 낱말을 띄어 쓴다. 참고로 '밖'이 명사일 때는 의미상 '바깥'이나 '외'를 뜻한다.

> ▶ '밖에'가 조사일 때는 의미상 '그것 말고는, 그것 외에는, 기꺼이 받아들이는, 피할 수 없는'을 뜻하며 주로 뒤에 부정을 나타내는 말이 온다.

| 전 | 이곳은 관계자 **이 외의** 사람이 들어올 수 없습니다.
| 후 | 이곳은 관계자 **이외의** 사람이 들어올 수 없습니다.

'이'는 관형사이고 '외'는 의존명사이므로 각 낱말을 띄어 써야 하지만 '이외'는 한 낱말로 굳어진 말이므로 붙여 쓴다. 다만 "이 외의 문제는 절차에 따라 해결해야 한다"처럼 문장 앞에 오는 '이 외'는 관형사 '이'와 명사 '외'를 이어 쓴 말이므로 띄어 써야 한다.

| 전 | 오는 2월 1일**자**로 조직 개편을 단행한다고
| 후 | 오는 2월 1일 **자**로 조직 개편을 단행한다고

'자(字)'는 '날짜'를 나타내는 명사이므로 날을 세는 의존명사 '일(日)'과 띄어 쓴다.

전 자리매김 할 것으로
후 **자리매김할** 것으로

'자리매김'은 명사이고 '하다'는 동사이므로 각 낱말을 띄어 써야 하지만 명사 뒤에 오는 '하다'나 '되다'는 동사가 아니라 접사이므로 붙여 쓴다. '가까이하다, 간소화하다' 등도 마찬가지다.

> ▶ "과격한 운동 하지 마세요" 처럼 명사 앞에 관형어가 오면 명사 뒤에 오는 '하다'는 접사가 아니라 동사이다. 이런 경우에는 명사와 '하다'를 띄어 써야 한다.

전 대부분 군사훈련을 거친 선별된 **젊은층**이다.
후 대부분 군사훈련을 거친 선별된 **젊은 층**이다.

'젊은'은 관형사형이고 '층'은 명사이므로 각 낱말을 띄어 쓴다. 이와 달리 '고위층, 노년층, 대기층, 청년층' 등은 접사 '층'이 결합한 한 낱말이므로 붙여 쓴다.

전 **지난 해** 사이버 범죄자들이 일으킨 피해는
후 **지난해** 사이버 범죄자들이 일으킨 피해는

'지난'은 관형사형이고 '해'는 명사이므로 각 낱말을 띄어 써야 하지만 '지난해'는 한 낱말로 굳어진 말이므로 붙여 쓴다. '지난날, 지난달, 지난

밤, 지난번, 지난봄' 등도 한 낱말로 굳어졌으므로 붙여 쓴다. 아직 한 낱말이 아닌 '지난 호'는 띄어 쓴다.

> 전 **집안**에서 머무르기 곤란한 경우 외부로 대피해야
> 후 **집 안**에서 머무르기 곤란하면 집 밖으로 대피해야

'집'과 '안'은 명사이므로 각 낱말을 띄어 쓴다. 다만 한 낱말로 굳어진 '집안'과 구별해야 한다. 다시 말해 집 내부를 뜻하는 '집 안'은 '안'의 본뜻에서 멀어지지 않았으므로 띄어 쓰지만, 가문을 뜻하는 '집안'은 '안'의 본뜻에서 멀어졌으므로 붙여 쓴다.

▶ '창밖'은 한 낱말로 굳어져 표준국어대사전에 표제어로 올라가 있으므로 붙여 쓸 수 있지만 '집 밖'은 한 낱말로 굳어진 말이 아니므로 띄어 써야 한다.

> 전 엄지손가락을 **추켜 올렸다**.
> 후 엄지손가락을 **추켜올렸다**.

'추키다'와 '올리다'는 본동사이므로 각 낱말을 띄어 써야 하지만 '추켜올리다'는 한 낱말로 굳어진 말이므로 붙여 쓴다.

▶ 2018년 전까지만 해도 '추켜올리다'를 비롯해 '치켜올리다'와 '추켜세우다' 등은 비표준어였으나 지금은 표준어로 인정되었다.

전 상인 위주의 단속에서 **한걸음** 나아가
후 상인 위주의 단속에서 **한 걸음** 나아가

'한'은 관형사이고 '걸음'은 명사이므로 각 낱말을 띄어 쓴다. 사전에 한 낱말로 올라와 있는 '한걸음'은 주로 '한걸음에'의 꼴로 쓰여 쉬지 않고 내처 걷는 걸음이나 움직임을 뜻한다. 한 번 내딛는 걸음을 뜻할 때는 '한 걸음'처럼 띄어 쓴다.

전 특징은 **한 마디**로 기술을 중시하는 모습으로 회귀한다는
후 특징은 **한마디**로 기술을 중시하는 모습으로 돌아온다는

'한'은 관형사이고 '마디'는 명사이므로 각 낱말을 띄어 써야 하지만 "짧은 말 또는 간단한 말"을 뜻하는 '한마디'는 한 낱말로 굳어진 말이므로 붙여 쓴다. '한군데, 한눈' 등은 한 낱말로 굳어진 말이므로 붙여 쓰고, 여러 가지 중의 하나를 뜻하는 '한 가지'나 하나의 장소를 뜻하는 '한 곳' 등은 한 낱말로 굳어진 말이 아니므로 띄어 쓴다.

▶ 사전에 한 낱말로 올라가 있는 '한가지, 한곳'은 수를 세는 말이 아니라 "같은 것이나 같은 곳"을 뜻한다. "내외가 한가지로 부지런하다" 처럼 쓴다.

전 **한 땀 한 땀** 정성스럽게
후 **한땀 한땀** 정성스럽게 / **한땀 한땀** 정성스럽게

'한'은 관형사이고 '땀'은 명사이므로 각 낱말을 띄어 쓴다. 다만 「한글 맞춤법」 제5장 제2절 제46항에는 1음절 낱말이 연거푸 나타날 적에 한 낱말이 아니더라도 둘씩 붙여 쓰도록 되어 있다. 1음절 단어가 3개 이상 연거푸 쓰일 때, 의미를 직관적으로 이해할 수 있도록 2개의 음절은 붙여 적을 수 있도록 한 것이다. 그러나 3개 이상의 음절을 붙여 적는 것은 낱말과 낱말을 띄어 적도록 한 원칙에 맞지 않기 때문에 적절치 않다. 따라서 '좀 더 큰 것'처럼 4개의 음절은 '좀더 큰것'처럼 2개씩 붙여 적을 수 있고, '물 한 병'처럼 3개의 음절은 의미를 고려하여 '물 한병'처럼 2개의 음절만 붙여 적을 수 있다.

> ☝ '그날그날'과 '내것 네것'의 띄어쓰기가 다른 이유
>
> '그날그날'의 '그날'은 한 낱말로 명사이고 '그날그날'도 한 낱말로 명사이다. 그런데 '내것 네것'의 '내것'과 '네것'은 한 낱말이 아니다. 그래서 '내 것 네 것'처럼 띄어 써야 하지만 지나치게 띄어 쓰면 오히려 직관적인 의미 파악이 어렵기 때문에 붙여 쓸 수 있다.

[전] **말하는 연습하기**가 필요하다
[후] **말하는 연습 하기**가 필요하다

'연습'은 명사이고 '하다'는 동사이므로 각 낱말을 띄어 쓴다. 다만 "연습을 하다"처럼 조사 뒤에 오는 '하다'는 동사이므로 띄어 써야 하지만 "연습하다"처럼 명사 뒤에 오는 '하다'는 접사이므로 "말하는 연습하기"처럼 붙여 쓸 수 있다고 생각하기 쉽다. 그러나 '말하는 연습 하기'처럼

명사를 꾸미는 관형어가 명사 앞에 오면 '하다'를 붙여 쓸 수 없다.

> "종노릇하다"는 붙여 쓰지만 "대장 노릇 하다"나 "자식 노릇 하다"는 띄어 쓴다. '종노릇하다'는 한 낱말로 굳어진 말이지만 '노릇하다'는 한 낱말이 아니기 때문이다.

> '활동하기'는 붙여 쓰지만 '봉사 활동 하기'나 '장기 자랑 하기'는 띄어 쓴다. '활동하다'는 한 낱말이지만 '봉사활동하다'나 '장기자랑하다'는 한 낱말이 아니기 때문이다. 다만 '봉사활동 하기'나 '장기자랑 하기'처럼 띄어 쓸 수는 있다.

(2) 명사 띄어쓰기 오류

의존명사 띄어쓰기

「한글 맞춤법」 제5장 제2절 제42항에서는 의존명사를 단독으로 쓸 수 없고 다른 말 뒤에 기대어 쓰기 때문에 띄어 쓰도록 하고 있다. 의존명사 중에는 조사, 어미, 접사 등과 형태가 같거나 비슷한 말이 있으므로 사용 환경이나 의미 등으로 구별해야 한다.

> **'김 씨'와 '김씨'의 띄어쓰기가 다른 이유**
>
> '김 씨'는 명사와 의존명사가 이어진 말이므로 띄어 쓴다. 이와 달리 '김씨'는 명사와 접사가 이어진 말이므로 붙여 쓴다. '씨'는 의존명사와 접사의 형태가 같아 '의미'로 구별해야 하는데, 특정인을 높여 부르거나 가리킬 때는 의존명사로 보고 띄어 쓰고, 해당 성씨 전체를 가리킬 때는 접사로 보고 붙여 쓴다. "옆집의 김 씨는 김해 김씨라더군."이라는 식이다.

👆 '근무 중'과 '부재중'의 띄어쓰기가 다른 이유
'근무 중'은 명사와 의존명사가 이어진 말이므로 띄어 쓴다. 이와 달리 '부재중'은 명사와 의존명사가 이어진 말이므로 띄어 써야 하지만 사전에 한 낱말로 올라와 있으므로 붙여 쓴다.

👆 '입원하신 분'과 '환자분'의 띄어쓰기가 다른 이유
'입원하신 분'은 관형사형과 의존명사가 이어진 말이므로 띄어 쓴다. 이와 달리 '환자분'은 명사와 접사가 이어진 말이므로 붙여 쓴다. '분'은 의존명사와 접사의 형태가 같아 '사용 환경'으로 구별해야 하는데 '친구분, 남편분'처럼 명사 뒤에서는 접사로 보고 붙여 쓰고, '반대하시는 분, 어떤 분'처럼 관형사형 뒤에서나 '다섯 분'처럼 수사 뒤에서는 의존명사로 보고 띄어 쓴다.

👆 '이번 해, 다음 해'와 '지난해'의 띄어쓰기가 다른 이유
'이번 해'와 '다음 해'는 명사와 의존명사가 이어진 말이므로 띄어 쓴다. 이와 달리 '지난해'는 관형사형과 명사가 이어진 말이므로 띄어 써야 하지만 사전에 한 낱말로 올라와 있으므로 붙여 쓴다. 이와 같은 이유로 '지난주'는 붙여 쓰지만 '이번 주'와 '다음 주'는 띄어 쓴다.

전 도와 시군**간** 포털시스템 연계
후 도와 시군 **간** 포털시스템 연계

'간(間)'은 의존명사와 접사의 형태가 같아 '의미'로 구별해야 하는데 '시군 간'처럼 '사이'를 뜻하거나 '부모와 자식 간'처럼 '관계'를 뜻하는 '간'은 의존명사이므로 띄어 쓰고, '이틀간'처럼 '시간'이나 '동안'을 뜻하는

'간'은 접사이므로 붙여 쓴다. 다만 '사이'를 뜻하는 말 중에 '가부간, 격월간, 격주간, 고하간, 금명간, 남매간, 내외간, 노소간, 다자간, 동기간, 막역간, 모녀간, 모자간, 부녀간, 부부간, 부자간, 숙질간, 인척간, 자매간, 재종간, 조손간, 천지간, 층간, 친지간, 피차간, 형제간'처럼 한 낱말로 굳어진 말은 붙여 써야 한다.

> ☝ **'상호 간'을 띄어 써야 하는 이유**
> 한때 사전에 '상호 간'이 한 낱말로 올라와 있었던 적이 있다. 그때는 '상호 간'을 붙여 써야 한다고 안내했으나 지금은 사전에서 '상호간'을 찾아볼 수 없으므로 띄어 써야 한다.

전 정쟁**거리** 된 창원BRT… 2단계
후 정쟁 **거리** 된 창원 간선급행버스(BRT)… 2단계

'거리'는 "어떤 행동을 하는 데 쓰이는 대상이나 소재"를 뜻하는 의존 명사이므로 띄어 써야 한다. 따라서 '마실 거리, 반나절 거리, 일할 거리, 정쟁 거리, 즐길 거리, 탈 거리, 한 입 거리' 등은 띄어 쓴다. 그러나 이미 한 낱말로 굳어진 '구경거리, 기삿거리, 골칫거리, 국거리, 먹을거리, 반찬거리, 볼거리, 비웃음거리, 이야깃거리, 읽을거리' 등은 붙여 써야 하고, 표준국어대사전에 한 낱말로 올라와 있지 않더라도 '가십거리, 논문거리, 논쟁거리, 볼거리, 일거리'처럼 우리말샘에 한 낱말로 올라와 있는 말들은 띄어 씀을 원칙으로 하되 붙여 쓸 수 있다.

[전] 무너져가는 공동체를 살리는**데** 기여했다는 평가를
　[후] 무너져가는 공동체를 살리는 **데** 기여했다는 평가를

　'데'는 의존명사와 어미의 형태가 같아 '의미'로 구별해야 하는데 '것'이나 '경우, 곳'을 뜻하는 '데'는 의존명사이므로 띄어 쓰고, '그런데'처럼 화제 전환을 뜻하는 'ㄴ데'는 어미이므로 붙여 쓴다.

　[전] 3년**만**에 교류협력을 재개하여
　[후] 3년 **만**에 교류협력을 재개하여

　'만'은 의존명사와 조사의 형태가 같아 '의미'로 구별해야 하는데 '동안'이나 '거리'를 뜻하는 '만'은 의존명사이므로 띄어 쓰고, '한정'을 뜻하는 '만'은 조사이므로 붙여 쓴다.

　[전] 대책이 수립되는 12월**말**까지 세부 과제를 지속 발굴해
　[후] 대책이 수립되는 12월 **말**까지 세부 과제를 지속적으로 발굴해

　'말(末)'은 "어떤 기간의 끝이나 말기"를 뜻하는 의존명사이므로 띄어 쓴다. "어떤 기간의 처음이나 초기"를 뜻하는 '초(初)'도 마찬가지다.

　[전] 사업비를 반납 한**바** 있다.
　[후] 사업비를 반납한 **바** 있다.

'바'는 의존명사와 어미의 형태가 같아 '환경'으로 구별해야 하는데, "반납한 바가 있다"처럼 뒤에 조사가 올 때는 의존명사이므로 띄어 쓰고, "검토한 바 문제가 있다"처럼 뒤에 조사가 올 수 없을 때는 어미이므로 붙여 쓴다.

전 공시 **송달순**
후 공시 **송달 순**

'순(順)'은 의존명사와 접사의 형태가 같아 '환경'으로 구별해야 하는데, '도착한 순'처럼 관형사형이 앞에 올 때는 의존명사이므로 띄어 쓰고, '도착순'처럼 명사가 앞에 올 때는 접사이므로 붙여 쓴다.

전 계약 체결**시** 금리인하요구권을 활성화함으로써
후 계약 체결 **시** 금리인하요구권을 활성화함으로써

'시(時)'는 '시간'을 뜻하는 의존명사이므로 띄어 쓴다. 다만 '비상시, 유사시, 일몰시, 일출시, 평상시, 필요시, 혼잡시'처럼 한 낱말로 굳어진 말은 예외이다.

전 1년 이상 거주하고 **혼인한지** 1년이
후 1년 이상 거주하고 **혼인한 지** 1년이

'지'는 의존명사와 어미의 형태가 같아 '의미'로 구별해야 하는데 '하는지'

처럼 '추측에 대한 막연한 의문'을 뜻하는 'ㄴ지'는 어미이므로 붙여 쓰고, '한 지'처럼 '동안'이나 '시간'을 뜻하는 '지'는 의존명사이므로 띄어 쓴다.

단위명사 띄어쓰기

「한글 맞춤법」 제5장 제2절 제43항에서는 수효나 분량 따위의 단위를 나타내는 '단위명사'를 띄어 쓰도록 하고 있다. '단위명사'는 의존명사이므로 '단위성 의존명사'라고도 한다. 연월일의 띄어쓰기는 단위명사 띄어쓰기에 따라 2023. 1. 1.처럼 띄어 써야 한다.

> ☝ **'삼 층'과 '삼층'의 띄어쓰기가 다른 이유**
> '층'은 건물의 높이를 셀 때 쓰는 단위명사이다. 따라서 수사인 '삼'과 띄어 써야 하는데, 양을 세는 양수사(또는 기수사)로 쓸 때와 달리 순서를 세는 서수사로 쓸 때는 붙여 쓸 수 있다. 다시 말해 '삼 층'은 세 개의 층을 뜻하는데 '삼층'은 세 번째 층을 뜻한다.

전 참여기업 3**개사**가 지난달 30일 부산에서 개최한
후 참여기업 3**개 사**가 지난달 30일 부산에서 개최한

참고로 나라를 세는 단위인 '개국(個國)'과 해를 세는 단위인 '개년(個年)', 낱낱의 조목을 세는 단위인 '개조(個條)'는 한 낱말이므로 붙여 쓰지만, 회사를 셀 때는 '개 사(個 社)', 무리를 셀 때는 '개 조(個 組)', 종류를 셀 때는 '개 종(個 種)'으로 띄어 써야 한다.

> 참고로 '개(個)'는 낱으로 된 물건을 세는 단위이므로 국가와 회사 등을 '개'로 세는 것은 어색하다. 따라서 '3개국'은 '3국', '3개사'는 '3사'로 바꾸어 쓸 수 있다.

전 개당 평균 250억**원**
후 개당 평균 250억 **원**

'원'은 우리나라의 화폐 단위를 나타내는 단위명사이므로 수사 '억'과 띄어 써야 한다. '100원'처럼 숫자와 단위명사를 함께 쓸 때는 붙여 쓸 수 있다.

전 구성 : 50여**명**
후 구성: 50여 **명**

'명(名)'은 단위를 나타내는 단위명사이므로 숫자와 띄어 써야 한다. '여'는 접사이므로 숫자에 붙여 쓴다.

전 100g
후 100 g / 100g

국제단위체계(The International System of Units)에서는 숫자와 단위명사를 띄어 쓰도록 규정하고 있다. 국립환경과학원이나 한국표준과학연구원에서도 이러한 규정을 따르고 있다. 그런데 일반적으로는 숫자와 단위명사를 띄어 쓰는 것을 원칙으로 하되 붙여 쓰는 것을 허용하고 있다.

고유명사 띄어쓰기

「한글 맞춤법」 제5장 제4절 제49항에서는 고유명사를 단어별로 띄어 씀을 원칙으로 하되 붙여 쓰는 것을 허용하고 있다. 고유명사란 기관명이나 상호명, 상품명, 행사명 등을 뜻한다. 고유명사는 '국어문화원'처럼 '명사+명사'로 이루어져 있는 것도 있지만, '부부의 날'처럼 '명사+조사+명사'나 '세종 나신 날'처럼 '명사+관형사형+명사'로 이루어져 있는 것도 있는데 모두 붙여 쓸 수 있다. 다만 붙여 썼을 때 의미 파악이 어려운 말은 낱말 단위가 아니라 개념 단위로 띄어 쓰면 된다.

> 👆 **'맛있는 반찬'과 '맛있는반찬'의 띄어쓰기가 다른 이유**
>
> '맛있는'을 꾸밈말로 쓸 때는 꾸밈을 받는 말과 띄어 써야 한다. 그런데 만약 '맛있는 반찬'이라는 이름의 가게가 있다면 '맛있는 반찬'처럼 띄어 쓸 수도 있지만 '맛있는반찬'처럼 붙여 쓸 수도 있다. 그런데 가게 이름을 띄어 쓴다면 반찬이 맛있다는 말과 가게 이름을 구별하기 어렵기 때문에 붙여 쓰든지 "길 건너편에 새로 생긴 '맛있는 반찬'에서 맛있는 반찬을 팔고 있어요"처럼 작은따옴표를 하여 고유명사가 아닌 말과 구별할 필요가 있다.

[전] 자세한 내용은 **광화문 1번가** 내 게시판에
[후] 자세한 내용은 국민참여 정책마당인 **'광화문1번가'** 게시판에

광화문 앞에는 사직로와 세종대로, 율곡로, 새문안로 등이 복합하게

얽혀 있지만 그 어디에도 '광화문 1번가'는 없다. '광화문 1번가'는 문재인 정부가 출범한 후에 만들어진 국민참여 정책플랫폼의 이름이다. 따라서 오해를 줄이기 위해 '국민참여 정책플랫폼'이라는 주석도 달고 작은따옴표도 해야 한다.

> ▶ '플랫폼'의 국립국어원 순화어는 '기반, 장, 승강장, 덧마루, (온라인) 거래터'인데, 그중 마땅한 대체어가 없다면 '마당'을 쓸 수도 있다. 따라서 '국민참여 정책플랫폼'은 '국민참여 정책마당'으로 바꾸어 쓸 수 있다.

전문용어 띄어쓰기

「한글 맞춤법」 제5장 제4절 제50항에서는 전문용어를 띄어 씀을 원칙으로 하되 붙여 쓰는 것을 허용하고 있다. 대부분의 전문용어가 두 개 이상의 낱말을 결합하여 한 개의 개념을 나타내는 경우가 많기 때문에 붙여 쓰도록 한 것이다. 전문용어는 학술용어도 포함하는데 전문 분야에 따라 금융 용어, 농업 용어, 도예 용어, 법률 용어, 심리 용어, 의학 용어 등 전문 영역에서 쓰고 있는 용어를 뜻한다.

> ▶ 일반적으로 '전문용어'라 함은 특정한 전문 분야에서 사용하는 용어를 뜻한다. 그런데 『국어기본법』 제17조 '전문용어의 표준화 등'에서 규정하는 전문용어는 고시 절차를 밟는 표준화 작업의 대상인 데 반해, 한국학술단체총연합회가 추진하는 학술용어 정비사업이나 일선 공공기관에서 자체적으로 추진하는 전문용어 순화어 작업은 따로 고시 절차가 밟지 않기 때문에 전문용어 표준화 작업과 구별된다.
> ▶ 국립국어원은 명사로만 된 법령을 최대 8음절까지 붙여 쓰되 그 이상은

의미 단위별로 띄어 쓰도록 하고 있다.

> 👆 '**무릎 돌리기**'와 '**무릎돌리기**'의 띄어쓰기가 다른 이유
> 일반용어로서 단순히 무릎을 돌린다는 뜻의 '무릎 돌리기'는 한 낱말이 아니므로 띄어 써야 하지만 체육 분야 전문용어로서 '무릎돌리기'는 "양손으로 양쪽 무릎을 잡고 조금 구부린 상태에서 안쪽에서 바깥쪽으로 또는 반대로 돌리는 스트레칭 동작"을 뜻하는 말이므로 붙여 쓸 수 있다. 다만 일반적으로 일반용어와 전문용어를 구별하기 어렵기 때문에 전문용어로 쓸 때는 붙여 쓰든지 작은따옴표를 하는 것이 자연스럽다.

전 **따뜻한 구름**은 여러 크기의 물방울이
후 '**따뜻한 구름**'은 여러 크기의 물방울이 / **따뜻한구름**은 여러 크기의 물방울이

'따뜻한구름'은 "온도가 평균 이상으로 높은 구름"을 뜻하는 기상 분야 전문용어이다. 일반적으로 '따뜻한 사람'처럼 관형사형 '따뜻한' 뒤에 명사가 오면 띄어 써야 하지만 '따뜻한구름'은 기상 용어이므로 붙여 쓸 수 있다. 그런데 국립국어원에서는 의미를 쉽게 파악할 수 있도록 아무리 전문용어라도 낱말 단위로 띄어 쓸 것을 권고한다.

▶ 우리말샘 사전에 '따뜻한겨울'과 '따뜻한구름', '따뜻한비'는 표제어로 올라와 있지만 '따뜻한 봄'이나 '따뜻한 바람'은 표제어로 올라와 있지 않다. 따라서 '따뜻한겨울'은 붙여 쓸 수 있지만 '따뜻한 봄'은 붙여 쓸 수 없다.

전 어업 시설물에 접근한 **큰곰** 어미와 새끼
후 어업 시설물에 접근한 **큰 곰** 어미와 새끼

예로부터 우리나라에서는 반달가슴곰을 '곰'이라고 불렀고, 불곰을 '큰곰'이라고 불렀다. '큰곰'은 유라시아와 북미에 서식하는 곰 중에 가장 크고 무거운 종으로 흔히 불곰 또는 갈색곰이라고 부른다. 다시 말해 '큰곰'은 단순히 '큰 곰'이 아니라 불곰을 가리키는 말이라는 점에서 '큰 곰'과 다르다.

▶ '큰고래'도 북방혹고래의 다른 이름으로 고래 중에 덩치가 큰 고래를 일컫는 말이 아니다. 덩치가 큰 고래는 '큰 고래'라고 해야 한다.

그 밖의 명사 띄어쓰기
전 **구슬놀이**를 체험할 수 있도록
후 **구슬 놀이**를 체험할 수 있도록

'구슬'도 명사이고 '놀이'도 명사이므로 한 낱말로 굳어진 말이 아닌 이상 띄어 써야 한다. 다만 '놀이'는 '모내기놀이'나 '역할놀이'처럼 모방을 하거나 흉내를 내면서 놀 때는 붙여 쓸 수 있다. '병원놀이, 시장놀이, 엄마놀이' 등은 흉내를 내는 놀이이므로 붙여 쓴다. 이와 달리 '구슬 놀이'는 실제로 구슬을 가지고 놀기 때문에 띄어 써야 한다.

(2) 조사 · 어미 · 접사 띄어쓰기 오류

조사 띄어쓰기

「한글 맞춤법」 제5장 제1절 제41항에서는 조사를 앞말에 붙여 쓰도록 하고 있다. 조사는 명사와 대명사 등에 붙어 그 말과 다른 말의 문법적 관계를 표시하거나 그 말의 뜻을 돕는 역할을 한다. 조사 중에는 의존명사와 형태가 같거나 비슷한 것이 있으므로 '사용 환경'이나 '의미'로 구별해야 한다.

> ▶ '우리말과 글'처럼 두 개의 체언이 접속조사로 연결될 때 '우리 말과 글'처럼 띄어 쓴다. '지역개발과 보존사업'도 수식 관계를 고려하여 '지역 개발과 보존 사업'처럼 띄어 쓴다.

☞ **'사람같이'와 '사람 같은'의 띄어쓰기가 다른 이유**
'같이'는 부사와 조사의 형태가 같아 '환경'으로 구별해야 하는데 "같이 가자"처럼 동사를 꾸밀 때는 부사로 보고 띄어 쓰고, '매일같이'처럼 명사 뒤에 올 때는 조사로 보고 붙여 쓴다. 이와 달리 '같은'은 형용사 '같다'의 활용형이다. 따라서 '같은'은 어떤 경우에도 붙여 쓸 수 없다.

☞ **'오늘만큼'과 '오를 만큼'의 띄어쓰기가 다른 이유**
'만큼'은 의존명사와 조사의 형태가 비슷해 '환경'으로 구별해야 하는데 '오늘'과 같은 명사 뒤에 올 때는 조사로 보고 붙여 쓰고, '오를'과 같은 관형사형 뒤에 올 때는 의존명사로 보고 띄어 쓴다.

> ☝ **'약속대로'와 '약속한 대로'의 띄어쓰기가 다른 이유**
> '대로'는 의존명사와 조사의 형태가 비슷해 '환경'으로 구별해야 하는데 '약속'과 같은 명사 뒤에 올 때는 조사지만, '약속한'과 같은 관형사형 뒤에서는 의존명사로 보고 띄어 쓴다.
>
> ☝ **'하나만'과 '하루 만에'의 띄어쓰기가 다른 이유**
> '만'은 의존명사와 조사의 형태가 같아 '의미'로 구별해야 하는데 '한정'이나 '정도' 등을 뜻할 때는 조사로 보고 붙여 쓰고, '시간'이나 '거리, 횟수' 등을 뜻할 때는 의존명사로 보고 띄어 쓴다.

전 한 폭의 수채화 **같이** 조용한 마을이다.
후 한 폭의 수채화**같이** 조용한 마을이다.

'같이'는 부사와 조사의 형태가 같아 '환경'에 따라 구별해야 하는데 "같이 하다"처럼 용언을 수식할 때는 부사로 보고 띄어 쓰고, "수채화같이"처럼 체언 뒤에서는 조사로 보고 앞말에 붙여 쓴다.

전 그 **밖의** 양 기관은 학생 교류를 점차 확대할 계획이다.
후 그 **밖에도** 두 기관은 학생 교류를 점차 확대할 계획이다.

'밖의'와 '밖에'는 "나머지 다른 부분"을 뜻하는 명사 '밖'에 조사가 결합한 형태로 '밖의'는 관형사의 역할을 하고, '밖에'는 부사의 역할을 한다. 참고로 '밖에'를 조사로 쓸 때는 '그것 말고는, 그것 외에는' 등을 뜻하며 뒤에

"전문가밖에 못하는"이나 "하나밖에 없는"처럼 부정을 뜻하는 말이 따른다.

[전] 타 지자체 **보다** 소득에 상관없이
[후] 다른 지자체**보다** 소득에 상관없이

'보다'는 부사와 조사의 형태가 같아 '환경'에 따라 구별해야 하는데 "보다 높게"처럼 용언을 수식할 때는 부사로 보고 띄어 쓰고, "지자체보다"처럼 체언 뒤에서는 조사로 보고 앞말에 붙여 쓴다.

[전] 한복 **뿐만** 아니라
[후] 한복**뿐만** 아니라

'뿐'은 의존명사와 조사의 형태가 같아 '환경'에 따라 구별해야 하는데 "신고할 뿐만 아니라"처럼 관형사형 뒤에 오거나 '~다 뿐이지' 구성으로 쓸 때는 의존명사로 보고 띄어 쓰고, "한복뿐만 아니라"처럼 체언 뒤에서는 조사로 보고 붙여 쓴다. 참고로 "뿐만 아니라"는 문장 맨 앞에 단독으로 쓸 수 없다. "그뿐만 아니라"처럼 항상 체언과 함께 써야 한다.

[전] 농촌지원사업 **등 이다**.
[후] 농촌지원사업 **등이다**.

'이다'는 조사이다. 따라서 앞에 오는 말과 붙여 쓰면 된다. '이다'를 앞말과 띄어 써야 하는 상황은 없다.

어미 띄어쓰기

「한글 맞춤법」 제1장 제2항에서는 어미를 조사처럼 붙여 쓰도록 하고 있다. 어미 중에는 'ㄴ데, ㄴ바, ㄴ지, 듯(이)'처럼 의존명사와 형태가 같거나 비슷한 것이 있으므로 사용 환경을 보고 구별해야 한다.

> ☞ **'할걸'과 '할 걸'의 띄어쓰기가 다른 이유**
> '걸'은 '것을'의 준말과 어미의 형태가 비슷해 '사용 환경'으로 구별해야 하는데, "그냥 할 걸 했다"처럼 '것을'로 바꾸어 쓸 수 있을 때는 '걸'의 준말로 보고 띄어 쓰고, "그냥 할걸 하며 후회했다"처럼 '것을'로 바꾸어 쓸 수 없을 때는 어미로 보고 붙여 쓰면 된다.

전 검토한 **바** 문제가 없는 것을
후 검토한**바** 문제가 없는 것을

'바'는 어미와 의존명사의 형태가 비슷해 '사용 환경'이나 '의미'로 구별해야 한다. 우선 관형사형의 꾸밈을 받거나 조사와 결합할 수 있는 것은 의존명사로 보고 띄어 쓰고, 그렇지 않은 것은 어미로 보고 붙여 쓰면 된다. 그리고 '것'이나 '경우'를 뜻할 때는 의존명사로 보고 띄어 쓰고, '는데, 므로, 니까'를 뜻할 때는 어미로 보고 붙여 쓰면 된다.

전 사진을 노끈에 빨래 걸 **듯이** 걸고 감상했던 순간은
후 사진을 노끈에 빨래 걸**듯이** 걸고 감상했던 순간은

'듯이'는 의존명사와 어미의 형태가 같아 '사용 환경'으로 구별해야 하는데, 관형사형어미 '은/는/을' 뒤에서는 의존명사로 보고 띄어 쓰고, 어간 뒤나 선어말어미 '시/었/겠' 뒤에서는 어미로 보고 붙여 쓰면 된다. 아울러 관형사형어미 'ㄹ'이 '추측, 예정, 의지' 등 미래의 불확실한 일을 뜻한다는 점에 근거하여 'ㄹ 것처럼'으로 바꿔 쓸 수 있으면 의존명사로, 'ㄴ 것처럼'으로 바꿔 쓸 수 있으면 어미로 보면 된다. 또한 '듯이'가 "모래알이 손에 잡힐 듯이 가깝게 보였다"처럼 안긴 문장의 서술어로 보이면 의존명사로, "거대한 파도가 일듯이 사람들의 가슴에 분노가 일었다"처럼 이어진 문장의 서술어로 보이면 어미로 보면 된다.

접사 띄어쓰기

접사는 조사나 어미와 마찬가지로 단독으로 쓰지 않고 항상 다른 어근이나 단어에 붙여 써야 한다.

> ☝ **'실행하다'와 '실행을 하다'의 띄어쓰기가 다른 이유**
> '실행하다'의 '하다'는 접사이고, '실행을 하다'의 '하다'는 동사이다. 따라서 '하다'는 앞에 명사가 오면 붙여 쓰고, 조사가 오면 띄어 쓴다.

전 오는 6월 **경** 3차 선정심사를 실시할 계획으로
후 오는 6월**경** 3차 선정심사를 할 계획으로

"그 시간 또는 날짜에 가까운 때"를 뜻하는 '경(頃)'은 접사이므로 '9시

경'이나 '월말경'처럼 앞말에 붙여 쓴다.

전 참가업체 **당** 10개 사의 바이어와 만남을 주선하여
후 참가업체**당** 10개 사의 구매자와 만남을 마련하여

"마다"를 뜻하는 '당(當)'은 접사이므로 앞말에 붙여 쓴다.

전 배출허용기준을 적용 **받아** 제작된 장치
후 배출허용기준을 적용**받아** 제작한 장치

"구체적인 물건 따위가 오고 가다"를 뜻하는 '받다'는 동사이므로 띄어 쓰고, "다른 사람이 가하는 행동이나 심리적인 작용"으로서 명사에 피동의 뜻을 더하는 '받다'는 접사이므로 앞말에 붙여 쓴다. '고통받다, 눈총받다, 교육받다, 버림받다, 사랑받다, 질문받다' 등은 피동을 뜻을 나타낼 뿐만 아니라 구체적인 물건 따위가 오고 가지 않으므로 붙여 쓰면 된다.

전 시행규칙 **제** 10조에 의거 붙임과 같이
후 시행규칙 **제**10조에 따라 붙임과 같이

'차례'를 뜻하는 '제(第)'는 접사이므로 뒷말에 붙여 쓴다. 숫자 뒤에 오는 단위명사는 '제 30조'나 '제 30 조'처럼 쓸 수 없고, 제30 조'처럼 띄어 쓰는 것을 원칙으로 하되 '제30조'처럼 붙여 쓸 수 있다. 둘 다 붙여 쓰는 것이 일반적이다.

전 **총** 사업비의 30% 지원
후 **총**사업비의 30% 지원

"전체를 아우르는" 또는 "전체를 합한"을 뜻하는 '총(總)'은 명사 앞에서 접사이므로 뒷말에 붙여 쓴다. 다만 "총 1억"이나 "총 200쌍"처럼 수사 또는 단위성 의존명사 앞에서는 관형사이므로 띄어 써야 한다.

전 다시 세운다는 조건 **하**에 시내로 진입
후 다시 세운다는 조건**하**에 시내로 진입

"그것과 관련된 조건이나 환경" 또는 "아래 또는 아래쪽이나 밑"을 뜻하는 접사 '하(下)'는 '지배하·통솔하'처럼 추상적인 공간에서의 한 위치를 뜻하거나 '교각하·선반하'처럼 물리적인 공간에서의 한 위치를 뜻할 때 따로 구별하지 않고 모두 붙여 쓴다. "그것과 관계된 입장이나 그것에 따름" 또는 "물체의 위나 위쪽"을 뜻하는 접사 '상(上)'도 '법률상·인터넷상'처럼 추상적인 공간에서의 한 위치를 뜻하거나 '지도상·직선상'처럼 물리적인 공간에서의 한 위치를 뜻할 때 따로 구별하지 않고 모두 붙여 쓴다.

전 고시·공고에서 확인이 가능 **하다**
후 고시·공고에서 확인이 가능**하다** / 고시·공고에서 확인할 수 있다

'하다'와 '되다'는 '생각을 하다'와 '처리가 되다'처럼 '조사' 뒤에서는 동사이므로 띄어 써야 하지만 '생각'이나 '처리'처럼 명사 뒤에서는 접사이

므로 붙여 써야 한다. 아울러 '생각하다'와 '처리되다'를 굳이 '생각을 하다'와 '처리가 되다'처럼 쓰는 것은 우리말답지 않은 표현이다.

(3) 보조용언 띄어쓰기 오류

「한글 맞춤법」 제5장 제3절 제47항에서는 보조용언을 본용언과 띄어 씀을 원칙으로 하되 붙여 쓰는 것을 허용하고 있다. 다만 '먹고 싶어 하다'처럼 구와 결합한 보조용언과 '매달아 놓다'처럼 복합어와 결합한 보조용언 등 본용언이 3음절 이상이면 용언의 길이가 지나치게 길어질 수 있으므로 붙여 쓸 수 없다. 단 본용언이 단일어라면 음절 수에 상관없이 보조용언을 붙여 쓸 수 있다.

> ▶ 용언은 문장에서 서술어 기능을 하는 동사와 형용사를 아울러 이르는 말이다. 예컨대 '먹어버리다'는 동사 '먹다'와 '버리다'를 붙여 쓴 말인데, '먹다'에는 중심 뜻이 있으므로 본용언이라 하고, '버리다'에는 중심 뜻을 보조하는 주변 뜻이 있으므로 보조용언이라 한다.

☞ **'먹어 보다'와 '물어보다'의 띄어쓰기가 다른 이유**
'먹어보다'는 한 낱말이 아니므로 본용언 '먹다'와 보조용언 '보다'를 띄어 쓸 수도 있고 붙여 쓸 수도 있다. 이와 달리 '물어보다'는 한 낱말이므로 항상 붙여 써야 한다.

전 〈삶의 철학〉도 **눈여겨 볼만 하다.**
후 〈삶의 철학〉도 **눈여겨볼 만하다.**

본용언 뒤에 오는 '만하다'는 보조용언이다. 보조용언은 띄어 쓰는 것이 원칙이지만 붙여 쓸 수 있다. 따라서 '읽을 만하다'는 띄어 쓸 수도 있고, 붙여 쓸 수도 있다. 다만 '볼만하다'는 한 낱말로 굳어진 말이므로 붙여 써야 하고, '좋아할 만하다'는 본용언이 3음절 이상의 복합어이므로 띄어 써야 한다. 참고로 '좋아하다'는 '좋다'와 '하다'의 합성어이다. '눈여겨볼 만하다'도 본용언이 3음절 이상의 복합어이므로 붙여 쓸 수 없다.

> ▶ '형만 한 아우'의 '만 한'은 명사 '형' 뒤에 왔기 때문에 보조용언 '만하다'로 볼 수 없고 조사 '만'과 동사 '하다'의 결합으로 본다. 따라서 '형만한'이나 '형 만한'처럼 쓰지 않는다. 다만 '눈곱만하다, 대문짝만하다, 쥐방울만하다' 등은 한 낱말로 굳어진 말이므로 붙여 써야 한다.

전 사회로 복귀하기 위한 준비를 할 수 있도록 **도와 주는** 프로그램이
후 사회로 복귀하기 위해 준비할 수 있도록 **도와주는** 프로그램이

본용언 뒤에 오는 '주다'는 보조용언이다. 규범에 따라 보조용언은 띄어쓰기가 자유롭지만 '도와주다'는 '가져다주다, 갈아주다, 건네주다, 끝내주다, 내주다, 넘겨주다, 놓아주다, 데려다주다, 도와주다, 돌려주다, 들려주다, 들어주다, 몰라주다, 몰아주다, 물려주다, 밀어주다, 바래다주다, 보아주다, 빌려주다, 알아주다, 접어주다, 핀잔주다, 흘려주다' 등과 마찬가지로 한 낱말로 굳어진 말이므로 항상 붙여 쓴다. 이와 달리 '가 주다, 구해 주다, 덜어 주다, 보여 주다, 부쳐 주다, 알려 주다, 해 주다'와 마찬가지로 한 낱말이 아니므로 띄어 쓸 수도 있고 붙여 쓸 수도 있다.

> 일반 출판물뿐만 아니라 공문서에서도 보조용언을 남용하는 일이 잦다. 예컨대 그냥 "막히다"라고 해도 되는데 굳이 "막혀버리다"라고 하고, '추락하다'라고 해도 되는데 굳이 '추락해버리다'라고 한다. 참고로 입말에서는 '버리다'에 아쉬움을 담거나 후련함을 담는 것이 어렵지 않지만, 글말에서는 쉽지 않다. 따라서 글에서는 가급적 보조용언을 남용하지 않도록 한다.

전 그동안의 발전상을 **살펴 볼** 수 있는 뜻깊은 행사가
후 그동안의 발전상을 **살펴볼** 수 있는 뜻깊은 행사가

본용언 뒤에 오는 '보다'는 보조용언이다. 규범에 따라 보조용언은 띄어쓰기가 자유롭지만 '살펴보다'는 한 낱말로 굳어진 말이므로 붙여 써야 한다. '내려다보다, 넘겨다보다, 넘겨보다, 눈여겨보다, 돌아가다, 돌아다보다, 돌아보다, 둘러보다, 뒤돌아보다, 들여다보다, 뜯어보다, 맡아보다, 물어보다, 바라다보다, 살펴보다, 쏘아보다, 알아보다, 여쭈어보다, 올려다보다, 우러러보다, 지켜보다, 찔러보다, 찾아보다, 톺아보다, 훑어보다, 훔쳐보다, 흘겨보다' 등도 마찬가지다.

전 지난해부터 **추진해온** 걷기 대장정이 참가자들로부터
후 지난해부터 **추진해 온** 걷기 대장정이 참가자들로부터

본용언 뒤에 오는 '오다'는 보조용언이다. 규범에 따라 보조용언은 띄어쓰기가 자유롭지만 '추진해 오다'는 본용언 '추진하다'가 복합어이면서 3음절 이상이므로 반드시 띄어 써야 한다. '논의해 오다, 발전해 오다,

사용해 오다, 취급해 오다' 등도 마찬가지다. 이와 달리 '접해오다'는 2음절 이하의 복합어이므로 붙여 쓸 수 있다.

> 전 실무자들이 마음을 모아 **함께해주시기를** 부탁하면서
> 후 실무자들이 마음을 모아 **함께해 주시기를** 부탁하면서

본용언 뒤에 오는 '주다'는 보조용언이다. 규범에 따라 보조용언은 띄어쓰기가 자유롭지만 '함께해 주다'는 본용언 '함께하다'가 복합어이면서 3음절 이상이므로 반드시 띄어 써야 한다. '공급해 주다, 노력해 주다, 대답해 주다, 설명해 주다, 지원해 주다, 참여해 주다, 확인해 주다' 등도 마찬가지다.

(4) 숫자 · 날짜 띄어쓰기 오류

숫자 띄어쓰기 오류

「한글 맞춤법」 제5장 제2절 제44항에서는 수를 적을 때 '만' 단위로 띄어 쓰도록 하고 있다. 이에 따라 1경 2345조 6789억 8765만 4321원으로 적으면 된다. 즉 '경, 조, 억, 만' 단위로 띄어 쓰면 된다.

> ☝ **'일억 이천삼백만 원'과 '일억이천삼백만원'의 띄어쓰기가 다른 이유**
> 수를 적을 때는 만 단위로 띄어 써야 하는데, 금액을 적을 때는 변조 등의 사고를 방지하기 위해 붙여 쓰는 것을 허용한다. 참고로 숫자를 적을 때 특별한 경우 가 아니라면 '일억 이천삼백만 원'이라고 적기보다 '1억 2천3백만 원'이나 '1억 2300만 원'으로 적는 편이 무난하다. 그래야 숫자를 직관적으로 이해하기 쉽기 때문이다.

[전] 지급액은 1조 **2천 2백억** 원으로
[후] 지급액은 1조 **2천2백억** 원으로 / 지급액은 1조 **2200억** 원으로

수를 적을 때는 만 단위로 띄어 써야 하므로 '1조 2천 2백억'처럼 띄어 쓰면 안 되고, '1조 2천2백억'처럼 띄어 써야 한다. 아울러 '2천2백억'은 '2200억'처럼 쓸 수도 있다.

[전] 주택 **7.69만호**
[후] 주택 **7.69만 호** / 주택 **7만 6900호**

집을 세는 단위 의존명사 '호(戶)'는 수를 세는 '만(萬)'과 띄어 써야 한다.

> ☝ **우리말답지 않은 수 표현**
>
> '76,900호'를 '7.69만 호'로 적으면 숫자를 직관적으로 이해하기 어렵고, 경우에 따라 숫자를 오해할 수도 있다. 따라서 '76,900호'처럼 적든지 '7만 6900호'처럼 적어야 한다. 이와 더불어 '2000만 원'도 '20백만 원'처럼 적으면 안 된다.

날짜 띄어쓰기 오류

[전] 임명(임기 : **2022.11.21.~2023.11.20.**)
[후] 임명(임기: **2022. 11. 21.~2023. 11. 20.**)

한글로 연월일을 적을 때 연월일을 모두 띄어 쓰듯이 마침표로 이를 대신한 경우에도 연월일은 단위별로 띄어 쓴다.

전 1차 회의(11.18.)
후 1차 회의(11. 18.)

월일만 쓸 때도 단위별로 띄어 쓴다.

(5) 문장부호 띄어쓰기 오류

쌍점 띄어쓰기 오류

문장부호 중 '쌍점(:)'은 앞말에 붙여 쓰고 뒷말에 띄어 쓴다. 쌍점과 비슷한 쌍반점(;)은 따로 규정이 없으므로 쓰지 않도록 한다. 원칙적으로 문장부호 규정에 없는 문장부호는 사용하지 않도록 한다.

전 발급 **건수 : 총** 54,980건
후 발급 **건수: 총** 54,980건

표제 다음에 해당 항목을 들거나 설명을 붙일 때 쓰는 '쌍점'은 앞말에 붙여 쓰고 뒷말과 띄어 쓴다.

빗금 띄어쓰기 오류

문장부호 중 빗금(/)은 시의 연과 행을 구분할 때 띄어 쓰는 것을 원칙으로 하되 붙여 쓰는 것을 허용하고 있다. 아울러 대비되는 어구가 '남반구/북반구'처럼 한 어절로 되어 있을 때는 붙여 쓰고 '문과 대학 / 이과 대학'처럼 두 어절로 되어 있을 때는 붙여 쓰는 것과 띄어 쓰는 것을 허용한다.

[전] **연령별 / 지역별** 종사자수를 확인
[후] **연령별/지역별** 종사자 수를 확인

대비되는 어구가 한 어절로 되어 있을 때는 빗금의 앞말과 뒷말에 붙여 쓴다.

물결표 띄어쓰기 오류

문장부호 중 '물결표(~)'는 앞말과 뒷말에 붙여 쓴다. 참고로 물결표는 붙임표(-)를 대신 사용할 수 있으며, 붙임표도 앞말과 뒷말에 붙여 쓴다. 다만 줄표(–)는 띄어 쓰는 것을 원칙으로 하되 붙여 쓰는 것을 허용한다.

[전] 조 편성(11:30 ~ 12:30)후에
[후] 조 편성(11:30~12:30) 후에

"기간이나 거리 또는 범위를 나타낼 때" 하는 '물결표'는 앞말과 뒷말에 붙여 쓴다.

> ▶ 흔히 붙임표는 '도움닫기-도약-공중자세-착지'처럼 차례대로 이어지는 내용을 하나로 묶어 열거할 때와 '남한-북한'처럼 밀접한 관련이 있는 말을 아울러 이를 때 쓴다.
> ▶ 줄표는 제목 다음의 부제를 쓸 때 붙이는데 앞뒤로 붙일 수도 있고 앞에만 붙일 수도 있다.

줄임표 띄어쓰기 오류

문장부호 중 할 말이 없든지 할 말을 줄이든지 머뭇거릴 때 하는 줄임표는 앞말에 붙여 쓰지만 말이나 글의 일부를 생략할 때 하는 줄임표는 앞뒤로 띄어 쓴다.

전 제안을 **정책으로...대한민국** 제안정책 공모
후 제안을 **정책으로... 대한민국** 제안정책 공개 모집

보도자료 제목에 줄임표를 하는 것 자체가 제목을 길게 만들 뿐이므로 줄임표를 쉼표로 바꾸든지 줄임표 앞말이나 뒷말 중 일부를 생략하는 것이 자연스럽다.

3) 어휘선택 오류

공문서에서 자주 발견되는 어휘선택 오류에는 문맥에 맞지 않는 어휘 오류, 어법에 맞지 않는 어휘 오류(비표준어 오류), 군더더기 표현 오류, 영어 번역 투 표현 오류, 일본어 번역 투 표현 오류, 오탈자 오류 등이 있다.

(1) 문맥에 맞지 않는 어휘 오류

어휘는 문맥에 맞게 구별해서 써야 한다. 이를 위해 어휘의 사전적 의미를 알아야 하고, 어휘 간의 의미 연결이 자연스러운지 살펴야 한다. 예를 들어 "당신도 교통사고의 주인공이 될 수 있습니다"라는 문장에는 긍정적인 의미의 '주인공'보다 부정적인 의미의 '장본인'이 더 잘 어울리고,

"결국 이 사단이 나고 말았다"라는 문장에는 "사건의 단서. 또는 일의 실마리"를 뜻하는 한자어 사단(事端)보다 "사고나 탈"을 뜻하는 고유어 '사달'이 더 잘 어울린다.

> ▶ '학년도'와 '년도'는 구별하기 어려운 말 중의 하나이다. 흔히 2024학년도라고 하면 2024년 3월 1일부터 2025년 2월 29일까지를, 2024년도라고 하면 2024년 1월 1일부터 2024년 12월 31일까지를 가리키는 말이라 기간이 다르다. 또한 2024학년도 대학수학능력시험이 2023년 11월 16일에 치러졌다고 하면 고개를 갸웃거리는 사람이 있는데 2023학년도에 치른 시험에 합격한 고등학생이 2024학년도부터 대학생이 되기 때문에 2023년 11월에 치러진 시험을 2024학년도 대학수학능력시험이라고 부른다.

'갑절'과 '곱절'

전 행사의 의미와 즐거움이 **몇 갑절**
후 행사의 의미와 즐거움이 **몇 곱절**

'갑절'과 '곱절'은 구별해서 써야 한다. 둘 다 '2배'를 뜻하는 말이지만 일정한 수나 양이 그만큼 배로 계속 늘어날 때는 '곱절'이라고 해야 한다. 예컨대 "가격이 2배 올랐다"라고 할 때는 '갑절'과 '곱절'을 모두 쓸 수 있지만, "가격이 2~3배 올랐다"라고 할 때는 '곱절'만 쓸 수 있다. 즉 '몇'이나 '두세, 여러' 뒤에는 거듭 오르고 있음을 뜻하는 '곱절'을 써야 한다.

'갱신'과 '경신'

전 세계신기록 **갱신** 등 우수한 성적을 거두어
후 세계신기록 **경신** 등 우수한 성적을 거두어

'갱신'과 '경신'은 구별해서 써야 한다. 참고로 '갱신'과 '경신'은 한자로 '更新'이라고 쓴다. '更'을 '연장하다'라는 뜻으로 쓸 때는 '갱'이라고 읽고, '깨뜨리다'라는 뜻으로 쓸 때는 '경'이라고 읽는 것만 다르다. 따라서 '갱신'은 '계약 갱신'이나 '면허 갱신'처럼 만료된 기간을 연장할 때 쓰고, '경신'은 '기록 경신'이나 '최고치 경신'처럼 종전의 기록을 깨뜨릴 때 쓴다. 일상적으로 쓰는 말은 아니지만, 이미 있던 것을 고쳐 새롭게 했을 때는 '갱신'이라고도 하고, '경신'이라고도 한다.

'고'와 '라고'

전 고마운 마음을 전한다"**고** 말했다.
후 고마운 마음을 전한다"**라고** 말했다. / 고마운 마음을 전한다**고** 말했다.

'고'와 '라고'는 구별해서 써야 한다. '고'는 앞말이 간접 인용된 말일 때 쓰고, '라고'는 앞말이 직접 인용된 말일 때 쓴다. 직접 인용문 뒤에 오는 '는(라고 하는), 며(라고 하며), 면서(라고 하면서)'도 '라는, 라며, 라면서'라고 써야 한다. 참고로 앞말에 큰따옴표가 있으면 직접 인용으로, 큰따옴표가 없으면 간접 인용으로 본다.

▶ 보도자료 종결부에 자주 등장하는 직접 인용문을 직접 인용문으로 보기 어렵다는 지적이 있다. 즉 "고마운 마음을 전한다"라고 하지 않고 "고마운 마음을 전합니다"라고 한 말을 보도자료 작성자가 임의로 수정했을 가능성이 있으므로 직접 인용으로 보기 어렵다는 것이다. 그런데 이 주장을 그대로 받아들인다고 해도 간접 인용문에 큰따옴표를 한 것 자체가 오류이므로 이러한 논쟁은 무의미하다. 큰따옴표를 지우든지, 큰따옴표를 그대로 둔다면 '라고'를 써야 한다.

조사의 오류

전 투자의사가 있는 기업**에게는**
후 투자 의사가 있는 기업**에는** / 투자할 기업**에는**

사람이나 동물 같은 유정 명사 뒤에는 '에게'를 쓰고, 기관이나 단체 같은 무정 명사 뒤에는 '에'를 쓴다. 다만 '가구'나 '계층, 세대' 등은 의미상으로 무정 명사인지 유정 명사인지 명확하게 구분하기 어렵기 때문에 '에'와 '에게'를 모두 사용할 수 있다.

전 전담**팀**(태스크포스)**를** 꾸려
후 전담**팀**(태스크포스)**을** 꾸려

조사 '은/는, 이/가, 을/를, 과/와, 으로/로, 으로서/로서, 으로써/로써' 등은 앞말의 받침에 따라 구별해서 써야 한다. 예컨대 앞말에 받침이 있으면 '을'을 쓰고, 받침이 없으면 '를'을 쓰는 식이다. 그런데 괄호 뒤에 이들 조사가 올 때는 괄호 안에 있는 앞말 받침이 아니라 괄호 앞에 있는 앞말 받침에 따라 써야 한다.

'고'와 '며'

전 먹거리 부스를 운영하**고**, 시민들과 함께 즐기고 있다.

후 먹거리 홍보 공간을 운영하**며**, 시민들과 함께 즐기고 있다.

'고'와 '며'는 구별해서 써야 한다. '고'와 '며'는 둘 이상의 행위나 상태를 '대등'하게 연결하거나 나열할 때 쓰는 어미라는 점은 같다. 다만 '고'는 시간차를 두고 일어나는 일을 연결하는 데 반해 '-며'는 동시에 일어나는 일을 연결한다는 점이 다르다.

▶ 일반적으로 '고'는 '고서'로, '며'는 '면서'로 대체가 가능하다. 실례로 "예약을 하고 행사에 참석했다(선후)"와 "예약을 하며 행사에 참석했다(동시)"는 뜻이 다르다. 이와 마찬가지의 이유로 "혁신 사례를 직접적으로 언급하고 정책 홍보의 중요성을 강조했다"와 "혁신 사례를 직접적으로 언급하며 정책 홍보의 중요성을 강조했다"는 뜻이 다르다.

'굉장히'와 '매우'

전 **굉장히** 두렵다.

후 **매우** 두렵다.

'굉장히'와 '매우'는 구별해서 써야 한다. '굉장(宏壯)'은 '클 굉(宏)'에 '장할 장(壯)'을 써서 크고 훌륭하거나 보통 이상으로 대단할 때 쓴다. 따라서 "굉장히 낙천적이다, 굉장히 빠르다, 굉장히 좋다"처럼 쓸 수 있지만 "굉장히 두렵다, 굉장히 슬프다, 굉장히 작다"처럼 쓰는 것은 어색하다. 그저 "보통 정도보다 훨씬 더"라는 뜻으로 쓸 때는 '매우'나 '무척, 아주, 꽤' 등을 쓰면 된다.

'더불어'와 '이와 더불어'

전 운영한다. **더불어** 올해부터는 대학 뿐만 아니라
후 운영한다. **이와 더불어** 올해부터는 대학뿐만 아니라

'더불어'와 '이와 더불어'는 구별해서 써야 한다. '더불다'는 "무엇과 같이 하다"를 뜻하는 동사로서 흔히 '와 더불어'의 형태로 쓰이므로 문장의 말머리에는 올 수 없다. 일반적으로 말머리에는 '이와 더불어'가 와야 한다.

▶ 참고로 명사 '반면'은 흔히 '반면에'의 꼴로 '-은, -는' 활용형 다음에 쓰인다고 풀이되어 있으나 말머리에도 쓸 수 있다.

'던지'와 '든지'

전 어느 길을 **이용하던지** 15분 정도면 도착할 수 있다.
후 어느 길을 **이용하든지** 15분 정도면 도착할 수 있다.

'던지'와 '든지'는 구별해서 써야 한다. '던지'는 "막연한 의문이 있는 채로 그것을 뒤 절의 사실과 관련시키는 데 쓰는 연결 어미"이고, '든지'는 "나열된 동작이나 상태, 대상들 중에서 어느 것이든 선택될 수 있음을 나타내는 연결 어미"이다. 쉽게 말해 '던지'는 '과거 사실'을 뜻할 때 쓰고, '든지'는 '선택'을 뜻할 때 쓴다.

'데'와 '대'

[전] 문제에 접근하는 법이 **틀렸데**.
[후] 문제에 접근하는 법이 **틀렸대**.

'데'와 '대'는 구별해서 써야 한다. '데'는 화자가 직접 경험한 사실을 나중에 보고하듯이 말할 때 쓰는 말로 '더라'와 같은 뜻이 있는 데 반해 '대'는 화자가 직접 경험한 사실이 아니라 남에게 들은 내용을 말할 때 쓰는 말로 '다고 해'와 같은 뜻이 있다.

'돋구다'와 '돋우다'

[전] 화만 **돋군** 해명을 했다.
[후] 화만 **돋운** 해명을 했다.

'돋구다'와 '돋우다'는 구별해서 써야 한다. '돋구다'는 "안경의 도수 따위를 더 높게 하다"를 뜻하고, '돋우다'는 "위로 끌어 올려 도드라지거나 높아지게 하다" 등을 뜻한다. 입맛이 당길 때도 '돋우다'라고 한다.

'돌입하다'와 '들어가다'

[전] 사업을 재개하기 위한 준비에 **돌입했다**.
[후] 사업을 재개하기 위한 준비에 **들어갔다**. / 사업을 재개하기 위해 준비**했다**.

'돌입하다'와 '들어가다'는 구별해서 써야 한다. '돌입하다'는 "세찬 기세로 갑자기 뛰어들다"를 뜻하고, '들어가다'는 '시작하다'를 뜻한다. 상황이 급박하게 돌아가는 '파업'이나 '전투'는 '돌입하다'와 함께 쓸 수 있지만 '공사'나 '행사'는 '돌입하다'와 함께 쓰기 어렵다. 이럴 때는 '들어가다'나 '시작하다'라고 하면 된다.

▶ "준비에 들어갔다" 라는 말에서 '들어가다'는 '준비하다'와 의미가 중복되는 군더더기 표현으로 볼 수 있다.

'두터운'과 '두꺼운'
전 **두터운** 관객층의 토양을 확인
후 **두꺼운** 관객층이라는 토대를 확인

'두텁다'와 '두껍다'는 구별해서 써야 한다. 사전적인 의미로 '두텁다'는 '두터운 신앙'이나 '두터운 친분'처럼 믿음이나 관계가 굳고 깊을 때 쓰고, '두껍다'는 '두꺼운 고객층'이나 '두꺼운 안개'처럼 집단의 규모나 자연현상의 정도가 보통 이상일 때 쓴다.

▶ 정부 재난지원금과 관련해 '더 넓게, 더 두텁게'가 맞느냐 '더 넓게, 더 두껍게'가 맞느냐를 두고 논란이 일었던 적이 있다. 결론만 말하면 지원금의 규모가 보통 이상이라는 뜻으로 쓸 때는 '두껍게'라고 하면 된다.

'때문에'와 '그 때문에'

전 있다. **때문에** 정황상 가혹행위를 했다는

후 있다. **그 때문에** 정황상 가혹행위를 했다는

'때문에'와 '그 때문에'는 구별해서 써야 한다. '때문'은 명사나 대명사 뒤에 쓰여 "어떤 일의 원인이나 까닭"을 나타내는 의존명사이다. 기본적으로 의존명사는 의미가 형식적이어서 항상 다른 말에 기대어 쓰므로 문장의 말머리에 올 수 없다. 일반적으로 말머리에는 '그러한 이유 때문에'나 '그 때문에'가 와야 한다.

> ▶ 흔히 '때문에'는 부정적인 상황에 쓰고, '덕분에'는 긍정적인 상황에 쓴다고 알려져 있으나 사전적인 의미만 놓고 보면 '때문'은 긍정적인 상황이나 부정적인 상황에 모두 쓸 수 있고 '덕분'은 긍정적인 상황에만 쓸 수 있다.

'띄다'와 '띠다'

전 이색적인 이력이 눈에 **띠었다**.

후 이색적인 이력이 눈에 **띄었다**.

'띄다'와 '띠다'는 구별해서 써야 한다. '띄다'는 '뜨이다'와 '띄우다'의 준말로 눈에 띄거나 간격을 띌 때만 쓴다. 물건을 몸에 지니거나 용무, 직책, 사명 따위가 주어졌을 때, 빛깔이나 색채 따위가 있을 때, 감정이나 기운 따위를 나타낼 때, 어떤 성질이 있을 때는 '띠다'를 쓴다. 한마디로 말해 눈에 띄거나 간격을 띌 때를 제외하고 모두 '띠다'를 쓰면 된다.

'로써'와 '로서'

전 건강식품 원료**로써**의 가치와

후 건강식품 원료**로서**의 가치와

'로써'와 '로서'는 구별해서 써야 한다. '로써'는 기구격 조사라고 하여 어떤 일의 수단이나 도구, 물건의 재료(원료)를 나타내거나 어떤 일의 기준이 되는 시간을 나타낼 때 쓰고, '로서'는 자격격 조사라고 하여 지위, 신분, 자격을 나타낼 때 쓴다.

'말씀'과 '말'

전 단체장 **인사말씀**

후 단체장 **인사말**

'말씀'과 '말'은 구별해서 써야 한다. 흔히 '말씀'은 "시장님의 말씀"처럼 "남의 말을 높여 이르는 말"로만 알고 있는데, "시장님께 드리고 싶은 말씀"처럼 "자기의 말을 낮추어 이르는 말"로도 쓸 수 있다.

> ▶ 공공기관이 주최 또는 주관하는 행사에서 식순에 있는 단체장의 '인사말씀'은 단체장의 말을 높여 이르는 말인지, 아니면 낮추어 이르는 말인지 알 수 없다. 따라서 그런 오해를 줄이기 위해서는 '인사말'이라고 하면 된다.

'맞추다'와 '맞히다'

전 '이벤트' 게시판에서 문제를 **맞추거나**

후 '이벤트' 게시판에서 문제를 **맞히거나**

'맞추다'와 '맞히다'는 구별해서 써야 한다. 문제를 풀거나 정답을 확인하는 상황에서 '맞추다'는 "둘 이상의 일정한 대상을 나란히 놓고 비교하여 살피다"라는 뜻으로 "답안지를 정답과 맞추다"처럼 쓰고, '맞히다'는 "문제에 대한 답을 틀리지 않게 하다"라는 뜻으로 "정답을 맞히다"처럼 쓴다.

'및'과 '또는'
전 방문 **및** 우편 접수(택1)
후 방문 **또는** 우편 제출(택1)

'및'과 '또는'은 구별해서 써야 한다. '및'은 '그리고'나 '또'를 뜻하고, '또는'은 '그렇지 않으면'을 뜻한다. 따라서 '및'은 나열하는 앞뒤 항목을 모두 가리키는 'and'의 뜻으로 쓰지만, '또는'은 나열하는 앞뒤 항목 중 하나만을 가리키는 'or'의 뜻으로만 쓴다.

'반증'과 '방증'
전 실험 역량과 국제적 위상을 **반증**하는 것으로
후 실험 역량과 국제적 위상을 **방증**하는 것으로 / 실험 역량과 국제적 위상을 **입증**하는 것으로

'반증'과 '방증'은 구별해서 써야 한다. '반증'은 "어떤 사실이나 주장이

옳지 아니함을 그에 반대되는 근거를 들어 증명하는 증거" 또는 "어떤 사실과 모순되는 것 같지만 거꾸로 그 사실을 증명하는 사례"를 뜻하고, '방증'은 "사실을 직접 증명할 수 있는 증거가 되지는 않지만, 주변의 상황을 밝힘으로써 간접적으로 증명에 도움을 주는 증거"를 뜻한다. 따라서 반대 증거도 아니고 간접적인 증거도 아닌, 그냥 일반적인 근거나 증거라면 '입증'이라고 해야 한다.

'발굴하다'와 '찾아내다'

전 위기 가구를 선제적으로 **발굴하고** 지원하여
후 위기 가구를 선제적으로 **찾아내서** 지원하여

'발굴하다'와 '찾아내다'는 구별해서 써야 한다. '발굴(發掘)하다'는 "세상에 널리 알려지지 않거나 뛰어난 것을 찾아 밝혀내다"를 뜻하고 '찾아내다'는 "찾기 어려운 사람이나 사물을 찾아서 드러내다"를 뜻하므로 '인재'나 공적이 있는 사람'은 '발굴하다'와 '찾아내다'를 모두 쓸 수 있지만 '지원 대상자'나 도움이 필요한 사람'은 '찾아내다'를 써야 한다.

'밝히다'와 '말하다'

전 10월 10일까지 모집한다고 **밝혔다**.
후 10월 10일까지 모집한다고 **말했다**.

'밝히다'와 '말하다'는 구별해서 써야 한다. '밝히다'는 "드러나지 않거나 알려지지 않은 사실, 내용, 생각 따위를 드러내 알리다"를 뜻한다. 일상적으로 어떤 사실을 알려줄 때는 그냥 '말하다'라고 해야 한다. 설명과 분석이 다르듯이, '밝히는' 것과 '말하는' 것은 다르기 때문이다.

> ▶ 일반적으로 기사를 스트레이트 기사(straight news)와 피처 기사(feature news)로 나누는데, 스트레이트 기사의 논조를 '말하다'라고 한다면 피처 기사의 논조를 '밝히다'라고 할 수 있다.

'보전'과 '보존'

전 우리 문화의 정체성을 **보존**하기 위해

후 우리 문화의 정체성을 **보전**하기 위해

'보전'과 '보존'은 구별해서 써야 한다. '보존(保存)'은 '공문서 보존, 문화재 보존, 현장 보존'처럼 '있는 그대로 보호하여 남기는 것'을 뜻하고, '보전(保全)'은 '생태계 보전, 환경 보전'처럼 '온전한 상태로 보호하여 유지하는 것'을 뜻한다. 다시 말해 '보존(preservation)'은 개선하지 않고 지키는 것이지만, '보전(conservation)'은 개선하면서 지키는 것이다.

'부딪치다'와 '부딪히다'

전 끊임없이 **부딪히는** '파도'처럼 역경에 굴복하지 않고

후 끊임없이 **부딪치는** '파도'처럼 역경에 굴복하지 않고

'부딪치다'과 '부딪히다'는 구별해서 써야 한다. '부딪치다'는 주체가 능동적으로 부딪는 행위를 했을 때 쓰고, '부딪히다'는 주체가 피동적으로

부딪는 행위를 했을 때 쓴다. 만약 서로가 부딪는 상황이라면 서로의 행위가 능동적이므로 '부빛치다'를 쓰면 된다.

'부응하다'와 '부흥하다'
- 전 관객의 기대에 **부흥하는** 행사가 될 수 있도록
- 후 관객의 기대에 **부응하는** 행사가 될 수 있도록

'부응하다'와 '부흥하다'는 구별해서 써야 한다. '부응하다'는 어떤 요구나 기대 따위를 좇아서 응하는 것을 뜻하고, '부흥하다'는 쇠퇴하였던 것을 다시 일어나게 하는 것을 뜻한다. 따라서 행사가 잘 되기를 바란다는 뜻에서 '부흥하다'를 써도 된다고 생각할 수 있으나 사전적 의미에 맞게 '부응하다'를 쓰는 것이 자연스럽다.

'부자재'와 '부재료'
- 전 **부자재**로 사용되는 스티로폼을 활용하여
- 후 **주로 상품 포장재**로 사용되는 스티로폼을 활용하여

'부자재'와 '부재료'는 구별해서 써야 한다. 부자재(副資材)는 "생산 과정에서 보조적으로 소비되는 자재"를 뜻한다. 즉 제조 공정이 모두 끝났을 때 원자재는 제품의 일부가 되지만, 부자재는 제조 공정에 사용될 뿐 제품에 포함되지 않는다. 이와 달리 '부재료(副材料)'는 제품에 포함된다. 생산 과정이 아니라 유통 과정에 사용되는 포장재는 '부자재'도 '부재료'도 아니다.

'분리수거'와 '분리배출'

전 일회용 마스크 **분리수거** 및 재활용을 통한 마스크 폐기량을

후 일회용 마스크를 **분리배출**하거나 재활용하여 마스크 폐기량을

'분리수거'와 '분리배출'은 구별해서 써야 한다. '분리수거(分離收去)'는 일상적으로 쓰는 말이지만, "종류별로 나누어서 버린 쓰레기 따위를 가져간다"라는 뜻이므로 쓰레기를 버리는 사람은 쓸 수 없다. 오직 쓰레기를 가져가는 사람만 쓸 수 있다. 쓰레기를 버리는 사람은 '분리배출(分離排出)'을 한다고 해야 한다.

> ▶ 사실 이러한 논란은 '쓰레기 분리수거함'으로부터 시작되었다. 쓰레기 수거업체의 관점에서 보면 '쓰레기 분리수거함'은 딱히 문제가 없는 말이지만, 애초에 쓰레기를 가져가는 사람의 입장이 아니라 쓰레기를 버리는 사람의 입장을 고려해서 '쓰레기 분리배출함'이라고 이름을 붙였다면 이런 논란은 생기지 않았을 것이기 때문이다.

'빌어'와 '빌려'

전 이 자리를 **빌어** 간곡히 촉구합니다.

후 이 자리를 **빌려** 간곡히 촉구합니다.

'빌어'와 '빌려'는 구별해서 써야 한다. '빌다(빌어)'는 "바라는 바를 이루게 하여 달라고 신이나 사람, 사물 따위에 간청하다" 또는 "남의 물건을 공짜로 달라고 호소하여 얻다"를 뜻한다. 이와 달리 '빌리다(빌려)'는

"어떤 일을 하기 위해 기회를 이용하다"를 뜻한다.

'뿐만 아니라'와 '그뿐만 아니라'
전 ○ **뿐만 아니라**, 오늘 12시부터 선착순으로 배포
후 ○ **그뿐만 아니라**, 오늘 12시부터 선착순으로 배포

'뿐만 아니라'와 '그뿐만 아니라'는 구별해서 써야 한다. '뿐'은 조사나 의존명사로만 쓰기 때문에 '뿐만 아니라'는 문장의 말머리에 올 수 없다. 일반적으로 말머리에는 '그뿐만 아니라'가 와야 한다.

'서한문'과 '서한'
전 직원들에게 보내는 청렴 **서한문**이
후 직원들에게 보내는 청렴 **서한**이

'서한문'과 '서한'은 구별해서 써야 한다. '서한문'은 "편지에 쓰는 특수한 형식의 문체"를 뜻하는 말로 '서간문'이라고도 한다. 즉 '서한문'은 편지 그 자체를 가리키는 말이 아니라 편지 형식의 문체를 가리키는 말이다. '편지'라는 뜻으로 쓰고자 한다면 '서한, 서신, 서찰'이라고 해야 한다. 물론 일상적으로 널리 쓰는 '편지'를 굳이 다른 말로 바꾸어 쓸 필요는 없다.

'소소하다'와 '작다'
전 국민에게 **소소한** 행복을 주는 존재로 함께할 것을 약속드린다.

후 국민에게 **작지만** 큰 행복을 주는 존재로 함께할 것을 약속드린다.

'소소하다'와 '작다'는 구별해서 써야 한다. '소소하다'는 "작고 대수롭지 아니하다"를 뜻하는 말이다. 그냥 '작은 것'이 아니라 '대수롭지 않은 것'까지 포함한다. 따라서 '소소하다'는 상황에 맞게 써야 한다. 자신의 행동을 '소소하다'라고 하면 겸손한 표현이 되지만 상대의 행동을 '소소하다'라는 하면 결례가 되기 때문이다.

> 공공기관이 국민에게 소소한 행복을 주겠다는 말은 어불성설이다. 이 말은 겸손한 표현이 아니라 놀리는 표현이기 때문이다.

'아니오'와 '아니요'

전 각 항목에 '예', '**아니오**'로 응답한 비율
후 각 항목에 '예', '**아니요**'로 응답한 비율

'아니오'와 '아니요'는 구별해서 써야 한다. 형용사 '아니오'는 "어떤 사실을 부정하는 뜻을 나타내는 말"이고, 감탄사 '아니요'는 "윗사람이 묻는 말에 부정하여 대답할 때 쓰는 말"이다. 따라서 '아니오'는 "그것이 아니오"와 같이 서술어로만 쓴다. "다음 물음에 '예' 또는 '아니요'로 답하시오"와 같이 '예'에 상대되는 말은 '아니요'이다.

'여부'와 '유무'

전 여러 건의 경우 동일인 **유무** 파악을

후 여러 건이면 동일인 **여부** 파악을

'여부'와 '유무'는 구별해서 써야 한다. '여부(與否)'는 "그러함과 그러하지 아니함"을 뜻한다. 흔히 '참석 여부' 또는 '합격 여부'라고 한다. "참석을 하느냐 하지 않느냐" 또는 "합격을 했느냐 하지 않았느냐"를 뜻한다. 이와 달리 '유무(有無)'는 "있음과 없음"을 뜻한다. 흔히 '능력 유무' 또는 '침전물 유무'라고 한다. "능력이 있느냐 없느냐" 또는 "침전물이 있느냐 없느냐"를 뜻한다. 따라서 동일인이냐 아니냐를 뜻하는 말은 '동일인 유무'가 아니라 '동일인 여부'라고 해야 한다.

> '생사(生死), 성패(成敗), 존폐(存廢), 진위(眞僞)' 뒤에는 굳이 '여부'를 쓸 필요가 없다. 그 자체로 그러함과 그러하지 아니함을 뜻하는 말로 구성되어 있기 때문이다. "이기고 짐"을 뜻하는 '승부(勝負)' 뒤에도 '여부'를 쓰지 않는다. 참고로 '승부욕(勝負欲)'은 "이기고 지려는 욕구"를 뜻하는 이상한 말이 될 수 있으므로 '이기려는 욕구'나 '지지 않으려는 욕구'로 바꾸어 써야 하는데, 「우리말샘」에는 "경기나 경쟁 따위에서 이기고자 하는 욕심"으로 풀이하고 있다.

'옛'과 '예'

전 **옛부터** 임금에게 진상하던 명품으로
후 **예부터** 임금에게 진상하던 명품으로

'옛'과 '예'는 구별해서 써야 한다. '옛'은 관형사이고, '예'는 명사이다.

따라서 조사 '부터'나 '로부터' 앞에는 명사 '예'가 오고, 명사 '모습'이나 '정취' 앞에는 관형사 '옛'이 와야 한다. 참고로 접사 '스럽다' 앞에는 명사 '예'가 온다.

'와중'과 '도중'

전 봄비가 내리는 **와중**에도 싱그러운 봄기운을 즐기고자

후 봄비가 내리는 **도중**에도 싱그러운 봄기운을 즐기고자 / 봄비가 내리는 **중**에도 싱그러운 봄기운을 즐기고자

'와중'과 '도중'은 구별해서 써야 한다. '와중'은 마치 소용돌이 중심에 있는 것처럼 "일이나 사건 따위가 시끄럽고 복잡하게 벌어지는 중"을 뜻한다. 주로 심각한 상황이나 부정적인 상황에 쓴다. 그런데도 "바쁘신 와중에"나 "회의하는 와중에"라는 말을 종종 듣는다. 그렇게 위급한 상황이 아니라면 '와중'이라고 하지 말고 그냥 '도중'이나 '중'이라고 하면 된다.

'일시'와 '일자'

전 **일시**: 2024. 5. 9.(목)

후 **일자**: 2024. 5. 9.(목)

'일시'와 '일자'는 구별해서 써야 한다. '일시'는 "날짜와 시간을 아울러 이르는 말"이지만 '일자'는 "어느 날이라고 정한 날" 또는 "어느 해의 어느 달 며칠에 해당하는 그날"을 뜻하는 말로서 '날짜'를 뜻한다.

'일체'와 '일절'

전 본 재산에 대한 권리의 양도 · 양수는 **일체** 불허합니다.
후 이 재산의 권리는 **일절** 양도 · 양수할 수 없습니다.

'일체'과 '일절'은 구별해서 써야 한다. '일체'와 '일절'은 한자로 '一切'(이)라고 쓴다. '모든 것, 모든 것을 다' 또는 '전부, 완전히'라는 뜻으로 쓸 때는 '체'라고 읽고, '아주, 전혀, 절대로'라는 뜻으로 쓸 때는 '절'이라고 읽는 것만 다르다. '일체'와 달리 '일절'은 주로 부정하거나 금지하는 말이 올 때 쓴다.

'임신부'와 '임산부'

전 '**임산부** 친환경농산물 지원 사업'을 시행하여
후 '**임신부** 친환경농산물 지원 사업'을 시행하여

'임신부'와 '임산부'는 구별해서 써야 한다. '임산부'는 "아이를 밴 여자(임부)와 아이를 갓 낳은 여자(산부)를 아울러 이르는 말"이다. 따라서 '아이를 밴 여자'는 '임산부'가 아니라 '임부' 또는 '임신부'이다.

▶ 그런데 「모자보건법」에서 '임산부'를 "임신 중이거나 분만 후 6개월 미만인 여성"을 가리키는 말로 규정함에 따라 교통약자를 대상으로 한 사업에 임신부 그림을 그려놓고 '임산부 배려석'이니 '임산부 전용 주차구역'이니 하는 말들을 쓰기 시작하면서부터 의도치 않게 '임신부'가 '임산부'가 되고 말았다.

'저감'과 '절감'

전 에너지 **저감**형 · 저탄소 스마트 농업 기술
후 에너지 **절약**형 · 저탄소 지능형 농업 기술

'저감'과 '절감'은 구별해서 써야 한다. '저감(低減)'은 '배기가스 저감'이나 '소음과 악취 저감'처럼 부정적인 요소를 "낮추어 줄이는 것"이고, '절감(節減)'은 '경비 절감'이나 '원가 절감'처럼 "아껴서 줄이는 것"이다. 따라서 에너지를 아낀다는 뜻으로 쓰고자 한다면 '에너지 절감'이나 '에너지 절약'이라고 해야 한다.

'접수'와 '제출'

전 총무팀에 원서를 **접수**하면 된다.
후 총무팀에 원서를 **제출**하면 된다.

'접수'와 '제출'은 구별해서 써야 한다. '접수'는 '받음'을 뜻하고, '제출'은 '냄'을 뜻한다. 또한 '접수'는 공무원이 주체이고, '제출'은 민원인이 주체이다. 따라서 민원인에게는 서류를 제출 또는 신청하도록 안내해야 하고, 공무원이 그 서류를 받는 것은 접수라고 해야 한다.

> ▶ 사실 이러한 논란은 공공기관의 '접수처'로부터 시작되었다. 공무원의 관점에서 보면 '접수처'는 딱히 문제가 없는 말이지만, 애초에 서류를 받는 사람의 입장이 아니라 서류를 내는 사람의 입장에서 '제출처'라고 이름을 붙였다면 이런 논란은 생기지 않았을 것이기 때문이다.

▶ 간혹 접수처 앞에 '서류 접수 시 주의사항'이라는 안내문이 붙어 있는데 이는 명백한 잘못이다. '서류 제출 시 주의사항'이라고 해야 한다. 공공기관에서 즐겨 쓰는 '방문 접수'라는 말도 문제다. 말 그대로 접수하는 사람이 직접 방문하겠다는 뜻이 아니기 때문이다. 방문하는 사람과 접수하는 사람이 다른 '방문접수'는 오해를 부를 수 있는 부적절한 말이다.

▶ 수납(收納)이라는 말도 잘못 사용할 때가 많은데, '수납창구'는 딱히 문제가 없는 말이지만 "수납하세요"는 부적절한 말이다. 수납은 '거두어들임'을 뜻하기 때문이다. "수납하세요"는 "계산하세요"라고 해야 자연스럽다.

'정확하다'와 '적확하다'

전 푸드 파이터는 **정확하지** 않은 표현이다.
후 푸드 파이터는 **적확하지** 않은 표현이다.

'정확하다'와 '적확하다'는 구별해서 써야 한다. '정확하다'는 "바르고 확실하다"를 뜻하고, '적확하다'는 "정확하게 맞아 조금도 틀리지 아니하다"를 뜻한다. 따라서 자세는 '정확하다'라고 하지만 '적확하다'라고 하지 않고, 판단이나 평가, 표현 등은 '정확하다'라고도 하지만 '적확하다'라고도 한다. 다만 이 둘은 사실의 문제를 다룰 때는 '정확하다'를, 가치의 문제를 다룰 때는 '적확하다'를 쓴다는 점이 다르다. 즉 표기가 잘못되었을 때는 '정확하지 않다'라고 하지만, 표현이 부적절하다고 느낄 때는 '적확하지 않다'라고 할 수 있다.

'주인공'과 '장본인'

전 "당신도 교통사고 **주인공**될 수 있어" 경고
후 "당신도 교통사고 **장본인**될 수 있어" 경고

'주인공'과 '장본인'은 구별해서 써야 한다. '장본인'은 "어떤 일을 꾀하여 일으킨 바로 그 사람"을 뜻하는 말로 주로 부정적인 상황에 쓴다. '주인공'은 "어떤 일에서 중심이 되거나 주도적인 역할을 하는 사람" 또는 "드러나지 아니한 관심의 대상"을 뜻하는 말로 주로 긍정적인 상황에 쓴다.

'참석'과 '참여'

전 **참석자**들은 관광산업 위기 극복을 위한
후 **참가자**들은 관광산업의 위기를 극복하기 위한

'참석'과 '참여'는 구별해서 써야 한다. '참석(參席)'은 "모임이나 회의 따위의 자리에 참여함"을 뜻하고, '참여(參與)'는 "어떤 일에 끼어들어 관계함"을 뜻한다. 사전에서 '참석'의 뜻풀이를 '참여'로 하였으니 둘의 차이가 뚜렷하지 않으나 현실적으로 '참석자'는 단순히 회의에 출석한 사람을 뜻하지만, '참여자'는 회의를 개최하는 과정에 깊숙이 개입한 사람을 뜻한다고 할 수 있다. 참고로 '참가자'는 그 중간쯤에 있는 사람이라고 할 수 있다. 즉 개입의 정도에 따라 '참석 〉 참가 〉 참여'로 구분할 수 있다.

> ▶ 참석자, 참가자, 참여자의 차이는 자리 석(席), 더할 가(加), 더불어 여(與)에 있다. 사전의 뜻풀이와 용례만으로는 이들 한자어의 차이를 명확하게 드러내기 어렵지만, 대체로 '참석'은 '행사/주최'와, '참가'는 '대회/선

> 수'와, '참여'는 '사업/주관'과 호응한다는 점에서 뒤로 갈수록 일에 개입하는 정도가 커진다고 할 수 있으므로 구별하여 쓸 수 있다.

'형태'와 '행태'

전 주민 건강수준 및 건강**행태** 파악을

후 주민 건강수준과 건강**상태** 파악을

'형태'와 '행태'는 구별해서 써야 한다. 형태(形態)는 "사물의 생김새나 모양" 또는 "어떠한 구조나 전체를 이루고 있는 구성체가 일정하게 갖추어진 모양"을 뜻한다. "사물·현상이 놓여 있는 모양이나 형편"을 뜻하는 상태(狀態)와 의미가 비슷하다. 이와 달리 행태(行態)는 "행동하는 양상"을 뜻하며 주로 부정적인 뜻으로 쓴다.

(2) 어법에 맞지 않는 어휘 오류

어휘는 어법에 맞게 써야 한다. 예를 들어 웃어른에게 건강을 기원하는 인사말을 하고 싶을 때는 "건강하세요"가 아니라 "건강하시기 바랄게요" 또는 "건강하게 지내세요"라고 해야 한다. 원칙적으로 형용사에는 명령형을 쓸 수 없을 뿐만 아니라 웃어른에게 명령형을 쓰는 것이 부자연스럽기 때문이다. 아울러 표준어를 써야 한다. '개다리 소반'을 '개다리 밥상'이라고 한다든지 '구절'을 '귀절', '까치발'을 '까치다리', '똬리'를 '또아리', '바라다'를 '바래다', '반두'를 '독대', '본새'를 '뽄새', '부스럼'을 '부럼', '애달프다'를 '애닲다', '웃어른'을 '윗어른', '총각무'를 '알타리무', '허드렛일'을 '허드랫일', '흉측하다'를 '흉칙하다', '흐리멍덩하다'를 '흐리멍

텅하다'라고 하는 일은 없어야 한다.

'걸맞는'과 '걸맞은'
전 자치분권시대 **걸맞는** 역량 강화로
후 자치분권시대에 **걸맞은** 역량을 강화하여

'걸맞는'은 비표준어이다. 동사 '먹다'는 '먹은'과 '먹는'으로 끝바꿈(활용)을 하지만 형용사 '깊다'는 '깊은'으로만 끝바꿈을 한다. 동사에는 '은/는'을 모두 사용할 수 있지만, 형용사에는 '은'만 사용할 수 있다. 따라서 형용사 '걸맞다'와 '알맞다'는 '걸맞은'과 '알맞은'으로만 쓸 수 있다.

> **동사와 형용사의 끝바꿈(활용) 오류**
> 어간의 끝음절에 받침이 없는 동사 '설레다'는 '설레이는'이 아니라 '설레는'으로, 'ㄹ' 받침이 있는 동사 '시들다'는 '시들은'이 아니라 '시든', '물들다'는 '물들은'이 아니라 '물든'으로, 'ㅂ' 받침이 있는 형용사 '사랑스럽다'는 '사랑스런'이 아니라 '사랑스러운', '자랑스럽다'는 '자랑스런'이 아니라 '자랑스러운', '탐스럽다'는 '탐스런'이 아니라 '탐스러운'으로 끝바꿈을 한다.
>
> 전 학생에게 지급하는 것이 **맞다**"며
> 후 학생에게 지급하는 것이 **맞는다**"라며 / 학생에게 지급하는 것이 **맞다**"라며
>
> 동사 '먹다'의 현재형은 '먹는다'이다. 따라서 동사 '맞다'의 현재형도 '맞는다'가 되어야 한다. "맞지 않다"도 "맞지 않는다"라고 해야 한다. 그런데 제3차 국어사전 정보보완 심의위원회(2023. 9. 21.)에서 '맞다'를 동사·형용사 통용어로 수정하고, 이를 2024년 1월 10일 공표함에 따라 '맞다'와 '맞는다'를 모두 쓸 수 있게 되었다.

전 길이 너무 좁지 **않는가**
후 길이 너무 좁지 **않은가**

보조용언의 품사는 본용언을 따른다. 형용사 '좁다' 뒤에 오는 '않다'는 보조형용사이므로 '않은가'로 쓰고, 동사 '하다' 뒤에 오는 '않다'는 보조동사이므로 '않는가'로 쓴다. 동사와 형용사로 모두 쓸 수 있는 '있다' 뒤에 오는 '않다'는 '않은가'와 '않는가'를 모두 쓸 수 있다.

전 김치는 사랑으로 **담궈요**
후 김치는 사랑으로 **담가요**

김치나 술·장·젓갈 따위를 익히거나 삭히는 과정을 '담그다'라고 한다. '담그다'는 '담가, 담그니' 등으로 끝바꿈하므로 '담궈요'가 아니라 '담가요'라고 해야 한다. '잠그다'도 '잠궈요'가 아니라 '잠가요'로 끝바꿈한다.

'그리고서'와 '그러고서'

전 일곱가지 키워드를 선정하였습니다. **그리고서**
후 일곱 가지 키워드를 선정하였습니다. **그러고서**

'그리고서'는 비표준어이다. 참고로 접속부사 '그리고' 뒤에는 조사를 쓸 수 없다. "그렇게 한 다음에"를 가리킬 때는 '그리하고 나서'의 준말인 '그러고서'라고 해야 한다.

'꼼꼼이'와 '꼼꼼히'

전 예방요령을 **꼼꼼이** 체크해야 한다.
후 예방요령을 **꼼꼼히** 확인해야 한다.

'꼼꼼히'는 비표준어이다. '꼼꼼'처럼 '하다'가 붙는 형용사 뒤에는 '히'로 적는다. 이와 달리 '깨끗이'나 '따뜻이'처럼 'ㅅ' 받침이 있거나 '가까이'나 '번거로이'처럼 'ㅂ' 불규칙 형용사 뒤, '번번이'나 '틈틈이'처럼 첩어 명사 뒤에서는 '이'로 적는다.

'내외빈'과 '내빈'

전 각 국 대사등의 주요 **내외빈**이 참석하여 우리 기업들을 응원하고
후 각국 대사 등 주요 **내빈**이 참석하여 우리 기업을 응원하고

'내외빈'은 비표준어이다. "내부에서 온 귀한 손님"을 뜻하는 '내빈(內賓)'도 표준어는 아니다. 사전에는 "외부나 외국에서 온 귀한 손님"을 뜻하는 '외빈(外賓)'과 "여자 손님"을 뜻하는 '내빈(內賓)', "모임에 공식적으로 초대받고 온 사람"을 뜻하는 '내빈(來賓)'이 있을 뿐이다. 다시 말해 '내빈(來賓)'이 곧 '외빈(外賓)'이다.

'넓찍하다'와 '널찍하다'

전 지대석은 가장 아래에 놓이는 **넓찍한** 돌로서
후 지대석은 가장 아래에 놓이는 **널찍한** 돌로서

'넓찍하다'는 비표준어이다. 기본적으로 겹받침은 「한글 맞춤법」 제21항에 따라 끝소리가 나지 않을 때 소리대로 적도록 되어 있다. '넓'은 [널]로 소리나므로 '얄따랗다'와 '짤막하다'와 마찬가지로 '널찍하다'로 적는다.

'늘상'과 '늘'

전 **늘상** 감사한 마음을 가지고 미풍양속을

후 **늘** 감사한 마음으로 미풍양속을

'늘상'은 비표준어이다. 고유어 '늘'과 한자어 '항상 상(常)'이 결합한 말로 의미가 중복되는 군더더기 표현이다. 그냥 '늘'이라고 해야 한다.

'덮히다'와 '덮이다'

전 계속되는 비로 대형방수포 **덮힌** 시설물이

후 계속 내린 비로 대형방수포 **덮인** 시설물이

'덮히다'는 비표준어이다. "물건 따위가 드러나거나 보이지 않도록 넓은 천 따위를 얹어서 씌우다"를 뜻하는 '덮다'의 피동형은 '덮이다'이다. '뒤덮다'의 피동형도 '뒤덮이다'이다.

'맞이'와 '맞이하다'

전 호국보훈의 달 **맞이** 보훈가족 행사 성료

후 호국보훈의 달을 **맞아** 열린 보훈가족 행사 성대하게 마무리

'달 맞이'는 비표준어이다. '맞이'는 '맞이하다'의 어근으로 쓰거나 '새해 맞이'처럼 접미사로 써야 한다. "보훈의 달 맞이"나 "가정의 달 맞이"처럼 '맞이'를 띄어 쓰는 것은 어법에 맞지 않고, 붙여 쓰면 음력 정월 대보름날이나 팔월 보름날 저녁의 '달맞이'가 되고 만다.

'보여지다'와 '보이다'

전 **보여지는** 것이 전부가 아니므로
후 **보이는** 것이 전부가 아니므로

'보여지다'는 비표준어이다. 피동의 뜻을 더하는 접미사 '이, 히, 리, 기'를 피동 표현 '어지다'와 함께 쓸 수 없다. 피동에 피동을 더한 표현은 간결성을 어긴 부자연스러운 표현이기 때문이다. 예컨대 '보여지다'는 '보다'의 피동사 '보이다'에 피동의 뜻을 더하는 보조용언 '어지다'를 덧붙인 이중피동 표현이다. '길들여지다, 꺾여지다, 끊겨지다, 나뉘어지다, 놓여지다, 닦여지다, 닫혀지다, 담겨지다, 덮여지다, 되어지다, 모아지다, 모여지다, 묶여지다, 묻혀지다, 믿겨지다, 바뀌어지다, 벗겨지다, 부딪혀지다, 보여지다, 불려지다, 섞여지다, 쌓여지다, 쓰여지다, 씌어지다, 열려지다, 읽혀지다, 잊혀지다, 짜여지다, 찢겨지다, 파여지다, 풀려지다' 등도 마찬가지다.

▶ '씌여지다'는 '쓰+이+어지+다'로 분석되는 삼중피동 표현이다.
▶ '떨어지게 되다'는 '떨어지다'가 피동사가 아니므로 이중피중 표현으로 보기 어렵지만 공문서에 어울리는 표현은 아니다. '떨어지다'만으로 충분한데 굳이 불필요한 군살을 덧붙였기 때문이다.

'삼가하다'와 '삼가다'

전 가축사육시설 출입을 **삼가하여** 주시기 바랍니다.
후 가축사육시설 출입을 **삼가** 주시기 바랍니다. / 가축사육시설 출입을 **삼가**시기 바랍니다. / 가축사육시설 출입을 **삼가**기 바랍니다.

'삼가하다'는 비표준어이다. "몸가짐이나 언행을 조심하다"를 뜻하는 말의 기본형은 '삼가다'이다. 따라서 특정 장소의 출입을 자제하도록 부탁할 때는 "출입을 삼가하여 주세요"가 아니라 "출입을 삼가주세요" 또는 "출입하지 말아 주세요"처럼 해야 한다.

'설레이다'와 '설레다'

전 봄꽃에 **설레이는** 강변
후 봄꽃에 **설레는** 강변

'설레이다'는 비표준어이다. 마음이 가라앉지 않고 들떠서 두근거릴 때 흔히 '설레인다'라고 하는데 '설레다'라고 해야 한다. 이와 비슷한 말로 '목메이다'와 '헤매이다'도 '목메다'와 '헤매다'라고 해야 한다.

'양해의 말씀을 드리다'와 '양해하다'

전 프로그램이 일부 변경되어 **양해의 말씀 드립니다**.
후 프로그램이 일부 변경된 점을 **양해하시기 바랍니다**.

"양해의 말씀을 드리다"는 의미상으로 부자연스러운 표현이다. 양해(諒

解)는 "남의 사정을 잘 헤아려 너그러이 받아들임"을 뜻한다. 양해는 상대가 나의 사정을 헤아려 너그러이 받아주는 것이므로 양해의 말씀을 드릴 수는 없다. 양해는 상대에게 구하거나 바라야 하는 일이기 때문이다.

'애시당초'와 '애당초'
전 아예 **애시당초**부터 막아놓으면 기본적으로
후 아예 **애당초**부터 막아놓으면 기본적으로

'애시당초'는 비표준어이다. '애시'는 '애초'의 사투리이다. "일의 맨 처음이라는 뜻으로, '당초'를 강조하여 이르는 말"은 '애당초'이다.

'얼만큼'과 '얼마만큼'
전 이후 **얼만큼**의 예산이 지원될지도
후 이후 **얼마만큼**의 예산이 지원될지도 / 이후 **얼마큼**의 예산이 지원될지도

'얼만큼'은 비표준어이다. 명사 '얼마' 뒤에 "정도나 한도"를 뜻하는 조사 '만큼'이 결합한 '얼마만큼'의 준말은 '얼마큼'이다.

'오똑하다'와 '오뚝하다'
전 치켜 올라간 눈과 **오똑한** 콧날
후 치켜 올라간 눈과 **오뚝한** 콧날

'오똑하다'는 비표준어이다. "작은 물건이 도드라지게 높이 솟아 있는 상태"를 가리킬 때는 '오뚝하다'라고 해야 한다.

'오랫만에'와 '오랜만에'
- 전 **오랫만에** 친목도 도모하고 산행을 통해 체력을
- 후 **오랜만에** 친목을 꾀하고 산행으로 체력을

'오랫만에'는 비표준어이다. '오랫동안'도 표준어는 아니다. '오랫동안'에 잘못 이끌려 '오랫만에'를 올바른 표기라고 생각하는 사람들이 있는데 "어떤 일이 있은 때로부터 긴 시간이 지난 뒤"를 뜻하는 말은 '오래간만'이고, 이 말의 준말은 '오랜만'이다. 간혹 '간만에'를 쓰기도 하는데, 이 또한 올바른 표기는 아니다.

'이태리'와 '이탈리아'
- 전 매년 프랑스, **이태리**, 스페인 등에서
- 후 매년 프랑스, **이탈리아**, 스페인 등에서

'이태리(伊太利)'는 '이탈리아'를 한자로 적기 위해 뜻은 무시하고 소리가 비슷한 한자를 빌린 음차표기이다. 참고로 이탈리아를 중국에서는 의대리(意大利), 일본에서는 이태리(伊太利)라고 적고, 프랑스를 중국에서는 법국(法国), 일본에서는 불란서(佛蘭西)라고 적는다. 즉 '이태리'와 '불란서'는 일본식 한자어 표기라고 할 수 있다.

▶ 네덜란드를 '화란(和蘭)', 동베를린을 '동백림(東伯林)', 러시아를 '노서아(露西亞)', 로스앤젤레스를 '나성(羅城)', 에스파냐를 '서반아(西班牙)', 유럽을 '구라파(歐羅巴)', 이집트를 '애굽(埃及)', 인도를 '인니(印尼)', 사우스캘리포니아를 '남가주(南加州)'라고 적는 것은 음차 표기법을 따른 것이다. 임파선도 '림프선'의 음역어이다.

'자랑스런'과 '자랑스러운'

전 **자랑스런** 의원상을 수상했다.
후 **자랑스러운** 의원상을 받았다.

'자랑스런'은 비표준어이다. 'ㅂ' 불규칙 용언인 '자랑스럽다'는 관형사형 전성어미 앞에서 'ㅂ'이 'ㅜ'로 바뀌어 '자랑스러운'처럼 끝바꿈한다. 따라서 '자랑스러운'을 '자랑스런'처럼 줄여서 적으면 안 된다. 비슷한 환경에서 '두려운 기색'을 '두련 기색'이라고 적을 수 없는 것과 같은 이치이다. '갑작스럽다, 걱정스럽다, 고통스럽다, 극성스럽다' 등도 마찬가지다.

▶ 'ㅂ' 불규칙 용언의 끝바꿈 원칙에 따라 '군감자, 군고구마, 군만두, 군밤'도 '구운 감자, 구운 고구마, 구운 만두, 구운 밤'처럼 적어야 하지만, 이미 한 낱말로 굳어진 말임을 인정하여 '군'으로 적을 수 있도록 하였다.

'자문을 받다'와 '자문하다'

전 위원회의 **자문을 받아** 안을 선정한 후
후 위원회에 **자문하여** 안을 선정한 후

'자문을 받다'는 의미상으로 부자연스러운 표현이다. 물을 자(諮)에 물을 문(問)을 쓰는 자문(諮問)은 "어떤 일을 좀 더 효율적이고 바르게 처리하려고 그 방면의 전문가나 전문가로 이루어진 기구에 의견을 물음"을 뜻하는 말이다. 따라서 자문은 의견을 물을 때 쓰는 말이므로 자문을 받을 수도 없고 구하거나 청할 수도 없다. 자문은 하는 것이기 때문이다.

'지속'과 '지속적으로'

전 새로운 사업을 **지속** 추진할 수 있도록
후 새로운 사업을 **지속으로** 추진할 수 있도록

공무원들이 즐겨 쓰는 개조식 문체는 조사나 어미를 생략하는 것이 특징인데, 그로 인해 명사를 부사처럼 쓰는 오류가 나타난다. "정책을 적극 활용한"에서 '적극'은 '명사'이자 '부사'이므로 '활용한'을 수식할 수 있지만, "사업을 지속 추진할"에서 '지속'은 '명사'이므로 '지속 가능성'이나 '지속 시간'처럼 쓸 수는 있어도 '추진할'을 수식할 수는 없다. 이러한 표현은 과도한 명사화 구성으로 볼 수 있다.

> ☝ **'중점'과 '적극'의 차이**
> '중점'은 명사이므로 '중점 관리'나 '중점 단속'처럼 쓸 수 있지만, '중점 단속한다'처럼 쓸 수는 없다. 이와 달리 '적극'은 명사이면서 동시에 부사이므로 '적극 행정'이나 '적극 협조하다'처럼 쓸 수도 있다.

'통채로'와 '통째로'

전 **통채**로 사용하는 모습을 보면서

후 **통째**로 사용하는 모습을 보면서

'통채'는 비표준어이다. '통째'의 '통'은 그 자체로 "나누지 아니한 덩어리 전부"를 뜻하고, '째'는 "그대로 또는 전부의 뜻을 더하는 접미사"이다.

'향상시키다'와 '향상하다'

전 경영 개선 등을 통해 생산성을 **향상시켜야** 함

후 경영 방법을 개선해 생산성을 **향상해야** 함

'향상시키다'는 이중사동표현이다. '향상하다'는 "실력, 수준, 기술 따위가 나아지다. 또는 나아지게 하다."를 뜻하는 사동표현이다. 여기에 굳이 '시키다'를 덧붙이면 이중사동표현이 될 뿐이다. 위의 예문에는 '향상하다'를 쓰든 '향상시키다'를 쓰든 실력이나 수준, 기술 따위가 나아지는 주체가 같다. 더욱이 '향상시키다'를 쓰더라도 의미상 "남으로 하여금 동작이나 행동을 하도록 함을 나타내는" 사동사로 보기 어렵다. 실력이나 수준, 기술 따위가 나아지는 주체가 '남'이 아니기 때문이다. 즉 '향상시키다'는 이중사동표현이자 과잉사동표현이라고 할 수 있다. 즉 불필요하게 사동 접미사를 사용한 것이다.

> ▶ '가결하다'와 '가결시키다'는 회의에 제출된 의안을 합당하다고 결정하는 주체가 같다. 가결한 것도, 가결시킨 것도 '나'이다. 따라서 굳이 '시키다'

를 '가결' 뒤에 덧붙일 필요가 없다. 사동의 뜻을 더하는 '시키다'를 '나'에게 쓸 필요가 없기 때문이다. '가동하다, 가중하다, 강화하다, 개선하다, 결합하다, 고정하다, 교육하다, 극대화하다, 금지하다, 설득하다, 소개하다, 실현하다, 안내하다, 야기하다, 연결하다, 연계하다, 제외하다, 주문하다, 주입하다, 증진하다, 지연하다, 촉진하다, 충족하다, 형성하다, 화해하다, 확대하다' 등도 마찬가지다. 특히 '손상하다, 오염하다, 향상하다' 등은 다소 어색해 '손상시키다, 오염시키다, 향상시키다'의 사용 빈도가 높지만 부적절한 표현이다.

▶ 이와 달리 '구경하다'와 '구경시키다'는 주체가 다르다. '구경하다'는 흥미나 관심을 가지고 보는 주체가 '나'이지만 '구경시키다'는 '남'이다. 따라서 둘 다 쓸 수 있다. '굴복하다'와 '굴복시키다', '등교하다'와 '등교시키다', '배달하다'와 '배달시키다', '복직하다'와 '복직시키다', '이해하다'와 '이해시키다', '입원하다'와 '입원시키다', '입학하다'와 '입학시키다', '정지하다'와 '정지시키다', '준비하다'와 '준비시키다', '진정하다'와 '진정시키다', '집합하다'와 '집합시키다', '청소하다'와 '청소시키다', '통과하다'와 '통과시키다', '합격하다'와 '합격시키다' 등도 마찬가지다.

▶ "정부가 마음대로 대북전단 살포를 금지시켜선 안 될 일이다"라는 문장에서 '금지시키다'는 이중사동표현이다. 왜냐하면 '금지하다'가 "법이나 규칙이나 명령 따위로 어떤 행위를 하지 못하도록 하다"를 뜻하는 말이기 때문이다. 굳이 '시키다'를 덧붙이지 않아도 '금지하다'에 사동의 의미가 있으므로 굳이 '시키다'를 덧붙일 필요가 없다. '혹사하다' 등도 마찬가지다.

'확·포장'과 '확포장'

전 도로 **확·포장** 공사가 진행됨에 따라

🟥후 도로 **확포장** 공사가 진행됨에 따라

　확장(擴張)은 "도로를 늘려서 넓히는 일"을 뜻하고, 포장(鋪裝)은 "도로를 아스팔트 등으로 덮어서 꾸미는 일"을 뜻한다. 이 둘을 줄인 '확포장'은 아직 한 낱말이 아니므로 '확·포장'처럼 써야 하는데, 확장의 '장(張)'과 포장의 '장(裝)'이 한자가 달라 난감하다. 특히 '확·포장'은 몰라도 '擴·鋪裝'은 확실히 내키지 않는다. 이런 상황에서 우리말샘에 "이미 포장된 도로를 더 넓게 늘려서 포장하는 일"을 뜻하는 말로 '확포장'이 한 낱말로 올라와 있으므로 이를 따르면 된다. 참고로 우리말샘은 표준국어대사전과 달리 다분히 기술적인 성격을 띠고 있어 언어 현실을 반영한 사전으로 이해하면 된다.

(3) 군더더기 표현 오류
　군더더기 표현이란 의미가 같거나 비슷한 낱말을 거듭 사용함으로써 문맥상 굳이 필요하지 않은 말을 덧붙이는 것을 일컫는 말이다. 흔히 잉여적 표현이라고도 한다. 예를 들어 '1시간당'이라는 표현에서 숫자 '1'은 생략이 가능한 군더더기 표현이다.

'각'과 '별'
🟥전 이밖에도 시는 **각 지역별** 특성을 반영한 균형발전계획을 수립하고
🟥후 이 밖에도 시는 **지역별** 특성을 반영한 균형발전계획을 세우고

　'각 지역별'의 '각'과 '별'은 의미가 중복된다. '약 10여 명'의 '약'과 '여',

'매 분기마다'의 '매'와 '마다'도 마찬가지다.

'실시하다'의 남용
- 전 불시 집중 **단속을 실시한다**.
- 후 예고 없이 집중적으로 **단속을 한다**. / 예고 없이 집중적으로 **단속한다**.

'실시하다'는 실제로 시행하다를 뜻하는 말로서 앞에 서술명사가 오면 '실시'를 생략해도 된다. '계속해 나가다, 시작하다, 진행하다' 등도 이와 비슷한 맥락에서 생략할 수 있다.

'여부'의 남용
- 전 출입자 증상**여부 확인**(발열, 호흡기 증상 등)
- 후 출입자 증상 **확인**(발열, 호흡기 증상 등)

'여부'는 그러함과 그러하지 아니함을 뜻하는 말인데, '확인'이라는 말이 틀림없이 그러한가를 알아보는 행위이므로 굳이 '여부'를 쓸 필요가 없다.

'완료하다'의 남용
- 전 정정 또는 **삭제를 완료할** 때까지 당해 개인정보를 이용하지
- 후 정정 또는 **삭제할** 때까지 해당 개인정보를 이용하지

"사업을 완료했다"라는 문장에서 '완료하다'는 꼭 필요하지만, "구성을 완료했다, 삭제를 완료했다, 처리를 완료했다"라는 문장에서 '완료하다'는 군더더기에 불과하다. '구성했다, 삭제했다, 처리했다'만으로 완료의 뜻을 충분히 전달할 수 있기 때문이다.

'처리하다'의 남용

전 동의를 얻어 **감점 처리**할 수 있음
후 동의를 받아 **감점할** 수 있음

'감점'이라는 말 자체가 점수를 깎는 행동을 뜻하므로 굳이 '처리하다'를 사용하지 않아도 된다.

외래어 남용

전 '**퍼레이드' 행렬** 순서 변경
후 '**행렬**' 순서 변경

'퍼레이드(parade)'와 '행렬(行列)'은 "사람들이 시가를 화려하게 행진하는 일"을 뜻한다는 점에서 의미가 같다. 참고로 '퍼레이드'의 국립국어원 순화어는 '행렬' 또는 '행진'이다.

> ▶ 우리가 무의식적으로 사용하는 군더더기 표현에는 "A/S 서비스(AS/애프터서비스), HIV 바이러스(HIV/인체면역결핍바이러스), LCD 디스플레이(LCD/액정디스플레이), LNG 가스(LNG/액화천연가스), LPG가스(LPG/액화

석유가스), MTB자전거(MTB/산악자전거), RPG 게임(RPG/롤플레잉게임), 가로수 나무(가로수), 가사일(가사), 가정주부(주부), 간단히 요약하다(간단히 줄이다), 같은 동포(동포), 겉으로 표출하다(겉으로 드러내다), 결실을 맺다(열매를 맺다), 결연을 맺다(결연하다), 계속 속출하다(계속 나오다), 계속되는 연휴(계속되는 휴일), 고목나무(오래된 나무), 곧바로 직행하다(곧바로 가다), 공기를 환기하다(환기하다), 과반수 이상(과반수), 과반수를 넘다(반을 넘다/반수 이상이다), 기간 동안에(기간에), 김장을 담그다(김장을 하다), 난생 처음(태어나 처음), 날조된 조작극(날조된 사건), 남은 여생(남은 인생), 냉해 피해(냉해), 넓은 광장(넓은 빈터), 노래 가사(노랫말), 농번기철(농번기), 농촌마을(농촌), 뇌리 속(머릿속), 다가올 앞날(다가올 날), 다시 재고하다(다시 생각하다), 다시 회복하기(회복하기), 단발머리(단발), 담임을 맡다(담임이 되다), 당락 여부(당락), 대관령 고개(대관령), 대학교수(교수), 더러운 오명(더러워진 명예), 동해 피해(동해), 돼지 돈사(돼지우리), 두 남녀(남녀), 둘로 양분되다(둘로 나누어지다), 따뜻한 온정(따뜻한 정), 라인선(선), 말로 형언할 수 없다(형언할 수 없다), 머그컵(머그), 명백히 밝히다(확실하게 밝히다), 모래사장(모래벌판), 무궁화꽃(무궁화), 물에 침수하다(물에 잠기다), 미력하나마 조금이라도(조금이라도), 미리 예고하다(예고하다), 미리 예약하다(예약하다), 바게트빵(바게트), 박수를 치다(손뼉을 치다), 발광LED(LED/발광다이오드), 밝은 대낮(대낮), 배우는 학생(학생), 백주 대낮(대낮), 범행을 저지르다(범행하다), 병원에 입원하다(입원하다), 부상을 당하다(상처가 나다), 빈 공간(빈 곳), 상갓집(상가), 살아생전에(생전에), 상을 수상하다(상을 받다), 새로 개발한 신제품(새로 개발한 제품), 새로운 신세계(새로운 세계), 새신랑(신랑), 새신부(신부), 샹젤리제 거리(샹젤리제), 수모를 당하다(모욕을 당하다), 수확을 거두다(수확하다), 술안주(안주), 스스로

자각하다(스스로 깨닫다), 시끄러운 소음(시끄러운 소리), 시원한 냉수(시원한 물), 실내 공기 환기(실내 환기), 실내체육관(체육관), 아름다운 미녀(아름다운 여자), 앞으로 전진하다(앞으로 나가다), 어지러운 난국(어지러운 판국), 약숫물(약수), 여가 시간(남는 시간), 역사적 사료(역사적 자료), 연휴가 계속되어(휴일이 계속되어), 영업용 택시(택시), 오랜 숙원(오랜 염원), 완두콩(완두), 외갓집(외가), 우방국가(우방), 유기그릇(놋그릇), 유산을 물려주다(재산을 물려주다), 유언을 남기다(유언하다), 음모를 꾸미다(흉악한 일을 꾸미다), 이름난 명소(이름난 곳), 인기척 소리(인기척), 1월달(1월), 1일날(1일), 저무는 세모(저무는 한 해), 젊은 청년(청년), 접수를 받다(접수를 하다), 좋은 호평(좋은 평가), 죽은 시체(시체), 즉 다시 말해(다시 말해), 지나간 과거(지나간 일), 지난해 연말(지난 연말), 참고 인내하다(참고 견디다), 책임을 맡다(임무를 맡다), 처갓집(처가), 천도복숭아(천도), 철교다리(철교), 최고 일류(최고), 파편 조각(파편), 판이하게 다르다(완전히 다르다), 폭음소리(폭음), 푸른 창공(푸른 하늘), 피해를 입다(해를 입다), 함께 동행하다(함께 가다), 해결하기 어려운 난제(해결하기 어려운 문제), 해변가(해변), 허다하게 많다(아주 많다), 허송세월을 보내다(세월을 헛되이 보내다), 현미쌀(현미), 형극의 가시밭 길(가시밭 길), 호피가죽(호랑이 가죽), 화물트럭(트럭), 황토흙(황토), 회의를 품다(의심을 하다)" 등이 있다. 이러한 표현 중에는 관용적 표현으로 굳어져 사전에 한 낱말로 올라와 있는 것도 있고, "시범을 보이다"나 "안타를 치다"처럼 군살을 빼기 곤란한 말도 있다. 그렇지만 가급적 군살을 뺀 표현을 사용하기 바란다.

(4) 영어 투 표현 오류

영어 투란 영어 사용이 일상화되면서 등장한, 마치 영어를 번역한 것처럼 느껴지는 표현을 일컫는 말이다. 한마디로 말해 우리말답지 않은 영어에 가까운 문체라고 할 수 있다. 그런데 무엇을 영어 투로 볼 것이냐 하는 것은 논란의 여지가 있고, 국립국어원 또한 뚜렷한 입장을 보이지 않기 때문에 단정적으로 오류라고 말하기 어렵다. 다만 영어 투 논란이 있는 표현들은 대부분 의미가 명확하지 않고 문장을 복잡하게 만들 뿐이므로 가급적 남용하지 않아야 한다.

> ▶ 우리나라의 몇몇 작가와 번역가, 평론가 중에는 외국어 투 사용을 일종의 문체 실험이라며 우리말을 풍성하게 만드는 측면이 있다고 평가한다. 그런데 공문서에 쓰이는 외국어 투는 그러한 문학적인 시도가 아닐뿐더러 습관적으로 남용하는 표현에 불과하므로 우리 말글을 풍부하게 하기는커녕 표현을 난삽하게 만들 뿐이므로 비유컨대 문장의 황소개구리이자 블루길이라고 할 수 있다. 즉 '언어 환경 파괴종'인 셈이다.

가장 ~하는 것 중의 하나

전 지금 **가장** 걱정하는 **것 중의 하나는**
후 지금 **가장** 걱정하는 **것은**

'가장 ~하는 것 중의 하나'는 어법에 맞지 않는 표현일 뿐 아니라 'one of the most'의 번역 투라는 논란이 있다. 이 말은 '가장 ~하는 것은'이나 '~하는 것 중 하나는'으로 바꾸어 쓸 수 있다. 실제로 우리말에서는 "여럿 가운데 어느 것보다 정도가 높거나 세게"를 뜻하는 '가장'과 '것 중의 하나'를 어울려 쓰지 않는다.

경우

| 전 | 점검 결과 위반 사항이 발견**될 경우** 시정 조치
| 후 | 점검한 결과, 위반 사항이 발견**되면** 개선 조치

'경우'는 'in case of'의 번역 투라는 논란이 있다. 이 말은 문맥에 따라 다르지만 '~면'이나 '은/는, 때'로 바꾸어 쓰는 것이 자연스럽다. '경우'는 앞에 '될'이나 '할'처럼 '되다'와 '하다'의 관형사형이 오면 '되면'이나 '하면'으로 바꾸어 쓸 수 있다.

| 전 | 특히 웹툰**의 경우**, 콘텐츠와 더불어 온라인플랫폼이
| 후 | 특히 웹툰**은** 콘텐츠와 더불어 온라인소통망(플랫폼)이

'경우'는 앞에 '웹툰'이나 '등'처럼 명사나 의존명사가 오면 '은/는/이/가' 등으로 바꾸어 쓸 수 있다.

| 전 | 수상자가 다수**인 경우**, 동일 비율 분할 지급을 원칙으로
| 후 | 수상자가 여러 명**일 때**, 동일 비율로 나누어 지급하는 것을 원칙으로

'경우'는 앞에 서술격 조사 '이다'가 오면 '일 때' 등으로 바꾸어 쓸 수 있다.

> ▶ 문맥에 따라 바꾸어 쓸 수 있는 말이 다양하다는 것은 '경우'가 '남용되고 있음'을 뜻하며, 뜻을 정확하게 살리지 못하고 뭉개는 표현임을 알 수 있다.

는 중이다

전 증명서 한 장으로 일하**는 중임**을 증명할 수 있다.
후 증명서 한 장으로 일하**고 있음**을 증명할 수 있다.

'는 중이다'는 'be ~ing'의 번역 투라는 논란이 있다. 이 말은 '하고 있다'로 바꾸어 쓸 수 있다.

되다

전 소비자에게 추가로 제공**되는** 정보는
후 소비자에게 추가로 제공**하는** 정보는

'되다'는 'be'의 번역 투라는 논란이 있다. 우리말의 피동문은 영어의 수동태에 영향을 받은 것이라는 지적도 있다. '되다'뿐만 아니라 '지다'나 '되어지다'도 마찬가지다. 이 말들은 '하다'나 '화하다, 해지다'로 바꾸어 쓸 수 있다.

> ▶ '되다'와 같은 피동형은 80년대 군부 독재하에서 기자들이 행위의 주체를 감춰 책임 소재를 모호하게 하려는 태도에서 즐겨 사용했던 문체이다.

전 인건비로 사용**될** 예정이며
후 인건비로 사용**할** 예정이며

기본적으로 '되다'라는 말의 문제점은 '무엇이'만 드러나고 '누가'를 감춘다는 점이다. 이러한 표현은 '취재원 보호'라는 명분이 있지만, '익명성' 뒤에 숨은 기자의 무책임함 때문에 부정적인 평가를 받는 편이다.

들

전 다양한 혁신 과제**들을** 영상 등으로 구성한
후 다양한 혁신 과제**를** 영상 등으로 구성한

'들'은 복수접미사 's'의 번역 투라는 논란이 있다. 이 말은 꼭 써야 할 상황이 아니면 생략하는 것이 자연스럽다. 영어에서는 'a student'와 'students'가 단수와 복수로 의미 차이가 크지만, 우리말에서는 '학생'과 '학생들'의 의미 차이가 크지 않기 때문이다. 더욱이 '많은 사람'이나 '여러 사람'처럼 '들'이 없어도 되는 상황에 꼬박꼬박 '들'을 쓰는 것은 우리말답지 않다.

▶ "옛날 옛날 한 옛날, 어느 한 마을에 한 노인이 살고 있었어요."라는 표현에서 '한'을 거듭 사용하는 것은 영어의 관사를 옮겨놓은, 우리말답지 않은 번역 투이다.

로부터

전 인천국제공항을 방문하여 중국**으로부터** 입국하는 단기 체류자에
후 인천국제공항을 방문하여 중국**에서** 입국하는 단기 체류자에

'로부터'는 'from'의 번역 투라는 논란이 있다. 이 말은 문맥에 따라 다르지만 '에서, 에게서' 등으로 바꾸어 쓸 수 있다.

를 취하다
전 강경한 조처**를 취하다**.
후 강력히 조처**하다**.

'를 취하다'는 'take'의 번역 투라는 논란이 있다. 이 말은 문맥에 따라 다르지만 '하다'로 바꾸어 쓸 수 있다.

▶ '조치'와 '조처'는 유의어지만 전자는 "사태를 잘 살펴서 필요한 대책을 세워 행함"을 뜻하고 후자는 "문제나 일을 잘 정돈하여 처리함"을 뜻한다. 즉 조처는 조치에 따른 행위로서, "성희롱 사건 발생 시 조치 사항을 확인하고, 그 절차에 따라 적법하게 조처한다"처럼 쓸 수 있다.

무정물 주어
전 이곳에서 찍은 사진**은** 공원이 시민의 일상과 밀접했음을 **말해 준다**.
후 이곳에서 찍은 사진**을 보면** 공원이 시민의 일상과 가까이 있었음을 **알 수 있다**.

능동문이나 피동문에 무정물 주어를 쓰는 것은 번역 투라는 논란이 있다. 실제로 우리말에서는 무정물 주어를 '말하다'와 함께 쓰지 않는다. 예컨대 "사진이 다 말해준다"는 "The pictures say it all"의 번역 투로 "사진에 다 나타나 있다"나 "사진을 보면 다 알 수 있다"처럼 바꾸어 쓸 수 있다.

숨은 동사

전 운영방향에 대한 적극적 **논의의** 필요성이 제기된다.
후 운영방향을 적극적으로 **논의할** 필요가 있다.

숨은 동사를 쓰는 것은 번역 투라는 논란이 있다. 기본적으로 '논의'는 명사가 아니라 동사이다. 따라서 "논의의 필요"가 아니라 "논의할 필요"처럼 써야 우리말답다. 이처럼 본래 동사를 명사처럼 쓰는 것을 두고 '쉬운언어정보활동네트워크(PLAIN)'의 '연방정부 쉬운 언어지침(Federal Plain Language Guidelines)'에서는 '숨은 동사(hidden verbs)'라고 규정한다. 이는 동사를 명사처럼 숨기지 말고 동사로 쓰라는 규정이다.

> ▶ 쉬운언어정보활동네트워크(Plain Language Action and Information Network)는 2011년 미국 연방정부 공무원들이 자발적으로 결성한 단체이다. 교수나 작가, 기자 등 외부 전문가가 공문서 작성 지침을 마련한 것이 아니라 공무원 스스로 마련한 공문서 작성 지침이라는 점에서 다른 지침과 다르다.
>
> ▶ 피수식어인 명사를 동사로 바꾸면 수식어도 관형사에서 부사로 바뀐다. 기본적으로 명사형과 관형사형을 남용하는 것은 영어 번역 투의 특징 중 하나이다.

아무리 강조해도 지나치지 않는다

전 재난안전은 **아무리 강조해도 지나치지 않는** 기본적인 가치로
후 재난안전은 **가장 중요한** 기본적인 가치로

"아무리 강조해도 지나치지 않는다"는 'too much~ to~'의 번역 투라는 논란이 있다. 이 말은 '중요하다'나 '가장 중요하다, 무엇보다 중요하다' 등으로 바꾸어 쓸 수 있다.

에 관하다

- 전 일제감점기 아동의 강제동원**에 관해** 연구해 온 주제
- 후 일제감점기 아동의 강제동원**을** 연구해 온 주제

'에 관하다'는 'about'의 번역 투라는 논란이 있다. 이 말은 '동원'이나 '기억, 사랑' 등의 서술성 명사 또는 '제도'나 '인프라' 등의 일반 명사 뒤에서 '을/를' 등으로 바꾸어 쓸 수 있다.

▶ '에 관하다'는 '니칸시테(に關して)'의 번역 투로 보기도 한다.

에 대하다

- 전 접촉자 26명**에 대해** 검체 검사를 실시한 결과
- 후 접촉자 26명**에게** 검체 검사를 실시한 결과 / 접촉자 26명**을** 검체 검사한 결과

'에 대하다'는 'about'의 번역 투라는 논란이 있다. 이 말은 문맥에 따라 다르지만 '에게'나 '을/를'로 바꾸어 쓰는 것이 자연스럽다. '에 대하다'는 앞에 '접촉자'나 '대상자, 사업자' 등의 행위주가 오면 '에게'나 '를' 등으로 바꾸어 쓸 수 있다.

전 지역살이의 새로운 패러다임**에 대해** 논의하는 자리를 가진다.
후 지역살이의 새로운 패러다임**을** 논의한다.

'에 대하다'는 앞에 '패러다임'이나 '아이디어, 자료, 품목' 등의 명사가 오면 '에'나 '은/는, 을/를' 등으로 바꾸어 쓸 수 있다.

> '에 대하다'는 '니타이시테(に対して)'의 번역 투로 보기도 한다.
> 교육부는 '에 대하여'를 교과서에 가장 많이 사용된 일본어 투 표현으로 규정하고, 이를 '를'로 바꾸어 쓰고 있다.

에 의하다

전 Vladimir Zakharova**에 의해** 설립된 모스크바 대표 단체
후 블라디미르 자하로바(Vladimir Zakharova)**가** 설립한 모스크바 대표 단체

'에 의하다'는 'by'의 번역 투라는 논란이 있다. 이 말은 피동문을 남발하는 원인으로 지적되고 있어 문맥에 따라 다르지만 '으로, 에서. 이/가' 등으로 바꾸어 쓰는 것이 자연스럽다. '에 의하다'는 앞에 '군부대'나 '대통령, 일제, 지지자' 등이 오면 '이/가' 등으로 바꾸어 쓸 수 있다. '에 의하다'를 '가'로 바꾸면 이 말과 호응하는 서술어가 피동형에서 능동형으로 바뀐다.

전 사정**에 의해** 변경될 수 있음

후 사정**에 따라** 변경할 수 있음 / 사정**으로** 변경할 수 있음

'에 의하다'는 앞에 '사정'이나 '시위, 요청, 조사' 등 서술성 명사가 오든지 '개혁'이나 '목격담, 전투, 통계, 항쟁' 등 명사가 오면 '에 따라'나 '(으)로, 에서' 등으로 바꾸어 쓸 수 있다.

에 있어
전 공간정보 등 다양한 분야**에 있어** 우리나라 스타트업과
후 공간정보 등 다양한 분야**에서** 우리나라 새싹기업과

'에 있어'는 'are going to'의 번역 투라는 논란이 있다. 이 말은 무정물 뒤에서 '에서'로, 유정물 뒤에서 '에게'로 바꾸어 쓰는 것이 자연스럽다.

에도 불구하다
전 입장료 면제를 요구했음**에도 불구하고** 면제를 받지 못한
후 입장료 면제를 요구했**지만** 면제를 받지 못한 / 입장료 면제를 요구했는**데도** 면제를 받지 못한

'에도 불구하고'는 'in spite of'나 'even though'의 번역 투라는 논란이 있다. 이 말은 앞에 '요구'나 '발생, 증가' 등의 서술성 명사가 오든지 '제도'나 '기간, 순서, 정비' 등의 명사가 오면 '지만'이나 '에도, 데도, 인데도' 등으로 바꾸어 쓸 수 있다.

에 비하다

- 전 이번 공모사업은 대도시**에 비해** 상대적으로 출산율이
- 후 이번 공모사업은 대도시**보다** 상대적으로 출산율이

'에 비하다'는 'in comparison with'의 번역 투라는 논란이 있다. 이 말은 앞에 '대도시'나 '수요, 역량, 연령대, 요구, 전년도, 평년' 등의 명사가 오면 '보다' 등으로 바꾸어 쓸 수 있다.

▶ '에 비하다'는 '히쿠라베루(比くらべる)'의 번역 투로 보기도 한다.

(으)로 인하다

- 전 경제적인 어려움**으로 인해**
- 후 경제적인 어려움**으로** / 경제적인 어려움**으로 말미암아** / 경제적인 어려움 **때문에**

'(으)로 인하다'는 'by'의 번역 투라는 논란이 있다. 이 말은 앞에 '어려움'이나 '개발, 규정, 규제, 대립, 유출, 재난, 코로나19, 확대' 등의 명사가 오면 '(으)로'나 '(으)로 말미암아, 덕분에, 때문에, 탓에' 등으로 바꾸어 쓸 수 있다.

▶ '(으)로 인하다'는 '니요리(に因リ)'의 번역 투로 보기도 한다.
▶ 긍정적인 문맥에서는 '덕분에'를 쓰고, 부정적인 문맥에서는 '때문에'를 쓰는 것이 자연스럽다. 참고로 '덕분'은 명사이므로 홀로 쓸 수 있지만, '때

> '문'은 의존명사이므로 홀로 쓸 수 없다.

전 개학 연기로 **인해** 청소년들의 피시방 이용이 늘어날 것으로
후 개학을 연기**하여** 청소년의 피시방 이용이 늘어날 것으로

'(으)로 인하다'는 앞에 '연기'나 '변화, 취소' 등의 서술성 명사가 오면 '하여' 등으로 바꾸어 쓸 수 있다.

을 위하다

전 예술성 추구**를 위해** 1973년에 창단된 전문 합창단의 효시로서
후 예술성을 추구**하려고** 1973년에 창단한 전문 합창단의 시초로서

'을 위하다'는 'for'나 'in order to'의 번역 투라는 논란이 있다. 이 말은 앞에 '경감'이나 '개선, 극복, 보장, 양성' 등의 서술성 명사가 오면 '고자, 하려고, 하도록, 하려면' 등으로 바꾸어 쓸 수 있다.

을 가지다

전 인권문제를 놓고 함께 **고민하는 시간을 가졌다.**
후 인권문제를 놓고 함께 **논의하였다.**

'을 가지다'는 'have' 또는 'take'의 번역 투라는 논란이 있다. 이 말은 앞에 '시간'이나 '모임, 회의' 등의 명사가 오면 '논의하다' 등으로 바꾸어 쓸 수 있다.

을 필요로 하다
- 전 매년 갱신을 **필요로 하지** 않고, 발급·인증 절차도
- 후 매년 갱신이 **필요하지** 않고, 발급·인증 절차도 / 매년 갱신**하지** 않고, 발급·인증 절차도

'을 필요로 하다'는 'require'의 번역 투라는 논란이 있다. 이 말은 앞에 '갱신'이나 '교육, 참석' 등의 서술성 명사가 오든지 '국민'이나 '민간, 주민' 등의 명사가 오면 '필요하다'나 '하다' 등으로 바꾸어 쓸 수 있다.

을 통하다
- 전 일부 도서관에서는 온라인을 **통해** 수업을 한다.
- 후 일부 도서관에서는 온라인**으로** 수업을 한다. / 일부 도서관에서는 온라인 수업을 한다.

'을 통하다'는 'through'의 번역 투라는 논란이 있다. 이 말은 앞에 '온라인'이나 '기법, 시스템, 우정, 음악, 이야기' 등의 명사가 오면 '으로'로 바꾸어 쓸 수 있고, 아예 쓰지 않을 수도 있다. '온라인'을 '오프라인'으로 바꾸면 '통해'를 쓰는 것이 적절하지 않음을 알 수 있고, '온라인'을 '재택'으로 바꾸면 아무것도 쓰지 않은 것이 더 자연스럽게 느껴진다.

- 전 집중 단속**을 통해** 불법 행위가 확인된 사업장에
- 후 집중 단속**하여** 불법 행위가 확인된 사업장에

'을 통하다'는 앞에 '단속'이나 '공모, 공유, 구성, 분석, 수립, 실사, 조사, 협업' 등의 서술성 명사가 오면 '하여' 등으로 바꾸어 쓸 수 있다.

중에 있다

전 계획이 작성 **중에 있다고** 밝혔다.
후 계획을 작성 **중이라고** 밝혔다. / 계획을 작성**한다고** 밝혔다.

'중에 있다'는 'are going to'의 번역 투라는 논란이 있다. 이 말은 앞에 '작성'이나 '검토, 개발, 공사, 시행, 운영, 진행, 준비, 추진, 협의' 등의 서술성 명사가 오든지 '기간' 등의 명사가 오면 '중이다'나 '한다, 하고 있다' 등으로 바꾸어 쓸 수 있다.

(5) 일본어 투 표현 오류

일본어 투란 일제 강점기 전후와 광복 전후로 일본을 통해 들어온 말이거나 마치 일본어를 번역한 것처럼 느껴지는 말을 일컫는다. 한마디로 말해 우리말답지 않은 일본어에 가까운 말이라고 할 수 있다. 그런데 무엇을 일본어 투로 볼 것이냐 하는 문제는 평가기관이나 평가자에 따라 다를 수 있다. 실제로 국립국어원은 '일본어 투 용어 순화 자료집(2005)'의 목록을 따르고, 법제처는 '자치법규입안 길라잡이(2018)'와 '알기 쉬운 법령 정비기준(2020)' 목록을 따른다. 따라서 일반 공문서를 작성할 때는 국립국어원 목록을 참고해야 하지만, 자치법규를 제·개정할 때는 법제처 목록을 참고해야 한다.

▶ 일본어 투 목록 중에 가장 오래된 것은 1948년 한글학회와 진단학회 등이 펴낸 '우리말 도로 찾기'에 있는 목록이다. 그 뒤를 이어 '일본어 투 용어 순화 자료집(2005, 2014)'의 뿌리인 '일본어 투 생활용어 순화집(1995)'과 '일본어 투 생활용어 사용 실태조사(1996)' 등이 오래된 목록이다.

▶ 흔히 '일본어 투 오류'는 우리말로 대체할 수 있는 한자어에 속하므로 '소통성' 영역에서 다루어야 하는데, 대부분 이해하기 어려운 용어로 보기 어렵기 때문에 영어 투와 함께 '정확성' 영역에서 다루기로 한다.

▶ 국립국어원 등에서는 '부지'를 일본어 '시키치(しきち, 敷地)'에서 유래한 말로 규정하고 '대지' 또는 '터'로 바꾸어 쓸 것을 권고한다. 그러나 지적 업무를 맡고 있는 공무원들은 '대지(주거용) > 택지(주거용, 상업용, 공업용) > 부지(주거용, 상업용, 공업용, 하천용, 철도용)' 순으로 그 개념이 다르다며 적절한 순화어로 인정하지 않는다.

'간담회'와 '좌담회'

전 민·관 긴급협조체계 점검 **간담회** 개최

후 민관 긴급협조체계 점검 **좌담회** 개최

'간담회(懇談會)'는 "정답게 서로 이야기를 나누는 모임"을 뜻하는 일본식 표현이다. 우리식 표현은 '정담회' 또는 '대화 모임'이다. 문맥에 따라 '다과회, 좌담회, 차담회, 한담회'라고도 할 수 있다.

▶ 조선왕조실록에는 '간담회'를 대신해 '다과회'라는 표현이 쓰인 바 있고, 일부 공공기관이 배포한 보도자료에는 '좌담회, 차담회, 한담회' 등의 표현이 쓰인 바 있다.

> '간담회'는 중국에서도 쓰지 않는 한자어이다. 다만 한국과 일본에서만 사용하는데, 한국에 비해 일본의 사용량이 거의 10배에 달한다. 즉 일본에서만 쓰던 한자어가 1900년대 초 우리나라에 들어와 자리를 잡은 것으로 볼 수 있다.

'건폐율'과 '건폐율(대지면적당 건축면적 비율)'

전 기업들이 가장 필요로 하는 **건폐율**, 용적률 등 주요 입지규제를
후 기업들이 가장 필요로 하는 **건폐율(대지면적당 건축면적 비율)**, 용적률(대지면적당 연면적 비율) 등 주요 입지규제를

'건폐율(建蔽率)'은 "대지 면적에 대한 건물의 바닥 면적의 비율"을 뜻하는 일본식 표현이다. 우리식 표현은 따로 없으나 이해하기 쉽게 '대지 건물 비율'이라고 할 수 있다. 이해를 돕기 위해 '건폐율(대지면적당 건축면적 비율)' 또는 '건폐율(수평 건물밀도)'처럼 주석을 사용할 수도 있다. '건폐율'은 문체부가 펴낸 '일본어 투 생활용어 순화집(1995)'에 실려 있다.

> '용적률(容積率)'은 '용적률(대지면적당 연면적 비율)' 또는 '용적률(수직 건물밀도)'처럼 주석을 사용할 수 있다.

'격자문'과 '문살문'

전 줄무늬(선문, 線紋)·**격자문**이 새겨진 기와류
후 줄무늬와 **문살무늬**가 새겨진 기와류

'격자문(格子門)'은 "문살을 바둑판처럼 일정한 간격으로 직각이 되게

짠 문"을 뜻하는 일본식 표현이다. 우리식 표현은 '문살문' 또는 '살문'이다. 문맥에 따라 '문살무늬'라고도 할 수 있다. '격자문'은 문체부가 펴낸 '일본어 투 생활용어 순화집(1995)'에 실려 있다.

'견적서'와 '추산서'
[전] 제출자료 : 수요조사서, 서비스별 이용**견적서**
[후] 제출자료: 수요조사서, 서비스별 이용**추산서**

'견적서(見積書)'는 "어떤 일을 하는 데 필요한 비용 따위를 계산하여 구체적으로 적은 서류"를 뜻하는 일본식 표현이다. 우리식 표현은 '추산서'이다. 참고로 '견적'의 순화어는 '추산' 또는 '어림셈'이다. '견적서'는 문체부가 펴낸 '일본어 투 생활용어 순화집(1995)'에 실려 있다.

'결석계'와 '결석신고서'
[전] 진단서를 첨부한 **결석계를** 제출하여 학교장의 승인을 받은 경우
[후] 진단서를 붙인 **결석신고서를** 제출하여 학교장이 승인한 때

'결석계(缺席屆)'는 "결석을 하였을 때나 하려고 할 때에 그 사유를 기록한 문서"를 뜻하는 일본식 표현이다. 우리식 표현은 '결석신고서'이다. 참고로 '결근계'의 순화어는 '결근신고서'이다. '결석계'와 '결근계'는 문체부가 펴낸 '일본어 투 생활용어 순화집(1995)'에 실려 있다.

'계주'와 '이어달리기'

전 전국소년체전 육상종목에서 금메달(400m **계주**)을 획득한
후 전국소년체전 육상종목에서 금메달(400m **이어달리기**)을 획득한

'계주(繼走)'는 "일정한 구간을 나누어 여러 명이 차례로 배턴을 주고받으면서 달리는 육상 경기"를 뜻하는 일본식 표현이다. 우리식 표현은 '이어달리기'이다. '계주'는 문체부가 펴낸 '일본어 투 생활용어 순화집(1995)'에 실려 있다.

'고객'과 '손님'

전 수집된 **고객**의 개인정보는 성범죄 경력조회 신청 등을
후 수집된 **지원자**의 개인정보는 성범죄 경력조회 신청 등을

'고객(顧客)'은 "상점 따위에 물건을 사러 오는 손님"을 뜻하는 일본식 표현이다. 우리식 표현은 '손님'이다. 문맥에 따라 '신청자' 또는 '지원자'라고도 할 수 있다. '고객'은 국립국어원이 펴낸 '일본어 투 생활용어 사용 실태 조사(1996)'에 실려 있다.

> ▶ '고객'과 함께 쓰는 금융용어 중에 '가불, 구좌, 내점, 익일, 잔고' 등도 일본식 한자어이므로 '선지급, 계좌, 방문, 다음날, 잔액'으로 바꾸어 써야 한다.

'곤색'과 '감색'

전 상의 회색 카라티에 하의 **곤색** 추리닝, 검정색 샌들
후 위에는 회색 칼라티에, 아래는 **감색** 운동복, 검정색 샌들

'곤색(紺色)'은 비표준어로 "짙은 청색에 적색 빛깔이 풍기는 색"을 뜻하는 일본식 표현이다. 우리식 표현은 '감색'이다. '곤색'은 문체부가 펴낸 '일본어 투 생활용어 순화집(1995)'에 실려 있다.

'공란'과 '빈칸'

전 해당 노선의 연장과 사업비가 **공란**으로 표기되었고
후 해당 노선의 총 길이와 사업비가 **빈칸**으로 표기되었고

'공란(空欄)'은 "책이나 서류 따위의 지면에 글자 없이 비워 둔 칸이나 줄"을 뜻하는 일본식 표현이다. 우리식 표현은 '빈칸'이다. '공란'은 문체부가 펴낸 '일본어 투 생활용어 순화집(1995)'에 실려 있다.

'구배'와 '오르막'

전 삼거리 인근의 **구배**가 교통의 흐름에 지장을 초래하여
후 삼거리 인근의 **오르막**이 교통의 흐름을 방해하여

'구배(勾配)'는 "수평을 기준으로 한 경사도"를 뜻하는 일본식 표현이다. 우리식 표현은 '기울기, 물매, 비탈, 오르막'이다. 문맥에 따라 '오르막길'이라고도 할 수 있다. '구배'는 국립국어원이 펴낸 '일본어 투 생활

용어 사용 실태 조사(1996)'에 실려 있다.

> ▶ 참고로 '구배'는 일본어로 [코바이]라고 발음한다. 즉 '고바위'는 '구배'의 일본식 발음에서 온 말이다.

'구좌'와 '계좌'

전 기부금을 기탁할 수 있는 **구좌** 개설 방안 등을 모색하고
후 기부금을 맡길 수 있는 **계좌** 개설 방안 등을 모색하고

'구좌(口座)'는 "금융 기관에 예금하려고 설정한 개인명이나 법인명의 계좌"를 뜻하는 일본식 표현이다. 우리식 표현은 '계좌'이다. '구좌'는 문체부가 펴낸 '일본어 투 생활용어 순화집(1995)'에 실려 있다.

'굴삭기'와 '굴착기'

전 소형**굴삭기** 사용 급증에 따른 각종 안전사고를 미연에 방지하고
후 소형**굴착기** 사용 급증에 따른 각종 안전사고를 예방하고

'굴삭기(掘削機)'는 "땅이나 돌 따위를 파거나 파낸 것을 처리하는 기계를 통틀어 이르는 말"을 뜻하는 일본식 표현이다. 우리식 표현은 '굴착기'이다. '굴삭기'는 국립국어원이 펴낸 '일본어 투 생활용어 사용 실태 조사(1996)'에 실려 있다.

> ▶ '굴삭기'는 획순도 많고 복잡한 '뚫을 착(鑿)'을 대신해 상용한자인 '깎

을 삭(削)'을 쓰면서 등장한 일본식 표현이다.

'금비'와 '비료'

[전] 가급적 유기물을 많이 넣고 **금비**량을 줄인다.
[후] 가급적 유기물을 많이 넣고 **비료**량을 줄인다.

'금비(金肥)'는 "돈을 주고 사서 쓰는 거름"을 뜻하는 일본식 표현이다. 우리식 표현은 '화학비료'이다. 문맥에 따라 '거름, 비료'라고도 할 수 있다. '금비'는 국립국어원이 펴낸 '일본어 투 생활용어 사용 실태 조사(1996)'에 실려 있다.

'기라성'과 '빛나는 별'

[전] **기라성** 같은 선배들의 공직생활 중의 경험담을 듣거나
[후] **빛나는 별** 같은 선배들의 공직생활 경험담을 듣거나

'기라성(綺羅星)'은 "밤하늘에 반짝이는 무수한 별"을 뜻하는 일본식 표현이다. 우리식 표현은 '빛나는 별'이다. '기라성'은 문체부가 펴낸 '일본어 투 생활용어 순화집(1995)'에 실려 있다.

'기포'와 '거품'

[전] 5회 이상 세척 후 **기포**가 생기지 않도록 천천히
[후] 5회 이상 씻은 후 **거품**이 생기지 않도록 천천히

'기포(氣泡)'는 "액체나 고체 속에 기체가 들어가 거품처럼 둥그렇게 부풀어 있는 것"을 뜻하는 일본식 표현이다. 우리식 표현은 '거품'이다. '기포'는 국립국어원이 펴낸 '일본어 투 생활용어 사용 실태 조사(1996)'에 실려 있다.

'내역'과 '내용/명세'
전 금융거래 등의 **내역**을 한 번에 조회할 수 있는 서비스
후 금융거래 등의 **내용**을 한 번에 조회할 수 있는 서비스

'내역(內譯)'은 "물품이나 금액 따위의 내용"을 뜻하는 일본식 표현이다. 우리식 표현은 '내용' 또는 '명세'이다. '내역'은 문체부가 펴낸 '일본어 투 생활용어 순화집(1995)'에 실려 있다.

'노점'과 '거리가게'
전 **노점상** 행위나 무단 경작을 금하고
후 허락을 받지 않고 **거리에서 물건을 팔거나** 농사를 짓는 행위를 금지하고

'노점(露店)'은 "길가의 한데에 물건을 벌여 놓고 장사하는 곳"을 뜻하는 일본식 표현이다. 우리식 표현은 '거리 가게'이다. '노점'은 국립국어원이 펴낸 '일본어 투 생활용어 사용 실태 조사(1996)'에 실려 있다.

▶ 참고로 길가에 물건을 벌여 놓고 장사하는 '노점상'은 '거리상인'으로,

> 일정한 가게 없이 옮겨 다니는 '잡상'은 '이동상인'으로 순화할 수 있다.

'대미'와 '맨끝'
전 이번 포럼의 **대미를** 장식했다.
후 이번 공개토론회의 **끝을** 장식했다.

'대미(大尾)'는 "어떤 일의 맨 마지막"을 뜻하는 일본식 표현이다. 우리식 표현은 '맨끝'이다. 문맥에 따라 '끝'이라고도 할 수 있다. '대미'는 문체부가 펴낸 '일본어 투 생활용어 순화집(1995)'에 실려 있다.

'대폭'과 '많이/크게/넓게'
전 **대폭** 강화된 것으로 평가되고 있다.
후 **많이** 강화된 것으로 평가된다.

'대폭(大幅)'은 "큰 폭이나 범위"를 뜻하는 일본식 표현이다. 우리식 표현은 '많이, 크게, 넓게'이다. '대폭'은 문체부가 펴낸 '일본어 투 생활용어 순화집(1995)'에 실려 있다.

'독농가'와 '모범농가/모범농부'
전 생산법인과 **독농가** 등 30명의 전문가가 참여하며
후 생산법인과 **모범농가** 등 30명의 전문가가 참여하며

'독농가(篤農家)'는 "농사를 열심히 짓는 착실한 사람 또는 그런 집"을

뜻하는 일본식 표현이다. 우리식 표현은 '모범농가' 또는 '모범농부'이다. '독농가'는 문체부가 펴낸 '일본어 투 생활용어 순화집(1995)'에 실려 있다.

'두개골'과 '머리뼈'
전 **두개골**의 크기는 몸체의 크기에 비례하고
후 **머리뼈**의 크기는 몸의 크기에 비례하고

'두개골(頭蓋骨)'은 "척추동물의 머리를 이루는 뼈를 통틀어 이르는 말"을 뜻하는 일본식 표현이다. 우리식 표현은 '머리뼈'이다. '두개골'은 국립국어원이 펴낸 '일본어 투 생활용어 사용 실태 조사(1996)'에 실려 있다.

'마대'와 '자루'
전 둥글게 말아 묶거나 **마대**에 넣어서 반입
후 둥글게 말아 묶거나 **자루**에 넣어서 들여옴

'마대(麻袋)'는 "굵고 거친 삼실로 짠 커다란 자루"를 뜻하는 일본식 표현이다. 우리식 표현은 '자루'이다. '마대'는 국립국어원이 펴낸 '일본어 투 생활용어 사용 실태 조사(1996)'에 실려 있다.

'망년회'와 '송년회'
전 연말 **망년회** 등으로 들뜬 분위기일 때
후 연말 **송년회** 등으로 들뜬 분위기일 때

'망년회(忘年會)'는 "한 해를 보내며 그해의 온갖 괴로움을 잊자는 뜻의 모임"을 뜻하는 일본식 표현이다. 우리식 표현은 '송년회'이다. '망년회'는 국립국어원이 펴낸 '일본어 투 생활용어 사용 실태 조사(1996)'에 실려 있다.

'민초'와 '백성'

전 풀처럼 쓰러졌다 다시 일어서는 **민초**들의 모습을 조명한 작품으로
후 풀처럼 쓰러졌다 다시 일어서는 **백성**의 모습을 조명한 작품으로

'민초(民草)'는 표준국어대사전에 "백성을 질긴 생명력을 가진 잡초에 비유하여 이르는 말"로 풀이되어 있으나 "백성을 바람 부는 대로 쓰러지는 하찮은 존재로 인식한 말"이라는 인식에 근거한 일본식 표현이라는 논란이 있다. 우리식 표현은 '백성'이나 '시민'이다.

> ▶ 사실 '민초'는 조선왕조실록에도 등장한다. 세종 15년 8월 13일 기록을 보면 "하물며 궁궐의 안에만 깊이 있어서 어찌 아래 백성의 농촌 고생을 알겠나이까(況深居九重之邃, 安知小民草野之苦乎)"라고 하여 백성을 가리켜 '민초'라고 하고 있다. 따라서 '민초'를 일본에서 쓰기 시작한 한자라고 단정하기 어렵지만 국민을 풀에 비유한 일본어 '다미구사(たみくさ)'에서 유래한 말이라는 논란이 있으므로 가급적 문맥에 맞게 '백성'이나 '시민'으로 바꿔 쓸 것을 권장한다.

'불하'와 '매각'

전 위 토지의 **불하**처분이 무효임을 확인하는

🟧 후 위 토지의 **매각**처분이 무효임을 확인하는

'불하(拂下)'는 "국가 또는 공공 단체의 재산을 개인에게 팔아넘기는 일"을 뜻하는 일본식 표현이다. 우리식 표현은 '매각'이다. '불하'는 문체부가 펴낸 '일본어 투 생활용어 순화집(1995)'에 실려 있다.

'사서함'과 '개인우편함'

⬜ 전 우정사업본부가 진행하고 있는 전자우편**사서함** 사업 활성화를 위해
🟧 후 우정사업본부가 진행하는 **개인전자우편함** 사업을 활성화하기 위해

'사서함(私書函)'은 "가입자 전용 우편함"을 뜻하는 일본식 표현이다. 우리식 표현은 '개인우편함'이다. 참고로 '사물함'의 순화어는 '개인보관함'이다.

'사양'과 '항목'

⬜ 전 국정지표의 디자인 및 세부 **사양**을 붙임과 같이 안내드리니
🟧 후 국정지표의 디자인 및 세부 **항목**을 붙임과 같이 안내드리니

'사양(仕樣)'은 "물품을 만들 때 필요한 설계 구조나 제조 방법"을 뜻하는 일본식 표현이다. 우리식 표현은 '설명, 설명서, 품목'이다. 문맥에 따라 '규격, 성능, 제원, 품목, 품질'이라고도 할 수 있다. '사양'과 '사양서'는 국립국어원이 펴낸 '일본어 투 생활용어 사용 실태 조사(1996)'에 실려 있다.

'수순'과 '절차'

전 보좌관으로 임명하는 **수순**을 밟고 있다.

후 보좌관으로 임명하는 **절차**를 밟고 있다.

'수순(手順)'은 "정하여진 기준에서 말하는 차례 관계"를 뜻하는 일본식 표현이다. 우리식 표현은 '순서, 절차, 차례'이다. '수순'은 문체부가 펴낸 '일본어 투 생활용어 순화집(1995)'에 실려 있다.

> ▶ '수순'과 뜻이 비슷한 '순번(順番)'도 1900년대 초 우리나라에 들어온 일본식 한자어이므로 '차례'로 바꾸어 쓸 것을 권장한다. '순번'은 국립국어원이 펴낸 '일본어 투 생활용어 사용 실태 조사(1996)'에 실려 있다.

'수취인'과 '받는 이'

전 통지서를 발송하였으나 폐문부재 · **수취인**불명 등의 사유로 송달이 불가능하여 행정절차법 제14조 제4항의 규정에 의거 다음과 같이 공시송달 공고 게시 요청하니

후 안내문을 보냈으나 문이 닫혀 있고 사람이 없거나 **받는 사람**을 알 수 없어 전달하기 어려워 행정절차법 제14조 제4항의 규정에 따라 다음과 같이 공시송달 공고를 게시하니

'수취인(受取人)'은 "서류나 물건을 받는 사람"을 뜻하는 일본식 표현이다. 우리식 표현은 '받는 사람' 또는 '받는 이'이다. '수취인'은 문체부가 펴낸 '일본어 투 생활용어 순화집(1995)'에 실려 있다.

▶ 참고로 '폐문부재'는 '폐문'하고 '부재'인지(폐문·부재), '폐문'하여 '부재'인지(폐문부재) 그 자체로 뜻이 명확하지 않으므로 "문이 닫혀 있고 사람이 없거나(폐문·부재) 받는 사람을 알 수 없어(수취인불명)"처럼 쓰면 이해하기 쉽다.

▶ 국립국어원의 '다듬은 말'에는 '통지'의 순화어로 '알림'이 올라와 있지만, '통지서'의 순화어는 올라와 있지 않다. 이럴 때는 문맥을 살펴 의미가 통하도록 '안내문'으로 바꿔 쓰면 된다.

'시말서'와 '경위서'

전 경고를 주거나 **시말서**를 쓰게 하고, 징계까지 준다고 했다.
후 경고를 하거나 **경위서**를 쓰게 하고, 징계까지 한다고 했다.

'시말서(始末書)'는 "잘못을 저지른 사람이 사건의 경위를 자세히 적은 문서"를 뜻하는 일본식 표현이다. 우리식 표현은 '경위서'이다.

'에 있어(서)'와 '에서'

전 위원 선임**에 있어서는** 시험 실시 직전에
후 위원을 선임**할 때는** 시험을 실시하기 직전에

전 재난 분야**에 있어서** 주한 외국 공관과의 협력채널을
후 재난 분야**에서** 주한 외국 공관과 협력 채널을

'에 있어(서)'는 일본에서 널리 사용하는 일본식 표현이다. 우리식 표현

은 '때'와 '에, 에게, 에서'이다. 앞에 '선임'이나 '결정, 계산' 등의 서술성 명사가 오면 '할 때'로, 앞에 '분야'나 '경우, 범위' 등의 명사가 오면 '에(는), 에게(는) 에서(는)' 등으로 바꾸어 쓸 수 있다.

> ▶ 법제처는 '알기 쉬운 법령 정비기준(2020:168)'에서 '에 있어'와 '에 있어서'를 일본어 투 표현으로 규정한다.

'연면적'과 '총면적'
전 사업소의 **연면적** 규모에 따라
후 사업소의 **총면적** 규모에 따라

'연면적(延面積)'은 "건물 각 층의 바닥 면적을 합한 전체 면적"을 뜻하는 일본식 표현이다. 우리식 표현은 '총면적'이다. '연면적'은 국립국어원이 펴낸 '일본어 투 생활용어 사용 실태 조사(1996)'에 실려 있다.

> ▶ 이와 비슷한 형태의 '연인원'은 '총인원'으로 바꾸어 쓸 수 있다. '연인원'은 국립국어원이 펴낸 '일본어 투 생활용어 사용 실태 조사(1996)'에 실려 있다.

'요하지 아니하다'와 '필요하지 않다'
전 등기를 **요하지 않는** 은닉 부동산 발굴
후 등기가 **필요하지 않은,** 숨긴 부동산 발굴

'요하지 아니하다'는 일본에서 널리 사용하는 일본식 표현이다. 우리식 표현은 '필요하지 않다'이다.

> ▶ 법제처는 '알기 쉬운 법령 정비기준(2020:168)'에서 '요하는, 요하지 아니하다'를 일본어 투 표현으로 규정하고 있다. '단음절 한자어+する'의 형태가 일본에서 많이 사용되기 때문이다.

'입간판'과 '세움간판'

전 불법 현수막, **입간판**, 전단지 퇴출에 전격 나선다.
후 불법 현수막, **세움간판**, 전단지 퇴출에 전격적으로 나선다.

'입간판(立看板)'은 "벽에 기대어 놓거나 길에 세워 둔 간판"을 뜻하는 일본식 표현이다. 우리식 표현은 '세움간판'이다. '입간판'은 문체부가 펴낸 '일본어 투 생활용어 순화집(1995)'에 실려 있다.

'자'와 '사람'

전 국내에 주소 없는 **자**에 대하여는 국내에 있는 거소를 주소로 본다.
후 국내에 주소가 없는 **사람**은 국내에 사는 곳을 주소로 본다.

'자(者)'를 자립어처럼 쓰는 것은 일본식 표현이다. 일본어에는 훈독의 전통이 남아 있어 '자'를 자립어처럼 쓰지만 우리나라는 전통적으로 비자립어로 써 왔다. '자'는 법제처가 펴낸 '알기 쉬운 법령 만들기(2020)'에서 필수 정비 대상으로 밝힌 일본식 한자어이다.

'잔고'와 '잔액'

전 통장**잔고**를 최소화시키고 높은 이율의 정기예금을 예치한 결과이다.
후 통장**잔액**을 최소화하고 높은 이율의 정기예금을 맡긴 결과이다.

'잔고(殘高)'는 "나머지 금액"을 뜻하는 일본식 표현이다. 우리식 표현은 '잔액'이다. '잔고'는 문체부가 펴낸 '일본어 투 생활용어 순화집(1995)'에 실려 있다.

적(的)

전 불법 영업이 발을 못 붙이도록 지속**적으로** 단속하고
후 불법 영업이 발을 못 붙이도록 지속**하여** 단속하고

'적'은 일본에서 널리 사용하는 일본식 표현이다. 우리나라에서는 개화기 이전에 거의 사용된 적이 없다. 따라서 대체가 가능하다면 대체 표현을 사용하고, 생략이 가능하다면 생략하도록 한다.

'집중호우'와 '장대비'

전 국지성 **집중호우** 발생 위험이 높다.
후 국지성 **장대비** 발생 위험이 높다.

'집중호우(集中豪雨)'는 "어느 한 지역에 집중적으로 내리는 비"를 뜻하는 일본식 표현이다. 우리식 표현은 '장대비' 또는 '작달비'이다. '집중호우'는 국립국어원이 펴낸 '일본어 투 생활용어 사용 실태 조사(1996)'에

실려 있다.

'표구'와 '장배'
전 액자로 **표구**된 수상작품 및 10만 원 상당의
후 액자로 **장배**된 수상작품 및 10만 원 상당의

'표구(表具)'는 "그림의 뒷면이나 테두리에 종이 또는 천을 발라서 꾸미는 일"을 뜻하는 일본식 표현이다. 우리식 표현은 '장배(裝背), 장황(粧繡), 표배(表褙), 표장(表裝)'이다.

> ▶ 추사 김정희가 쓴 편지에 "최생을 통해 장배의 일로 한홍적에게 부탁한 게 있는데 이내 소식이 없으니 괴이한 일이네." 라는 내용이 있는데, 이때의 '장배'가 바로 '표구'라는 말이 들어오기 전에 썼던 우리의 옛말이다.

'하지 않으면 안 된다'와 '해야 한다'
전 인권의 제한 정도가 가장 낮은 수단을 선택**하지 않으면 안 된다.**
후 인권의 제한 정도가 가장 낮은 수단을 선택**해야 한다.**

'~지 않으면 안 된다'라는 이중부정 표현은 일본에서 널리 사용하는 일본식 표현이다. 우리식 표현은 '해야 한다'이다.

> ▶ 김은애(2015)는 일제강점기 이전에 우리나라 문학작품에서 거의 찾아볼 수 없던 표현이 일제 강점기 이후에 급증한 것을 근거로 한국어 이중부정 표

현을 일본어에 영향을 받은 표현이라고 설명한다.

(6) 오탈자 오류

공문서에는 잘못 쓴 글자(오자)도 없어야 하고, 빠진 글자(탈자)도 없어야 한다.

▶ 오탈자 표현 오류는 따로 목록을 구축할 수 있는 오류가 아니므로 실제 예문을 제시하지 않는다.

2. 문장을 정확하게 사용하였는가

'정확성' 영역의 두 번째 평가 항목인 '문장을 정확하게 사용하였는가'의 세부 평가 내용은 크게 문장 호응 오류와 문장 구성 오류로 구성할 수 있다. 이는 실제로 공문서에서 자주 발견되는 오류를 범주화한 것이다.

1) 문장 호응 오류

공문서에서 자주 발견되는 문장 호응 오류에는 주어와 서술어의 호응 오류, 목적어와 서술어의 호응 오류, 수식어와 피수식어의 호응 오류, 접속 호응의 오류, 의미의 호응 오류 등이 있다.

(1) 주어와 서술어의 호응 오류

문장이 제구실을 하려면 문장성분끼리 잘 어울려야 한다. 그래야 제대로 뜻이 통할 수 있기 때문이다. 그런데 문장의 길이가 길어질수록, 주어와 서술어가 호응하지 않을 수 있는 확률이 높아진다.

> 전 **이번 교육은** 민관이 함께하는 자리로 옥외광고물 담당 공무원 30여 명, 광고협회 회원 30여 명 등 총 60여 명이 **참석한다.**
>
> 후 **이번 교육은** 민관이 **함께하는 자리로, 이날 교육에는** 옥외광고물 담당 공무원 30여 명, 광고협회 회원 30여 명 등 총 60여 명이 **참석한다.** / **이번 교육에는** 옥외광고물 담당 공무원 30여 명, 광고협회 회원 30여 명 등 민관 관계자 총 60여 명이 **참석한다.** / **이번 교육은** 옥외광고물 담당 공무원 30여 명, 광고협회 회원 30여 명 등 민관 관계자 총 60여 명의 민간 관계자가 **함께한다.**

위의 예문과 같은 오류는 가장 기본적인 오류로 문장의 길이가 길어질수록 빈번하게 나타난다. 주어인 "이번 교육은"과 서술어인 "참석한다"를 따로 떼어 읽어보면 호응이 안 된다는 것을 바로 알아차릴 수 있는데, 퇴고의 과정을 거치지 않으면 언제든지 나타날 수 있는 오류이다.

> ▶ 공문서 작성의 마무리는 퇴고(推敲)이다. 퇴고는 스님이자 시인인 가도(賈島)가 "스님이 달빛 아래 문을 미네."라는 구절을 두고 문을 민다고[推] 할 것인지 두드린다고[敲] 할 것인지 고민했다는 일화에서 유래한 말이다. 이렇게도 고쳐보고 저렇게도 고쳐보면서 붓을 놓기까지 고민하는 것이 퇴고이다. 이러한 과정을 거치지 않은 공문서는 필연적으로 오류가 나타날 수밖에 없다. 퇴고의 제1 원칙은 문장 호응 관계를 살피는 것이다.

[전] '이 **묘역**'은 (중략) 북한군과 전투를 벌이다 전사하거나 행방불명된 10명이 **안장되어 있다.**

[후] '이 **묘역**'에는 (중략) 북한군과 전투를 벌이다 전사하거나 행방불명된 10명이 **안장되어 있다.** / '이 **묘역**'은 (중략) 북한군과 전투를 벌이다 전사하거나 행방불명된 10명이 **안장되어 있는 곳이다.**

위의 예문에서 주어 "이 묘역은"과 서술어 "안장되어 있다"는 호응하지 않는다. 주어를 "이 묘역에는"으로 바꾸든지, 서술어를 "안장되어 있는 곳이다"로 바꾸어야 주어와 서술어가 자연스럽게 호응한다.

[전] 도는 기탁 받은 성금을 사회복지공동모금회에 **전달해** 산불 피해 도민을 위한 복구 지원 활동에 **활용할 계획이다.**

[후] 도는 기탁 받은 성금을 사회복지공동모금회에 **전달해** 산불 피해 도민을 위한 복구 지원 활동에 **사용하도록 할 계획이다.**

위의 예문에서 주어 "도는"과 서술어 "활용할 계획이다"는 자연스럽게 호응하는 것처럼 보인다. 그런데 의미상 '도'가 성금을 직접 활용하는 것이 아니라 '사회복지공동모금회'에 전달한다고 되어 있어서 서술어를 "사용하도록 할 계획이다"로 바꾸어야 주어와 서술어가 자연스럽게 호응한다. 퇴고를 할 때, 짧은 문장은 주어와 서술어만 따로 떼어 읽어도 되지만, 긴 문장은 주어와 서술어가 1개 이상일 때가 많기 때문에 의미를 살려 읽어야 한다.

전 **이번 토론회는** 코로나19 확산 방지를 위해 현장 관객 없이 진행하며, 누구나 볼 수 있도록 온라인으로 **생중계한다.**

후 **이번 토론회는** 코로나19 확산 방지를 위해 현장 관객 없이 진행하며, 누구나 볼 수 있도록 온라인으로 **생중계된다.** / **시는 이번 토론회를** 코로나19 확산 방지를 위해 현장 관객 없이 진행하며, 누구나 볼 수 있도록 온라인으로 **생중계한다.**

위의 예문에서 주어 "이번 토론회는"과 서술어 "생중계한다"는 호응하지 않는다. 서술어 "생중계한다"와 호응하는 주어는 이 행사를 주최 또는 주관하는 기관이어야 하므로 "이번 토론회"는 주어가 아니라 목적어가 되어야 한다. 다만 서술어를 "생중계된다"로 바꾸면 주어를 번거롭게 바꾸지 않아도 된다.

전 **지방공기업은** 지방공기업 간 임금격차 해소를 위하여 예년과 동일하게 일부 임금수준이 낮은 기관에 대해서는 2~3%까지 인상률을 **차등화하기로 하였다.**

후 **행정안전부는** 지방공기업 간 임금격차 해소를 위하여 예년과 동일하게 일부 임금수준이 낮은 **지방공기업에** 2~3%까지 인상률을 **차등화하기로 하였다.**

위의 예문에서 주어 "지방공기업은"과 서술어 "차등화하기로 하였다"는 자연스럽게 호응하는 것처럼 보인다. 그런데 이 문장의 의미상 주어는 '지방공기업'이 아니라 '행정안전부'이므로 주어와 서술어가 호응하지 않는다. 이러한 오류는 이 문장의 의미상 주어 '행정안전부'를 생략하면서 나타난 현상이므로 주어를 '지방공기업'에서 '행정안전부'로 바꾸면 된다.

(2) 목적어와 서술어의 호응 오류

- 전 지역농산물을 이용한 **먹거리를** 군민과 소비자에게 **제공될** 수 있도록
- 후 지역농산물을 이용한 **먹거리가** 군민과 소비자에게 **제공될** 수 있도록 / 지역농산물을 이용한 **먹거리를** 군민과 소비자에게 **제공할** 수 있도록

위의 예문에서 목적어 '먹거리를'과 서술어 '제공될'은 호응하지 않는다. 목적어를 주어로 바꾸든지 서술어를 '제공할'로 바꾸면 자연스럽게 호응한다.

- 전 교육자치의 선도적인 **역할을 목표로 한다**.
- 후 교육자치의 선도적인 **역할 달성을 목표로 한다**.

위의 예문에서 목적어 "역할을"과 서술어 "목표로 한다"는 호응하지 않는다. '목표로 하다' 앞에 '교육'이나 '양성'처럼 서술성 명사가 올 수 있지만 '역할'처럼 비서술성 명사가 올 수 없기 때문이다.

- 전 디지털 정보를 쉽게 접근**하고 활용할** 수 있도록
- 후 디지털 정보를 누구나 쉽게 접근**하여 활용할** 수 있도록

위의 예문에서 목적어 '디지털 정보를'과 서술어 '접근하고'는 자연스럽게 호응하지 않는다. 그래서 목적어를 '디지털 정보에'로 바꾸었더니 이번에는 서술어 '활용할'과 호응하지 않는다. 그렇다고 "디지털 정보에 쉽게 접근하고, 디지털 정보를 쉽게 활용할 수 있도록"으로 바꾸자니 지나치게 문장이 길어진다. 그래서 서술어 '접근하고'를 '접근하여'로 바꾸었더니 주어와 서술어가 자연스럽게 호응한다. '하고'와 달리 '하여'나 '해서'를 쓰면 절의 의미 경계가 사라져 연결이 자연스러워진 것이다.

> "작품을 비싼 값에 사거나 파는 행위를 금합니다"와 "작품에 손을 대거나 파손하는 행위를 금합니다"는 둘 다 오류가 없는 문장처럼 보이지만, 전자는 "작품을 비싼 값에 사거나 작품을 비싼 값에 파는 행위를 금합니다."라는 문장에서 동일한 문장성분을 생략했지만, 후자는 "작품에 손을 대거나 작품을 파손하는 행위를 금합니다"라는 문장에서 동일하지 않은 문장성분을 생략했기 때문에 목적어와 서술어가 호응하지 않는다.

(3) 수식어와 피수식어의 호응 오류

이른바 '개조식'이라고 하여 조사와 어미 등을 생략한 채로 단어를 나열하는 방식으로 공문서를 작성하는 과정에서 부사가 아닌 말을 용언 앞에 두는 일이 종종 있다. 그러나 용언 앞에는 부사가 오고, 체언 앞에는 관형사가 오도록 해야 한다.

> 체언은 명사, 대명사, 수사를 아울러 이르는 말이고, 용언은 동사, 형용사를 아울러 이르는 말이다.

전 계약 체결에 필요한 **서류를 일체** 제출하여야 하며
후 계약 체결에 필요한 **일체의 서류를** 제출하여야 하며 / 계약 체결에 필요한 **서류 일체를** 제출하여야 하며

'일체'는 명사이다. 명사는 동사 '제출하다'를 꾸밀 수 없고, '일체'를 부사로 만들 수도 없으므로 목적어 '서류를'과 위치를 바꾼다.

전 훈련 요령을 **정확히 이해** 후 훈련 시행
후 훈련 요령을 **정확히 이해한** 후 훈련 시행

'정확히'는 부사이다. 부사는 용언을 꾸미는 역할을 하므로 명사 '이해'를 동사 '이해하다'로 바꾼다.

전 선진국 위상을 높일 수 있는 사업을 **중점** 편성하였다.
후 선진국의 위상을 높일 수 있는 사업을 **중점적으로** 편성하였다.

'중점'은 명사이다. 명사는 동사 '편성하다'를 꾸밀 수 없으므로 명사 '중점'을 부사어 '중점적으로'로 바꾼다.

> ▶ 참고로 국립국어원은 '중점 편성하였다'를 부사어와 서술어 또는 수식어와 피수식어 간의 호응 오류로 처리하지 않고 복합어의 한 형태로 처리한다. 그러나 이는 조사나 어미를 습관적으로 생략하는 개조식 문장이 만들어낸 우리말답지 않은 표현으로 보아야 한다.

전 시정에 차질 없이 반영될 수 있도록 체**계적으로 분석** · 관리.
후 시정에 차질 없이 반영할 수 있도록 **체계적으로 분석하고** 관리함. /
시정에 차질 없이 반영될 수 있도록 **체계적인 분석** · 관리가 필요함.

'체계적으로'는 부사어이다. 부사어는 용언을 꾸미는 역할을 하므로 명사 '분석'을 동사 '분석하다'로 바꾸어야 한다. 또는 부사어 '체계적으로'를 관형어 '체계적인'으로 바꾸면 '분석'을 그대로 두어도 된다.

전 저탄소 농업을 육성하기 위해 **다양한** 주민 교육과 함께
후 저탄소 농업을 육성하기 위해 **다양한** 교육과 함께

'다양한'은 관형어이다. 관형어는 체언을 꾸미는 역할을 하므로 명사 '주민'도 꾸밀 수 있고, '교육'도 꾸밀 수 있어 중의적이다. 따라서 '주민'을 꾸민다면 "다양한 주민에게 교육을 하고"로 바꾸어야 하고, '교육'을 꾸민다면 "다양한 교육과 함께"로 바꾸어야 한다.

전 재단 위원회는 (중략) 회장을 **위원장으로**, (중략) 특보 등 3명을 **부위원장**, (중략) 조직위 **사무부총장** 등 정 · 재계, 예술계, 언론 등 다양한 분야의 외부 인사 20명으로 구성되었다.
후 재단 위원회는 (중략) 회장을 **위원장으로**, (중략) 특보 등 3명을 **부위원장으로**, (중략) 조직위 사무부총장 등 17명을 ○○**로 임명함으로써** 정 · 재계, 예술계, 언론계 등 다양한 분야의 외부 인사 20명으로 구성되었다.

위의 수정 예문에서 부사어 '위원장으로'와 호응하는 서술어가 없다. 더욱이 조직위 사무부총장 등 나머지 인사들은 무엇으로 임명하였는지 구체적인 내용이 누락되어 있다.

(4) 접속 호응 오류

낱말과 낱말, 구와 구, 절과 절을 나란히 연결할 때 앞뒤 문장성분의 형식은 같아야 한다. 예컨대 '부자와 가난한 사람'보다 '부자와 거지' 또는 '부유한 사람'과 '가난한 사람'처럼 구성해야 한다.

> 전 귀 가정에 **건강과 행복이 가득하길** 기원합니다.
> 후 가족 모두 **늘 건강하고 행복하길** 기원합니다.

접속조사 '과/와'로 연결된 앞뒤 낱말은 자연스러운 호응이 가능하도록 구성해야 한다. 그런데 위의 예문에서 "행복이"와 "가득하길"은 호응하지만, "건강이"와 "가득하길"은 호응하지 않는다.

> 전 지난해 혁신 실행계획을 수립하고 실·국별 **중점과제와 시민투표를 거쳐**
> 후 지난해 혁신 실행계획을 수립하고 실·국별로 **중점과제를 점검하는 한편 시민투표를 거쳐**

접속조사 '과/와'로 연결된 앞뒤 낱말은 자연스러운 호응이 가능하도록 구성해야 한다. 그런데 위의 수정 전 예문에서 "시민투표를"과 "거쳐"

는 호응하지만, "중점과제를"과 "거쳐"는 호응하지 않는다.

> 전 **자연체험과 치유공간을 갖춘** 산림 문화단지로
> 후 **자연을 체험하고 지친 몸을 치유할 수 있는 공간을 갖춘** 산림 문화단지로

접속조사 '과/와'로 연결된 앞뒤 낱말은 자연스러운 호응이 가능하도록 구성해야 한다. 그런데 위의 예문에서 "치유공간을"과 "갖춘"은 호응하지만 "자연체험을"과 "갖춘"은 호응하지 않는다. 더욱이 앞말에는 목적어가 있는데 뒷말에는 목적어가 생략되어 있다.

> 전 첨단 기술에 대해 **긍정적인 면은** 강화, 육성하고, **우려되는 면에 대해서는** 법과 제도를 마련하는
> 후 첨단 기술의 **기대되는 면은** 강화 · 육성하고, **우려되는 면은** 법과 제도를 마련하는

대등적 연결어미 '고'로 연결된 선행절과 후행절은 동일한 형태로 구성해야 한다. 즉 선행절의 '긍정적인'은 후행절에서 '부정적인'으로 받아야 하고, 선행절의 '우려되는'은 후행절에서 '기대되는'으로 받아야 한다. 아울러 선행절에서 '면은'의 형식을 취하면 후행절에서도 '면은'의 형식을 취하는 것이 자연스럽다.

> 전 신기술의 세부정보 및 신기술인증제도와 관련된 사항은 '기술인

증제 누리집'에서 **확인 가능하며**, 2023년도 상반기 신기술인증 신청 · 접수는 2023년 2월에 시행할 예정이다.

후 신기술 세부정보 및 인증제도는 '기술인증제 누리집'에서 **확인할 수 있다**. 아울러 2023년도 상반기 신기술인증제 신청 · 접수는 2023년 2월에 시행할 예정이다.

대등적 연결어미 '며'로 연결된 문장은 '고'와 달리 주어가 같아야 한다. 만약 주어가 다를 때는 '며'로 연결하지 말고 2개의 문장으로 나누는 것이 자연스럽다.

전 북한의 SDGs는 북한이 처한 상황과 맥락에 맞게 진행될 것으로 **예상되며**, 북한의 관심 분야에 주목하여 세부 분야에서의 협력방안을 발굴할 필요가 있음

후 북한의 지속가능개발목표는 북한이 처한 현실에 맞게 진행될 것으로 **예상되므로** 북한의 관심 분야에 주목하여 세부 협력방안을 발굴할 필요가 있음

선행절과 후행절의 내용이 원인과 결과일 때 대등적 연결어미 '며'를 쓸 수 없다. 그때는 종속적 연결어미 '므로'를 써야 한다.

전 소규모 학급 위주로 나누어 **진행하거나** 2학기 이후로 현장훈련 일정 **조정**

후 소규모 학급 위주로 나누어 **진행하거나** 2학기 이후로 현장훈련 일

정을 **조정해야 함**

　선택 발화의 연결어미 '거나'로 연결된 선행절과 후행절은 어간의 형태를 동일한 형태로 구성하도록 한다. 즉 선행절이 "진행하(다)"의 형태이면 후행절은 "조정"의 형태가 아니라 "조정하(다)"의 형태가 되어야 한다.

- 전 이번 세미나 1부**에서는** (중략)**를**, 2부**는** (중략)**라는** 두 가지 **주제로 각각 발표했다.**
- 후 이번 세미나는 1부**에서** (중략)**가**, 2부**에서** (중략)**가** 각각 주제로 다루어졌다.

　위의 수정 전 예문에서 1부 뒤에는 '에서는'을 사용하였는데 2부 뒤에는 '는'을 사용한 점과 1부의 주제에는 목적격 조사 '를'을 사용했는데, 2부의 주제에는 인용격 조사 '라는'을 사용한 점에서 호응이 부자연스럽다.

- 전 참가비는 1인당 100,000원으로 **설정됐으며**, 100명을 선착순으로 **모집한다.**
- 후 군은 이 프로그램의 참가비를 1인당 100,000원으로 **책정했으며**, 100명을 선착순으로 **모집한다.**

　위의 수정 전 예문에서 서술어 '설정되다'와 '모집하다'의 주체가 같기 때문에 서술어를 피동형이든 능동형이든 하나로 통일하는 것이 자연스럽다.

[전] ○ 첫째 (중략) 검증 체계를 갖추게 된다.
　　○ 둘째 (중략) 확인할 수 있게 **되었다**.
　　○ 셋째 (중략) 수행할 수 있게 된다.
[후] ○ 첫째 (중략) 체계를 갖추어 검증할 수 있게 된다.
　　○ 둘째 (중략) 확인할 수 있게 **된다**.
　　○ 셋째 (중략) 수행할 수 있게 된다.

병렬식으로 나열된 문장의 서술어는 동일한 형태로 구성하도록 한다. 즉 '된다'의 형태와 '되었다'의 형태를 혼용하지 않도록 한다. 가급적 시제를 일치하여 서술어의 형태를 통일하는 것이 좋다.

(5) 의미 호응 오류

[전] 해외 사기의심 사이트 피해가 **지속적으로 발생하고** 있다. ○○○이 국제거래 소비자 불만 접수 현황을 모니터링한 결과, 특정 이메일 주소 관련 사기의심 사이트 피해는 4배가량 증가한 것으로 나타났다.
[후] 해외 사기 사이트 피해가 **지속적으로 증가하고** 있다. ○○○이 국제거래 소비자 불만 접수 현황을 점검한 결과, 특정 사기 사이트 피해가 2022년에 비해 4배가량 증가한 것으로 나타났다.

위의 예문에서 첫 번째 문장과 두 번째 문장은 의미가 호응하지 않는다. 두 번째 문장을 보면 피해가 4배나 증가했는데, 첫 번째 문장에서 피해가 '지속적으로 발생'한다고 함으로써 어떤 상태가 증가하는 것이 아니라 유지되고 있는 것처럼 설명하고 있기 때문이다.

> 전 이들 사이트는 URL은 달라도 같은 이메일 주소들을 사용하고, 홈페이지 구성이 유사한 점 등을 볼 때 동일 사업자로 추정된다. 특히, 주기적으로 **웹사이트 URL과 이메일을 변경하며 영업하기 때문에 피해가 끊이지 않고 있다.**
> 후 이들 웹사이트는 전자우편 주소와 누리집 구성이 비슷한 점 등을 볼 때 같은 사업자가 운영하는 것으로 추정되는데 **웹사이트 주소(URL)가 다르다. 주기적으로 웹사이트 주소를 바꾸기 때문에 같은 피해가 반복되고 있다.**

위의 수정 전 예문의 첫 번째 문장과 두 번째 문장은 의미가 호응하지 않는다. 우선 첫 번째 문장의 초점은 '동일 사업자 추정'에 있는데, 두 번째 문장의 초점은 '웹사이트 주소 변경으로 인한 피해'에 있기 때문이다. 그다음으로 첫 번째 문장에서는 같은 전자우편 주소를 사용하기 때문에 동일인으로 추정된다고 했는데 두 번째 문장에서는 전자우편 주소를 변경하여 영업한다고 했기 때문이다.

또한 위의 예문에서 첫 번째 문장은 "이들 사이트는 (중략) 동일 사업자로 추정된다"라고 하여 주어와 서술어가 호응하지 않는다. "이들 사이트는 (중략) 동일 사업자가 운영하는 것으로 추정된다"로 수정해야 한다.

> 전 평생교육원은 **교육 관계자와 활동가들의** 역량을 강화할 목적으로

후 평생교육원은 **교육 관계자를 비롯해 교육 활동가들의** 역량을 강화할 목적으로

위의 예문은 의미상 교육 관계자와 활동가를 따로 떼어 교육 관계자가 활동가들의 역량을 강화한다는 뜻으로 해석할 수도 있고, 교육 관계자와 활동가를 함께 묶어 모두를 역량 강화의 대상으로 삼는다는 뜻으로 해석할 수도 있는 중의적인 문장이다.

2) 문장 구성 오류

공문서에서 자주 발견되는 문장 구성 오류에는 주어 구성 오류, 서술어 구성 오류, 수식어 구성 오류, 문장성분의 반복 오류, 문장성분의 생략 오류, 문장성분의 나열 오류, 문장성분의 부연 오류 등이 있다.

(1) 주어 구성 오류

공문서에서는 주어를 생략하지 않는 것을 원칙으로 한다. 흔히 일반적인 글에서는 두 문장의 주어가 같을 때, 두 번째 문장의 주어를 생략하곤 하지만, 두 문장의 주어가 다를 때조차 두 번째 문장의 주어를 생략하는 일이 종종 있어 가급적 주어를 생략하지 않도록 한다. 또한 주어를 문장의 중간이나 뒤에 두지 않고 앞에 두도록 한다. 주어가 뒤로 갈수록 문장의 구성이 복잡해 보이기 때문이다.

전 ㅁ '고향'의 소중함을 널리 알리기 위하여 '고향사랑의 날'을 국가기념일로 **지정한다.**

후 □ **행정안전부는** '고향'의 소중함을 널리 알리기 위하여 '고향사랑의 날'을 국가기념일로 **지정하기로 했다.**

위의 예문에는 서술어 "지정한다"와 호응하는 주어가 없다. 흔히 이런 경우에는 바로 앞 문장의 주어를 이 문장의 생략된 주어로 볼 수 있는데, 이 문장은 첫 문장이므로 주어가 없는 문장이라고 할 수 있다.

전 ○○청에서 눈이 내릴 것으로 예보함에 따라 ○○**시는** 6일(금) 15시부터 비상근무체제에 돌입한다고 **밝혔다.**

후 ○○**시는** ○○청이 눈이 내릴 것이라고 예보함에 따라 6일(금) 15시부터 비상근무체제에 돌입한다고 **밝혔다.**

위의 예문에서 서술어 "밝혔다"와 호응하는 주어는 "○○시는"이다. 대체로 한국어 문장의 주어는 문장의 앞에 나오는 경향이 있으므로 문장의 중간이나 뒤보다 앞에 두도록 한다. 그래야 의미관계가 명확해지기 때문이다.

(2) 서술어 구성 오류

서술어는 간결하게 구성해야 한다. 더 직접적이고 덜 복잡한 형태의 동사를 사용해야 독해의 부담이 줄고 의미가 명확해지기 때문이다. 아울러 공문서를 작성할 때 종결어미가 아니라 연결어미를 사용한 채로 문장을 마무리하지 않도록 한다. 이는 공문서에서만 나타나는 이해하기 어려운 비규범적인 문장 구성법이다.

전 추진단은 신속하게 **대응하게 된다**.
후 추진단은 신속하게 **대응한다**.

서술어 '대응하게 된다'는 불필요한 피동 표현이다. 무엇보다 문장의 주어 '추진단'의 활동을 수동적으로 만든다는 문제점이 있다.

전 해당 특허를 **필요로 하는** 기업에 기술을 이전하였다.
후 해당 특허가 **필요한** 기업에 기술을 이전하였다.

'필요로 하는'은 '필요한'처럼 간결하게 쓸 수 있다. '필요로 하는'을 비롯해 '필요가 있는'이나 '필요 있는' 등은 번역투 표현으로 보기도 할 뿐만 아니라 서술어가 길고 복잡하게 느껴진다.

전 □ '22년 근로소득이 있는 모든 근로자는 '23년 2월분 급여를 지급받을 때까지 연말정산을 해야 합니다.
　○ 근로자는 소득·세액공제 항목 등을 미리 확인하여 공제 증명자료를 꼼꼼히 챙겨 회사에 **제출하고**,
　○ 회사는 소속 근로자들이 공제 증명자료를 여유롭게 준비할 수 있도록 아래 연말정산 일정에 따라 진행하여 주기 바랍니다.
후 □ 2022년 근로소득이 있는 근로자는 2023년 2월분 급여를 받을 때까지 연말정산을 해야 합니다. 이와 관련하여 근로자와 회사는 다음과 같은 사항을 주의해야 합니다.
　○ 근로자는 소득 세액공제 항목 등을 미리 확인하여 공제 증명자

료를 회사에 **제출하기 바랍니다.**
  ○ 회사는 소속 근로자들이 공제 증명자료를 제때에 제출할 수 있도록 아래 일정에 따라 연말정산을 진행하기 바랍니다.

  문단을 구성할 때, 연말정산과 관련하여 노동자와 회사가 해야 할 일을 '동그라미표(○)'를 사용하여 두 문단으로 나눌 수는 있지만 첫 번째 문단을 "제출하고,"와 같이 완결하지 채로 마무리하는 것은 올바른 문장 구성 방법이 아니다. 아울러 네모(□)와 동그라미(○)는 단순한 기호가 아니라 장과 절처럼 문장의 위계를 나타낸 기호이므로 네모 항목은 동그라미 항목을 포괄하는 내용으로 구성해야 한다.

(3) 수식어 구성 오류

  수식어는 피수식어 바로 앞에 두어야 한다. 수식어와 피수식어 사이에 다른 문장성분이 끼어들면 의미가 왜곡되기 때문이다. 또한 수식어는 간결하게 써야 한다. 수식어가 길어지면 그만큼 의미가 감성적·추상적이 되기 때문이다.

  전 부부의 날을 맞아 **긍정적 결혼장려 분위기**를 확산시키기 위해
  후 부부의 날을 맞아 **결혼을 장려하는 긍정적인 분위기**를 확산시키기 위해

  위의 예문은 수식어 '긍정적'이 뒤에 오는 명사 '결혼'과 '분위기'를 모두 수식할 수 있으므로 중의적이다. 따라서 '긍정적'이라는 말의 의미만 놓고 보면 '결혼'보다 '분위기'와 더 자연스럽게 호응하므로 수식어와 피

수식어의 거리를 좀 더 좁히는 방향으로 다듬는 것이 무난하다.

전 **막막한 출산** 이후 경력설계
후 출산 이후 **막막한 경력설계** / **막막한,** 출산 이후 경력설계

"막막한 출산 이후 경력설계"는 수식어 '막막한'이 뒤에 오는 명사 '출산'과 '경력설계'를 모두 수식할 수 있어 중의적이다. 따라서 '출산'만을 수식하게 하고 싶다면 "막막한 출산, 이후의 경력설계"처럼 해야 하고, '경력설계'만을 수식하게 하고 싶다면 수식어를 피수식어 바로 앞으로 옮기든지 의미 경계를 표시하는 쉼표를 '막막한' 뒤에 해야 한다.

전 **세계 에이즈의 날을 맞아 군을 찾아오는 관광객 및 주민에게** 에이즈 예방 홍보 캠페인을 실시했다고 밝혔다.
후 **세계 에이즈의 날을 맞아, 군을 찾아오는 관광객뿐만 아니라 주민에게도** 에이즈 예방 홍보 캠페인을 실시했다고 밝혔다.

위의 예문은 세계 에이즈의 날을 맞아 군을 찾아온 사람이 관광객뿐만 아니라 주민도 포함이 된다는 점에서 중의적이다.

전 최근 **잇따라 개발**에 성공하였다.
후 최근 **잇따라 개발하는 데** 성공하였다. / 최근 **잇따른 개발**에 성공하였다.

'잇따라'는 동사 '잇따르다'의 부사형으로 명사 '개발'과 호응하지 않는다. 명사 '개발'은 '잇따르다'의 관형사형 '잇따른'과 호응한다.

(4) 문장성분의 반복 오류

한 문장에 같은 형태의 조사와 어미를 반복하면 가독성을 떨어뜨릴 수 있으므로 가급적 사용하지 않도록 한다.

> 전 특히, **올해에는** 지방공기업 전체 **임금수준은** 높지만 공무직(무기계약직) 임금이 낮은 기관**에 대해서는**
> 후 특히 **올해** 지방공기업 전체 **임금수준이** 높지만 공무직(무기계약직) 임금이 낮은 기관**은**

한 문장에 "올해에는, 임금수준은, 대해서는"처럼 '은/는'을 거듭 사용하는 것보다 변화를 주는 것이 읽기에 편하다.

(5) 문장성분의 나열 오류

> 전 **국방부와 행정안전부, 농림수산식품부, 국토교통부, 소방청, 산림청** 등 유관기관과의
> 후 **국방부와 국토교통부, 농림수산식품부, 소방청, 산림청, 행정안전부** 등 관계기관과

문장성분을 나열할 때 '나 먼저 원리'에 따라 해당 기관에 가까운 순으

로 나열하는 것이 관례이다. 즉 중요도순과 같은 일정한 원칙에 따라 나열하는데, 딱히 적용할 만한 원칙이 없다면 가나다순을 따르는 것이 가장 무난하다.

전 아시아 4개국(**베트남, 필리핀, 인도네시아, 몽골**) 단체관광객에 대한
후 아시아 4개국(**몽골, 베트남, 인도네시아, 필리핀**) 단체관광객에게

나라 이름을 나열할 때는 우리나라를 가장 앞에 두고, 그 뒤로 우리나라와 우호적인 관계를 맺고 있는 나라 순으로 나열하는 것이 관례이다. 즉 시대적 상황에 따라 '한중일'이 되기도 하지만, '한일중'이 되기도 한다. '북한'은 우리나라와 우호적인 관계를 맺고 있지 않지만, 같은 민족이라는 이유로 오랫동안 '북미'가 기본적인 순서로 받아들여졌으나 언론이나 정부의 성향에 따라 '미북'이라고 하기도 한다. 우호적인 관계를 고려하지 않아도 되는 상황에서는 가나다순을 따르는 것이 무난하다.

전 다음 달부터는 **유선방송사, 버스터미널, 전광판, 편의점 및 시중은행 모니터** 등 총 80종의 협업 매체를 통해서도 송출될 예정이다.
후 다음 달부터는 **유선방송을 비롯해 버스터미널, 빌딩, 은행, 편의점 전광판** 등 총 80종의 협업 매체에서도 영상을 송출할 예정이다

위의 예문은 문장을 재구성해야 한다. 예문에서 협업 매체로 언급된 '유선방송사, 버스터미널, 전광판, 편의점, 시중은행 모니터' 중 '버스터미널, 편의점, 시중은행'은 장소이고, '전광판, 모니터'는 미디어이므로

같은 자격의 용어를 나열한 것으로 보기 어렵고, '모니터'가 앞말에 모두 호응하는지 '시중은행'에만 호응하는지 모호하며, 의미상 '모니터'보다 '전광판'이 해당 장소에 더 잘 어울리기 때문이다.

(6) 문장성분의 통일 오류

전 다양한 글꼴, 장면전환 기법을 **사용하거나** 파스텔 색조 **사용**, 영화 음악을 배경음악으로 쓰고 있다는

후 다양한 글꼴과 장면전환 기법을 **사용하는가 하면** 파스텔 색조와 영화음악을 배경음악으로 **사용함으로써**

한 문장에서 대등한 항목을 여럿 나열할 때 '사용하다'와 '쓰다'처럼 서술어를 다양하게 사용하기보다 통일하여 사용하는 편이 가독성을 높인다.

전 정·재계, 예술계, **언론** 등 다양한 분야의 외부 인사 20명으로 구성되었다.

후 정·재계, 예술계, **언론계** 등 다양한 분야의 외부 인사 20명으로 구성되었다.

한 문장에서 대등한 항목을 여럿 나열할 때 용어를 다르게 사용하기보다 통일하여 사용하는 편이 가독성을 높인다.

(7) 문장성분의 생략 오류

전 고향사랑기부제가 **균형발전의** 획기적 수단으로
후 고향사랑기부제가 **국가균형발전의** 획기적 수단으로

일반적으로 글을 쓰는 사람은 자신의 입장에서 너무 당연한 내용을 종종 생략하곤 하는데, 위의 예문에서 '균형발전'은 '지역균형발전'이나 '국가균형발전'에 비해 의미가 덜 명확하다.

전 상호 존중의 **문화를 위해서는** 고정관념을 버리고
후 상호 존중하는 **문화를 확립하기 위해서는** 고정관념을 버리고

위의 예문에서 '문화'는 "문화를 확립하기"나 "문화가 자리를 잡기"에 비해 의미가 덜 명확하다.

전 선도적인 **역할을 목표로** 한다.
후 선도적인 **역할을 하는 것을 목표로** 한다.

위의 예문에서 '역할'은 "역할을 하는 것"이나 "역할을 담당하는 것, 역할을 수행하는 것"에 비해 의미가 덜 명확하다.

전 더욱 효율적인 도시철도 **운영에 노력할** 계획이다.
후 더욱 효율적으로 도시철도를 **운영하기 위해 노력할** 계획이다.

위의 예문에서 '운영에'는 "운영하기 위해"에 비해 의미가 덜 명확하다.

전 고향사랑기부제가 **지역경제에 도움이** 되길 바라며
후 고향사랑기부제가 **지역경제를 살리는 데 도움이** 되길 바라며

위의 예문에서 "지역경제에 (큰) 도움이 되다" 또는 "지역경제에 실질적으로 도움이 되다"라는 표현은 그 자체로 의미가 통하지만 "지역경제를 살리는 데 도움이 되다"나 "지역경제를 활성화하는 데 도움이 되다" 또는 "지역경제 발전에 도움이 되다", "지역경제 성장에 도움이 되다"보다 의미가 덜 명확하다.

▶ 2023년 5월 말 북한이 쏘아 올린 위성과 관련해 행안부와 서울시 간에 벌어진 논란의 실체는 결국 생략된 정보 때문에 생긴 일이다. 행안부가 서울시에 보낸 지령에는 "경보 미수신 지역" 앞에 "백령도 내에서"라는 내용이 생략되었고, 서울시가 시민에서 보낸 재난 문자에는 일본과 달리 무엇 때문에 위험하다는 것인지, 구체적인 위험 지역이 어디인지가 생략되었다. '어디로'의 문제는 이번 논란의 핵심이 아니다. 평소 경계경보가 울리면 가까운 대피소로 이동하도록 훈련이 되어 있어야 하기 때문이다. 만약 가까운 대피소를 모른다면 평소 훈련이 제대로 이루어지고 있지 않음을 의미한다.

(8) 문장성분의 추가 오류

> 전 이동노동자는 대리운전, 퀵서비스, 택배, 배달, 수리, **간병인** 같이 업무가 특정 장소가 아닌 이동을 통해 이루어지는 직업군 종사자를 뜻한다.
>
> 후 이동노동자는 **간병**, 대리운전, 배달, 수리, 퀵서비스, 택배 같이 업무가 특정 장소가 아닌, 이동을 통해 이루어지는 직업군 종사자를 뜻한다.

위의 예문은 문장성분의 삭제와 재구성이 필요하다. 우선 '간병인'에서 '인'은 삭제해야 한다. "대리운전, 퀵서비스, 택배, 배달, 수리"는 일이고, "간병인"은 사람이므로 같은 자격의 용어를 나열한 것으로 보기 어렵기 때문이다. 아울러 나열 순서와 관련하여 대리운전을 가정 먼저 언급하고, 간병을 가장 나중 언급했는데, 이는 불필요한 오해를 불러올 수 있으므로 가나다순으로 용어의 나열 순서를 재구성할 필요가 있다.

3. 문단을 정확하게 사용하였는가

'표현의 정확성' 중 세 번째 평가 항목인 '문단을 정확하게 사용하였는가'의 세부 평가 내용은 문단 호응 오류, 문단 구성 오류, 항목 위계 표시 오류로 구성할 수 있다. 이는 실제로 공문서에서 자주 발견되는 오류를 범주화한 것이다.

1) 문단 호응 오류

전 도는 10일 도청에서 **도 지방시대위원회 자치분권분과**가 첫 회의를 열고 본격적인 활동에 돌입했다고 밝혔다.

도 지방시대위원회 분과위원회는 '도가 주도하는 지방시대 실현'을 위해 지난해 10월 공식 출범한 도 지방시대위원회의 효율적 운영을 위해 출범했다.

분야는 △경제산업 △교육혁신 △문화관광 △자치분권이며, ㅇㅇㅇ**도 지방시대위원과** 관련 단체·연구기관 등 분야별 전문가로 구성했다.

후 도는 10일 도청에서 도 지방시대위원회 자치분권분과의 첫 회의를 열고 본격적인 활동에 돌입했다고 밝혔다.

자치분권분과는 '도가 주도하는 지방시대 실현'을 위해 지난해 10월 공식 출범한 도 지방시대위원회를 효율적으로 운영하기 위해 출범했다.

자치분권분과에서 다룰 분야는 △경제산업 △교육혁신 △문화관광 △자치분권이며, **자치분권분과는** 관련 단체·연구기관 등 분야별 전문가로 구성했다.

기본적으로 이 글은 한 문단을 한 문장으로 구성하고 있으므로 문단의 개념을 무시한 글이다. 의미상 모든 문단을 한 문단으로 묶을 수 있는데, 첫 번째 문단의 '도 지방시대위원회 자치분권분과'를 두 번째 문단에서는 '도 지방시대위원회 분과위원회'로, 세 번째 문단에서는 지방시대위원으로 부연하고 있어 호응이 부자연스럽다. 끝으로 세 번째 문단의 선행절과 후행절의 주어가 다른데 후행절에서 주어가 생략되어 있기 때문에 두 번째 문단과 세 번째 문단은 호응이 부자연스럽다.

2) 문단 구성 오류

(1) 접속 오류

[전] 본 교육 프로그램은 그동안 ○○○○관의 대표 프로그램으로 자리매김해 왔다. **하지만** 주로 단체를 대상으로 운영해 왔던 터라, 보다 다양한 학생들에게 학습 경험의 기회를 **제공하고자 전격 개설되었다.**

[후] 이 교육 프로그램은 그동안 ○○○○관의 대표 프로그램으로 자리매김해 왔다. **하지만** 주로 단체를 대상으로 운영해 왔던 터라 보다 다양한 학생들에게 학습 경험의 기회를 **제공하지 못했다.**

이 글은 두 개의 문장으로 한 문단을 구성하였다. 그런데 두 번째 문장에 쓰인 '하지만'은 제 기능을 하지 못하고 있다. 본래 '하지만'은 앞뒤 내용을 상반되게 연결할 때 쓰는 역접의 접속 부사인데 두 번째 문장은 첫 번째 문장과 역접의 관계가 될 수 없기 때문이다. 내용상 전환의 관계나 부연의 관계로 보기도 어렵다. 따라서 역접의 접속 부사를 그대로 쓰려고 한다면 서술어를 내용에 맞게 바꾸어야 한다.

(2) 뒷받침문장의 오류

전 하지만 주로 단체를 대상으로 운영해 왔던 터라, 보다 다양한 학생들에게 학습 경험의 기회를 제공하고자 전격 개설되었다. 재미있는 실험과 체험을 통해 지문, 족적, 위폐, 혈흔 등 다양한 과학수사의 원리들을 배울 수 있는 기회다.

후 하지만 주로 단체를 대상으로 운영해 왔던 터라 보다 다양한 학생들에게 학습 경험의 기회를 제공하고자 개설되었다.
아울러 지문, 족적, 위폐, 혈흔 수사 등 과학수사의 원리를 재미있는 실험과 체험으로 다양하게 배울 수 있는 기회를 제공한다.

이 글은 두 개의 문장으로 한 문단을 구성하였다. 그런데 두 번째 문장은 첫 번째 문장을 제대로 뒷받침하지 못하고 있다. 첫 번째 문장은 다양한 학생들에게 교육을 제공한다는 내용이고, 두 번째 문장은 다양한 실험과 체험을 제공한다는 내용이기 때문이다. 따라서 이 두 문장은 별개의 내용을 다루기 때문에 한 문단으로 구성할 수 없다. 이럴 때는 두 번째 문장을 첫 번째 문장의 뒷받침문장으로 수정하든지 두 개의 문단으로 구성해야 한다.

전 ○○○○○은 〈발달장애인과 함께하는 덕수궁 나들이〉 프로그램을 운영한다.
이번 행사는
후 ○○○○○은 〈발달장애인과 함께하는 덕수궁 나들이〉 프로그램

을 운영한다. 이번 행사는

"이번 행사"는 앞 문장의 내용을 심화하는 부연 문장 표지이다. 따라서 의미상 내용이 달라지지 않았으므로 앞 문장과 분리하여 새 문단으로 구성하지 말고 이어 써야 한다.

3) 항목 위계 표시 오류

2017년에 개정된 〈행정업무 운영편람〉과 〈행정업무의 운영 및 혁신에 관한 규정 시행규칙〉 제2조 '공문서 작성의 방법'에서는 항목과 항목의 위계를 다음 [표6]과 같이 구분하도록 하고 있다. 다만, 필요한 경우에는 ㅁ, ㅇ, -, · 등과 같은 특수 기호로 표시할 수 있도록 하였다(규칙 제2조 제1항).

표6 항목 표시 기호

구분	항목기호	비고
첫째 항목	1., 2., 3., 4., ….	
둘째 항목	가., 나., 다., 라., ….	
셋째 항목	1), 2), 3), 4), ….	둘째, 넷째, 여섯째, 여덟째 항목의 경우 '하.' 이상으로 나열해야 할 것이 있다면 '거., 너.' 등으로 표시하여 나열한다.
넷째 항목	가), 나), 다), 라), ….	
다섯째 항목	(1), (2), (3), (4), ….	
여섯째 항목	(가), (나), (다), (라), ….	
일곱째 항목	①, ②, ③, ④, ….	
여덟째 항목	㉮, ㉯, ㉰, ㉱, ….	

전 ㅁ 새로이 적용되는 주요 개정세법 내용을 안내하니 각종 공제항목을 미리 확인하여 실속 있는 연말정산을 준비하기 바랍니다.
　　ㅇ 아울러, 잘못 공제받기 쉬운 주요 유형도 함께 안내하니 추가적

인 세부담이 발생하지 않도록 주의를 기울여 주기 바랍니다.
후 ▫ 올해 개정된 세법에 따라 달라진 연말정산 방법을 숙지하지 않
　　　으면 손해가 발생할 수 있으므로 주의가 필요합니다.
　　○ 새로 적용되는 주요 개정세법 내용에 따라 각종 공제 항목을 미리
　　　확인하여 연말정산을 실속 있게 할 수 있도록 준비하기 바랍니다.
　　○ 아울러 잘못 공제받기 쉬운 주요 유형을 함께 안내하니 추가적
　　　인 세를 부담하지 않도록 주의하기 바랍니다.

　장·절 등은 숫자와 문자로 표시하는 것을 원칙으로 하되, 관례에 따라 네모표(▫)와 동그라미표(○) 등의 특수기호를 사용할 수 있다. 다만 네모표와 동그라미표 중 누가 상위 항목인지 정해놓은 바가 없으므로 덜 들여쓴 것은 장 기호로, 더 들여쓴 것은 절 기호로 보면 된다. 위의 예문은 덜 들여쓴 네모표와 더 들여쓴 동그라미표로 위계를 표시했지만 내용상 대등하게 이어지므로 위계를 표시하면 안 된다. 더욱이 '아울러'는 부연할 때 쓰는 말이므로 문단을 새롭게 나누는 것조차 어색하다. 이럴 때는 둘 다 동그라미 표로 수정하든지, 두 내용을 포함하는 상위 항목을 따로 만드는 것이 최선이다.

02

- ☐ 바른 공공언어 쓰기
- ☑ **쉬운 공공언어 쓰기**
- ☐ 품위 있는 공공언어 쓰기
- ☐ 부록

쉬운 공공언어의 정의

　기본적으로 '공문서 등'은 '쉬운 공공언어'로 작성해야 한다. 그래야만 국민과 쉽게 소통할 수 있고, 정부 정책을 쉽게 전달함으로써 정책 효과를 높일 수 있기 때문이다. 더 나아가 정부 기관의 공적 문서로서 소통성 요건을 갖추었다 할 수 있으며, 무엇보다 이해하기 어려운 용어의 뜻을 이해하기 위해 질문이나 검색을 하는 데 불필요하게 낭비되는 시간을 줄일 수 있다. 그런데 쉬운 공공언어 쓰기는 말처럼 쉬운 일이 아니다.

　우선 사전적인 의미로 '쉽다'는 "까다롭거나 힘들지 않음"을 뜻한다. 따라서 표현과 이해가 까다롭지 않은 언어를 쉬운 공공언어라고 할 수 있는데 공공언어의 사용 주체가 공무원이고, 그 대상이 국민인 점을 감안하면 공문서는 무엇보다 국민이 이해하기 쉽게 작성해야 한다. '쉬운 공공언어 쓰기'의 뿌리라고 할 수 있는 영국의 '쉬운 영어 쓰기 운동(Plain English Campaign)'이 공문서에 이해하기 어려운 용어가 너무 많아 일반 시민이 그 뜻을 제대로 이해하지 못해 겪는 불편함에 대한 저항으로 시작되었듯이 쉬운 공공언어란 지식의 유무와 노소를 가리지 않고 모든 국민이 쉽게 이해할 수 있도록 배려하는 언어라고 할 수 있다.

　공문서를 보다 '쉽게' 쓰기 위해서는 '공공기관 등'이 작성한 '공문서 등'을 평가할 때 적용하는 소통성 영역의 '용이성' 기준을 알아야 한다. '용이성'에서는 쉽고 친숙한 용어를 사용할 것과 가급적 이해하기 어려운 순화대상어를 사용하지 말 것을 강조하는데, 가급적 이해하기 어려운 외래어나 외국어, 한자어, 로마자·한자, 전문용어 등은 사용하지 않도록 해야 한다. 그래야 쉽게 이해할 수 있고, 오해하지 않을 수 있다.

　참고로 순화대상어 중에 일본어 투 용어는 이해하기 어려운 용어가 아니므로 제1부에서 다루었고, 문장의 길이나 형식, 정보의 양과 배열 등 소통성 영역의 '정보성' 항목은 '이해하기 쉬운 공공언어'의 영역이 아니라 '읽기 쉬운 공공언어'의 영역이므로 이 책에서 다루지 않았다.

> 2012년 10월 22일 한자교육추진총연합회를 비롯해 초중고 학생과 교사, 공무원 등은 『국어기본법』 제3조 등이 한글전용을 강요함으로써 한자를 자유롭게 배우고 쓸 수 있는 행복추구권과 표현의 자유를 침해했다며 헌법소원(2012헌마854)을 제기하였다. 이에 헌법재판소는 2016년 11월 24일 "이 사건 공문서 조항은 공문서를 한글로 작성하여 공적 영역에서 원활한 의사소통을 확보하고 효율적·경제적으로 공적 업무를 수행하기 위한 것이다. 국민들은 공문서를 통하여 공적 생활에 관한 정보를 습득하고 자신의 권리 의무와 관련된 사항을 알게 되므로 우리 국민 대부분이 읽고 이해할 수 있는 한글로 작성할 필요가 있다. 한자어를 굳이 한자로 쓰지 않더라도 앞뒤 문맥으로 그 뜻을 이해할 수 있는 경우가 대부분이고, 뜻을 정확히 전달하기 위하여 필요한 경우에는 괄호 안에 한자를 병기할 수 있으므로 한자혼용방식에 비하여 특별히 한자어의 의미 전달력이나 가독성이 낮아진다고 보기 어

렵다. 따라서 이 사건 공문서 조항은 청구인들의 행복추구권을 침해하지 아니한다."라고 선고하였다.

▶ 뉴욕시는 'Easy to Read NYC: Guidelines for Clear and Effective Communications'에서 21세 이상 뉴욕시 성인 중 25%가 영어에 능통하지 못하고, 15%는 읽기 능력이 중학교 3학년(9th graders) 수준에 미치지 못한다고 발표하였다. 이런 이유 때문인지 공공언어를 쉽게 쓴다고 할 때, '쉽다'의 기준은 중학교 2학년 수준에 맞추는 것이 일반적이다. 그런데 미국 '쉬운언어 정보행동네트워크(PLAIN)'에서는 중학교 2학년 수준으로 글을 써야 한다는 말에 얽매여 모든 글을 '지나치게 쉽게(dumbing down)' 쓸 필요는 없다고 강조한다. 한마디로 말해 독자의 수준에 맞게 공문서를 작성하라는 것이다.

▶ 쉬운 공공언어 쓰기의 가장 큰 문제점은 공공언어의 용이성을 공무원 스스로 판단하기 어렵다는 데 있다. 이와 관련하여 '우선 개선 행정용어' 목록처럼 우선 개선해야 할 목록을 제시하는 방식이 효과적일 수 있는데, 국립국어원에서는 2018년에 '필수 개선 행정용어' 목록을 제시한 뒤로 아직 새로운 목록을 제시하지 않고 있다.

쉬운 공공언어 쓰기의 필요성

(1) 이해하기 어려운 공공언어는 막대한 언어비용을 지불하게 만든다

"됙들에 동난지이 사오. 져 장스야, 네 황후 긔 무서시라 웨는다, 사쟈. / 외골내육(外骨內肉), 양목(兩目)이 상천(上天), 전행(前行) 후행(後

行), 소(小)아리 팔족(八足), 대(大)아리 이족(二足), 청장(淸醬) 으스슥 ᄒᆞᄂᆞᆫ 동난지이 사오. / 쟝스야, 하 거북이 웨지 말고 게젓이라 ᄒᆞ렴은."

게젓 장사꾼과 손님의 대화를 다룬 조선 시대 사설시조이다. 그냥 쉽게 "게젓 사시오!"하면 될 일을 굳이 이해하기 어려운 한자어를 늘어놓는 '게젓 장사꾼'의 태도를 비꼬는 내용이다.

언어 비용이라는 말이 있다. '공공기관 등'이 어려운 '공문서 등'에 이해하기 어려운 용어를 사용함으로써 국민이 그 말뜻을 이해하지 못해 발생하는 경제적·심리적 손실을 비용으로 환산한 개념이다. 즉 이해하기 어려운 말을 접했을 때, 그 말의 뜻을 몰라 질문을 하거나 검색을 함으로써 치러야 하는 불필요한 시간 낭비와 그러한 말 때문에 받게 되는 스트레스나 수치심의 정도를 구체적인 수치로 나타낸 것이다.

지난 2010년에 국립국어원은 우리 국민이 자주 접하는 민원서식과 보도자료 등에 어려운 말을 사용함으로써 매년 약 284억 원을 낭비하고 있다고 발표하였다. 그리고 2021년 10월, 사단법인 국어문화원연합회가 그동안 오른 물가와 달라진 환경 등을 반영하여 새롭게 '시간 비용'을 산정한 결과, 민원서식을 작성하는 과정에서 이해하기 어려운 말 때문에 국민이 2분의 추가 시간을 쓰고 공무원이 1분의 추가 시간을 쓴다고 가정할 때 연간 약 1952억 원을 낭비하게 되고, 보도자료 등을 접하는 과정에서 이해하기 어려운 말 때문에 국민이 1분의 추가 시간을 쓴다고 가정할 때 연간 약 753억 원을 낭비하게 된다고 밝혔다. 즉 정부가 이해하기 어려운 말을 계속 사용할 경우, 연간 2705원이라는 언어 비용을 지불하게 된다는 것이다.

여기에 덧붙여 이해하기 어려운 말을 접했을 때 우리 국민이 받는 심리적 스트레스 지수를 설문조사 방식으로 확인한 결과 9점 만점에 평균 5.37점으로 나타났는데, 이를 좀 더 구체화하기 위해 '쉬운 공공언어 보급사업'에 얼마의 세금을 지불할 수 있는지 묻는 지불의사액을 계산하는 방식으로 확인한 결과, 심리적 스트레스 비용은 연간 약 1272억 원을 지출하는 것으로 계산되었다. 비록 적지 않은 금액이지만, 그마저도 추가 시간을 최소 1분에서 최대 2분으로 가정했을 때의 추정값에 불과하다. 공공언어의 대상을 민원서식과 보도자료에 국한하지 않고 전광판이나 현수막, 안내판 등으로 확대하고, 나이나 장애, 환경 등의 이유로 추가 시간을 최대 10분까지 늘린다면 훨씬 더 많은 언어 비용을 지불하지 않을 수 없게 된다.

> ▶ 〈뉴스포스트〉 2021년 7월 16일 자 기사를 보면 민원인이 민원서식을 작성하는 과정에서 어려운 용어 등으로 인해 검색하고 질문하는 등 지연되는 시간이 서류당 평균 6분 5초인 것으로 나타나 실제 시간 비용은 더 오를 수밖에 없다.
> ▶ 47개 중앙행정기관과 17개 광역지자체가 최근 3년간 사용한 정책명(사업명, 행사명 포함)의 이해도를 조사한 결과, 28.7점을 받은 'QbD 제도'가 가장 이해하기 어려운 정책명으로 조사되었다. 그 뒤를 이어 'K-UAM, 스마트컨, 고정익 정비대, 면탈조장정보 DB' 등의 정책명이 이해도가 낮은 것으로 나타났다. 대체로 외래어를 사용하면서 음절 수가 적고, 줄임말을 사용할수록 이해도가 낮았다.

(2) 이해하기 쉬운 공공언어를 쓰는 것은 공무원의 의무이다

『국어기본법』 제14조 '공문서 등의 작성·평가' 규정과 「법제업무 운영규정」 제24조의 4 '알기 쉬운 법령 등의 마련' 규정, 「행정업무운영편람」 '문서 작성의 일반원칙' 등에 따라 '공공기관 등'은 법령이나 '공문서 등'을 일반 국민이 이해하기 쉬운 용어와 문장으로 작성하여야 한다.

아울러 2017년에 개정된 『국어기본법』 제17조 '전문용어의 표준화 등' 규정에 따라 중앙행정기관은 국어책임관(문화정책관, 국장급)을 위원장으로 하여 당연직 위원과 외부 민간 위원 등으로 '전문용어표준화협의회'를 구성하여 해당 기관에서 수행하는 정책을 국민에게 효과적으로 알리기 위해 알기 쉬운 용어를 개발하여 보급하여야 한다.

그런가 하면 「정부업무평가 기본법」에 따라 실시하는 '지방자치단체 평가'와 관련하여 2021년에는 각 지자체에 '쉽고 바른 공공언어 개선 행정 서비스 우수사례' 1건을 제출하여 합동평가단의 정성평가를 받도록 하였다. 이를 위해 이해하기 어려운 외국어 사용을 줄인 사례, 이해하기 어려운 전문용어 사용을 줄인 사례, 권위적인 표현을 줄인 사례, 일본어 투 용어 사용을 줄인 사례 등을 발굴하였다. 이와 관련하여 서울시는 보도자료 우리말 사용 실태를 점검하였고, 경기도는 자치법규 사전 감수 제도를 시범 도입하였다. 자체적으로 국어 관련 조례를 제정한 지자체는 자치법규 용어 정비 등의 사업을 추진하기도 하였다.

> ▶ 2023년 8월 현재, 국립국어원에 올라와 있는 표준 전문용어는 752개에 불과하다. 대다수 공공기관이 형식적으로 '전문용어표준화협의회'를 구성만 했을 뿐, 실제로 전문용어 표준화 작업을 하지 않고 있으며, 협의회조차

구성하지 않은 기관이 적지 않다.

(3) 이해하기 쉬운 공공언어를 쓰는 것은 국민의 권리이다

이해하기 쉬운 공공언어를 사용해야 하는 이유는 그래야만 국가의 정책을 효과적으로 알릴 수 있기 때문이다. 따라서 공공언어를 사용할 때는 굳이 멋을 부릴 필요가 없다. 오히려 멋이 독이 될 수도 있기 때문이다. 실제로 서울시가 2008년에 시작한 '맘프러너 창업스쿨'은 엄마(맘)와 기업가(안트러프러너)를 합성한 생소한 말로 잔뜩 멋을 부렸지만, 정작 정책을 제대로 이해하지 못해 혜택을 받을 수 있었던 여성들이 사업에 지원조차 하지 않음으로써 약 116억 원의 경제적 손실이 발생했다는 지적이 있었다.

그런가 하면 청와대 경내에 있는 서울시 유형문화재 '침류각'의 안내문이 너무 어렵다는 지적을 했던 문재인 전 대통령도 우리나라 경제와 사회를 새롭게 변화시키겠다며 '대한민국 대전환 한국판 뉴딜' 정책으로 데이터 댐과 스마트 외교 인프라, 그린 스마트 스쿨, 디지털 트윈, 그린 리모델링 등 10대 과제를 제시한 바 있는데, 동아사이언스가 성인 남녀 1000명을 대상으로 조사한 결과 '그린 에너지'를 제외하고 나머지 9개 정책의 뜻을 제대로 이해하지 못하겠다는 응답이 70%를 넘었다.

기본적으로 정책용어와 행정용어는 쉬워야 한다. 그래야 정부에서 무슨 일을 하는지 국민에게 투명하게 전달될 수 있다. 어떤 정책이든 용어가 어려우면 아무리 좋은 의도가 있다고 하더라도 국민의 지지를 받을 수 없고, 결과적으로 실패한 정책이 될 수밖에 없다. 무엇보다 대다수 국민이 전혀 이해할 수 없는 용어를 무분별하게 사용하는 것은 국민의 알

권리를 가볍게 여기는 행위라는 점에서 비판의 대상이 될 수도 있다.

> ▶ 문재인 전 대통령은 2018년 5월 29일 도종환 문화체육관광부 장관으로부터 '공공언어 개선 추진방안'을 보고받는 자리에서 청와대 안에 있는 '침류각' 안내문에 사용된 "세벌대 기단, 굴도리집, 겹처마, 팔작지붕, 오량가구, 불발기, 띠살, 교살, 딱지소, 굴도리"의 뜻을 이해하기 어렵다며 전통가옥 연구자를 위한 안내문이 아니라 일반 국민의 눈높이에 맞게 이 건물이 언제 무슨 용도로 만들었는지 좀 더 쉬운 말로 설명하는 안내문의 필요성을 강조하였다. 이를 계기로 문화재 안내문을 쉽게 풀이하는 예산이 편성되었고, 실제로 2024년까지도 지자체 등에서 문화재 안내문을 쉬운 말로 풀이하는 작업을 지속하였다.

쉬운 공공언어 쓰기의 실제

공공언어를 이해하기 쉽게 쓰기 위해서는 공문서 작성법 강의를 청해 듣는 것보다 '공공기관 등'이 작성한 '공문서 등'을 평가할 때 사용하는 용이성 평가 기준과 평가 항목, 더 나아가 구체적인 평가 목록 등을 확인하는 편이 오히려 더 낫다. 굳이 강의를 들을 필요가 없는 까닭은 공문서를 작성할 때 스스로 판단하여 이해하기 어려운 외래어, 외국어, 로마자, 한자 등을 피하면 되기 때문이다.

그렇다면 굳이 용이성 평가 목록을 들여다봐야 하는 이유는 무엇일까? 그것은 이미 만들어진 순화어 목록을 참고해야 하기 때문이다. 기본적으로 쉬운 말로 공문서를 작성하되, 딱히 쉬운 말로 바꿔 쓰기 어려울 때는 기관 맞춤형 용이성 평가 목록이라든지 용이성 우선 개선 행정용어 목록을 참고하면 된다. 다만 평가 기관이나 평가자에 따라 평가 목록이 다를 수 있고, 전수조사를 할 수 있는 기관도 많지 않기 때문에 이 목록을 얻기란 쉬운 일이 아니다. 실제로 2011년부터 2019년까지 공공언어의 소통성(용이성 포함)을 평가하는 과정에서 구체적인 평가 목록 없이 주관적인 평가가 이루어졌다. 다음 [표7]은 국립국어원이 제시하는 일반적인 용이성 평가 기준이다.

표7 민현식 외(2010)의 공공언어 용이성 평가 기준

평가 영역	평가 요소	평가 항목
소통성	용이성	문장을 적절한 길이로 작성하였는가
		쉽고 친숙한 용어와 어조를 사용하였는가
		시각적 편의를 고려하여 작성하였는가

▶ 민현식(2011:102,108,115)은 '문장을 적절한 길이로 작성하였는가, 시각적 편의를 고려하여 작성하였는가'와 관련하여 구체적인 기준을 제시하지 않고 5등급으로 평가하도록 하였다. 아울러 '쉽고 친숙한 용어와 어조를 사용하였는가'의 세부 평가 내용으로 '익숙하지 않은 외래어·외국어, 한자어' 외에도 '전문용어와 현학적인 표현' 등을 꼽았다.

일반적으로 국립국어원에서도 공문서의 용이성을 평가할 때 [표7]을 그대로 따르지 않는다. 그만큼 객관적인 평가가 쉽지 않기 때문이다. 실

제로 문장의 길이와 시각적 편의는 쉬운 공공언어 쓰기와 관계가 없을 뿐더러 객관적인 평가를 하기 어렵다. 따라서 이 책에서는 객관적인 평가가 가능한 항목을 중심으로 [표7]을 [표8]과 같이 수정하였다.

표8 간추린 공공언어 용이성 평가 기준

평가 영역	평가 요소	평가 항목
소통성	용이성	이해하기 어려운 용어를 사용하였는가
		로마자·한자를 단독으로 사용하였는가

[표8]에서는 '이해'에 초점을 맞추어 평가 항목을 세분하였다. 기존의 평가 항목에서 '친숙한'을 생략한 까닭은 일상적으로 사용하는 '친숙한 말'들 중에 '순국선열'이나 '호국영령'처럼 말뜻을 이해하기 어려운 용어가 적지 않기 때문이고, '어조'를 생략한 까닭은 그것이 이해의 영역이 아니라 표현의 영역에 속하기 때문이다. 아울러 로마자와 한자를 괄호 안에 쓰지 않고 괄호 밖에 쓰는 것을 따로 떼어 제시한 까닭은 'UN'이나 '靑'처럼 이해하기 쉬운 로마자와 한자라도 공문서는 한글 표기를 원칙으로 하기 때문이다. 예외적으로 한글만으로 그 뜻을 이해하기 어려울 때 로마자와 한자를 병기하도록 허용하고 있으나 그것이 의미 해석이 딱히 도움이 되지 않을 수 있기 때문에 로마자와 한자를 병기할 이유는 많지 않다.

> ▶ 국립국어원이 2022년 '공공기관 공문서 언어 사용 평가를 위한 기초 연구'에서 밝힌 용이성 평가 기준은 어렵거나 우리말로 바꾸어 쓸 수 있는 외래어·외국어·한자어 항목과 외국 글자(로마자, 한자) 항목이다.

> 국립국어원이 '2023년 공공기관 공공언어 진단'에서 밝힌 용이성 평가 기준은 대국민 인식조사 결과 60% 미만의 국민이 해당 용어를 알고 있다고 응답한 용어 항목과 외국 문자(로마자, 한자) 항목이다.

1. 이해하기 어려운 용어를 사용하였는가

기본적으로 공문서는 이해하기 쉬운 용어로 작성해야 한다. 흔히 이해하기 쉬운 용어를 '순화어' 또는 '대체어'라고 하고, 이해하기 어려운 용어를 '순화대상어'라고 하는데, 순화어는 크게 행정용어 순화어, 법률용어 순화어, 전문용어 순화어, 학술용어 순화어로 나눌 수 있다. 이 가운데 행정용어 순화어는 문화체육관광부(국립국어원)와 행정안전부를 비롯해 서울시 등이, 법률용어 순화어는 법제처 등이, 전문용어 순화어는 금융용어, 농업용어, 도로용어 등을 일상적으로 사용하는 관련 공공기관 등이, 학술용어는 학술단체총연합회와 국어문화원연합회 등이 주축이 되어 보급하고 있다.

표9 순화어의 유형

유형	내용
행정용어 순화어	국립국어원에서 만들어 보급하는 순화어
	행정안전부 등 중앙행정기관에서 자체적으로 만들어 보급하는 순화어
	서울시 등 지자체에서 자체적으로 만들어 보급하는 순화어
전문용어 순화어	산자부 등 중앙행정기관 전문용어표준화협의회가 만들어 보급하는 순화어
	농진청 등 공공기관에서 자체적으로 만들어 보급하는 순화어
법률용어 순화어	법제처 등 관련 기관이 자체적으로 만들어 보급하는 순화어

| 학술용어 순화어 | 한국심리학회, 한국화학학회 등 학술단체가 자체적으로 만들어 보급하는 순화어 |

그런데 아직까지 순화어가 마련되지 않은 말들이 많고 이미 마련된 순화어 중에 어색해서 실제로 쓰지 않는 말들도 적지 않다. 그런가 하면 여러 기관이 순화어를 마련하고 있지만 모든 순화어를 한곳에서 검색할 수 있는 기관이 존재하지 않는다. 이곳저곳에 흩어져 있는 순화어를 일일이 찾아서 확인해야 하는 실정이다. 그나마 국립국어원의 '다듬은 말' 사이트에서 18,000여 개의 순화어를 검색할 수 있지만 검색되지 않는 순화어가 많다. 사정이 이런데 대다수 기관이 순화어를 발표만 할 뿐, 순화어를 제대로 관리하려는 노력을 하지 않고 있다.

▶ 동해(凍害)는 '언피해', '풍해(風害)'는 '바람 피해', 한해(旱害)는 '가뭄 피해', 한해(寒害)는 '추위 피해'라는 순화어가 있는데 '설해(雪害), 수해(水害), 염해(鹽害)'의 순화어는 없다.

▶ '마블링'의 순화어는 '결지방'인데, 축산농가를 비롯해 언론에서조차 이 용어를 거의 사용하지 않는다. '결지방'은 '마블링'의 형태적 특징에 근거한 일차원적인 순화어로서 '마블링'의 문화적 의미를 살리지 못했기 때문이다. '마블링'이라는 말만 들어도 입에 침이 고이도록 하려면 '꽃지방' 정도는 되어야 할지도 모른다.

▶ 국립국어원은 '시티투어'를 '시내관광'으로, 한글문화연대는 '도시관광, 시내여행'으로 순화했는데, 이 또한 말맛을 제대로 살리지 못하는 영어 직역투 표현이다. 차라리 지역명을 넣어 '마실'이나 '나들이'라고 하는 편이 훨씬 더 정감 있어 보인다. 국립국어원이 '접견실'을 '만나는 방'으로 순화했지만 강릉시청이

'접견실'을 '시민사랑방'이라고 부르는 것처럼 참신한 대안이 필요하다.

▶ 국립국어원의 '다듬은 말'에서는 '몰아내다, 쫓아내다'를 뜻하는 '구축(驅逐)'을 순화대상어로 제시하는데, 법제처의 '알기 쉬운 법령 정비기준'에서는 '오그라듦'을 뜻하는 '구축(拘縮)'과 '마련하다, 갖추다'를 뜻하는 '구축(構築)'을 순화대상어로 제시하고 있다. 각각의 순화어를 사용자가 이곳저곳 찾아다녀야 하는 이유이다.

▶ 프라이의 순화어는 '튀김, 부침'인데 프라이팬의 순화어는 '튀김판, 지짐판'이다. 프라이는 총무처가 1992년에 순화어를 제시했고, 프라이팬은 문체부가 1996년에 순화어를 제시했는데, 순화어를 제시하는 기관이 다르고 시기가 다르면 이런 일이 나타날 수밖에 없다. 이것이 순화어를 한 곳에서 통합 관리해야 하는 이유이다.

쉬운 공공언어 쓰기 요령

1. 사전의 뜻풀이를 참고하여 누구나 이해하기 쉬운 용어를 쓴다.
2. 국립국어원의 '다듬은 말'에서 순화어를 찾아서 쓴다.
3. 소속 기관이나 관련 기관에서 자체적으로 마련한 순화어를 찾아서 쓴다.
4. 만약 국립국어원이나 소속 기관에서 마련한 순화어가 부자연스럽게 느껴진다면 좀 더 자연스러운 표현으로 바꾸어 쓰되, 억지로 새로운 순화어를 만들어 쓰지 말고 음절 수가 길어지더라도 좀 더 쉽고 자연스러운 표현을 쓴다.
5. 만약 좀 더 자연스러운 표현으로 바꿔 쓰는 것이 어렵다면 순화어를 먼저 쓰고 괄호 안에 순화대상어를 함께 쓴다.
6. 만약 순화어가 없다면 그 말의 뜻을 앞이나 뒤에 풀어쓰거나 내주 형식으로 괄호 안에 주석을 달아 준다. 간혹 내주가 아니라 각주를 달기도 하는데, 이는 가독성을 떨어뜨릴 수 있다.

▶ 국립국어원의 '다듬은 말'에서는 검색되지 않는 순화어가 적지 않고, 소속 기관에서 마련한 순화어는 검색이 쉽지 않기 때문에 현실적으로 검색엔진에 '스마트팜 순화어'처럼 검색하는 것이 훨씬 더 빠르고 정확하다. 설령 공인된 순화어가 아니라고 하더라도 기존의 순화대상어보다 이해하기 쉽다면 널리 사용하길 추천한다.

(1) 행정용어 순화어

국립국어원(2018)

[그림] 국립국어원 누리집 첫 화면

국립국어원이 1991년부터 2024년 8월까지 발표한 순화어는 총 18,156개이다. 이들 순화어는 국립국어원 누리집 첫 화면의 '공공언어 개선' 항목의 '다듬은 말'로 들어가면 확인할 수 있다. 그런데 그 수가 적지 않아 한꺼번에 전체 자료를 활용할 수는 없고, 필요할 때마다 찾아서 쓰는 수밖에 없는데 검색되지 않는 사례도 적지 않다. 따라서 국립국어원조차 2018년에 발표한 '필수 개선 행정용어'를 참고할 것을 추천하는데, 그동안 단 한 차례도 갱신(업데이트)한 적이 없다는 점이 무척 아쉽다. 2022년에 새로 펴낸 '한눈에 알아보는 공공언어 바로 쓰기'에도 이 목록을 그대로 실었다. 이는 법제처가 '알기 쉬운 법령 정비기준'에 정비 대상 용어를 꾸준히 갱신하는 것과 사뭇 다른 모습이다. 순화어 사용량을 지금보다 더 늘리기 위해서는 '우선 개선 행정용어'를 지정하는 방식이 최선일 수 있으므로 실제 행정용어 사용 실태를 진단하여 기관별 또는 분야별로 매년 '우선 개선 행정용어'를 발표하는 방안을 도입할 필요가 있다.

▶ '필수 개선 행정용어'는 반드시 개선해야 하는 용어를 뜻하고, '우선 개선 행정용어'는 다른 용어에 비해 우선 개선해야 하는 용어를 뜻한다. '필수 개선 행정용어'와 달리 '우선 개선 행정용어'는 지속적인 관리가 필요하다. 지속적인 홍보와 교육에도 불구하고 개선되지 않는 용어는 순화 목록에서 빼고, 이제 막 쓰기 시작한 순화대상어는 빈도와 관계없이 순화 목록에 더하는 식으로 기관별, 연도별로 우선순위를 관리해야 한다.

▶ '필수 개선 행정용어'란 말 그대로 반드시 개선해야 하는 용어를 뜻하는데 적어도 이런 용어로 분류하기 위해서는 '일본식 한자어'라든지 대국민 설문조사 결과 50% 이상의 국민이 그 뜻을 이해하지 못하는 용어여야 한다. 그런데 국립국어원이 2018년에 제시한 '필수 개선 행정용어' 100개 중에는 이러한 조건에 어울리지 않는 용어가 적지 않다.

▶ '필수 개선 행정용어' 중 '단차, 마스터플랜, 매뉴얼, 싱크탱크, 이니셔티브, 쿼터' 등 6개 용어는 국립국어원이 1992년에 이미 순화대상어로 지정한 바 있는데, 이를 다시 '필수 개선 행정용어'로 지정한 까닭이 무엇일까? 일

본식 한자어인 '단차'와 국민 평균 이해도가 16%에 불과한 '이니셔티브'는 '필수 개선'이 필요하다는 데 동의하지만 국민 평균 이해도가 70%에 달하는 '매뉴얼'을 반드시 개선해야 하는지 의문이다. 참고로 이들 용어가 아직도 쓰이고 있는 이유는 순화어에 대한 홍보와 교육이 제대로 이루어지지 않았거나 순화어에 대한 거부감이 크기 때문일 수 있으므로 개선이 꼭 필요하다면 더 많이 노력해야 한다.

▶ '필수 개선 행정용어'는 신중하게 선정하되 가능한 한 최소화해야 한다. '우선 개선 행정용어'도 최대 100개를 넘지 않도록 해야 한다. 그래야만 쓰는 사람도 부담이 적기 때문이다.

① 외래어 · 외국어

국립국어원이 2018년에 발표한 필수 개선 행정용어 중 외래어 · 외국어 목록은 로마자 12개를 제외하고 총 38개이다. 38개 용어 중 중앙행정기관 2곳(문체부, 행안부)과 지자체 2곳(경기도청, 서울시청)이 2021년 보도자료에 사용한 용어는 거버넌스, 니즈, 데모데이, 드론, 라운드테이블, 롤모델, 리스크, 매뉴얼, 매칭, 모멘텀, 바우처, 세션, 스타트업, 아카이브, 어젠다, 오피니언리더, 원스트라이크 아웃제, 이니셔티브, 클러스터, 테스트베드, 투트랙, 팸투어, 풀, 허브 등 25개(66%)이다.

▶ 중앙행정기관 중에는 문체부와 행안부 2곳을, 지방자치단체 중에는 경기도청과 서울시청 2곳을 선정하여 실태를 조사하였다.

▶ '필수 개선 행정용어 100'에 포함된 외래어·외국어 순화어는 2021년을 기준으로 문체부 보도자료 679건에 13개(34%), 행안부 보도자료 1194건

에 15개(39%), 서울시청 보도자료 3437건에 14개(37%), 경기도청 보도자료 4474건에 24개(63%) 사용된 것으로 나타났다. 경기도를 제외하고 나머지 기관의 평균 사용량이 37%로 나타났는데, 이는 그만큼 개선된 것으로 볼 수도 있지만, 2018년 목록으로 2021년 보도자료를 평가하는 데 한계가 있는 것으로 볼 수도 있다.

전 지방자치단체와 탄탄한 **거버넌스**를 구축하고 있다.
후 지방자치단체와 탄탄한 **민관협력관계**를 만들고 있다.

전 민관학 **거버넌스** 참여자의 기대와 가치를 공유하고
후 민관학 **협력협의회** 참여자의 기대와 가치를 공유하고

'거버넌스(governance)'는 "공동의 목표를 달성하기 위하여 모든 이해당사자가 투명하고 책임감 있게 의사를 결정하는 조직" 또는 "과거의 일방적인 정부주도적 문제해결 방식에서 벗어나 정부와 기업, 비정부기구 등 다양한 조직이 공동의 관심사에 네트워크를 구축하여 문제를 해결하는 방식" 등을 뜻한다. 즉 '거버넌스'는 상황에 따라 매우 다양한 의미로 정의되므로 문맥에 맞게 순화어를 사용해야 한다. '거버넌스'의 국립국어원 순화어는 '관리, 민관협력, 정책, 협치' 등 다양하지만, 문맥에 따라 '민관협력관계'나 '협력협의회'라고도 할 수 있다. 우리 국민의 '거버넌스' 평균 이해도는 15%에 불과하며, 70세 이상 평균 이해도는 0%이다.

▶ 이해하기 어려운 외래어·외국어 평균 이해도는 2020년 국립국어원과 한

> 글문화연대가 실시한 '외국어 표현에 대한 일반 국민 인식조사' 결과를 참고한 것이다.

전 **규제프리존** 활용 지역경제발전 방안 협조 당부 등
후 **규제철폐지역** 활용 지역경제발전 방안 협조 부탁 등

'규제프리존(規制free zone)'은 "시도별로 지역전략산업 관련 규제를 과감히 철폐, 자유로운 기업활동을 보장한 지역"을 뜻한다. '규제프리존'의 국립국어원 순화어는 '규제완화지역, 규제자유구역'인데 문맥에 따라 '규제청정지역, 무규제지역'이라고도 할 수 있다. 다만 이때의 '자유'는 '규제'가 아니라 '기업활동'과 호응하므로 '기업활동자유지역'이라고 할 수 있고, 규제를 '완화'하는 것이 아니라 '과감하게 철폐(free)'하는 것이 목적이므로 '규제철폐지역'이라고 할 수도 있다. 우리 국민의 '규제프리존' 평균 이해도는 24%에 불과하며, 70세 이상 평균 이해도는 6%이다.

▶ 기획재정부 누리집에서 제공하는 '시사경제용어사전'의 정의와 달리 '우리말샘'에는 '규제프리존'을 "전략 사업을 육성하기 위해 정부가 기존의 규제를 완화하기로 지정한 지역"으로 정의되어 있다. 이 정의에 따르면 '규제완화지역'이라고 할 수 있다.

전 지자체가 **규제샌드박스**의 시행과 적극행정 독려에 적극 앞장서 주기 바란다.
후 지자체가 **규제유예**와 적극행정 시행에 적극적으로 앞장서기 바란다.

'규제샌드박스(規制sandbox)'는 "새로운 제품·서비스를 실증특례 및 임시허가를 받아 기존 규제를 면제하거나 유예하는 규제특례제도"를 뜻한다. '규제샌드박스'의 국립국어원 순화어는 '규제유예(제도)'이다. 문맥에 따라 '규제임시면제'라고도 할 수 있다. 우리 국민의 '규제샌드박스' 평균 이해도는 18%에 불과하며, 70세 이상 평균 이해도는 0%이다.

전 소비자의 **니즈**를 반영한 상품 설계·포장·디자인 등을 지원하고
후 소비자의 **수요**를 반영한 상품 설계·포장·디자인 등을 지원하고

'니즈(needs)'는 "소비자의 욕구"를 뜻한다. '니즈'의 국립국어원 순화어는 '바람, 수요, 필요'이다. 그런데 '니즈'가 마케팅 용어임을 감안하면 일상 용어인 '바람'이나 '필요'보다 '수요'로 바꿔 쓰는 것이 무난해 보인다. 우리 국민의 '니즈' 평균 이해도는 44%이며, 70세 이상 평균 이해도는 12%이다.

전 우수 사업모델을 선정하기 위한 '**데모데이**'를 서울에서 개최한다.
후 우수 사업모델을 선정하기 위한 '**시연회**'를 서울에서 개최한다.

'데모데이(demo day)'는 "주로 창업 초기 단계의 벤처 기업이 투자를 유치하기 위해 진행하는 행사"를 뜻한다. '데모데이'의 국립국어원 순화어는 '사전행사, 시범행사, 시연회'이다. 그런데 '데모데이'의 목적이 '구매, 시연, 인수합병, 채용, 투자' 등 다양하므로 '데모데이'는 '시연회'가 될 수도 있지만 '투자유치행사'가 될 수도 있으므로 문맥에 맞게 써야 한

다. '우리 국민의 '데모데이' 평균 이해도는 19%에 불과하며, 70세 이상 평균 이해도는 7%이다.

전 전통산업 활성화의 **롤모델**을 그려 본 시간으로
후 전통산업 활성화의 **본보기**를 그려 본 시간으로

'롤모델(role model)'은 "자기가 해야 할 일이나 임무 따위에서 본받을 만하거나 모범이 되는 대상"을 뜻한다. 흔히 '우상'이나 '역할 모델'이라고도 하는데, '롤모델'의 국립국어원 순화어는 '모범, 본보기, 본보기상'이다. 우리 국민의 '롤모델' 평균 이해도는 70%에 달하며, 70세 이상 평균 이해도는 31%이다.

전 총 69회에 걸쳐 **리스크**(위기)관리위원회를 개최하였으나
후 총 69회에 걸쳐 **위기**관리위원회를 개최하였으나

'리스크(risk)'는 "투자에 따르는 위험"을 뜻한다. '리스크'의 국립국어원 순화어는 '손실 우려, 손해 우려, 위험'이다. 문맥에 따라 '악재, 위기, 위험도'라고도 할 수 있다. 우리 국민의 '리스크' 평균 이해도는 65%에 달하며, 70세 이상 평균 이해도는 22%이다.

▶ 순화어가 낯설게 느껴진다면 순화대상어를 괄호 속에 넣어 함께 적을 수 있다. 즉 '리스크(위기)'처럼 적기보다 '위기(리스크)처럼' 적어야 한다. 다만 '위기'는 이해하기 어려운 말이 아니므로 굳이 '리스크'를 함께 적을 필요는 없다.

전 사업 전반에 대한 **마스터플랜**을 우리나라와 협력하여 수립하고
후 사업 전반의 **종합계획**을 우리나라와 협력하여 수립하고

'마스터플랜(master plan)'은 "기본이 되는 계획 또는 그런 설계"를 뜻한다. '마스터플랜'의 국립국어원 순화어는 '기본계획, 기본설계, 종합계획'이다. 그런데 '기본계획'과 '종합계획'은 의미가 다를 수 있기 때문에 문맥에 맞게 써야 한다. 우리 국민의 '마스터플랜' 평균 이해도는 43%이며, 70세 이상 평균 이해도는 11%이다.

전 우선 운영**매뉴얼**에 맞게 활용되지 않은 원인을 파악한 후
후 우선 운영**안내서**에 맞게 활용되지 않은 원인을 파악한 후

'매뉴얼(manual)'은 "기능이나 사용법 등을 설명한 글"을 뜻한다. '매뉴얼'의 국립국어원 순화어는 '설명서, 안내서, 지침'이다. 그런데 '지침'은 다소 고압적으로 느껴지기 때문에 '설명서'나 '안내서'가 무난하다. 우리 국민의 '매뉴얼' 평균 이해도는 70%에 달하며, 70세 이상 평균 이해도는 34%이다.

전 1대1 **매칭** 공무원과 연계하여 부상자 요구사항 등을 종합 관리하고
후 1대1로 공무원과 **연계**하여 부상자 요구사항 등을 종합 관리하고

'매칭(matching)'은 "각 요소의 연결"을 뜻한다. '매칭'의 국립국어원 순화어는 '대응, 연결, 연계'이다. 문맥에 따라 '만남, 배합, 분담, 협력'이라

고도 할 수 있다. 우리 국민의 '매칭' 평균 이해도는 64%에 달하며, 70세 이상 평균 이해도는 27%이다.

[전] 저성장 경제상황 속에서 성장 **모멘텀**이 될 수 있다는 점을 강조
[후] 저성장 경제상황 속에서 성장 **국면**이 될 수 있다는 점을 강조

'모멘텀(momentum)'은 "탄력 또는 가속도" 등을 뜻한다. '모멘텀'의 국립국어원 순화어는 '계기, 국면, 동인'이다. 문맥에 따라 '동력, 전환국면, 추동력'이라고도 할 수 있다. 우리 국민의 '모멘텀' 평균 이해도는 23%에 불과하며, 70세 이상 평균 이해도는 2%이다.

▶ '모멘텀'은 물리학 용어로 '가속도, 동력, 운동량, 추진력'을, 기하학 용어로 '기울기'를, 증권 용어로 '경향, 여세, 추세' 등을 뜻한다.
▶ 참고로 '입식'의 국립국어원의 순화어는 '들여다 키움'이지만, 해양수산부 표준 전문용어는 '종자 넣기'이고, 농림축산식품부 정비안은 '입식(사육시설에 새로운 가축을 들여놓는 행위)'이다. 따라서 행정용어로서 '입식'과 해양수산용어로서 '입식', 농림축산용어로서 '입식'의 순화어는 다르게 표기해야 한다.

[전] **바우처** 지급 후 차액에 대해 현금을 지원한다.
[후] **복지상품권**을 지급한 후 차액을 현금으로 지원한다.

'바우처(voucher)'는 "정부가 일정한 조건을 갖춘 사람에게 교육, 주택, 의료 따위의 복지 서비스를 이용할 수 있도록 제공하는 지불 보증서"를

뜻한다. '바우처'의 국립국어원 순화어는 '이용권'이다. 그러나 '이용권'은 그 의미가 구체적이지 않기 때문에 '복지이용권'이나 '복지상품권'이라고 하는 편이 무난하다. 우리 국민의 '바우처' 평균 이해도는 45%이며, 70세 이상 평균 이해도는 19%이다.

전 간단한 점심식사를 제공하는 '**브라운백 미팅** 방식'을 활용해
후 간단한 점심을 제공하는 '**도시락 강연** 방식'을 활용해

'브라운백 미팅(brown bag meeting)'은 "점심을 곁들이면서 편하고 부담 없이 하는 토론"을 뜻한다. '브라운백 미팅'의 국립국어원 순화어는 '도시락 강연회, 도시락 토론회, 도시락 회의'이다. 문맥에 따라 '도시락 모임'이라고도 할 수 있다. 우리 국민의 '브라운백 미팅' 평균 이해도는 15%에 불과하며, 70세 이상 평균 이해도는 4%이다.

전 **3세션**에서는 지방자치단체가 상반기 추경편성
후 **3분과**에서는 지방자치단체가 상반기 추경편성

'세션(session)'은 "특정 활동을 하기 위한 시간이나 기간"을 뜻한다. '세션'의 국립국어원 순화어는 '분과, 시간'이다. 문맥에 따라 '부, 회기'라고도 할 수 있다. 우리 국민의 '세션' 평균 이해도는 38%에 불과하며, 70세 이상 평균 이해도는 9%이다.

전 **스크린도어**를 설치해 승객들은 우르르 움직일 필요 없이 안전하게

탑승할 수 있다.

후 **안전문**을 설치해 승객들은 우르르 움직일 필요 없이 안전하게 탑승할 수 있다.

'스크린도어(screen door)'는 "승강장과 전통차가 다니는 선로 사이를 차단하는 문"을 뜻한다. '스크린도어'의 국립국어원 순화어는 '안전문'이다. 우리 국민의 '스크린도어' 평균 이해도는 68%에 달하며, 70세 이상 평균 이해도는 47%이다.

전 **스타트업**들이 핵심 아이템을 갖고 나왔을 때 어떻게 접근해야 할지 모르는 경우가 많다.

후 **새싹기업**들이 핵심 아이템을 갖고 나왔을 때 어떻게 접근해야 할지 모르는 경우가 많다.

'스타트업(start up)'은 "신생 기업"을 뜻한다. '스타트업'의 국립국어원 순화어는 '새싹기업, 창업초기기업'이다. 문맥에 따라 '신생기업'이라고도 할 수 있다. 우리 국민의 '스타트업' 평균 이해도는 52%에 달하며, 70세 이상 평균 이해도는 20%이다.

전 전 세계 기후중립 달성을 위한 전략을 개발하는 비영리 민간**싱크탱크**다.

후 전 세계 기후중립을 달성하기 위한 전략을 개발하는 비영리 민간 **두뇌집단**이다.

'싱크탱크(think tank)'는 "각 분야의 전문가가 모여 정부 정책 따위를 연구하는 두뇌집단"을 뜻한다. '싱크탱크'의 국립국어원 순화어는 '두뇌집단, 참모진, 참모집단'이다. 우리 국민의 '싱크탱크' 평균 이해도는 29%에 불과하며, 70세 이상 평균 이해도는 14%이다.

전 찾아가는 거리상담 연합**아웃리치**
후 찾아가는 거리상담연합 **현장지원활동**

'아웃리치(outreach)'는 "지자체 등이 지역 주민을 위해 적극적으로 제공하는 봉사활동"을 뜻한다. '아웃리치'의 국립국어원 순화어는 '거리상담, 현장원조활동, 현장지원활동'이다. 문맥에 따라 '현장봉사'라고도 할 수 있다. 우리 국민의 '아웃리치' 평균 이해도는 22%에 불과하며, 70세 이상 평균 이해도는 7%이다.

전 재단 **아카이브** 보존 및 디지털화 사업
후 재단 **자료저장소** 보존 및 디지털화 사업

'아카이브(archive)'는 "오랜 세월 동안 보존해 두지 않으면 안 되는, 가치 있는 자료를 기록하거나 보관한 파일" 등을 뜻한다. '아카이브'의 국립국어원 순화어는 '기록보관, 자료보관소, 자료저장소, 자료전산화'이다. 우리 국민의 '아카이브' 평균 이해도는 21%에 불과하며, 70세 이상 평균 이해도는 2%이다.

전 지역 특성에 맞는 대학혁신 등 지역발전 **어젠다**를 발굴하고
후 지역 특성에 맞는 대학혁신 등 지역발전 **의제**를 발굴하고

'어젠다(agenda)'는 "모여서 서로 의논하거나 연구할 주제"를 뜻한다. 이 말은 '아젠다, 아젠더, 어젠더'로 잘못 쓸 확률이 매우 높기 때문에 순화어 사용을 권장한다. '어젠다'의 국립국어원 순화어는 '의제'이다. 문맥에 따라 '가치관, 안건'으로 바꾸어 쓸 수 있다. 우리 국민의 '어젠다' 평균 이해도는 25%에 불과하며, 70세 이상 평균 이해도는 20%이다.

전 몽골 사회의 **오피니언 리더**인 NAOG 교수요원 및 고위급 공무원의
후 몽골 사회의 **여론 주도자**인 국립민관협력기관(NAOG) 교수요원 및 고위급 공무원의

'오피니언 리더(opinion leader)'는 "집단 내에서 다른 사람의 사고방식과 태도, 의견, 행동 따위에 강한 영향을 주는 사람"을 뜻한다. '오피니언 리더'의 국립국어원 순화어는 '여론 주도자, 여론 주도층'이다. 우리 국민의 '오피니언 리더' 평균 이해도는 30%에 불과하며, 70세 이상 평균 이해도는 7%이다.

전 징계 등 제재를 결정을 받게 될 경우 '**원스트라이크 아웃제**'를 적용
후 징계 등 제재를 받을 때 '**즉시 퇴출제**' 적용

'원스트라이크 아웃제(one strike out制)'는 "공금횡령 또는 직무와 관련

해 100만 원 이상의 금품과 향응을 받은 공무원을 바로 중징계하여 퇴출하는 제도"를 뜻한다. '원스트라이크 아웃제'의 국립국어원 순화어는 '즉각 처벌 제도, 즉시 퇴출제'이다. 우리 국민의 '원스트라이크 아웃제' 평균 이해도는 49%에 달하며, 70세 이상 평균 이해도는 30%이다.

　전 풀뿌리에 기초한 '시민 **이니셔티브**'를 구축하기 위해 추진되었던
　후 풀뿌리에 기초한 '시민 **주도권**'을 구축하기 위해 추진되었던

'이니셔티브(initiative)'는 "법률의 제정과 개폐를 제안하는 일"을 뜻한다. '이니셔티브'의 국립국어원 순화어는 '구상, 발의, 발의권, 선제권, 주도권'이다. 우리 국민의 '이니셔티브' 평균 이해도는 16%에 불과하며, 70세 이상 평균 이해도는 7%이다.

　전 '25년까지 생활폐기물 직매립 **제로화**를 실현한다.
　후 2025년까지 생활폐기물을 바로 매립하는 행위를 **뿌리뽑는다**.

'제로화(zero化)'는 "특정한 값의 수가 '0'이 됨"을 뜻한다. '제로화'의 국립국어원 순화어는 '뿌리뽑기, 없애기, 원점화'이다. 문맥에 따라 '예방, 줄이기'라고도 할 수 있다. 우리 국민의 '제로화' 평균 이해도는 37%에 불과하며, 70세 이상 평균 이해도는 10%이다.

　전 전통예술 프로그램을 20% 이상 운영하도록 권고하는 '국악**쿼터제**'
　　　도 도입한다.

후 전통예술 프로그램을 20% 이상 운영하도록 권고하는 '국악 **의무할당제**'도 도입한다.

'쿼터제(quota制)'는 "국제 수지의 조절과 국내 산업 보호를 위해 일정 한도 내에서만 할당된 물량을 수입하도록 의무화한 제도"를 뜻한다. '쿼터제'의 국립국어원 순화어는 '한도량, 할당량'이다. 문맥에 따라 '의무배당제, 의무 할당제, 할당제'라고도 할 수 있다. 우리 국민의 '쿼터제' 평균 이해도는 34%에 불과하며, 70세 이상 평균 이해도는 4%이다.

전 세계적인 인공지능 산업 **클러스터** 간 협력과, 인재채용 및 투자 유치의 장이 되도록
후 세계적인 인공지능산업 **산학협력지구** 간 협력과 인재채용, 투자유치의 장이 되도록

'클러스터(cluster)'는 "상승효과를 이끌어 낼 수 있도록 한군데 모여서 긴밀한 연결망을 구축한 곳"을 뜻한다. '클러스터'의 국립국어원 순화어는 '산학협력지구, 연합지구, 협력지구'이다. 문맥에 따라 '협력단지'라고도 할 수 있다. 우리 국민의 '클러스터' 평균 이해도는 18%에 불과하며, 70세 이상 평균 이해도는 2%이다.

전 금주에 **킥오프 회의**를 시작으로 12월말까지 종합대책을 수립할 계획입니다.
후 이번 주에 **마중물 모임**을 시작으로 12월 말까지 종합대책을 수립

할 계획입니다.

'킥오프 미팅(kick-off meeting)'은 '첫 번째 모임'을 뜻하기도 하지만 "프로젝트가 시작되기 전에 의견을 조율하여 동일한 이해를 바탕으로 업무에 착수할 수 있도록 하는 사전 모임"을 뜻하기도 한다. '킥오프 미팅'의 국립국어원 순화어는 '첫 회의, 첫 기획 회의'이다. 문맥에 따라 '마중물 모임'이나 '착수회의'라고도 할 수 있다. 우리 국민의 '킥오프 회의' 평균 이해도는 39%에 불과하며, 70세 이상 평균 이해도는 4%이다.

전 금융서비스 활성화 **태스크포스**를 구성하였다.
후 금융서비스 활성화 **특별전담팀**을 구성하였다.

'태스크포스(taskforce)'는 "인재를 모아 일을 진행하는 일종의 특별기획팀"을 뜻한다. '태스크포스'의 국립국어원 순화어는 '전담조직, 전담팀, 특별팀, 특별전담조직'이다. 문맥에 따라 '기획팀, 전담반, 전략팀, 특별전담팀, 특별작업반, 특별작업팀'이라고도 할 수 있다. 우리 국민의 '태스크포스' 평균 이해도는 25%에 불과하며, 70세 이상 평균 이해도는 5%이다.

전 올해 들어 6차례 현장 **팸투어**를 진행하는 등
후 올해 들어 6차례 현장 **홍보여행**을 진행하는 등

'팸투어(FAMtour)'는 "지자체 등이 지역별 관광지를 홍보하기 위해 설명회를 하고 관광과 숙박 따위를 제공하는 일"을 뜻한다. '팸투어'의 국

립국어원 순화어는 '사전답사여행, 초청홍보여행, 홍보여행'이다. 문맥에 따라 '답사여행, 현지답사'라고도 할 수 있다. 그런데 목적 자체가 홍보인 만큼 '홍보여행'이라고 하는 편이 가장 무난하다. 우리 국민의 '팸투어' 평균 이해도는 20%에 불과하며, 70세 이상 평균 이해도는 4%이다.

② 한자어

국립국어원이 2018년에 발표한 필수 개선 행정용어 중 한자어 목록은 50개이다. 50개 용어 중 중앙행정기관 2곳(문체부, 행안부)과 지자체 2곳(경기도청, 서울시청)이 2021년 보도자료에 사용한 용어는 가용, 계류, 금번, 금회, 내구연한, 내용연수, 단차, 당해, 동법, 동월, 동일, 불시에, 성료, 수범사례, 시건장치, 예찰, 이격, 익일, 적기, 차년도, 패용, 행선지 등 22개(44%)이다.

▶ '필수 개선 행정용어 100'에 포함된 한자어 순화어는 2021년을 기준으로 문체부 보도자료 679건에 5개(10%), 행안부 보도자료 1194건에 19개(38%), 서울시청 보도자료 3437건에 4개(8%), 경기도청 보도자료 4474건에 16개(32%) 사용된 것으로 나타났다. 이들 4개 기관의 평균 사용량이 22%로 나타나 이 목록으로 최근 보도자료를 평가하기 어렵다는 것을 알 수 있다.

전 **가용가능한** 모든 장비를 동원하여 화재 진압에 총력을 다하도록
후 **쓸 수 있는** 모든 장비를 동원하여 화재 진압에 온 힘을 다하도록

'가용(可用)하다'는 비표준어이고 '가용가능하다'는 '따듯한 온정'처

럼 군더더기 표현이다. 순화어를 꼭 써야 할 이유가 있는 말이다. '가용하다'의 국립국어원 순화어는 '다듬은 말' 사이트와 '필수 개선 행정용어 100'의 내용이 다르다. 우선 '다듬은 말' 사이트에서는 명사형 '가용(쓸 수 있는)'만 제시하는데, '필수 개선 행정용어 100'에서는 동사형 '가용하다(쓸 수 있다)'와 관형사형 '가용한(쓸 수 있는)'을 제시한다. 현실적으로 '가용'은 명사형으로 쓰든지 관형사형으로 쓰든지 '쓸 수 있는'으로 바꿔 쓸 수 있다. 다만 '가용가능한' 뒤에 사람이 올 때는 '동원할 수 있는'으로 바꿔 쓰는 것이 더 자연스럽다.

> ▶ '가용공간'은 '쓸 수 있는 공간'으로, '가용장비'는 '쓸 수 있는 장비'로 바꾸어 쓸 수 있다.
> ▶ 국립국어원은 순화어를 명사형만 제시하거나 동사형(또는 형용사형)만 제시하거나 명사형과 동사형(또는 형용사형)을 모두 제시하는 등 3가지 방식을 활용한다. 대체로 관형사형을 따로 제시하지 않는데, '가용한'은 사용 빈도가 높아서 제시한 것으로 보인다.

전 경기력 증진으로 우수 성적 **거양**에 기여
후 경기력을 증진하여 우수한 성적을 **드높이는** 데 기여

'거양(擧揚)하다'는 "높이 들어 올리다"를 뜻한다. '거양하다'의 국립국어원 순화어는 '다듬은 말' 사이트와 '필수 개선 행정용어 100'의 내용이 다르다. 우선 '다듬은 말' 사이트에서는 동사형 '거양하다(높이다, 드높이다, 들다, 올리다)를 제시하는데, '필수 개선 행정용어 100'에서는 명사형

'거양(드높임, 듦, 올림)'과 동사형 '거양하다(드높이다, 들다, 올리다)를 제시한다.

>[전] 마리나 요트**계류장** 조성사업 등 관광활성화 사업
>[후] 마리나 요트 **정박시설** 조성사업 등 관광활성화 사업

'계류(繫留)'는 "배를 말뚝에 매는 일"을 뜻한다. '계류하다'의 국립국어원 순화어는 '다듬은 말' 사이트와 '필수 개선 행정용어 100'의 내용이 다르다. 우선 '다듬은 말' 사이트에서는 동사형 '계류하다(매어두다, 붙들어 매다)'를 제시하는데, '필수 개선 행정용어 100'에서는 명사형 '계류(묶임)'와 '계류 중(검토 중)', 동사형 '계류되다(묶여 있다, 묶이다)'를 제시한다. 국립국어원은 '계류장'의 순화어를 제시하지 않았지만 '계류 장소' 또는 '계류 시설'로 바꿔 쓸 수 있다. 참고로 '계류장(繫留場)'의 경기도청 순화어는 '정박시설'이다.

> ▶ 참고로 '계류삭(繫留索)'의 국립국어원 순화어가 '정박용 밧줄'임을 감안할 때, '계류장'은 '정박용 시설'로 바꿔 쓸 수 있다.
> ▶ '계류장'의 순화어는 국립국어원의 '다듬은 말' 사이트에서 검색할 수 없다. 따라서 경기도가 제시한 순화어를 모른다면 순화대상어를 그대로 쓸 수밖에 없으므로 순화어를 한 곳에서 관리할 필요가 있다.

>[전] **금번** 대상은 소통 기여도 등을 평가하는
>[후] **이번** 대상은 소통 기여도 등을 평가하는

'금번(今番)'은 "곧 돌아오거나 이제 막 지나간 차례"를 뜻한다. '금번'의 국립국어원 순화어는 '이번'이다.

전 사용 **내구연한** 도래 노후전동차 교체 추진
후 사용**연한**이 다된 낡은 전동차 교체 추진

'내구연한(耐久年限)'은 "원래의 상태대로 사용할 수 있는 기간"을 뜻한다. '내구연한'의 국립국어원 순화어는 '다듬은 말' 사이트와 '필수 개선 행정용어 100'의 내용이 다르다. 우선 '다듬은 말' 사이트에서는 '내구연한'의 순화어를 '견딜 햇수, 사용 가능 햇수'로 제시하는데, '필수 개선 행정용어 100'에서는 '사용연한, 사용가능기간, 사용가능햇수'로 제시한다.

▶ '필수 개선 행정용어 100'의 순화어가 훨씬 더 자연스러운데 '다듬은 말'에서는 검색되지 않는다. '다듬은 말' 사이트 이용을 적극적으로 권장하기 어려운 이유가 여기에 있다.

전 주요장비 **내용연수** 증가 및 관련 예산 절감
후 주요장비 **사용가능기간** 증가 및 관련 예산 절감

'내용연수(耐用年數)'는 "유형 고정 자산의 효용이 지속되는 기간"을 뜻한다. '내용연수'의 국립국어원 순화어는 '다듬은 말' 사이트와 '필수 개선 행정용어 100'의 내용이 다르다. 우선 '다듬은 말' 사이트에서는 '내용연수'의 순화어를 '사용연한'으로 제시하는데, '필수 개선 행정용어 100'

에서는 '사용연한, 사용가능기간, 사용가능햇수'로 제시한다.

전 기존에 있었던 침실과 공용공간의 **단차**를 없애고
후 기존에 있었던 침실과 공용공간의 **높이 차이**를 없애고

'단차(段差)'는 "방과 거실 사이, 층계 따위에서 볼 수 있는 높낮이의 차"를 뜻하는데 비표준어이다. '단차'의 국립국어원 순화어는 '고저차, 높낮이, 높낮이 차이, 높이 차이'이다.

전 일정 기간 **당해** 주식의 추가취득이나 의결권행사가 금지되는
후 일정 기간 **해당** 주식의 추가취득이나 의결권행사가 금지되는

전 **당해연도** 4월 말까지
후 **해당 연도** 4월 말까지

'당해(當該)'는 "바로 그것에 해당함"을 뜻하고, '당해(當該)'는 "바로 그 해"를 뜻한다. '당해(當該)'의 국립국어원 순화어는 '다듬은 말' 사이트와 '필수 개선 행정용어 100'의 내용이 다르다. 우선 '다듬은 말' 사이트에서는 '그'로 제시하는데, '필수 개선 행정용어 100'에서는 '그, 해당'으로 제시한다.

> ▶ '당해 연도'는 '당해(當該)'도 될 수 있지만 '당해(當該)'도 될 수 있다. 전자는 '해당 연도'를 뜻하지만, 후자는 '당년'을 뜻하므로 '당해 연도'를 '해당 연도'로 바꿔 쓸 수는 있지만 '당년'이라는 뜻으로 바꿔 쓰기는 어렵다는

지적이 있다.

▶ 법제처는 '알기 쉬운 법령 정비기준' 제1판(2006)부터 제8판(2017)까지 '당해'를 일본식 한자어로 규정하고 '해당'으로 순화하였다. 그러다가 제9판(2020)에서부터 일본식 한자어로 다루지 않고 이해하기 어려운 한자어로 다루기 시작했는데 2020년 서울시교육청이 일본식 표현을 정비하는 과정에서 '당해'를 '해당'으로 바꾼 바 있고, 2021년 '서울특별시 조례 일본식 표현 일괄정비 조례안'에서도 동일한 내용이 다루어진 바 있으므로 목록 관리가 매우 중요하다.

▶ 참고로 조선말 사전으로 알려진 '국수(國手)'의 작가 김성동은 1998년 신동아 8월호에 '우리말 우리글 일본식 용어 999'를 소개했는데, 여기에는 '해당'을 일본말로 '당해'를 우리말로 소개하고 있다. 실제로 조선왕조실록에는 '해당'과 '당해'가 모두 등장하는데 '해당'보다 '당해'가 더 많이 쓰인다.

전 소비자물가 상승률(전년 **동월** 대비)은 5.0%이며
후 소비자물가 상승률(지난해 **같은 달** 대비)은 5.0%이며

'동월(同月)'은 "동일한 달"을 뜻한다. '동월'의 국립국어원 순화어는 '같은 달'로 '다듬은 말' 사이트에서는 찾아볼 수 없고 '필수 개선 행정용어 100'에서만 찾아볼 수 있다. 참고로 '동년'의 순화어는 '같은 해', '동일'의 순화어는 '같은 날'이다.

전 주민등록법 제20조 및 **동법** 시행령 제27조에 근거하여
후 주민등록법 제20조와 **같은 법** 시행령 제27조에 근거하여

'동법(同法)'은 "같은 법률"을 뜻한다. '동법'의 국립국어원 순화어는 '다듬은 말' 사이트와 '필수 개선 행정용어 100'의 내용이 다르다. 우선 '다듬은 말' 사이트에서는 '동법'의 순화어를 '같은 법, 같은 방법, 같은 수법'으로 제시하는데, '필수 개선 행정용어 100'에서는 '같은 법'으로 제시한다. 참고로 '동조(同條)'의 순화어는 '같은 조', '동항(同項)'의 순화어는 '같은 항'인데 '다듬은 말' 사이트에서는 찾아볼 수 없고 '필수 개선 행정용어 100'에서만 찾아볼 수 있다.

전 **불상**의 변사자 시스템 구축 등 실종아동 신원확인
후 **신원을 알 수** 없는 변사자 시스템 구축 등 실종아동 신원확인

'불상(不詳)'은 "자세하지 않음"을 뜻한다. '불상'의 국립국어원 순화어는 '다듬은 말' 사이트와 '필수 개선 행정용어 100'의 내용이 다르다. 우선 '다듬은 말' 사이트에서는 명사형 '불상(알 수 없음)'만 제시하는데, '필수 개선 행정용어 100'에서는 관형사형 '불상의'와 '불상인(알 수 없는, 자세하지 않은)'을 제시한다.

전 산업안전보건 감독을 **불시에** 시행한다고 발표했다.
후 산업안전보건 감독을 **예고 없이** 시행한다고 발표했다.

'불시(不時)'는 "뜻하지 아니한 때"를 뜻한다. '불시에'의 국립국어원 순화어는 '갑자기, 예고 없이'이다.

전 1년간 꾸준히 통장에 **불입**하였다.
후 1년간 꾸준히 통장에 **납입**하였다.

'불입(拂入)'은 "돈을 내는 것"을 뜻한다. '불입'의 국립국어원 순화어는 '납입'이다. 아울러 '불입하다'의 국립국어원 순화어는 '납입하다, 내다'이다. 문맥에 따라 '납부' 또는 '납부하다'라고도 할 수 있다.

전 제대혈은행의 제대혈 **불출**과 ○○○병원의 인수증을 확인한 결과
후 제대혈은행의 제대혈 **공급**과 ○○○병원의 인수증을 확인한 결과

'불출(拂出)'은 "돈이나 물품을 내어 줌"을 뜻한다. '불출'의 국립국어원 순화어는 '공급, 내줌, 지급'이다. 아울러 '불출하다'의 국립국어원 순화어는 '공급하다, 내주다, 지급하다'이다.

전 제 3회 개발대회 **성료**
후 제3회 개발대회 **성공적인 종료**

'성료(盛了)'는 비표준어로 "성공리에 끝남"을 뜻한다. '성료'의 국립국어원 순화어는 '성공적으로 마침, 성공적으로 끝남, 성대하게 마침'이다. 문맥에 따라 '성공적인 마무리, 성공적인 종료'라고도 할 수 있다.

전 현장 대응 **수범사례**를 공유하고 사고 예방, 대비, 수습지원을 위한
후 현장 대응 **모범사례**를 공유하고 사고 예방, 대비, 수습지원을 위한

'수범사례(垂範事例)'는 "모범적인 사례"를 뜻한다. '수범사례'의 국립국어원 순화어는 '모범사례, 잘된 사례'이다.

전 식품제조 업소 11개소는 **수불대장** 미작성 등이 지적되어
후 식품제조 업소 11곳은 **출납장부** 미작성 등이 지적되어

'수불대장(受拂臺帳)'은 "반입과 반출을 기록한 장부"를 뜻한다. '수불대장'의 국립국어원 순화어는 '출납대장, 출납장부'이다.

전 위험물 보관시설 차폐·**시건장치**, 작업 후 위험물 보관
후 위험물 보관시설 가림·**잠금장치**, 작업 후 위험물 보관

'시건장치(施鍵裝置)'는 "문 따위를 잠그는 장치"를 뜻한다. '시건장치'의 국립국어원 순화어는 '잠금장치, 자물쇠 장치'이다.

전 겨울철 건설현장에서 콘크리트 **양생**을 위해
후 겨울철 건설현장에서 콘크리트를 **굳히기** 위해

'양생(養生)'은 "콘크리트가 완전히 굳을 때까지 적당한 수분을 유지하고 충격을 받거나 얼지 아니하도록 보호하는 일"을 뜻한다. '양생'의 국립국어원 순화어는 '굳히기'이다.

▶ 국립국어원은 명사형 '양생'의 순화어만 제시할 뿐, 동사형 '양생하다'의

순화어는 제시하지 않는다. 그렇지만 '양생하다'의 순화어는 '굳히다'로 볼 수 있다. 따라서 '양생 중'은 '굳히기 중'보다 '굳히는 중'으로 바꾸어 쓰는 편이 자연스럽다. '양생 중'은 '양생하는 중'으로 보는 편이 타당하기 때문이다.

전 방역 기관의 엄격한 **예찰** · 방역 활동이 조류인플루엔자(AI) 등
후 방역 기관의 엄격한 **사전관찰** · 방역 활동이 조류독감 등

'예찰(豫察)'은 "미리 살펴서 앎"을 뜻한다. '예찰'의 국립국어원 순화어는 '미리 살피기'이다. 문맥에 따라 '사전관찰'이라고도 할 수 있다.

▶ 국립국어원은 명사형 '예찰'의 순화어만 제시할 뿐, 동사형 '예찰하다'의 순화어는 제시하지 않는다. 그렇지만 '예찰하다'의 순화어는 '미리 살피다'로 볼 수 있다. 따라서 '예찰 활동'은 '미리 살피기 활동'보다 '미리 살피는 활동'으로 바꾸어 쓰는 편이 자연스럽다. '예찰 활동'은 '예찰하는 활동'으로 보는 편이 타당하기 때문이다.

전 좌석 간 거리를 2m 이상 **이격하고**, 열화상 카메라
후 좌석 간 거리를 2m 이상 **벌리고**, 열화상 카메라

'이격(離隔)'은 "사이가 벌어짐" 또는 "사이를 벌려 놓음"을 뜻한다. '이격'의 국립국어원 순화어는 '떨어짐, 벌림, 벌어짐'이다.

▶ 국립국어원은 명사형 '이격'의 순화어만 제시할 뿐, 동사형 '이격하다'의

순화어는 제시하지 않는다. 그렇지만 '이격하다'의 순화어는 '떨어지다, 벌리다, 벌어지다'로 볼 수 있다. 따라서 '이격거리'는 '떨어짐 거리'보다 '떨어진 거리'로 바꿔 쓰는 편이 자연스럽다.

전 공모를 통해 선정된 기업은 **익년**부터 5년 간
후 공개 모집하여 선정된 기업은 **다음 해**부터 5년간

'익년(翌年)'은 "바로 다음의 해"를 뜻한다. '익년'의 국립국어원 순화어는 '다음 해'이다. 참고로 '익월, 익일'의 국립국어원 순화어는 '다음 날, 다음 달'이다.

전 양국 정상 **임석**하에 한국-베트남 간 보건 분야 협력
후 양국 정상이 **참석**한 가운데 한국-베트남 간 보건 분야 협력

'임석(臨席)'은 "행사 따위의 일이 벌어지는 자리에 참석함"을 뜻한다. '임석'의 국립국어원 순화어는 '현장 참석'이다. 문맥에 따라 그냥 '참석'이라고 할 수도 있다.

▶ 국립국어원은 명사형 '임석'의 순화어만 제시할 뿐, 동사형 '임석하다'의 순화어는 제시하지 않는다. 그렇지만 '임석하다'의 순화어는 '참석하다'로 볼 수 있다.
▶ '임석'과 비슷한 용어로 '임장(臨場)'이 있는데, '임장'의 국립국어원 순화어도 '현장 참석'이다.

[전] 심폐소생술 및 **자동제세동기**(AED) 실습 등
[후] 심폐소생술과 **자동심장충격기**(AED) 실습 등

'자동제세동기(自動除細動器)'는 "심장에 전기 충격을 주어서 정상 리듬을 회복하거나 세동을 제거하는 데 사용되는 장치"를 뜻한다. '자동제세동기'의 국립국어원 순화어는 '자동심장충격기'이다.

[전] 코로나19 장기화되는 상황에서 재난안전 교육을 **적기**에 제공하고
[후] 코로나19가 장기화되는 상황에서 재난안전 교육을 **제때**에 제공하고

'적기(適期)'는 "알맞은 시기"를 뜻한다. '적기'의 국립국어원 순화어는 '알맞은 시기, 제때, 제철'이다.

[전] 단체 활동을 통해 **지득한** 정보를 부정한 목적으로 이용
[후] 단체 활동으로 **얻은** 정보를 부정한 목적으로 이용

'지득(知得)'은 "깨달아 앎"을 뜻한다. '지득'의 국립국어원 순화어는 '앎, 알게 됨'이다. 아울러 '지득하다'의 국립국어원 순화어는 '알다, 알게 되다'이다. 문맥에 따라 '얻다'라고도 할 수 있다.

[전] 예산반영 등을 거쳐 **차년도**에 추진된다.
[후] 예산반영 등을 거쳐 **다음 해**에 추진된다.

'차년도(次年度)'는 "다음 연도"를 뜻한다. '차년도'의 국립국어원 순화어는 '다음 연도, 다음 해'이다.

전 사업시행자로부터 추가로 **기부채납 받아** 33억 원 상당의 토지 소유권을 확보했다.
후 사업시행자에게 추가로 **기부받아** 33억 원 상당의 토지 소유권을 확보했다.

'채납(採納)'은 "의견을 받아들임"을 뜻한다. '채납'의 국립국어원 순화어는 '받음, 받기'이다. 아울러 '채납하다'의 국립국어원 순화어는 '받다, 받아들이다'이다. 참고로 '기부채납(寄附採納)'의 국립국어원 순화어는 '기부받음, 기부받다'이다.

전 소방서 방문을 시작으로 소방서 **초도순시**에 나섰다.
후 소방서 방문을 시작으로 소방서 **첫 방문**에 나섰다.

'초도순시(初度巡視)'는 "한 기관의 책임자나 감독자 등이 부임하여 처음으로 그 관할 지역을 순회하여 시찰함"을 뜻한다. '초도순시'의 국립국어원 순화어는 '첫 둘러보기, 첫 시찰'이다. 문맥에 따라 '첫 방문'이라고도 할 수 있다.

전 오전 10시 묵념 사이렌 **취명**에 맞춰 묵념으로 나라를 지키기 위해
후 오전 10시 묵념 사이렌 **소리**에 맞춰 묵념으로 나라를 지키기 위해

'취명(吹鳴)'은 "사이렌 따위를 불어 울림"을 뜻한다. '취명'의 국립국어원 순화어는 '울림'이다. 아울러 '취명하다'의 국립국어원 순화어는 '울리다'이다. 문맥에 따라 '소리'라고도 할 수 있다.

전 공인중개사 명찰 **패용** 및 QR코드 부착
후 공인중개사 이름표 **달기**와 정보무늬(QR) 코드 부착

'패용(佩用)'은 "훈장이나 명패 따위를 몸에 닮"을 뜻한다. '패용'의 국립국어원 순화어는 '달기'이다. 아울러 '패용하다'의 국립국어원 순화어는 '달다'이다.

전 주변에 반드시 **행선지**를 알리고 휴대전화 배터리도 챙겨간다.
후 주변에 반드시 **목적지**를 알리고 휴대전화 배터리도 챙겨간다.

'행선지(行先地)'는 "떠나가는 목적지"를 뜻한다. '행선지'의 국립국어원 순화어는 '목적지'이다. 문맥에 따라 '가는 곳'이라고도 할 수 있다.

행정안전부(2020)

행정안전부는 2011년과 2012년에 각각 646개와 493개의 순화어를 발표하였다. 그 이후로 2017년에는 안전 분야 순화어 42개, 2018년에는 이해하기 어려운 자치법규 한자어 9개, 2019년에는 이해하기 어려운 한자어 80개와 이해하기 어려운 자치법규 한자어 23개를 발표하였다. 가장 최근 자료로는 2020년에 발간한 '행정업무운영 편람'에 올라와 있

는 행정용어 순화어 120개(외래어·외국어 61개, 한자어 48개, 로마자 11개)가 있다.

① 외래어·외국어

행정안전부가 2020년에 펴낸 '행정업무 운영편람'에 포함된 외래어·외국어 목록은 61개이다. 61개 용어 중 중앙행정기관 2곳(문체부, 행안부)과 지자체 2곳(경기도청, 서울시청)이 2021년 보도자료에 사용한 용어는 가이드라인, 가이드북, 글로벌 경쟁력, 네트워크, 노하우, 니즈, 데모데이, 드론, 디지털 포렌식, 라운드 테이블, 레시피, 로드쇼, 로드맵, 로컬푸드, 론칭, 리스크, 매뉴얼, 매칭, 모니터단, 모니터링, 미스매치, 바우처, 벤치마킹, 블라인드 채용, 세션, 스타트업, 시너지 효과, 아웃리치, 엑셀러레이팅, 원스톱 서비스, 웨어러블 디바이스, 이슈, 인센티브, 인프라 구축, 컨트롤타워, 콘퍼런스, 타깃, 태스크포스, 테스트 베드, 트렌드, 패러다임, 패키지 지원, 페스티벌, 페이백, 프로세스, 프로젝트, 핫라인, 허브, 헬스케어, 힐링 등 50개(82%)이다.

> ▶ '행정업무운영 편람'에 포함된 외래어·외국어 순화어는 2021년을 기준으로 문체부 보도자료 679건에 35개(57%), 행안부 보도자료 1194건에 35개(57%), 서울시청 보도자료 3437건에 35개(57%), 경기도청 보도자료 4474건에 49개(80%) 사용된 것으로 나타났다. 비교적 최근에 마련된 순화어 목록이므로 최근 공문서를 진단할 때 사용해도 무난하다고 할 수 있으나 여전히 '홈페이지'와 '이메일'의 사용량이 매우 높은 점을 감안하면 목록을 구성할 때 실태 조사를 먼저 해야 한다는 점을 지적하지 않을 수 없다.

전 지난 1월에 '디지털 윤리 **가이드북**'을 발간한 데 이어
후 지난 1월에 '디지털 윤리 **안내서**'를 발간한 데 이어

'가이드북(guidebook)'은 "특정 행사나 시설 등에 대한 안내와 설명을 담은 책"을 뜻한다. '가이드북'의 행안부·국립국어원 순화어는 '길잡이, 안내서, 지침서'이다. 문맥에 따라 '길라잡이, 설명서'라고도 할 수 있다. '지침서'는 지도하고 인도한다는 뜻을 담고 있어 다소 고압적인 느낌이 있으므로 '안내서'가 일반적이다.

전 **드론** 등 신기술을 활용한 미디어 교육 기회를 가졌다.
후 **무인기(드론)** 등 신기술을 활용한 미디어 교육을 하였다.

'드론(drone)'은 "자율항법장치에 의하여 자동 조종되거나 무선 전파를 이용하여 원격 조종되는 무인 비행 물체"를 뜻한다. '드론'의 행안부·국립국어원 순화어는 '무인기'이다. 그런데 아직까지 '무인기'라는 용어가 친숙하지 않기 때문에 '무인기(드론)' 형태의 과도기적 표현을 쓰는 것이 무난하다.

전 **디지털 포렌식** 분야에서 독자적 기술 개발을 통해
후 **전자법의학** 분야에서 독자적인 기술을 개발하여

'디지털 포렌식(digital forensic)'은 "각종 디지털 기기나 인터넷에 있는 데이터를 수집·분석하여 범죄의 증거를 확보하는 수사 기법"을 뜻한

다. '디지털 포렌식'의 행안부 순화어는 '전자법의학'이고, 국립국어원 순화어는 '전자법의학, 전자법의학 수사'이다.

> 전 **라운드 테이블** 형식으로 북한과 방송교류 경험에 대한 공유와 협력을 위한
> 후 **원탁토론** 형식으로 북한과 방송교류 경험을 공유하고 협력하기 위한

'라운드 테이블(Round Table)'은 영국 아서왕의 전설에서 유래하는 '원탁회의'를 뜻한다. '라운드 테이블'의 행안부·국립국어원 순화어는 '원탁회의'이다.

> 전 해외 **로드쇼** 및 컨설팅 등 여타 해외진출 지원사업과
> 후 해외 **투자설명회**와 상담 등 다른 해외진출 지원사업과

'로드쇼(road show)'는 본래 지방이나 도시를 순회하며 공연하거나 설명회를 여는 '순회 흥행'을 뜻한다. '로드쇼'의 행안부 순화어는 '투자설명회'이고, 국립국어원 순화어는 '길거리쇼, 거리공연, 순회상영, 투자설명회, 특별공연, 특별상영'이다.

> 전 인권 구현을 위한 개혁 **로드맵**을 발표하였다.
> 후 인권을 구현하기 위한 개혁 **단계별 이행안**을 발표하였다.

'로드맵(road map)'은 "미래를 예측하는 방법의 일종으로 구체적인 목

표를 세우고 목표를 달성하기 위해 세운 전략 개요"를 뜻한다. '로드맵'의 행안부 순화어는 '단계별 이행안'이고, 국립국어원 순화어는 '단계별 이행안, 이행안'이다.

　전 소비자가 쉽게 이해할 수 있도록 「**로컬푸드** 바로 알기」를 발간했다.
　후 소비자가 쉽게 이해할 수 있도록 「**향토음식** 바로 알기」를 발간했다.

'로컬 푸드(local food)'는 "장거리 운송 과정을 거치지 않은, 그 지역에서 생산된 농산물"을 뜻한다. '로컬푸드'의 행안부 순화어는 '지역음식, 향토음식'이고, 국립국어원 순화어는 '지역 먹을거리, 향토 먹을거리'이다. 문맥에 따라 '지역 농산물, 지역 먹거리, 향토 먹거리'라고도 할 수 있다.

　전 뉴욕에서 새로운 향수 **론칭쇼**를 가졌다.
　후 뉴욕에서 새로운 향수 **신제품 발표회**를 하였다.

'론칭(launching)'은 "새로운 상품을 시장에 내놓는 일"을 뜻한다. '론칭'의 행안부 순화어는 '개시'이고, 국립국어원 순화어는 '사업 개시, 신규 사업 개시'이다. 아울러 '론칭쇼'의 국립국어원 순화어는 '신제품 발표회'이다.

　전 시군 홍보물 **모니터링**단을 오는 10일까지 모집한다.
　후 시군 홍보물 **점검**단을 오는 10일까지 모집한다.

'모니터링(monitoring)'은 "의뢰를 받아 의견을 제출하는 일"을 뜻한다. '모니터링'의 행안부 순화어는 '감독, 감시, 점검'이고, 국립국어원 순화어는 '감시, 검색, 점검, 정보수집'이다. 문맥에 따라 '관리, 관찰, 진단'이라고도 할 수 있다. 이처럼 '모니터링'은 다양한 뜻으로 쓰이므로 그것이 '관찰' 행위인지 '감시' 행위인지 구체적으로 밝혀야 오해를 줄일 수 있다.

전 투자유치 노하우가 다른 지자체의 **벤치마킹** 대상이 되고 있다.
후 투자유치 비법이 다른 지자체의 **본보기** 대상이 되고 있다.

'벤치마킹(benchmarking)'은 "경쟁 대상을 면밀히 분석해 그것을 따라잡는 것"을 뜻한다. '벤치마킹'의 행안부 순화어는 '견주다, 본을 따르다'이다. 그런데 '벤치마킹'의 순화어는 국립국어원의 '다듬은 말'에서 찾을 수 없다.

전 **블라인드 채용** 의무화 등 공정한 채용문화 확립에 대해서도
후 **개인정보 가림채용** 의무화 등 공정한 채용문화 확립을

'블라인드 채용(blind 採用)'은 "지원자의 개인 정보를 배제하고 진행하는 채용 방법."을 뜻한다. '블라인드 채용'의 행안부 순화어는 '정보가림채용'이고, 국립국어원 순화어는 '가림채용, 정보가림채용'이다. 문맥에 따라 '개인정보 가림채용'이라고도 할 수 있다.

전 글로벌 도약 지원 **액셀러레이팅** 프로그램
후 세계적으로 도약할 수 있도록 지원하는 **새싹기업 육성** 프로그램

'액셀러레이팅(accelerating)'은 "유망 창업기업(스타트업)을 발굴하여 종합보육서비스를 제공하는 일"을 뜻한다. '액셀러레이팅'의 행안부 순화어는 '새싹기업 육성, 창업초기기업 육성'이다. 그런데 '액셀러레이팅'의 순화어는 국립국어원의 '다듬은 말'에서 찾을 수 없다.

전 **웨어러블 디바이스**를 통해 실감의 메타버스 세계를 공략해 나가겠다는 전략
후 **착용형 기기**로 실감의 확장가상세계(메타버스)를 공략하겠다는 전략

'웨어러블 디바이스(wearable device)'는 "안경, 시계, 의복 등과 같이 착용할 수 있는 형태로 된 컴퓨터 기기"를 뜻한다. '웨어러블 디바이스'의 국립국어원 순화어는 '착용 가능 기기' 또는 '착용 가능한 기기'이고, 행안부와 법제처 순화어는 '착용형 기기'이다. 대체로 음절 수가 적을수록 활용 가능성이 크지만 '착용형 기기'는 국립국어원의 '다듬은 말'에서 찾을 수 없는 순화어이다. 문맥에 따라 '착용 기기'라고도 할 수 있다.

전 지방자치단체는 혁신성장의 **테스트베드**이자 실험도시이므로
후 지방자치단체는 혁신성장의 **시험대**이자 실험장이므로

'테스트 베드(test bed)'는 "성공 여부와 정당성을 확인하기 위해 시험적으로 적용해 보는 지역이나 프로그램" 등을 뜻한다. '테스트 베드'의 행안부 순화어는 '시범공간, 시험대, 시험장'이고, 국립국어원 순화어는 '가늠터, 시험대, 시험장, 시험무대'이다. 맥락에 따라 '시험공간'이라고도 할 수 있다.

전 소비를 촉진하는 **페이백** 이벤트를 실시한다.
후 소비를 촉진하는 **보상환급** 행사를 실시한다.

'페이백(payback)'은 "물건을 구매하거나 계약을 체결할 때 지불한 금액에서 일정 금액을 되돌려주는 것"을 뜻한다. '페이백'의 행안부·국립국어원 순화어는 '보상환급'이다. 문맥에 따라 '보답, 보상, 원금회수'라고도 할 수 있다.

전 **헬스케어** 분야의 경우 인공지능, 빅데이터 등을 활용한
후 **건강관리** 분야는 인공지능, 거대자료(빅데이터) 등을 활용한

'헬스케어(healthcare)'는 "치료를 목적으로 하는 의료서비스 전체와 질병의 예방·관리를 포함한 모든 건강 관련 사업"을 뜻한다. '헬스케어'의 행안부·국립국어원 순화어는 '건강관리'이다. 문맥에 따라 '건강돌봄'이라고도 할 수 있다.

② 한자어

행정안전부가 2020년에 펴낸 '행정업무 운영편람'에 포함된 한자어 순화어 목록은 48개이다. 48개 용어 중 중앙행정기관 2곳(문체부, 행안부)과 지자체 2곳(경기도청, 서울시청)이 2021년 보도자료에 사용한 용어는 가용하다, 경주하다, 계도하다, 금번, 기, 기망하다, 긴요하다, 만전을 기하다, 본, 불식하다, 불요, 상기, 상이하다, 상존하다, 상회하다, 송달하다, 수범사례, 수취, 시찰하다, 예찰, 용이하다, 이첩하다, 적기, 적

시, 제고하다, 제반, 존치하다, 차기, 천명하다, 첨두시, 추서하다, 타, 패용하다, 편취하다, 확행하다 등 35개(73%)이다.

> ▶ '행정업무운영 편람'에 포함된 한자어 순화어는 2021년을 기준으로 문체부 보도자료 679건에 15개(31%), 행안부 보도자료 1194건에 24개(50%), 서울시청 보도자료 3437건에 15개(31%), 경기도청 보도자료 4474건에 30개(63%) 사용된 것으로 나타났다. 이들 4개 기관 중 경기도청의 사용량은 63%이고 나머지 기관은 50%이므로 부분적으로 보완할 필요가 있다.

전 **가격투찰** 및 낙찰
후 **가격제시** · 낙찰

'가격투찰(價格投札)'은 "경매 따위에서 낙찰을 받기 위해 가격을 제출하는 일"을 뜻한다. '가격투찰'의 행안부 · 국립국어원 순화어는 '가격제시'이다.

전 그동안 조성된 교류 인프라를 **가일층** 확충하고
후 그동안 조성된 교류 기반시설을 **한층** 더 확충하고

'가일층(加一層)'은 "정도 따위를 한층 더"를 뜻한다. '가일층'의 행안부 순화어는 '더한층, 한층 더'이다. 문맥에 따라 '좀 더'라고도 할 수 있다.

전 재정 조기 집행 등 경제활성화를 위한 노력을 **경주해** 왔으나
후 재정을 이른 시기에 집행하는 등 경제를 활성화하기 위한 노력을 **기울였으나**

'경주(傾注)하다'는 "힘이나 정신을 한곳에만 기울이다"를 뜻한다. '경주하다'의 행안부·국립국어원 순화어는 '기울이다, 다하다, 쏟다'이다.

전 방범 및 교통법규 준수를 **계도하여** 교통사고 예방을
후 범죄를 예방하고 교통법규를 준수할 수 있도록 **일깨워** 교통사고 예방을

'계도(啓導)하다'는 "남을 깨치어 이끌어 주다"를 뜻한다. '계도하다'의 행안부 순화어는 '알려주다, 일깨워주다'이다. 국립국어원은 '계도'의 순화어로 '알림, 일깨움, 홍보'를 제시할 뿐, '계도하다'의 순화어는 따로 제시하지 않고 있다.

▶ 동사형 '계도하다'를 '일깨우다'로 바꿔쓰기는 쉽지만, 명사형 '계도'를 '일깨움'으로 바꿔쓰기는 어렵다. 실례로 '계도기간'을 '일깨움기간'으로 바꿔 쓰면 부자연스럽게 느껴진다. 그런데 '계도'의 서울시 순화어와 법제처 순화어를 참고하여 '계도기간'을 '홍보기간'이나 '교육기간'으로 바꿔쓰면 자연스럽다. 따라서 모든 순화어는 명사형과 동사형(또는 형용사형)으로 나누어 순화어를 각각 제시해야 하고, 여러 기관의 순화어를 한 곳에서 확인할 수 있도록 해야 한다.

구분	명사형	서술형
순화대상어	계도(啓導)	계도(啓導)하다
순화어	알림, 일깨움, 홍보(서울시)	알려주다, 일깨우다(행안부)
	교육, 홍보(법제처)	지도하다(법제처)

전 **기** 구축된 자전거도로의 지속적인 안전점검을 실시를 해서
후 **이미** 만들어놓은 자전거도로를 지속적으로 점검해서

'기(既)'는 "그것이 이미 된" 또는 "그것을 이미 한"을 뜻한다. '기'의 법제처 순화어는 '이미 기존의'이고, 국립국어원 순화어는 '이미'이다.

전 국제사회를 **기망하고** 협상을 통한 은폐를 시도할 가능성이
후 국제사회를 **속이고** 협상으로 숨길 가능성이

'기망(欺罔)하다'는 "남을 속여 넘기다"를 뜻한다. '기망하다'의 법제처·국립국어원 순화어는 '속이다'이다. '기망하다'와 뜻이 같은 '기만(欺瞞)하다'와 '무망(誣罔)하다'의 국립국어원 순화어도 '속이다'이다.

전 국제사회의 단합된 대응이 **긴요하다**는데 공감하며
후 국제사회의 단합된 대응이 **아주 중요하다**는 데 공감하며

'긴요(緊要)하다'는 "꼭 필요하고 중요하다"를 뜻한다. '긴요하다'의 행안부 순화어는 '아주 중요하다'이다. '긴요하다'와 뜻이 같은 '요긴(要緊)하다'도 '아주 중요하다'로 바꿔 쓸 수 있다.

전 **동** 회의에서는 수도권 사회적 거리두기와 관련하여
후 **이** 회의에서는 수도권 사회적 거리두기와 관련하여

[전] **동** 특사와 긴밀히 협력하기를 기대한다고
[후] **앞에서 말한** 특사와 긴밀히 협력하기를 기대한다고

'동(同)'은 "앞에서 말한 것과 같은"을 뜻한다. '동'의 행안부 순화어는 '이'이고, 국립국어원 순화어는 '같은'이다. 문맥에 따라 '앞에서 말한'이라고도 할 수 있다.

[전] 부상자 구조와 치료에 **만전을 기하도록** 긴급지시를 하였다.
[후] 부상자를 구조하고 치료하는 데 **온힘을 다하도록** 긴급지시를 하였다.

'만전(萬全)을 기(期)하다'는 "조금도 허술함이 없이 아주 완전하게 처리하다"를 뜻한다. '만전을 기하다'의 행안부 순화어는 '최선을 다하다'이고, 국립국어원 순화어는 '빈틈없이 하다, 최선을 다하다, 틀림없이 하다'이다. 문맥에 따라 '온힘을 다하다'라고도 할 수 있다.

[전] **본** 사업의 시제품 제작지원을 통해
[후] **이** 사업의 시제품 제작을 지원하여

'본(本)'은 "어떤 대상이 말하는 이와 직접 관련되어 있음을 나타내는 말"을 뜻한다. '본'의 행자부 순화어는 '이'이다.

[전] 구간 통행료는 첨두시 1천여 원, **비첨두시 600여 원**

[후] 구간 통행료는 붐빌 때 1천여 원, **붐비지 않을 때** 600여 원

'비첨두시(非尖頭時)'는 "어떤 서비스의 수요가 최고조에 달한 '골든아워'나 '러시아워'의 반대말"을 뜻한다. '비첨두시'의 행안부 순화어는 '붐비지 않을 때'이다. 이와 달리 '첨두시'의 순화어는 '가장 붐빌 때'이다. 문맥에 따라 '붐빌 때'라고도 할 수 있다.

[전] 전국 지자체가 **상기** 조치를 확행할 수 있도록 지도·점검하고
[후] 전국 지자체가 **위의** 조치를 꼭 할 수 있도록 지도·점검하고

'상기(上記)'는 "어떤 사실을 알리기 위하여 본문 위나 앞쪽에 적은 기록"을 뜻한다. '상기'의 행안부·국립국어원 순화어는 '위'이다. 문맥에 따라 '위의, 위와 같이'라고도 할 수 있다.

[전] **송달**이 불가능하여 행정절차법 제14조제4항에 의거하여
[후] **배달하기** 어려워 행정절차법 제14조 제4항에 따라

[전] **공시송달 시** 해당 당사자의 개인정보가 침해되지 않도록
[후] **널리 알릴(공시송달)** 때 당사자의 개인 정보가 침해되지 않도록

'송달(送達)하다'는 "소송 서류를 일정한 방식에 따라 당사자나 소송 관계인에게 보내다"를 뜻한다. '송달하다'의 행안부 순화어는 '보내다'이다. 참고로 '송달'의 국립국어원 순화어는 '띄움, 보냄'인데, 문맥에 따라

'배달, 전달'이라고도 할 수 있다.

> ▶ '송달지'의 국립국어원 순화어는 '받는 곳, 배달지'이고, '공시송달'은 '널리 알림, 알려 보냄'이다.

전 **수취** 가능한 정확한 주소로 기재해 주시기 바랍니다.
후 **받을** 수 있는 정확한 주소를 적어 주시기 바랍니다. / **수령할** 수 있는 정확한 주소를 적어 주시기 바랍니다.

'수취(受取)'는 "받아서 가짐"을 뜻한다. '수취'의 행안부 순화어는 '받음, 수령'이다. 참고로 '수취하다'의 국립국어원 순화어는 '받다'이다. 참고로 '수취인'의 국립국어원 순화어는 '받는 이, 받는 사람'이다.

전 산하기관을 **시찰한** 후 저녁 5시부터
후 딸린 기관(산하기관)을 **둘러본** 후 저녁 5시부터

'시찰(視察)하다'는 "두루 돌아다니며 현지 사정을 살피다"를 뜻한다. '시찰하다'의 행안부 순화어는 '살펴보다'이다. 문맥에 따라 '둘러보다'라고도 할 수 있다. 참고로 '시찰'은 '둘러보기'라고도 할 수 있다.

> ▶ 참고로 '산하'의 국립국어원 순화어는 '딸림'이다. 그런데 '산하기관'은 '딸림기관'으로 순화하면 되지만 "지방자치단체 산하의 공공기관"은 "지방자치단체에 딸린 공공기관"으로, "지방자치단체 산하에 협의체를 두고"는

"지방자치단체 밑에 협의체를 두고"로 순화하는 것이 자연스럽다. 따라서 '산하'의 순화어는 '딸린, 딸림, 밑'으로 문맥에 따라 자연스럽게 바꿔 쓰도록 해야 한다.

전 전국 2천6백여 곳을 중심으로 **예찰**활동을 강화합니다.
후 전국 2600여 곳을 중심으로 **사전관찰(예찰)** 활동을 강화합니다.

'예찰(豫察)하다'는 "미리 살펴서 알다"를 뜻한다. '예찰하다'의 행안부 순화어는 '미리 살피다'이다. 참고로 '예찰'의 국립국어원 순화어는 '미리 살피기'이다. 문맥에 따라 '사전' 또는 '사전관찰'이라고도 할 수 있다.

전 **적시에** 전달할 수 있도록 해야 한다
후 **제때** 전달할 수 있도록 해야 한다

'적시(適時)'는 "알맞은 때"를 뜻한다. '적시'의 행정안전부·국립국어원 순화어는 '제때'이다.

▶ '적시성'처럼 문맥에 따라 '제때'로 바꾸어 쓰기 어려울 때는 '적절성' 또는 '시간적 적절성'으로 바꾸어 쓰면 된다.

전 **타** 기관의 중복 지원
후 **다른** 기관의 중복 지원

'타(他)'는 "다른"을 뜻한다. '타'의 행안부 순화어는 '다른'이다.

전 업체별로 명찰을 **패용하는** 방식으로 조치를 완료했다.
후 업체별로 이름표를 **다는** 방식으로 조치를 완료했다.

'패용(佩用)하다'는 "몸에 차거나 달고 다니면서 쓰다"를 뜻한다. '패용하다'의 행안부 순화어는 '달다'이고, 국립국어원 순화어는 '달다, 차다'이다.

전 1년 6개월 간 부당 **편취한** 금액만 2억 원
후 1년 6개월간 부당하게 **빼앗은** 금액만 2억 원

'편취(騙取)하다'는 "남을 속이어 재물이나 이익 따위를 빼앗다"를 뜻한다. '편취하다'의 행안부·국립국어원 순화어는 '속여 뺏다'이다.

전 기초를 쌓을 것을 **천명한** 민선 8기 도지사가 취임한 이래
후 기초를 쌓겠다고 **밝힌** 민선 8기 도지사가 취임한 이래

'천명(闡明)하다'는 "어떤 사실이나 생각, 입장 등을 분명히 드러내어 밝히다"를 뜻한다. '천명하다'의 행안부 순화어는 '밝히다'이다.

▶ 의학용어인 '천명'은 천식 환자에게 흔히 나타나는 증상의 하나로 '쌕쌕 거림'을 뜻한다.

[전] 업체 책임하에 자가 품질검사를 **확행토록** 하고
[후] 업체가 책임을 지고 스스로 품질검사를 **꼭 하도록** 하고

'확행(確行)하다'는 "일을 확실하게 함"을 뜻한다. '확행하다'의 행안부·국립국어원 순화어는 "꼭 하시기 바랍니다"이다. 문맥에 따라 "꼭 하기 바란다"라고도 할 수 있다.

(2) 법률용어 순화어

법제처(2021)

　법제처의 '알기 쉬운 법령 정비기준(제10판)'은 2006년에 '알기 쉬운 법령 정비기준'이 처음 발표된 이후로 최근까지도 꾸준히 갱신되고 있다. 더욱이 법제처는 다른 기관과 달리 이전에 발표한 목록과 최근에 발표한 목록을 일일이 찾아서 확인할 필요 없이, 최근 목록만 확인하면 되는 방식이라 사용하기 편하다. 다만 이전 목록에 최신 목록을 계속 더해 가는 방식이라 전체 정비 대상의 수가 제10판에 4,500여 개에 이를 정도로 많기 때문에 활용도는 떨어지는 편이다.

> ▶ '알기 쉬운 법령 정비기준(제10판)'에는 총 5000여 개의 정비 대상 용어가 있는데, 정확성 오류는 400여 개, 로마자 오류는 100여 개, 순화어 오류는 4500여 개가 있다. 이 중에 소통성 오류(92%)가 정확성 오류(8%)보다 많고, 법령 정비가 목적이므로 한자어 오류(93%)가 외래어·외국어 오류(7%)보다 더 많다.

① 외래어 · 외국어

법제처가 2021년에 발표한 '알기 쉬운 법령 정비기준(제10판)'의 '정비 대상 용어' 5077개 중 외래어·외국어 목록은 총 371개이다. 이 중 45개는 외래어 표기 오류이므로 이를 제외하면 326개가 외래어·외국어 순화어 오류에 해당한다. 326개의 외래어·외국어 중 중앙행정기관 2곳(문체부, 행안부)과 지자체 2곳(경기도청, 서울시청)이 2021년 보도자료에 사용한 용어는 가이드, 가이드라인, 그룹, 그리드, 네트워킹, 댄서, 데이터, 디지털포렌식, 라디에이터, 라우터, 램프, 레이아웃, 레일, 로더, 로프, 리더기, 리콜, 마스크, 마스트, 매뉴얼, 메이크업, 모델, 모바일 헬스케어, 모터, 몰드, 믹서, 바우처, 베뉴, 볼트, 브레이크, 비오톱, 빌리루빈, 사일로, 소셜네트워크서비스, 스마트팜, 스케줄, 스크린, 스티커, 슬러지, 슬로건, 시뮬레이션, 아이스박스, 안전펜스, 알러지, 오일, 웰니스, 이메일, 인센티브, 인스턴트, 인터체인지, 인프라, 집라인, 캠핑, 코스, 쿨러, 퀴즈, 크레인, 클라이밍, 타운, 타이틀, 태그, 트레이, 파고라, 페스트, 펜스, 프레임, 프로세스, 피트, 픽셀, 픽토그램, 필터, 허브, 헬멧 등 73개(22%)이다.

▶ '알기 쉬운 법령 정비기준(제10판)'에 포함된 외래어·외국어 순화어는 2021년을 기준으로 문체부 보도자료 679건에 32개(10%), 행안부 보도자료 1194건에 43개(13%), 서울시청 보도자료 3437건에 39개(12%), 경기도청 보도자료 4474건에 58개(18%) 사용된 것으로 나타났다. 이들 4개 기관의 평균 사용량은 13%에 불과해 이 목록을 공공기관 공문서 평가 목록으로 사용하기는 어려울 것으로 보인다.

▶ 문체부, 행안부, 경기도청, 서울시청의 2021년 보도자료에 '휴식'을 뜻하

는 '브레이크', '체계'나 '틀'을 뜻하는 '프레임워크', '체력단련'을 뜻하는 '피트니스', '정보여과현상'을 뜻하는 '필터버블' 등의 용어가 사용되었지만 해당 용어가 2021년에 발표한 법제처 정비 대상 용어 목록에 없다.

전 플랫폼-콘텐츠 제작사 간 공정계약을 위한 **가이드라인** 마련
후 유통망(플랫폼)-콘텐츠 제작사 간 공정계약을 위한 **기준** 마련

'가이드라인(guideline)'은 "규제 조항 또는 지침" 등을 뜻한다. '가이드라인'의 법제처 순화어는 '기준, 지침'이고, 국립국어원 순화어는 '방침, 지침'이다. 흔히 과도기적인 표현으로 '지침(가이드라인)'을 사용하기도 하는데, '지침'의 말뜻을 오해할 일이 없으므로 굳이 외래어를 함께 적을 필요가 없다. 또한 '방침'이나 '지침'은 다소 고압적으로 느껴지므로 '기준'을 사용할 것을 추천한다. 우리 국민의 '가이드라인' 평균 이해도는 60%에 달하고, 70세 이상 평균 이해도는 20%이다.

▶ '플랫폼'의 국립국어원 순화어는 '기반·장' 또는 '승강장, 덧마루, (온라인) 거래터'인데 문맥에 따라 바꾸어 쓰기 어렵다면 '유통망(플랫폼)'이나 '검색망(플랫폼), 소통망(플랫폼)'처럼 바꾸어 쓰면 된다.

전 원격교육은 두 **그룹**으로 나누어 진행됩니다.
후 원격교육은 두 **모둠**으로 나누어 진행됩니다.

'그룹(group)'은 "무리"를 뜻한다. '그룹'의 법제처 순화어는 '모둠'이고,

국립국어원 순화어는 '집단'이다. 문맥에 따라 '모임'이라고도 할 수 있다. 참고로 '그룹 멘토링'은 '단체 지도', '그룹웨어'는 '기업 전산망', '그룹투어'는 '단체관광', '그룹홈'은 '자활꿈터', '스터디그룹'은 '공부모임', '워킹그룹'은 '실무단'으로 바꿔 쓸 수 있다.

전 **네트워킹** 행사도 열려 선배 기업들로부터
후 **친목다짐** 행사도 열려 선배 기업들로부터

'네트워킹(networking)'은 "개인이나 기관 따위가 서로 연결망을 형성하는 일"을 뜻한다. '네트워킹'의 법제처 순화어는 '연결망 구축'이고, 국립국어원 순화어는 '관계망, 연결망, 연계망'이다. 문맥에 따라 '관계쌓기'나 '정보나눔, 친목다짐'이라고도 할 수 있다. 참고로 '네트워킹 포럼'은 '연석 토론회'로, '비즈니스 네트워킹 허브'는 '업무 연계 중심', '잡 네트워킹'은 '일자리 연계망'으로 바꿔 쓸 수 있다. 이와 비슷한 말로 '라포르(Rapport), 릴레이션십 빌딩(Relationship Building), 밋업(MeetUp), 파트너스 데이(Paetner's Day)' 등을 쓰기도 하는데 굳이 이해하기 어려운 외국어를 남용할 필요는 없다. 우리 국민의 '네트워킹' 평균 이해도는 58%에 달하고, 70세 이상 평균 이해도는 21%이다.

▶ '라포르'는 프랑스어 'rapporter'에서 유래한 말로 "두 사람 사이의 공감적인 인간관계. 또는 그 친밀도. 특히 치료자와 환자 사이의 관계"를 뜻하는 말이다. 흔히 '라포'라고도 하는데 '라포'는 비표준어이다.

전 6차산업화 **모델** 발굴과 인증제도 등을 도입하여
후 6차산업화 **본보기** 발굴과 인증제도 등을 도입하여

'모델(model)'은 "본보기가 되는 대상이나 모범" 등을 뜻한다. '모델'의 법제처 순화어는 '모범사례' 또는 '(서식) 표준안'이고, 국립국어원 순화어는 '모형'이다. 문맥에 따라 '본보기'라고도 할 수 있다.

전 **스마트팜** 투자설명회가 개최되었다.
후 **지능형 농장(스마트팜)** 투자설명회를 개최하였다.

'스마트팜(smartfarm)'은 "정보통신기술을 적용하여 원격으로 관리하는 농장"을 뜻한다. '스마트팜'의 법제처 순화어는 '스마트 농장(원격기술적용농장)'이다. 일종의 주석을 활용한 형태이다. 이와 달리 국립국어원 순화어는 '지능형 농장'이다. 의미는 '원격기술적용농장(스마트팜)'이 더 잘 통하지만, 여기저기에 '스마트'를 남발하는 현실을 감안하면 '지능형'으로 바꿔 쓸 것을 권장한다. 우리 국민의 '스마트팜' 평균 이해도는 28%에 불과하고, 70세 이상 평균 이해도는 11%이다.

전 센터 이름(네이밍) 및 **슬로건** 공모전을 진행한다.
후 센터 이름과 **표어** 공모전을 함께 진행한다.

'슬로건(slogan)'은 "어떤 기관이나 단체의 주의·주장을 간결하게 나타낸 말"을 뜻한다. '슬로건'의 법제처 순화어는 '구호'이고, 국립국어원

순화어는 '강령, 구호, 표어'이다. 참고로 '이름'을 '이름(네이밍)'처럼 적었다면 '슬로건'도 '표어(슬로건)'처럼 적는 것이 자연스럽다. 다만 굳이 외국 말을 함께 적지 않아도 이해하기 쉬울 때는 생략하는 것이 더 자연스럽다. 우리 국민의 '슬로건' 평균 이해도는 63%에 달하고, 70세 이상 평균 이해도는 32%이다.

전 단지별로 **시뮬레이션**을 실시하는 등
후 단지별로 **모의실험**을 하는 등

'시뮬레이션(simulation)'은 "복잡한 문제나 사회 현상 따위를 해석하고 해결하기 위해 실시하는 모의실험"을 뜻한다. '시뮬레이션'의 법제처 순화어는 '모의실험' 또는 '시뮬레이션(모의실험)'이고, 국립국어원 순화어는 '모의실험' 또는 '현상실험'이다. 그런데 '시뮬레이션(모의실험)'은 '모의실험(시뮬레이션)'이라고 하는 편이 무난하다. 우리 국민의 '시뮬레이션' 평균 이해도는 67%에 달하고, 70세 이상 평균 이해도는 16%이다.

전 박람회 기간 중 해양 **웰니스** 콘퍼런스와 환황해 포럼 등
후 박람회 기간 중 해양 **건강관리** 학술회의와 환황해 공개토론회 등

'웰니스(wellness)'는 '웰빙(well-being)'에서 유래한 말로 세계보건기구가 '건강'의 정의를 보다 심화한 용어이다. '웰니스'의 법제처·국립국어원 순화어는 '건강관리'이다. 우리 국민의 '웰니스' 평균 이해도는 18%에 불과하고, 70세 이상 평균 이해도는 6%이다.

[전] 설문지를 이용한 전화, **이메일** 및 방문 조사
[후] 설문지를 이용한 전화, **전자우편**, 방문 조사

'이메일(email)'은 "컴퓨터를 이용하여 주고받는 글"을 뜻한다. '이메일'의 법제처·국립국어원 순화어는 '전자우편'이다. 비교적 무난하게 만들어졌으나 이미 '메일' 또는 '이메일'이 일상적인 용어로 자리를 잡고 있다. 우리 국민의 '이메일' 평균 이해도는 78%에 달하고, 70세 이상 평균 이해도는 42%이다.

> ▶ 문체부는 'e스포츠'를 '전자 스포츠'나 '사이버 스포츠'가 아니라 '이스포츠'라고 표기하고 있다.

[전] 요금 면제 등의 **인센티브**를 제공한다.
[후] 요금 면제 등의 **성과급**을 제공한다.

'인센티브(incentive)'는 "특정 행동을 부추기는 것을 목적으로 하는 자극"을 뜻한다. '인센비브'의 법제처 순화어는 '특전, 혜택'이고, 국립국어원 순화어는 '성과급, 유인책, 특전'이다. 그런데 '유인책'은 부정적이고, '특전'은 고압적이며, '혜택'은 일상적이므로 '성과급'이 좀 더 무난한 편이다. 우리 국민의 '인센티브' 평균 이해도는 66%에 달하고, 70세 이상 평균 이해도는 27%이다.

[전] **인프라** 확충을 위한 추진과제를 기반으로 작성되었다.

후 **기반시설**을 확충하기 위한 추진과제에 근거하여 작성하였다.

'인프라(infrastructure)'는 "생산이나 생화의 기반"을 뜻한다. '인프라'의 법제처·국립국어원 순화어는 '기반, 기반시설'이다. 간혹 '기간시설'이라고도 한다. 참고로 '그린 인프라'는 '친환경 기반시설, 녹색 기반시설', '인프라 펀드'는 '기반시설 기금'으로 바꿔 쓸 수 있다. 우리 국민의 '인프라' 평균 이해도는 55%에 달하고, 70세 이상 평균 이해도는 30%이다.

전 편리하게 응답할 수 있는 현장조사 업무 **프로세스** 개선
후 편리하게 응답할 수 있는 현장조사 업무 **과정** 개선

'프로세스(process)'는 "일이 처리되는 경로나 공정" 등을 뜻한다. '프로세스'의 법제처 순화어는 '절차'이고, 국립국어원 순화어는 '공정(工程)'이다. 문맥에 따라 '과정'이라고도 할 수 있다. 참고로 '로보틱 프로세스'는 '업무 자동화', '한반도 평화 프로세스'는 '한반도 평화 공정'으로 바꿔 쓸 수 있다. 우리 국민의 '프로세스' 평균 이해도는 50%에 달하고, 70세 이상 평균 이해도는 12%이다.

전 고향을 소개하는 여행**코스** 만들기도 진행하였다.
후 고향을 소개하는 여행**경로** 만들기도 진행하였다.

'코스(course)'는 "거쳐 가야 할 교과 과정이나 절차" 등을 뜻한다. '코스'의 법제처 순화어는 '경로, 과정'이고, 국립국어원 순화어는 '과정, 길'

이다. 간혹 '구간'이라고도 한다. 우리 국민의 '코스' 평균 이해도는 73%에 달하고, 70세 이상 평균 이해도도 59%에 달한다. 70세 이상의 평균 이해도가 50%를 넘는 말은 '필수 개선 행정용어'나 '우선 개선 행정용어'로 보기 어렵다.

전 발전을 위한 **허브** 역할 강화는 물론
후 발전을 위한 **중심지** 역할 강화는 물론

'허브(hub)'는 "중심이 되는 곳"을 뜻한다. '허브'의 법제처 순화어는 '중심지'이고, 국립국어원 순화어는 '중심, 중심지'이다. 우리 국민의 '허브' 평균 이해도는 63%에 달하고, 70세 이상 평균 이해도는 34%이다.

② 한자어

법제처가 2021년에 발표한 '알기 쉬운 법령 정비기준(제10판)'의 '정비 대상 용어' 4958개 중 한자어 목록은 총 4170개이다. 4170개의 한자어 중 중앙행정기관 2곳(문체부, 행안부)과 지자체 2곳(경기도청, 서울시청)이 2021년 보도자료에 사용한 용어는 가감(加減), 가두(街頭), 가미(加味), 감안(勘案), 강구(講究), 게재(揭載), 경감(輕減), 공부(公簿), 기타(其他), 내역(內譯), 답(畓), 당해(當該), 도모(圖謀), 매(枚), 명의(名義), 별첨(別添), 병행(竝行), 불(弗), 불시(不時), 사료(思料), 소정(所定), 시제품(試製品), 실사(實査), 애로(隘路), 연령(年齡), 연장(延長), 유관(有關), 의거(依據), 일자(日字), 임지(任地), 자(者), 적기(適期), 적시(適時), 제고(提高), 차년도(次年度), 추계(推計), 필(畢), 해소(解消), 해외(海外), 향유

(享有) 등 800여 개(20%)이다.

> 👆 **순화가 필요한 한자어의 유형**
> [제1유형] 이해하기 어려운 한자어 (예) 가납(假納), 간찰(簡札)....
> [제2유형] 이해하기 쉽지만 우리말로 바꾸어 쓸 말이 있는 한자어 (예) 각종(各種), 개시(開始)....
> [제3유형] 우리말로 바꾸어 쓸 말이 있는 일본식 한자어 (예) 가료(加療), 개호(介護)....

▶ 법제처 정비 대상 용어 중 '개최(開催), 기여(寄與), 구축(構築), 대체(代替), 전환(轉換)' 등은 일상적으로 사용하고 있고 이해하기도 쉽기 때문에 순화가 필요하지 않다고 생각할 수 있다. 그러나 다수의 국민이 그렇게 생각하는지 확인하기 어렵고, 아무리 이해하기 쉬운 한자어라 하더라도 우리말로 바꾸어 쓸 말이 있는데 굳이 한자어를 쓸 이유가 없다. 일본식 한자어 '백조(白鳥)'에 밀려 우리말 '고니'가 사라져가고 있듯이 좀 더 이해하기 쉬운 용어와 우리말을 살려 써야 할 것이다.
▶ '경제(經濟), 문화(文化), 민주주의(民主主義), 신문(新聞), 의무(義務)' 등 우리말로 바꾸어 쓸 말이 없는 일본식 한자어는 순화 대상이 아니다.

전 컨테이너 등 임시 **가건물**(11.2%)
후 컨테이너 등 **임시건물**(11.2%)

'가건물(假建物)'은 "임시로 지은 건물"을 뜻한다. '가건물'의 법제처·

국립국어원 순화어는 '임시건물'이다.

> ❯ 흔히 한자어 접두사 '가(假)'가 붙어서 된 말은 모두 일본식 한자어로 취급되는데, 임시건물을 뜻하는 가건물(假建物), 임시설치를 뜻하는 가설(假設) 등은 조선왕조실록에도 쓰인 적이 있으므로 일본식 한자어라고 단언하기 어렵다. 다만 '가건물(假建物), 가계약(假契約), 가등기(假登記), 가매장(假埋葬), 가압류(假押留), 가처분(假處分)' 등의 '가'는 '임시'로 바꾸어 쓰는 편이 이해하기 쉽다.

[전] 일본의 **개호**보험제도를 모델로 요양보장제도의 도입을 추진해 왔다.
[후] 일본의 **간병**보험제도를 본보기로 요양보장제도를 도입했다.

'개호(介護)'는 "곁에서 돌보아 줌"을 뜻한다. '개호'의 법제처 순화어는 '간병, 수발' 또는 '개호(介護)'이고, 국립국어원 순화어는 '보살핌, 보살피다, 보호, 보호하다'이다.

> ❯ 법제처는 정비 대상 용어 중 '개호'의 순화어를 '개호(介護)'처럼 한자를 나란히 적도록 권장하는데, '개호(介護)'는 '개호'도 어렵지만 '介護'도 어렵기 때문에 차라리 '개호(곁에서 돌봄)'처럼 주석을 사용하는 형태가 무난하다.

[전] 다른 **공부** 또는 공문서에 의거 추정하여 발급할 수 있는
[후] 다른 **공적장부** 또는 공문서에 근거하여 발급할 수 있는

'공부(公簿)'는 "관청이나 관공서에서 법규에 따라 작성·비치하는 장부"를 뜻한다. '공부'의 법제처 순화어는 '공문서 묶음, 공문서와 장부, 공적장부' 또는 '공부(公簿)'이고, 국립국어원 순화어는 '공용장부'이다. 그런데 '공용장부'는 "함께 쓰는 장부"로 해석될 수 있으므로 '공적장부'가 좀 더 무난한 편이다. '공부'는 일본식 한자어로 알려져 있어 순화가 권장된다.

전 **기타** 축제용품 모두 중국산 수입 비중이 압도적
후 **그 밖의** 축제용품 모두 중국산 수입 비중이 압도적

'기타(其他)'는 "그 밖의 또 다른 것"을 뜻한다. '기타'의 법제처 순화어는 '그밖에, 그 밖의'이다. 흔히 관형어일 때는 '그 밖의'로, 부사어일 때는 '그밖에'로 쓴다.

▶ '기타'는 법제처의 '알기 쉬운 법령 정비기준'에서 2018년 제8판까지 일본식 한자어로 다루어졌으나 2020년 제9판에 이르러 일반 순화대상어로 다루어지고 있다. 실제로 '기타'는 조선 시대에도 쓰인 적이 있으므로 일본식 한자어라고 단언하기 어렵다.

전 설계도면과 **내역서**까지 고스란히 잘 보전되어 있어
후 설계도면과 **명세서**까지 고스란히 잘 보전되어 있어

'내역서(內譯書)'는 "물품이나 금액 따위의 내용을 적은 서류"를 뜻한다. '내역서'의 법제처·국립국어원 순화어는 '명세서'이다. 아울러 '내역'

의 법제처 순화어는 '명세, 내용, 구체적인 내용'이고, 국립국어원 순화어는 '명세'이다. '내역'은 일본식 한자어로 알려져 있어 순화가 권장된다.

> 전 기관 운영방침 및 경영혁신 계획, A4용지 **5매** 내외
> 후 기관 운영방침 및 경영혁신 계획, A4용지 **5장** 내외

'매(枚)'는 "종이나 널빤지 따위를 세는 단위"를 뜻한다. '매'의 법제처·국립국어원 순화어는 '장(張)'이다. 사실 '매'와 '장'은 둘 다 한자어이며 뜻도 같지만, '매'가 일본식 한자어로 알려져 있어 순화가 권장된다.

> ▶ 참고로 종이를 셀 때 쓰는 '부(部)'는 "신문이나 책을 세는 단위"이다. 즉 '1부'는 종이 한 장이 아니라 여러 장의 종이를 묶어 맨 것을 가리킨다. 따라서 "지원서 1부"는 부적절한 말이다.

> 전 최근 **본답**의 벼 키다리병 발생이 꾸준히 늘어
> 후 최근 **논**의 벼 키다리병 발생이 꾸준히 늘어

'답(畓)'은 "논"을 뜻한다. '답'의 법제처·국립국어원 순화어는 '논'이다. 흔히 '답'은 '본답(本畓)'이라고도 하는데, '본답'의 국립국어원 순화어는 '본논'이다. '본논'은 사전에도 없는 말이므로 '답'이나 '본답'은 그냥 '논'이라고 하는 편이 무난하다.

> 전 사업계획서는 동 공고문의 **별첨** 양식을 사용하여야 하며

후 사업계획서는 이 공고문의 **붙임** 양식을 사용하여야 하며

'별첨(別添)'은 "서류 따위를 따로 덧붙임"을 뜻한다. '별첨'의 법제처 순화어는 '별도 붙임'이고, 국립국어원 순화어는 '따로 붙임'이다. 문맥에 따라 '붙임'이라고도 할 수 있다.

전 특히 1천만**불** 미만의 중소규모 투자 중 제조업의 비중이 50%
후 특히 1천만 **달러** 미만의 중소규모 투자 중 제조업의 비중이 50%

'불(弗)'은 "미국의 화폐 단위"를 뜻한다. '불'의 법제처 순화어는 '달러'이다. 대체로 한자 문화권에서 '달러'를 '불'이라고 하는데, 이는 '弗'과 '$'의 형태가 비슷하기 때문에 생긴 일이다.

전 행사 참여자에게 **소정의** 기념품을 지급할 예정이다.
후 행사 참여자에게 기념품을 지급할 예정이다.

'소정(所定)'은 '정해진 바'를 뜻한다. '소정'의 법제처 순화어는 '일정한, 정해진'이고, 국립국어원 순화어는 '정해진'이다. '소정'은 일종의 군더더기 표현이므로 생략할 수 있다.

전 다수의 **시제품**을 1회의 공정으로 동시 제작하는 서비스로
후 다수의 **시험제품**을 한 번의 공정으로 동시 제작하는 서비스로

'시제품(試製品)'은 "시험 삼아 만들어 본 제품"을 뜻한다. '시제품'의 법제처·국립국어원 순화어는 '시험제품'이다.

전 협력업체들의 **애로사항**을 해소하기 위해
후 협력업체의 **고충사항**을 해소하기 위해 / 협력업체의 **어려움**을 해소하기 위해 / 협력업체의 **어려운 점**을 해소하기 위해

'애로사항(隘路事項)'은 "어떤 일을 하는 데 장애가 되는 일의 항목이나 내용"을 뜻한다. '애로사항'의 법제처 순화어는 '고충사항'이다, 참고로 '애로'의 국립국어원 순화어는 '곤란, 어려움'이므로 '애로사항'은 '어려운 점'으로 순화가 가능하다.

전 서면심사, 현장**실사**, 최종 심사를 통해 사업을 선정하였다.
후 서면 심사, 현장 **조사**, 최종 심사를 거쳐 사업을 선정하였다.

'실사(實査)'는 "실제를 조사하거나 검사함"을 뜻한다. '실사'의 법제처 순화어는 '실제 조사, 조사'이고, 국립국어원 순화어는 '실제 조사'이다.

전 **연령**, 신체장애 등에 따른 채용·승진·교육기회의 차별 금지
후 **나이**, 장애 등에 따른 채용·승진·교육 기회의 차별 금지

'연령(年齡)'은 "세상에 나서 살아온 햇수"를 뜻한다. '연령'의 법제처 순화어는 '나이, 연령'이고, 국립국어원 순화어는 '나이'이다. 참고로 법

제처는 '수급연령'처럼 복합명사로 쓸 때는 '연령'으로 적도록 하고 있다.

전 공장과 역을 연결하는 총 **연장** 2.5km 철로 주변의 마을을
후 공장과 역을 연결하는 **전체 길이** 2.5km 철로 주변의 마을을

'연장(延長)'은 "물건의 길이나 걸어간 거리 따위를 일괄하였을 때의 전체 길이" 등을 뜻한다. '연장'의 법제처 순화어는 '전체 길이, 총길이'이고, 국립국어원 순화어는 '길이, 총길이, 전체 길이'이다.

전 기간을 설정하고 **유관기관** 협력 등 대응 강화에 나선다.
후 기간을 정하고 **관계기관**과 협력하는 등 대응을 강화한다.

'유관기관(有關機關)'은 "관계나 관련이 있는 기관"을 뜻한다. '유관기관'의 법제처 순화어는 '관계기관, 관련기관, 유관기관'이다.

전 개인 또는 팀(**3인** 이내)으로 지원할 수 있으며
후 개인 또는 팀(**3명** 이내)으로 지원할 수 있으며

'인(人)'은 "사람을 세는 단위"를 뜻한다. '인'의 법제처 순화어는 '명(名)'이다. 이와 달리 국립국어원에서는 '1인'처럼 한자어 수 뒤에 '인'을 쓰고, '한 명'처럼 고유어 수 뒤에 '명'을 쓰도록 하고 있다.

▶ 조선왕조실록을 보면 양반을 셀 때는 '원(員)', 일반 양민을 셀 때는 '인

(人)', 노비를 셀 때는 '구(口)'를 쓴다. '인구(人口)'라는 말에는 이러한 신분 차별의 역사가 숨어 있으며, '명(名)'은 신분제를 극복한 근대에 이르러 등장한 말이다.

전 장애가 더 이상 우리 사회의 **일원**으로서 당당하게 살아가는 데
후 장애가 더 이상 우리 사회의 **구성원**으로서 당당하게 살아가는 데

'일원(一員)'은 "단체에 소속된 한 구성원"을 뜻한다. '일원'의 법제처 순화어는 '구성원, 한 사람'이다.

전 면접 **일자** 및 장소 공지는 내일 게재할 예정입니다.
후 면접 **날짜**와 장소는 내일 공지할 예정입니다.

'일자(日子)'는 "어느 날이라고 정한 날"을 뜻한다. '일자'의 법제처·국립국어원 순화어는 '날짜'이다.

전 광역교통 개선대책의 **일환**으로 현재 토요일·공휴일에만
후 광역교통 개선대책의 **하나**로 현재 토요일·공휴일에만

'일환(一環)'은 "여럿 가운데 하나"를 뜻한다. '일환'의 법제처 순화어는 '의 하나로'이고, 국립국어원 순화어는 '의 하나로, 의 한 가지로'이다.

전 계속 근무한 **자**에 대하여는 희망보직에 우선 배치함을

후 계속 근무한 **사람**은 희망하는 보직에 우선 배치함을

 '자(者)'는 주로 사람을 낮잡아 이르거나 일상적으로 이를 때 쓰는 말로 "놈 또는 사람"을 뜻한다. '자'의 법제처 순화어는 '사람' 또는 '자'이다. 흔히 사람만 가리킬 때는 '사람'이라고 하지만, 그 밖의 단체나 법인 등을 가리킬 때는 '자'라고 한다.

전 모든 자료 및 작품은 저작권법에 **저촉되지** 않아야 함
후 모든 자료와 작품은 저작권법에 **어긋나지** 않아야 함

 '저촉(抵觸)되다'는 "법률이나 규칙 따위에 위반되거나 어긋나다."를 뜻한다. '저촉되다'의 법제처 순화어는 '어긋나다, 일치하지 않다'이고, 국립국어원 순화어는 '걸리다, 어긋나다'이다. 참고로 '저촉'의 법제처 순화어는 '불일치'이다.

전 인간의 존엄성, 준법의식 **제고**를 위한 교육으로
후 인간의 존엄성을 존중하고 준법의식을 **높이기** 위한 교육으로

 '제고(提高)'는 "수준이나 정도 따위를 끌어올림"을 뜻한다. '제고하다'의 법제처 순화어는 "높이다, 제고하다"이다.

전 제공할 수 있도록 **조기**개통 준비를 철저히 하겠다.
후 이용할 수 있도록 **빠른 시일에 개통하겠다.**

'조기(早期)'는 "이른 시기"를 뜻한다. '조기'의 법제처 순화어는 '이른 시일, 일찍, 조기'이다.

전 공공데이터와 **지적재산권** 등 관련 교육과 투자 지원을 받게 됩니다.
후 공공데이터와 **지식재산권** 등 관련 교육과 투자 지원을 받게 됩니다.

'지적재산권(知的財産權)'은 "지적 활동으로 인하여 발생하는 모든 재산권"을 뜻한다. '지적재산권'의 법제처 순화어는 '지식재산권'이다.

▶ 현재 특허청에서는 '지식재산권'이라는 용어를 쓰고 있다.

전 전년도 오차원인 분석 등을 통한 세수 **추계** 개선
후 지난해 오차 원인을 분석하여 세수 **어림셈** 개선

'추계(推計)'는 "일부를 가지고 전체를 미루어 계산함"을 뜻한다. '추계'의 법제처 순화어는 '어림셈, 추계, 추정'이다.

전 밀도가 **타** 지역에 비해 상대적으로 높아
후 밀도가 **다른** 지역에 비해 상대적으로 높아

'타(他)'는 '다른'의 뜻하는 말이다. '타'의 법제처 순화어는 '다른, 다른 것'을 뜻한다.

전 **통상**적인 업무가 아닌 비상근무에 한하여 수당을 추가로 지급하고
후 **일반**적인 업무가 아닌 비상근무에만 수당을 추가로 지급하고

'통상(通常)'은 "특별하지 아니하고 예사로운 것"을 뜻한다. '통상'의 법제처 순화어는 '보통, 일반, 일반적'이다.

전 수정용 벌이 **폐사하지** 않도록 관리하는 것이 중요하다.
후 수정용 벌이 **죽지** 않도록 관리하는 것이 중요하다.

'폐사(斃死)'는 "주로 짐승이나 어패류가 갑자기 죽음"을 뜻한다. '폐사하다'의 법제처 순화어는 '죽다'이다. 명사형 '폐사'의 순화어는 제시하지 않았지만 '죽음'으로, '집단 폐사'는 '떼죽음'으로 순화할 수 있다. '폐사'의 국립국어원 순화어는 '다듬은 말'에서 검색되지 않는다.

> ▶ 문맥에 따라 '폐사'를 '사망'으로 바꾸어 쓸 수도 있으나 '사망'의 사전적 의미가 사람의 죽음에 초점이 맞추어져 있으므로 자연스럽게 바꾸어 쓰기 어렵다.
> ▶ 국립국어원은 '사체'의 순화어로 '시체' 또는 '주검'을 제시하지만, '시체'와 '주검'은 사람에게만 쓰고, '사체'는 동물에게도 쓸 수 있다는 점에서 적절한 대체어라고 하기 어렵다.

전 컴퓨터 및 주변기기 임대 신고를 **필한** 업체
후 컴퓨터 및 주변기기 임대 신고를 **마친** 업체

'필(畢)하다'는 "일정한 의무나 과정을 마치다"를 뜻한다. '필하다'의 법제처 순화어는 '마치다, 확인하다'이다.

전 **해외** 이북도민사회의 화합과 결속을 다지는 데
후 **국외** 이북도민사회의 화합과 결속을 다지는 데

'해외(海外)'는 "다른 나라" 등을 뜻한다. '해외'의 법제처 순화어는 '국외'이다.

> ▶ '국내(國內)'의 반의어는 '국외(國外)'이다. '국외'와 뜻이 비슷한 '해외'는 바다를 건넌다는 뜻이 더해진 말로 섬나라 사람들의 사고방식에서 비롯된 말로 볼 수 있다. 굳이 섬나라 사람이 아니라면 '나라의 밖[國外]'을 '바다의 밖[海外]'이라고 표현할 까닭이 없다.
> ▶ 국립국어원은 '오프쇼어링'을 '국외 이전'으로, '아이피 데스크'를 '해외지식재산센터'로 순화하여 '국외'와 '해외'를 아무런 원칙 없이 혼용하고 있다.

전 성폭력 사건으로 접수되어 위원회에 **회부된** 사안이
후 성폭력 사건으로 접수되어 위원회에 **넘어온** 사안이

'회부(回附)되다'는 "물건이나 사건 따위가 어떤 대상이나 과정으로 돌려보내지거나 넘어가다"를 뜻한다. '회부되다'의 법제처 순화어는 '넘기다, 부치다'이다. 문맥에 따라 '돌려보내'라고도 할 수 있다.

> 🫵 **법제처가 제안하는 한자어 순화어 표기 유형**
>
> [제1유형] 가각 → 길모퉁이
> [제2유형] 굴신근 → 굽히고 펴는 근육[屈伸筋]
> [제3유형] 계상골 → 쐐기뼈(설상골(楔狀骨))
> [제4유형] 개답 → 개답(開沓)
> [제5유형] 경도 → 경도(硬度: 단단한 정도)
> [제6유형] 공진 → 공진(共振, resonance)
> [제7유형] 고식적 → 고식적(palliative)
> [제8유형] 각경 → 각경(몸체의 지름)

▶ 한자어 순화어를 적을 때 제1유형이 가장 무난한 표기 방법이지만, 순화어가 부자연스럽거나 부적절하게 느껴질 때는 뜻풀이를 주석처럼 제시하는 제8유형을 사용할 수 있다. 한자 또는 로마자를 함께 적는 제2유형부터 제7유형까지는 상대적으로 소통성과 경제성이 떨어지는 표기 방법이다.

② 법제처(2020ㄴ)

법제처는 2014년부터 지방자치단체가 자율적으로 자치법규를 개선할 수 있도록 자치법규 자율정비 사업을 지원하고 있다. 아울러 2020년에는 '알기 쉬운 자치법규 만들기 정비기준'을 마련하여 '알기 쉬운 조례 만들기 지원사업'을 지속적으로 추진해 오고 있다. 알기 쉬운 조례 만들기 지원사업은 자치법규에 사용된 이해하기 어려운 외국어와 한자어는 물론이고, 일본어 투 용어 등을 정비하여 주민 중심의 지방자치를 실현하고자 한다.

외래어 · 외국어

전 **교육프로그램**을 지속적으로 개발·제공하여야 한다.
후 **교육과정**을 지속적으로 개발·제공하여야 한다.

'교육프로그램(敎育program)'은 "지식이나 기술 따위를 가르치기 위하여 마련한 프로그램"을 뜻한다. '교육프로그램'의 법제처 순화어는 '교육과정'이다.

전 **로컬푸드** 협동조합을 방문하여 현장에서 판매되는
후 **지역농산물** 협동조합을 방문하여 현장에서 판매되는

'로컬푸드(local food)'는 "장거리 운송 과정을 거치지 않은, 그 지역에서 생산된 농산물"을 뜻한다. '로컬푸드'의 법제처 순화어는 '지역농산물'이고, 국립국어원 순화어는 '지역 먹을거리, 향토 먹을거리'이다. 문맥에 따라 '지역 먹거리, 지역음식, 향토 먹거리, 향토음식'이라고도 할 수 있다.

전 **멘토-멘티**를 지정하여 상시 도움을 받을 수 있도록 한다.
후 **후원 관계**를 지정하여 항상 도움을 받을 수 있도록 한다.

'멘토(mentor)'는 "풍부한 경험과 지식으로 지도나 조언을 하여 도움을 주는 사람"을 뜻하고, '멘티(mentee)'는 "멘토에게 지도나 조언을 구하여 도움을 받는 사람"을 뜻한다. '멘토·멘티'의 법제처 순화어는 '결연, 연결, 지도, 지원, 후원'인데, '멘토'와 '멘티'의 순화어를 각각 제시한 것이

아니므로 1:1로 바꾸어 쓰기 어렵기 때문에 문맥을 보고 문장을 다듬어야 하는 사례가 많다.

그런가 하면 국립국어원은 '멘토'의 순화어를 '지도자, 담당 지도자'로, '멘토링'의 순화어를 '상담, 지도, 후원'으로 제시하면서 정작 '멘티'의 순화어를 따로 제시하지 않아서 실제로 사용하기 어렵다.

이와 달리 강진군 등 일부 지자체에서는 '멘토'를 '이끄미', '멘티'를 '따르미'라고 순화하여 사용하고 있는데 '이끔이, 따름이'라고 해도 무난할 듯하다.

한자어

전 서비스의 질을 향상시키기 위한 시책을 **강구하고** 추진하여야 한다.
후 서비스의 질을 향상시키기 위한 시책을 **마련하고** 추진하여야 한다.

'강구(講究)하다'는 "좋은 대책과 방법을 궁리하여 찾아내거나 좋은 대책을 세우다"를 뜻한다. '강구하다'의 법제처 순화어는 '마련하다'이다.

전 설계도면 및 **공사시방서** 작성의 적정성 검토
후 설계도면 및 **작업설명서** 작성의 적절성 검토

'공사시방서(工事示方書)'는 "시공 과정에서 요구되는 기술적인 사항을 설명한 문서"를 뜻한다. '공사시방서'의 법제처 순화어는 '작업설명서'이다.

▶ '적정'의 순화어는 '알맞은'인데, '적정성 검토'처럼 대체가 부자연스러울 때는 뜻이 비슷한 '적절성'으로 대체할 수 있다.

[전] 수도권을 제외한 **관외 지역**은 접수 기간이
[후] 수도권을 제외한 **수도권 외의 지역**은 접수 기간이

'관외지역(管外地域)'은 "어떤 기관이 관할하는 지역의 밖"을 뜻한다. '관외지역'의 법제처 순화어는 '○○군 외의 지역'이다.

[전] 물품을 **망실**, 훼손하였다고 인정할 때에는
[후] 물품을 **분실**, 훼손하였다고 인정할 때에는

'망실(亡失)'은 "잃어버려 없어짐"을 뜻한다. '망실'의 법제처 순화어는 '분실'이다.

[전] 회의록을 작성하여 이를 **비치하여야** 한다.
[후] 회의록을 작성하여 이를 **갖추어 놓아야** 한다.

'비치(備置)하다'는 "마련하여 갖추어 두다"를 뜻한다. '비치하다'의 법제처 순화어는 '갖추어 놓다'이다.

[전] 전국 28개 **연륙도서**에 택배를 보낼 경우
[후] 전국 28개 **연륙도서(육지와 연결된 섬 지역)**에 택배를 보낼 때

'연륙도서(連陸島嶼)'는 "육지와 잇닿아 있는 섬"을 뜻한다. '연륙도서'의 법제처 순화어는 '방파제 또는 교량 등으로 육지와 연결된 도서'이다.

그런데 이렇게 바꿔 쓰기 어려울 때는 문맥에 따라 '연륙도서(육지와 연결된 섬 지역)'라고도 할 수 있다.

전 월봉급액을 **일할계산**한 금액으로 하고
후 월봉급액을 **일 단위로 계산**한 금액으로 하고

'일할계산(日割計算)'은 "하루 단위의 계산"을 뜻한다. '일할계산'의 법제처 순화어는 '일 단위로 계산'이고, 국립국어원 순화어는 '날짜 계산' 또는 '날수 계산'이다.

(3) 전문용어 순화어

전문용어 순화어는 중앙행정기관의 '전문용어표준화협의회'가 만들기도 하고, 공공기관이 자체적으로 만들기도 한다. 전자를 전문용어 표준화 작업(표준 전문용어)이라고 하고, 후자를 전문용어 순화어 작업이라고 하여 구별할 수 있다. 표준 전문용어는 고시 절차를 거쳤기 때문에 소관 법령 제·개정, 교과서 제작, 공문서 작성 및 국가 주관 시험 출제 등에 적극 활용해야 하지만, 전문용어 순화어는 국립국어원이 만들어 배포한 것이든 소속 기관을 비롯해 상급 또는 동급 행정기관이 만들어 배포한 것이든 순화어 사용을 권고할 뿐이다.

> ▶ 참고로 국립국어원의 '다듬은 말'에서 검색할 수 있는 '인바운드'의 순화어는 골프용어로서 '경기 지역'과 광주시 행정용어로서 '국내'가 있다. '아웃바운드'는 검색되지 않는다. 그런가 하면 한글문화연대의 '쉬운 우리말을 쓰자'에서 검색할 수 있는 '인바운드'의 순화어는 행정용어로서 '국내'가 있고,

'아웃바운드'의 순화어는 관광용어로서 '외국행·해외여행'과 마케팅용어로서 '전화방문영업'이 있다. 참고로 경기관광공사에서는 '아웃바운드'의 순화어로 '국외여행'을 제시하지만, '인바운드'의 순화어는 제시하지 않는다. 기관별로 제시한 순화어를 보면 짝 말의 존재를 전혀 고려하지 않은 것처럼 보여 혼란스러운데, 이를 정리하면 아래와 같다.

구분		명사형	명사형
순화대상어		인바운드(inbound)	아웃바운드(outbound)
순화어	행정용어	국내	국외
	골프용어	경기 지역	경기 지역 밖
	관광용어	외국인 국내여행	내국인 국외여행
	마케팅용어	고객전화응대	고객전화영업

농림축산식품부(2016)

농림축산식품부는 2016년에 어려운 농업용어 109개를 선정하여 소책자 형태로 배포하였다. 이 중 한자어는 108개이고, 외래어는 1개이다. 그런데 109개 용어 중 중앙행정기관 2곳(문체부, 행안부)과 지자체 2곳(경기도청, 서울시청)이 2021년 보도자료에 사용한 용어는 경운, 관정, 굴착, 낙과, 도수로, 돈사, 발아, 배수, 복토, 사양, 사토, 살수, 선과, 시비, 양수, 연작, 용수로, 육계, 적과, 지주, 집수정, 차광, 채종, 표토, 표피, 하상 등 26개(24%)에 불과하다.

> 농림축산식품부 누구나 알기 쉬운 농업용어는 2021년을 기준으로 문체부 보도자료 679건에 1개(0.9%), 행안부 보도자료 1194건에 10개(9%), 서울시청 보도자료 3437건에 4개(4%), 경기도청 보도자료 4474건에 23개(21%)

사용된 것으로 나타났다.

▶ 농림축산식품부 누구나 알기 쉬운 농업용어는 2022년을 기준으로 농림축산식품부 보도자료 936건에 경운, 관정, 굴착, 근채류, 기공, 낙과, 노계, 도복, 돈사, 두류, 발아, 배수, 복토, 사양, 선과, 시비, 양수, 연작, 엽채류, 유우, 육계, 이식, 적과, 지력, 지주, 차광, 채종, 회분 등 28개(26%)가 사용된 것으로 나타났다.

▶ 농촌진흥청은 '알기 쉬운 농업용어' 초판을 1982년에 발간하였고 1998년, 2001년, 2007년, 2012년에 이어 2016년에 '알기 쉬운 농업용어집'으로 다섯 번째 개정판(순화어 약 2500개)을 발행하였다.

전 가뭄해소를 위해 **관정** 등 용수원 3,339 개소 개발
후 가뭄을 해소하기 위해 **우물** 등 물을 끌어오는 3,339곳 개발

'관정(管井)'은 "둥글게 판 우물"을 뜻한다. '관정'의 농진청 순화어는 '우물'이고, 국립국어원 순화어는 '대롱우물'이다.

전 강풍으로 인한 **도복** 및 낙과 피해를 입은 벼 재배 농가를 방문하여
후 강풍이 불어 **벼가 쓰러지고** 벼 낟알이 떨어진 피해 농가를 방문하여

'도복(倒伏)'은 "작물이 비나 바람 따위에 쓰러지는 일"을 뜻한다. '도복'의 농진청·국립국어원 순화어는 '쓰러짐'이다.

전 모돈의 경우 **돈사** 내에 사람·장비의 출입 빈도가 잦아
후 어미돼지는 **돼지사육농장** 안에 사람과 장비의 출입 빈도가 잦아

'돈사(豚舍)'는 "돼지를 가두어 기르는 곳"을 뜻한다. '돈사'의 농진청·국립국어원 순화어는 '돼지우리'이다. 문맥에 따라 '돼지사육장' 또는 '돼지사육농장, 돼지사육시설'이라고도 할 수 있다.

> ▶ 참고로 '계사(鷄舍)'와 '우사(牛舍)'의 국립국어원 순화어는 '닭장'과 '외양간'이지만 '닭사육농장, 소사육농장'이라고도 할 수 있다.

전 수출 쌀보리는 **발아되지** 않도록 겉껍질과 과피를 제거해야
후 수출 쌀보리는 **싹이 트지** 않도록 겉껍질과 낟알 껍질을 제거해야

'발아(發芽)'는 "씨앗에서 싹이 틈"을 뜻한다. '발아'의 농진청 순화어는 '싹트기'이다. 문맥에 따라 '발아하다'는 '싹이 트다'라고도 할 수 있다.

전 **수도**용 모판흙의 주요성분 구성으로는
후 **논벼**용 모판흙의 주요성분 구성으로는

'수도(水稻)'는 "논에 물을 대어 심는 벼"를 뜻한다. '수도'의 농진청·국립국어원 순화어는 '논벼'이다. '수도작(水稻作)'의 국립국어원 순화어는 '벼농사'이다.

전 표준 **시비**량을 반드시 지켜야 한다.
후 표준 **거름**량을 반드시 지켜야 한다.

'시비(施肥)'는 "거름을 주는 일"을 뜻한다. '시비'의 농진청 순화어는 '비료주기'이고, 국립국어원 순화어는 '거름주기'이다. 문맥에 따라 '거름, 비료'라고도 할 수 있다.

전 품종중 일부는 시험적으로 **재식**중이다.
후 품종 중 일부는 시험적으로 **심어** 보았다.

'재식(栽植)하다'는 "농작물이나 나무를 심다"를 뜻한다. '재식하다'의 농진청·국립국어원 순화어는 '심다'이다. 참고로 '재식'의 농림축산식품부 표준 전문용어는 '심기'이다.

> ▶ 농진청이 펴낸 '알기 쉬운 농업용어집(2016)'에는 '재식거리(심는 거리), 재식면적(심는 면적), 재식밀도(심는 간격), 재식본수(심은 포기 수), 재식주수(심은 그루 수)' 등의 순화어가 올라와 있다.
> ▶ '재식'의 표준 전문용어인 '심기'는 2021년 2월 8일 농림축산식품부가 고시까지 했지만, 2022년 농림축산식품부 보도자료에 '재식용 식물'이라는 용어가 여전히 사용되고 있다. '재식용 식물'은 '심는 식물'로 바꿔 쓸 수 있다.

전 순차적으로 **적과**·봉지씌우기 작업을 진행 중이다
후 차례로 **열매솎기**·봉지씌우기 작업을 진행 중이다

'적과(摘果)'는 "나무를 보호하고 좋은 과일을 얻기 위하여 너무 많이 달린 과일을 솎아 내는 일"을 뜻한다. '적과'의 농진청·국립국어원 순화

어는 '열매솎기'이다. 참고로 '적과'의 농림축산식품부 표준 전문용어도 '열매솎기'이다.

전 경운 · **정지**단계에서 '맞춤형 · 적정 농기계 수급 · 운용'이
후 흙갈이 · **땅고르기** 단계에서 '맞춤형 농기계 수급 · 운용'이

'정지(整地)'는 "땅을 반반하고 고르게 만듦"을 뜻한다. '정지'의 농진청 · 국립국어원 순화어는 '땅고르기'이다. 참고로 '정지'의 농림축산식품부 표준 전문용어도 '땅고르기'이다.

▶ '정지'를 '땅고르기'로 바꿔 쓰기 어색하다고 해서 '땅고르기(정지)'처럼 쓰면 안 된다. '정지'는 이해를 돕는 주석의 기능을 제대로 할 수 없기 때문이다. 차라리 '땅고르기(整地)'라고 하는 편이 무난하다.
▶ '맞춤형'이라는 말과 '적정'이라는 말은 의미가 중복되므로 둘 중 하나를 생략하도록 한다.

전 고랭지 씨감자 **채종포** 농가에서는 진딧물 발생이 확인되면
후 고랭지 씨감자 **종자생산**밭 농가에서는 진딧물 발생이 확인되면

'채종(採種)'은 "좋은 씨앗을 골라서 받음"을 뜻한다. '채종'의 농진청 순화어는 '종자생산'이고, 국립국어원 순화어는 '씨받기, 씨받이'이다. '채종포'의 국립국어원 순화어는 '씨받이밭'이다.

산림청 '산림행정용어' 순화어

산림청은 1984년 346개를 시작으로 1992년 174개, 1996년 997개, 2010년 143개, 2011년 43개, 2012년 81개의 낱말을 순화하여 그동안 1578개의 순화어를 마련하였다. 그중에서 법률용어 51개와 행정용어 134개를 선별하여 총 185개의 필수 개선 목록을 발표하였다. 그런데 185개 중 중앙행정기관 중 2곳(문체부, 행안부)과 지자체 중 2곳(경기도청, 서울시청)이 2021년 보도자료에 사용한 용어는 개화기, 고사목, 관목, 교목, 맹지, 벌목, 벌채, 비오톱, 수령, 수목, 수종, 수형, 시방서, 식재, 예찰, 옹벽, 화목, 후계목 등 18개(10%)이다.

▶ 산림청 산림행정용어는 2021년을 기준으로 문체부 보도자료 679건에 1개(0.5%), 행안부 보도자료 1194건에 6개(3%), 서울시청 보도자료 3437건에 7개(4%), 경기도청 보도자료 4474건에 15개(8%) 사용된 것으로 나타났다.

▶ 산림청 산림행정용어는 2022년을 기준으로 산림청 보도자료 1308건에 감염목, 개벌, 개화기, 고사목, 관목, 교목, 도벌, 독림가, 무육, 방화선, 벌목, 벌채, 본수, 비오톱, 산불계도, 산정, 삼림, 생장추, 속성수, 수간, 수간주사, 수고, 수관, 수령, 수목, 수실, 수종, 수피, 수형, 수형목, 식재, 암석지, 영림단, 예찰, 용기묘, 육림, 임관, 임내, 임목, 장령림, 재적, 지황, 혼효림, 화목, 후계림, 후계목, 흉고직경 등 46개(25%)가 사용된 것으로 나타났다.

전 소나무류 병해충 피해**고사목** 발견 시 가까운 시·군
후 소나무류 병해충 피해로 **죽은 나무**를 발견했을 때 가까운 시군

'고사목(枯死木)'은 "말라서 죽은 나무"를 뜻한다. '고사목'의 산림청·국립국어원 순화어는 '죽은 나무'이다.

> 전 상록활엽**관목**으로 나무높이가 5m 이상인
> 후 늘푸른넓은잎**작은키나무**(상록활엽**관목**)로 나무높이가 5m 이상인

'관목(灌木)'은 "키가 작고 줄기와 가지의 구별이 뚜렷하지 않은 나무"를 뜻한다. '관목'의 산림청 순화어는 '작은키나무'이다. 순우리말로 '떨기나무'라고도 한다. 그런데 하루아침에 '관목'을 '작은키나무'로 바꿔 쓰기 어렵다면 '작은키나무(관목)'처럼 쓰는 단계를 거쳐도 된다.

> ▶ '침엽(針葉)'의 순화어가 '바늘잎'이라면 '활엽(闊葉)'의 순화어는 '넓은잎'이 될 것이다.

> 전 이 나무는 **낙엽교목**으로 우리나라가 원산이며
> 후 이 나무는 갈잎**큰키나무**(낙엽**교목**)로 우리나라가 원산이며

'교목(喬木)'은 "키가 크고 줄기와 가지의 구별이 뚜렷한 나무"를 뜻한다. 산림청·국립국어원 순화어는 '큰키나무'이다.

> ▶ '낙엽수(落葉樹)'의 순우리말은 '갈잎나무'이다. 한자어 '낙엽'을 고유어 '떨잎'이나 '진잎'으로 바꿔 쓰자는 제안이 있었으나 '갈잎'이 가장 무난하다.

|전| 경계분쟁을 비롯한 불부합지, **맹지** 등을 해소해

|후| 경계분쟁을 비롯한 불부합지(토지기록부와 현황이 일치하지 않는 땅), **맹지(들어가는 길이 없는 땅)** 등을 해소해

'맹지(盲地)'는 "아직 개발되지 않은 땅 중에 도로에서 멀리 떨어진 땅"을 뜻한다. '맹지'의 산림청 순화어는 '길 없는 땅'이고, 국립국어원 순화어는 '도로 없는 땅'이다. 문맥에 따라 '배후 토지' 또는 '맹지(들어가는 길이 없는 땅)'라고도 할 수 있다.

> ▶ '순화어'와 '순화대상어'를 함께 쓸 때는 '순화어(순화대상어)'처럼 쓰고, 순화어가 없는 순화대상어를 쓸 때는 '순화대상어(주석)'처럼 쓸 수 있다.

|전| 소택지*와 연계한 **비오톱**** 조성 기술 등을 높게 평가하였다.
  * 늪과 연못이 있는 낮고 습한 땅.
  ** 동식물이 어우러져 생태계가 유지될 수 있는 생태 공간.

|후| 습지(소택지)와 연계한 **생태서식공간(비오톱)** 조성 기술 등을 높게 평가하였다.

'비오톱(biotope)'은 "특정한 동식물이 하나의 생활공동체를 이룬 독특한 생물서식지"를 뜻하기도 하고 "도심에 존재하는 인공적인 생물 서식 공간"을 뜻하기도 한다. '비오톱'의 산림청 순화어는 '소생물권'이다. 문맥에 따라 '생물서식공간' 또는 '생태서식공간'이라고도 할 수 있다.

> 순화어가 있는 순화대상어에 각주를 달아 설명하는 방식은 가독성을 떨어트릴 뿐만 아니라 공문서 작성의 기본 원칙에 어긋난다. 각주보다 내주를 활용하면 가독성을 높일 수 있다.

전 생산량은 평덕 시설과 재배**수령** 6년을 기준으로
후 생산량은 평덕 시설(과일나무 주변에 설치하는 구조물)을 했을 때, **나무나이** 6년을 기준으로

'수령(樹齡)'은 "나무의 나이"를 뜻한다. '수령'의 산림청 · 국립국어원 순화어는 '나무나이'이다.

전 이에 발맞춰 표준**시방서**, 한국산업표준 등을 마련해 나간다.
후 이에 발맞춰 표준**안내서**, 한국산업표준 등을 마련해 나간다.

'시방서(示方書)'는 "공사 따위에서 일정한 순서를 적은 문서"를 뜻한다. '시방서'의 산림청순화어는 '설명서'이고, 국립국어원 순화어는 '설명서, 지침서, 세부지침서'이다. 문맥에 따라 '안내서'라고도 할 수 있다.

전 밀식(**식재** 간격 좁음) 등 재배관리가 미흡한 것으로 평가하였다.
후 배게심기(**심기** 간격 좁음) 등 재배관리가 모자란 것으로 평가하였다.

'식재(植栽)'는 "초목을 심어 재배함"을 뜻한다. '식재'의 산림청 순화어는 '나무심기'이고, 국립국어원 순화어는 '가꾸기, 나무가꾸기, 심기, 나

무심기'이다.

> 전 지상**예찰**을 강화하는 한편, 소나무재선충 피해지역
> 후 지상에서의 **사전관찰**을 강화하는 한편, 소나무재선충 피해지역

'예찰(豫察)'은 "미리 살펴서 앎"을 뜻한다. '예찰'의 산림청 순화어는 '미리살펴보기'이고, 국립국원 순화어는 '미리살피기'이다. 문맥에 따라 '사전검사, 사전관찰'이라고도 할 수 있다.

> 전 2차 피해를 예방하기 위해 **옹벽** 설치 및 사면 안정화 작업을
> 후 2차 피해를 막기 위해 **축대벽** 설치 및 비탈 안정화 작업을

'옹벽(擁壁)'은 "땅을 깎거나 흙을 쌓아 생기는 비탈이 흙의 압력으로 무너져 내리지 않도록 만든 벽"을 뜻한다. '옹벽'의 산림청·국립국어원 순화어는 '축대벽'이다.

> 전 **화목**농가 등 소나무류취급업체를 대상으로
> 후 **땔나무** 농가 등 소나무류취급업체를 대상으로

'화목(火木)'은 "땔감으로 쓸 나무"를 뜻한다. '화목'의 산림청·국립국어원 순화어는 '땔나무'이다.

한국도로공사 '도로용어' 순화어

한국도로공사는 2020년에 펴낸 '우리길 우리말'에 고속도로와 관련된 용어 274개의 순화어를 발표하였다. 이 중에 국민 의견수렴 용어는 75개, 건설행정 현장 용어는 82개, 건설현장 일본어 투는 66개, 기존 순화용어는 51개이다. 총 274개 순화어 중 중앙행정기관 중 2곳(문체부, 행안부)과 지자체 중 2곳(경기도청, 서울시청)이 2021년 보도자료에 사용한 용어는 GIS, IC, SOC, TBM, TCS, 가설, 가도, 가이드라인, 가이드북, 간극, 간선도로, 감독자, 감리, 개구부, 개소, 건폐율, 결빙, 결속, 교반, 굴착, 굴토, 그레이팅, 그루빙, 기성, 기점, 길어깨, 나대지, 낙석, 내역서, 단차, 도포, 라바콘, 랜드마크, 램프, 로드킬, 마대, 매뉴얼, 배리어프리, 복토, 블랙아이스, 비산먼지, 빙점, 사면, 살수, 상행선, 샘플링, 성토, 세륜시설, 손괴, 시건, 시방서, 심도, 안전벨트, 안전펜스, 앵커, 야장, 양생, 연장, 오수, 요망, 용적률, 우수, 인프라, 저감, 적치, 전도, 전복, 점멸, 차륜, 차선도색, 차수, 체크리스트, 추월, 침하, 커버, 커팅, 커플러, 타설, 테스트베드, 토사, 톨게이트, 팝업, 펜스, 프로토타입, 하행, 하행선, 핸드북, 헬멧, 휀스 등 89개(32%)이다.

▶ 한국도로공사 도로용어 순화어는 2021년을 기준으로 문체부 보도자료 679건에 17개(6%), 행안부 보도자료 1194건에 37개(14%), 서울시청 보도자료 3437건에 69개(25%), 경기도청 보도자료 4474건에 61개(22%) 사용한 것으로 나타났다.

▶ 한국도로공사 도로용어 순화어는 2022년을 기준으로 한국도로공사 보도자료 68건에 DTG, IC, SOC, TBM, 가드레일, 결빙, 굴착, 살수, 안전벨트, 저감, 전도, 점멸, 추월, 타설, 톨게이트, 팝업, 개소 등 17개(6%)가 사용된 것

으로 나타났다.
▶ 도로용어 274개 중 건설현장 일본어 투는 단 한 개도 쓰이지 않았다. 대부분 입말 투의 현장 용어이기 때문으로 보인다.

전 도시 **간선도로**의 제한속도를 50km/h로 설정하고
후 도시 **중심도로**의 제한속도를 50km/h로 설정하고

'간선도로(幹線道路)'는 "원줄기가 되는 주요한 도로"를 뜻한다. '간선도로'의 도로공사 순화어는 '중심도로'이고, 국립국어원 순화어는 '주요도로'이다. 간혹 '주요 간선도로'라는 표현을 사용하는 것을 감안하면 '중심도로'로 바꾸어 쓰는 편이 무난해 보인다.

전 일체화되어 있어 **개구부** 사이로 보이는 자연이 아주 아름다운 곳
후 일체화되어 있어 **열린 구역** 사이로 보이는 자연이 아주 아름다운 곳

'개구부(開口部)'는 "채광, 환기, 통풍, 출입을 위하여 벽을 치지 않은 창이나 문을 통틀어 이르는 말"이다. '개구부'의 도로공사 순화어는 '개방부'이다. 문맥에 따라 '열린 곳'이나 '열린 구역'이라고도 할 수 있다.

전 기존 가스식 **교반기**를 펌프식과 기계식 **교반** 방식으로 바꾸어
후 기존 가스식 **혼합기**를 펌프식과 기계식 **혼합** 방식으로 바꾸어

'교반(攪拌)'은 "휘저어 섞음"을 뜻한다. '교반'의 도로공사 순화어는

'섞음'이고, 국립국어원 순화어는 '저어 섞기' 또는 '휘저어 섞기'이다. 참고로 '교반기'의 국립국어원 순화어는 '섞음 기계'이다. 그런데 문맥에 따라 앞서 제시한 순화어로 자연스럽게 바꾸어 쓰기 어렵기 때문에 교반은 '혼합', 교반기는 '혼합기' 또는 '혼합장치'라고 바꿔 쓸 것을 제안한다.

전 CCTV 설치는 해체, **굴토** 등 취약공정시 의무화하고
후 해체, **땅파기** 등 취약한 공사과정 시 감시카메라 설치를 의무화하고

'굴토(掘土)'는 "땅을 파는 일"을 뜻한다. '굴토'의 토공·국립국어원 순화어는 '땅파기'이다.

전 호우 시 원활한 배수를 위한 **그레이팅** 위치 조정
후 비가 많이 내리면 원활한 배수를 위해 **배수시설덮개** 위치 조정

'그레이팅(grating)'은 "하수구 뚜껑에 사용되는 철제 판"을 뜻한다. '그레이팅'의 토공 순화어는 '배수시설덮개'이다.

전 **그루빙** 공법은 현재 고속도로 곡선구간
후 **미끄럼방지 홈(그루빙)** 공법은 현재 고속도로 곡선구간

'그루빙(grooving)'은 "고속도로나 활주로 등에서 수막현상에 의해 미끄럼이 생기는 것을 방지하지 위해 만든 홈"을 뜻한다. '그루빙'의 토공·국립국어원 순화어는 '미끄럼방지 홈'이다.

전 12시를 **기점**으로 위기 경보 수준을 '주의'에서 '경계'로
후 12시를 **시작점**으로 위기 경보 수준을 '주의'에서 '경계'로

'기점(起點)'은 "어떠한 것이 처음으로 일어나거나 시작되는 곳"을 뜻한다. '기점'의 도로공사 순화어는 '시작점'이고, 국립국어원 순화어는 '시작점, 출발점'이다. 문맥에 따라 '기준점'이라고도 할 수 있다.

전 긴급통행에 대비하기 위해 **길어깨** 폭을 2.5m로 상향시켰다.
후 긴급통행에 대비하기 위해 **갓길** 폭을 2.5m로 상향시켰다.

'노견(路肩)' 또는 '길어깨'는 "고속도로 따위에서 자동차가 달리는 도로 폭 밖의 가장자리 길"을 뜻한다. '노견' 또는 '길어깨'의 도로공사·국립국어원 순화어는 '갓길'이다.

> ▶ 사실 '노견'의 순우리말은 '길귀'이다. '노견'이라는 말은 영어 'road shoulder'에서 온 말로 일본에서는 '路肩(ろかた)'이라고 하는데, 이 용어가 우리에게 그대로 전해져 '노견' 또는 '길어깨'라는 말을 사용하게 된 것이다.

전 하천변, **나대지** 등에 불법 투기한 가전제품
후 하천가, **빈터** 등에 불법 투기한 가전제품

'나대지(裸垈地)'는 "지상에 건축물이나 구축물이 없는 대지"를 뜻한다. '나대지'의 도로공사 순화어는 '빈터'이고, 국립국어원 순화어는 '빈

집터'이다.

> 전 도로통제 **라바콘**과 접촉하여 자율주행 안전성 우려
> 후 도로통제 **안전고깔**과 접촉하여 자율주행 안전성 우려

'라바콘(rubber cone)'은 "차나 사람의 이동을 막기 위하여 도로에 세우는 고깔 모양의 물건"을 뜻한다. 규범 표기는 '러버콘'이다. '러버콘'의 도로공사 순화어는 '안전고깔'이다.

> 전 올림픽대교 남단IC U턴 연결**램프** 12시 개통
> 후 올림픽대교 남단나들목 선회 **연결로** 12시 개통

'램프(ramp)'는 "입체 교차하는 두 개의 도로를 연결하는 도로의 경사진 부분"을 뜻한다. '램프'의 도로공사·국립국어원 순화어는 '연결로'이다.

> 전 도로시설물 파손, **로드킬** 등을 스마트폰으로 신고하였고
> 후 도로시설물 파손, **찻길동물사고** 등을 스마트폰으로 신고하였고

'로드킬(road kill)'은 "야생 동물이 주로 도로에 뛰어들어 자동차 따위에 치여 목숨을 잃는 일"을 뜻한다. '로드킬'의 도로공사 순화어는 '동물찻길사고'이고, 국립국어원 순화어는 '동물찻길사고' 또는 '동물교통사고'이다. 문맥에 따라 '찻길동물사고'라고도 할 수 있다.

전 겨울철 **블랙아이스** 등으로 인한 교통사고의 저감효과를 기대한다.
후 겨울철 **도로살얼음** 등으로 인한 교통사고의 저감효과를 기대한다.

'블랙아이스(black ice)'는 "도로 표면에 생긴 얇은 빙판"을 뜻한다. '블랙아이스'의 도로공사 순화어는 '도로살얼음'이고, 국립국어원 순화어는 '노면살얼음, 도로살얼음, 살얼음'이다.

전 대전~오송역 간 **상행선** 운행을 재개한다고 밝혔다.
후 대전~오송역 간 **오송방향** 운행을 다시 시작한다고 밝혔다.

'상행선(上行線)'은 "지방에서 서울로 올라가는 도로나 선로"를 뜻한다. '상행선'의 도로공사 순화어는 'ㅇㅇ방향'이다. 문맥에 따라 'ㅇㅇ행, ㅇㅇ로 가는 길'이라고도 할 수 있다.

> '상행선'이나 '하행선'은 '서울'을 기준으로 한 중앙집권적 용어라는 점에서 순화어 사용이 권장되고 있다. 그런데 "서울로 돌아가거나 돌아옴"을 뜻하는 '귀경(歸京)'이라는 용어도 '서울'을 기준으로 한 용어인데 순화어가 없다.
> '귀성(歸省)'은 "돌아가 살핀다"라는 뜻이다. 이 말의 '살피다[省]'에 초점이 놓이면 자식이 부모를 찾아가 살필 때도 '귀성'이고, 거꾸로 부모가 자식을 찾아가 살필 때도 '귀성'이다. 따라서 '역귀성'이라는 말은 어색하다. 더욱이 '돌아가다[歸]'에 초점이 놓이면 고향을 떠난 자식이 고향으로 돌아간다는 뜻이 있으므로 '역귀성'은 불가능하다.

[전] 외부 통행로에 대한 **안전펜스** 설치기준을 명확히 규정하여
[후] 외부 통행로 **안전울타리** 설치기준을 명확히 규정하여

'안전펜스(安全fence)'는 "사고나 위험을 방지하기 위해 공사장, 승강장 따위에 설치한 시설물"을 뜻한다. '안전펜스'의 도로공사 순화어는 '안전울타리'이다.

[전] **야장**을 보고, 다른 사람이 다시 그 현장을 방문
[후] **현장기록**을 보고, 다른 사람이 다시 그 현장을 방문

'야장(野帳)'은 "측량 따위의 야외 작업을 할 때 필요한 자료를 써넣는 책"을 뜻한다. '야장'의 도로공사 순화어는 '현장기록지'이고, 국립국어원 순화어는 '관측 기록부'이다. 맥락에 따라 '관측기록, 현장기록'이라고도 할 수 있다.

[전] 도로 위 불법 **적치물**은 시민들의 보행권을 침해하고
[후] 도로 위 불법 **방치물**은 시민의 보행권을 침해하고 / 도로 위에 불법으로 **쌓아둔 물건**은 시민의 보행권을 침해하고

'적치(積置)'는 "쌓아 둠"을 뜻한다. '적치'의 도로공사 순화어는 '쌓아 둠'이고, 국립국어원 순화어는 '쌓아 놓다, 쌓아 두다'이다. 맥락에 따라 "버려둠"을 뜻하는 '방치'라고도 할 수 있다. 대체로 거리 위의 '적치물'은 곧 '방치물'이기도 하기 때문이다.

전 급제동 시 비상등 **점멸** 주기가 기준에 미달되는
후 급제동 시 비상등의 **깜빡이는** 주기가 기준에 못 미치는

'점멸(點滅)'은 "등불이 켜졌다 꺼졌다 함"을 뜻한다. '점멸'의 도로공사 순화어는 '깜빡'이다. 참고로 '점멸등'의 국립국어원 순화어는 '깜박이등'이다.

▶ 명사형 '점멸'을 부사형 '깜빡'으로 바꾸는 일은 쉽지 않다. 이와 달리 동사 '점멸하다'를 동사 '깜빡이다'로 바꾸는 일은 쉽다. 따라서 문맥에 따라 자연스럽게 바꾸기를 권장한다.

전 또한, 배수펌프, **차수**벽 등과 관련해 긴밀한 협의를 당부하는
후 또한 물빼기 펌프, **물막이** 벽 등과 관련해 긴밀한 협의를 부탁하는

'차수(遮水)'는 "물이 새거나 흘러드는 것을 막음"을 뜻한다. '차수'의 도로공사 순화어는 '물막이'이다. 참고로 '차수벽'의 국립국어원 순화어는 '물막이벽'이다.

전 지자체 17곳 **톨게이트** 설치비 부담
후 지자체 17곳 **요금소** 설치비 부담

'톨게이트(tollgate)'는 "고속도로나 유료도로에서 통행료를 받는 곳"을 뜻한다. '톨게이트'의 도로공사·국립국어원 순화어는 '요금소'이다. 참

고로 '톨비'의 토공 순화어는 '통행료'이다.

(4) 신어 순화어

현대적인 의미의 순화어 사업은 광복 이후 국어정화위원회(1946)의 '우리말 도로 찾기(1948)'로부터 시작하여 한글전용특별심의회(1962), 국어순화분과위원회(1976), 우리말다듬기위원회(2011) 등을 거쳐 새말모임(2019)의 '외국어 남용 3일 대응 체계'로 이어지고 있다. '외국어 남용 3일 대응팀'은 이제 막 쓰기 시작한 외국어를 3일 안에 순화어로 대체하여 중앙행정기관과 지자체, 20개 언론사에 배포한다. 이해하기 어려운 외국어가 일단 자리를 잡고 나면 쉽게 바꾸기 어렵기 때문에 등장한 새로운 접근 방식이다.

2019년 신어 순화어

새말모임은 2019년에 총 17개의 신어 순화어를 발표하였다. 총 17개 순화어 중 중앙행정기관 중 2곳(문체부, 행안부)과 지자체 중 2곳(경기도청, 서울시청)이 2021년 보도자료에 사용한 용어는 욜로, 제로웨이스트, 플로깅 등 3개(18%)이다.

> ▶ '새말모임'이 2019년에 발표한 신어 순화어는 2021년을 기준으로 문체부 보도자료 679건에 0개(0%), 행안부 보도자료 1194건에 1개(6%), 경기도청 보도자료 4474건에 2개(12%), 서울시청 보도자료 3437건에 3개(18%) 사용되었다.

전 현재 행복에 충실하자는 '**욜로**(YOLO/You Only Live Once)' 현상이
후 '현재 행복에 충실하자(You Only Live Once)'는 '**오늘살이(욜로)**' 현상이

'욜로(YOLO)'는 "현재의 행복을 중요하게 여기는 생활 방식"을 뜻한다. '욜로'의 국립국어원 순화어는 '오늘살이'이다. 그런데 뉴스 빅데이터를 제공하는 '빅카인즈'에서 2022년을 기준으로 '오늘살이'를 검색하면 사용량이 0건인데 '욜로'의 사용량은 227건이다. 언론에서도 '욜로'를 그대로 사용하는 데 부담을 느꼈는지 "현재 행복에 충실하자"느니 "You Only Live Once"라는 주석을 붙여 사용하고 있다. 따라서 '오늘살이'를 홀로 쓰기보다 '오늘살이(욜로)'처럼 쓸 것을 제안한다.

전 마지막으로, '**제로웨이스트(zero waste)**' 생활을 표방하는
후 마지막으로 '**쓰레기 안 만들기(제로웨이스트)**' 생활을 표방하는

'제로웨이스트(zero waste)'는 "일회용품 사용을 줄이고 재활용이 가능한 재료를 사용함으로써 궁극적으로 그 어떤 쓰레기도 만들지 않겠다는 운동"이다. '제로웨이스트'의 국립국어원 순화어는 '쓰레기 없애기'이다. 문맥에 따라 '쓰레기 안 만들기'라고도 할 수 있다.

▶ 잘 만들어진 신어 순화어는 홀로 쓰는 것을 원칙으로 하되, 순화어가 어색하게 느껴진다면 '순화어(순화대상어)' 또는 '순화대상어(주석)'처럼 쓸 수 있다.

전 건강과 함께 환경보호도 실천하는 **플로깅(쓰담달리기)** 같이 해요!
후 건강도 지키고 환경도 보호하는 **친환경 달리기(플로깅)** 같이해요!

'플로깅(plogging)'은 "달리기를 하면서 쓰레기도 줍는 행위"를 뜻한다. '플로깅'의 국립국어원 순화어는 '쓰담 달리기'이다. 일부에서는 '줍깅'이라고도 하는데, '쓰담'이나 '줍깅'은 줄임말을 사용한 용어라는 점에서 비슷하다. 그런데 뉴스 빅데이터를 제공하는 '빅카인즈'에서 2022년을 기준으로 '쓰담 달리기'를 검색하면 사용량이 69건인데 '플로깅'의 사용량은 2473건이다. 참고로 '줍깅'의 사용량은 611건이다. 따라서 '쓰담 달리기'를 홀로 쓰기보다 '쓰담 달리기(플로깅)'처럼 써야 하는데, '쓰담 달리기'가 어색하게 느껴진다면 '플로깅(달리기도 하면서 쓰레기도 줍는 활동)'처럼 주석을 달 수도 있다.

> ▶ '플로깅'은 "이삭을 줍는다"라는 뜻의 스웨덴어 '프로카 업(plocka upp)'과 "걷거나 천천히 달리는 운동"이라는 뜻의 영어 '조깅(jogging)'의 합성어이다.
>
> ▶ '쓰담 달리기'나 '줍깅'이 어색하다면 '친환경 달리기(플로깅)'라고도 할 수 있다. '순화어(순화대상어)'처럼 적는 것은 순화어를 알리고 친숙하게 만드는 효과가 있다.

2020년 신어 순화어

새말모임은 2020년에 총 139개의 신어 순화어를 발표하였다. 총 139개 순화어 중 중앙행정기관 중 2곳(문체부, 행안부)과 지자체 중 2곳(경기도청, 서울시청)이 2021년 보도자료에 사용한 용어는 1코노미, 그린모빌리티, 뉴노멀, 라스트메일, 라이브커머스, 라키비움, 로고젝트, 리테일테크, 모션그래픽, 밀레니얼세대, 브이로그, 소프트파워, 스카이라인, 스카이워크, 아쿠아포닉스, 언박싱, 언텍트서비스, 에어샤워, 엔데믹, 온택트, 워킹스루, 웨비나, 워드코로나시대, 유니콘기업, 유니크베뉴, 인포데믹, 임팩트투자, 지표환자, 챌린지, 커뮤니티매핑, 코로나블루, 코호트격리, 태그리스, 팬데믹, 페티켓, 플랫폼노동, 해커톤대회 등 37개(27%)이다.

> ▶ '새말모임'이 2020년에 발표한 신어 순화어는 2021년을 기준으로 문체부 보도자료 679건에 4개(3%), 행안부 보도자료 1194건에 12개(9%), 서울시청 보도자료 3437건에 32개(23%), 경기도청 보도자료 4474건에 22개(16%) 사용되었다.

전 코로나 **뉴노멀(새기준)** 시대, 시대변화에 대응하는 복지서비스 체계 구축

후 코로나 **뉴노멀(새로운 경제적 표준이 일상화된 미래)** 시대, 변화에 대응하는 복지서비스 체계 구축

'뉴노멀(new normal)'은 "시대 변화에 따라 새롭게 부상하는 기준이나 표준"을 뜻한다. '뉴노멀'의 국립국어원 순화어는 '새 기준' 또는 '새 일상'이다. 문맥에 따라 '코로나 뉴노멀'은 '코로나 이후 새로운 경제적 표준이 일상이 된'으로 풀어 쓸 수도 있고, '코로나 뉴노멀(새로운 경제적 표준이

일상화된 미래)'처럼 주석 처리를 할 수도 있다. 그래야만 '뉴노멀'이라는 말의 뜻이 제대로 통할 수 있기 때문이다.

전 **라이브 커머스**를 통해 다양한 특산물을 판매할 계획
후 **실시간 판매방송**으로 다양한 특산물을 판매할 계획

'라이브 커머스(live commerce)'는 "실시간 인터넷 방송을 이용해 온라인으로 이루어지는 전자 상거래"를 뜻한다. '라이브 커머스'의 국립국어원 순화어는 '실시간 소통 판매'이다. 문맥에 따라 '실시간 판매방송' 또는 '실시간 방송 판매'라고도 할 수 있다.

전 최근 주요 소비층으로 떠오르는 **밀레니얼 세대**의 소비 경향과
후 최근 주요 소비층으로 떠오르는 **새천년 세대**의 소비 경향과

'밀레니얼 세대(millennial 世代)'는 "1980년대 초부터 2000년대 초 사이에 태어난 세대"를 뜻한다. '밀레니얼 세대'의 국립국어원 순화어는 '새천년 세대'이다.

전 역사와 설화를 소재로 한 창작 영상 **브이로그(V-log)**를 제작
후 역사와 설화를 소재로 한 창작 **영상일기(브이로그)**를 제작

'브이로그(vlog)'는 "자신의 일상을 직접 찍은 동영상 콘텐츠"를 뜻한다. '브이로그'의 국립국어원 순화어는 '영상일기'이다. 아직은 '영상일기'

가 어색할 수 있으므로 '영상일기(브이로그)'처럼 적을 수 있다.

　　전 양식장을 대상으로 **아쿠아포닉스** 시범양식장 운영 참여
　　후 양식장을 대상으로 **물고기농법** 시범양식장 운영 참여

'아쿠아포닉스(aquaponics)'는 "물고기를 이용한, 순환형 수경 재배 방식"을 뜻한다. 물고기가 크면서 발생되는 유기물과 배설물이 수경 재배되는 농작물에 영양분이 될 수 있게 별도의 장치를 하여 농작물을 기르는 방식이다. '아쿠아포닉스'의 국립국어원 순화어는 '물고기농법'이다.

　　전 전달된 상장 및 기념패를 수상자가 **언박싱**
　　후 전달된 상장과 기념패 **포장을** 수상자가 직접 **뜯어 확인하고**

'언박싱(unboxing)'은 "상품 포장을 뜯어 새 상품을 확인함. 또는 사용함"을 뜻한다. '언박싱'의 국립국어원 순화어의 '개봉' 또는 '개봉기'이다. 문맥에 따라 '포장을 뜯어' 또는 '상자를 열어'라고도 할 수 있다.

　　전 포스트 코로나 시대를 이끌어갈 분야로 **언택트 서비스**가 주목받고 있다.
　　후 코로나 이후(포스트 코로나)를 이끌어갈 분야로 **비대면 서비스**가 주목받고 있다.

'언택트 서비스(untact service)'는 "사람을 직접 만나지 않고 이루어지

는 서비스"를 뜻한다. '언택트 서비스'의 국립국어원 순화어는 '비대면 서비스'이다. '언택트'와 발음이 비슷한 '온택트(ontact)'는 '영상 대면' 또는 '화상 대면'을 뜻한다.

> ▶ '언택트(untact)'는 '접촉하다'를 뜻하는 '컨택트(contact)'에 부정을 뜻하는 '언(un)'이 결합한 말이다. 아울러 '온택트(ontact)'는 '비대면'을 뜻하는 '언택트(untact)'에 온라인 연결을 뜻하는 '온(on)'을 결합한 말이다.

전 본 **웨비나**의 신청 방법, 자세한 정보
후 이 **화상토론회**의 신청 방법과 자세한 정보

'웨비나(webinar)'는 "웹사이트에서 진행하는 세미나"를 뜻한다. '웨비나'의 국립국어원 순화어는 '화상토론회'이다.

> ▶ '웨비나(webinar)'는 '웹(Web)'과 '세미나(Seminar)'의 합성어이다.

전 **위드 코로나 시대**에 늘어날 것으로 예상되는
후 **코로나가 일상이 된 시대(위드 코로나)**에 늘어날 것으로 예상되는

'위드 코로나 시대(with COVID19 時代)'는 "언제든지 코로나에 걸릴 수 있으므로 이를 예방하며 일상생활을 해야 하는 시대"를 뜻한다. '위드 코로나 시대'의 국립국어원 순화어는 '코로나 일상'이다. 문맥에 따라 '코로나가 일상이 된 시대(위드 코로나)'라고도 할 수 있다.

[전] 국내·외 **유니콘 기업**에 대한 다각적인 지원을 통해
[후] 국내외 **거대신생기업**을 다각적으로 지원하여

'유니콘기업(unicorn企業)'은 "기업 가치가 10억 달러 이상인 신생기업"을 뜻한다. '유니콘기업'의 국립국어원 순화어는 '거대신생기업'이다. 문맥에 따라 '유니콘기업(기업 가치가 10억 달러 이상인 신생기업)'이라고도 할 수 있다.

[전] **코로나 블루** 등으로 지친 아이들의 마음을 치유하는
[후] **코로나 우울** 등으로 지친 아이들의 마음을 치유하는

'코로나블루(COVID19 blue)'는 "코로나바이러스 감염증의 대유행으로 일상생활이 급격하게 변화하면서 불안이나 우울을 느끼는 일"을 뜻한다. '코로나 블루'의 국립국어원 순화어는 '코로나 우울'이다.

▶ '코로나 블루'보다 심한 단계를 나타내는 '코로나 레드'와 '코로나 블랙'은 '코로나 분노'와 '코로나 절망'으로 바꾸어 쓸 수 있다.

[전] 업무방식이 특수한 **플랫폼 노동**자를 위한 맞춤형 지원도
[후] 업무방식이 특수한 **온라인 매개 노동**자를 위한 맞춤형 지원도

'플랫폼 노동(platform 勞動)'은 "인터넷이나 스마트폰 응용프로그램 환경에서 이루어지는 노동"을 뜻한다. '플랫폼 노동'의 국립국어원 순화어

는 '온라인 매개 노동'이다.

[전] 우수 인재를 인증하는 **해커톤 대회**를 내년부터 개최하고
[후] 우수 인재를 인증하는 **창의적문제해결대회(해커톤)**를 내년부터 개최하고

'해커톤(hackathon)'은 "다양한 분야의 전문가들이 모여 제한된 시간 동안 집중적으로 작업하여 결과물을 만들어내는 행사"를 뜻한다. '해커톤 대회'의 국립국어원 순화어는 '끝장 개발 대회'이다. 문맥에 따라 '창의적문제해결대회'라고도 할 수 있다.

> ▶ 해커톤(Hackathon)은 해킹(hacking)과 마라톤(marathon)의 합성어이다. 본래 '해킹'은 독창적이면서 해롭지 않은 장난과 속임수로 문제를 해결하는 행사로 1960년대 미국 엠아이티(MIT) 대학에서 시작된 대학 문화인데, 그것이 구글이나 페이스북과 같은 기업 문화로 자리를 잡으면서 주목을 받고 있다. 따라서 '해커톤'은 "일이 더 나아갈 수 없는 막다른 상태" 또는 "실패, 패망, 파탄 따위를 속되게 이르는 말"인 '끝장'과 뜻이 통하지 않는다. 비록 '해커톤 토론'을 '끝장토론'이라고 하면서 입에 익었지만 '마라톤토론'이나 '집중토론, 창의적문제해결토론'이 의미상 더 적절한 표현이다.

2. 로마자·한자를 사용하였는가

기본적으로 영문 약어와 로마자, 한자는 단독으로 사용하지 않는다. 영문 약어는 '아이엠에프(IMF)'처럼 일상적으로 사용하는 용어라도 단독으로 사용하지 않는다. 꼭 적어야 한다면 '국제통화기금[IMF]' 또는 '아이엠에프(IMF)'처럼 적어야 한다. 특별한 의도가 없다면 'IMF(국제통화기금)'처럼 적지 않도록 한다.

> ▶ 국제통화기금[IMF]이라는 용어와 관련하여 "내가 IMF 때 말이야" 혹은 "IMF가 터졌을 때 말이야"라고 말하는 사람들이 적지 않다. 적어도 그들의 머릿속에서 IMF는 '국제통화기금'이 아니라 '외환위기'일 것이다. 로마자 약어를 남용하면 안 되는 이유이다.
> ▶ 로마자를 한글로 적을 때 'N'은 '엔', '&'은 '앤', 'and'는 '앤드'로 적는다.

(1) 로마자

국립국어원이 2018년에 발표한 '필수 개선 대상 행정용어 100' 중 로마자는 14개이고, 법제처가 2021년에 발표한 '알기 쉬운 법령 정비기준(제10판)'의 정비 대상 용어 중 로마자는 118개이다.

국립국어원(2018)

14개의 로마자 중 중앙행정기관 2곳(문체부, 행안부)과 지자체 2곳(경기도청, 서울시청)이 2021년 보도자료에 사용한 용어는 AI, B2B, BI, G20, ICT, IoT, IR, IT, MOU, O2O, ODA, R&D 등 12개(86%)이다.

> '필수 개선 행정용어 100'에 포함된 로마자는 2021년을 기준으로 문체부 보도자료 679건에 6개(43%), 행안부 보도자료 1194건에 8개(57%), 서울시청 보도자료 3437건에 12개(86%), 경기도청 보도자료 4474건에 11개(79%)가 사용되었다. 이들 4개 기관의 평균 사용량은 66.25%이다.

전 **G20** 정상회의 출국에 따른 대테러 대비태세 점검
후 **주요 20개국[G20]** 정상회의 출국을 대비한 테러 대비태세 점검

'지이십(G20)'은 "지세븐(G7)과 유럽연합 의장국, 신흥 시장 12개국 등 세계 주요 20개국 정상이나 재무 장관, 중앙은행 총재가 모여 세계 경제를 논하고 해결책을 모색하는 국제기구"를 뜻한다. 'G20'의 국립국어원 순화어는 '주요 20개국'인데, 오히려 순화어를 낯설게 여길 수 있을 때는 '주요 20개국(G20)'처럼 적을 수 있다.

전 공용차량 수요도 늘어남에 따라 **IoT** 기술을 기반으로 한
후 공용차량 수요도 늘어남에 따라 **사물인터넷[IoT]** 기술을 기반으로 한

'아이오티(IoT)'는 "애플리케이션 또는 네트워크에 연결되는 장치와 데이터를 공유하는 사물"을 뜻한다. 'IoT'의 국립국어원 순화어는 '사물인터넷'이다.

전 청년 상인을 대상으로 협업 컨설팅 **MOU**를 체결했다.

후 청년 상인을 대상으로 협업 상담 **업무협약**을 체결했다.

'엠오유(MOU)'는 "정식 계약을 체결하기에 앞서 기관이나 조직 간 양해 사항을 확인하기 위해 작성한 문서"를 뜻한다. 'MOU'의 국립국어원 순화어는 '업무협약'이다. 문맥에 따라 '업무협정'이라고도 할 수 있다.

전 시가 **ODA(공적개발지원)**를 본격적으로 시작하는 계기가 됐다.
후 시가 **공적개발원조[ODA]**를 본격적으로 시작하는 계기가 됐다.

'오디에이(ODA)'는 "개발 도상국 또는 개발 도상국을 위한 국제기구에 대하여 선진국 정부에서 자금이나 기술을 원조하는 행위"를 뜻한다. 'ODA'의 국립국어원 순화어는 '공적개발원조' 또는 '정부개발원조'이다.

전 재난안전 **R&D** 투자 확대
후 재난안전 **연구개발** 투자 확대

'알앤드디(R&D)'는 "기초 연구와 그것을 기반으로 하여 제품화까지 진행하는 개발 업무"를 뜻한다. 'R&D'의 국립국어원 순화어는 '연구개발'이다.

> ▶ 로마자 'R'의 한글 표기와 관련하여 '아르'와 '알'을 복수 인정함에 따라 '아르앤드디' 또는 '알앤드디'라고 할 수 있다.

행정안전부(2020)

행정안전부가 2020년에 펴낸 '행정업무 운영편람'에 포함된 로마자는 10개이다. 10개 용어 중 중앙행정기관 중 2곳(문체부, 행안부)과 지자체 중 2곳(경기도청, 서울시청)이 2021년 보도자료에 사용한 용어는 AI, B2B, ICT, IoT, MOU, R&D 등 6개(60%)이다.

> ▶ '행정용어 순화어'에 포함된 로마자는 2021년을 기준으로 문체부 보도자료 679건에 3개(30%), 행안부 보도자료 1194건에 5개(50%), 경기도청 보도자료 4474건에 5개(50%), 서울시청 보도자료 3437건에 6개(60%)가 사용되었다. 이들 4개 기관의 평균 사용량이 47.5%이다.

전 고병원성 **AI** 방역을 위한 구서작업 요령
후 고병원성 **조류독감** 방역을 위한 쥐잡기 요령

'에이아이(AI)'는 "인간의 지능이 가지는 학습, 추리, 적응, 논증 따위의 기능을 갖춘 컴퓨터 시스템" 또는 "닭, 오리, 야생조류 등이 조류 인플루엔자 바이러스에 감염되어 전파되는 급성 바이러스성 전염병"을 뜻한다. 'AI'의 국립국어원 순화어는 '인공지능' 또는 '조류독감'이다.

> ▶ '조류독감'은 닭, 오리 사육 농가와 치킨 업계 등에서 '독감'이라는 용어가 소비자에게 "불필요한 공포감을 조장" 한다는 이유로 용어 개선을 촉구하면서 2005년 총리실이 주재하는 회의에서 '조류 인플루엔자'로 바꾸어 쓰기로 결의한 바 있으나 '인플루엔자'를 그대로 쓰는 것은 소통성을 떨어트릴 수 있다.

전 박람회 참가자를 대상으로 **B2B**, B2C 등을 실시하면서
후 박람회 참가자를 대상으로 **기업 간 거래[B2B]**, 기업·소비자 거래[B2C] 등을 실시하면서

'비투비(B2B)'는 "기업과 기업이 전자 문서로 거래하는 일"을 뜻한다. 'B2B'의 국립국어원 순화어는 '기업 간 거래'이다.

> ▶ '행정업무 운영편람'의 로마자 목록에는 'B2C'가 없다. 공문서에 단골로 등장하는 'CCTV'나 'email, TF' 등도 찾아보기 어렵다.

법제처(2021)

법제처가 2021년에 발표한 '알기 쉬운 법령 정비기준(제10판)'의 '정비 대상 용어' 4958개 중 로마자 목록은 총 120개이다. 120개 로마자 중 중앙행정기관 중 2곳(문체부, 행안부)과 지자체 중 2곳(경기도청, 서울시청)이 2021년 보도자료에 사용한 용어는 3D, ABS모듈, AI, AR, ARS, BOD, CITES, CNG, ESS, GPS, HACCP, IUCN, LED, LNG, LPG, OLED, PCB, PCR, pH, PVC, SCR, SMS, TP, UV, VR 등 25개(21%)이다.

> ▶ '알기 쉬운 법령 정비기준(제10판)'에 포함된 로마자는 2021년을 기준으로 문체부 보도자료 679건에 4개(3%), 행안부 보도자료 1194건에 10개(8%), 서울시청 보도자료 3437건에 23개(19%), 경기도청 보도자료 4474건에 20개(17%) 사용된 것으로 나타났다. 이들 4개 기관의 평균 사용량이

11.75%에 불과하다. 따라서 이 목록을 공공기관 공문서를 평가하는 데 적용하기는 어렵다.

전 지역경제를 살리기 위해 **3D 프린터**로 관광상품을 제작
후 지역경제를 살리기 위해 **삼차원 프린터**로 관광상품을 제작

'스리디프린터(3D printer)'는 "입력된 설계도를 바탕으로 입체적인 조형물을 만들어 내는 프린터"를 뜻한다. '3D 프린터'의 법제처 순화어는 '삼차원 프린터'이다.

전 **ARS**나 우편, 팩스로도 신고할 수 있다
후 **자동응답전화**나 우편, 팩스로도 신고할 수 있다

'에이알에스(ARS)'는 "기억 장치에 저장된 음성으로 된 여러 정보를 사용자에게 자동으로 전달하는 시스템"을 뜻한다. 'ARS'의 법제처 순화어는 '자동응답시스템(ARS)'이고, 국립국어원 순화어는 '자동응답시스템'이다. 문맥에 따라 '자동응답전화'라고도 할 수 있다.

▶ 간혹 'ARS(Automated Response System)'를 '자동응답서비스'라고도 하는데, 이는 'ARS'의 'S'를 'Service'의 약어로 오해한 데서 생긴 실수로 볼 수 있다.

전 지역주민들이 **BOD(생화학적 산소요구량)** 방류 수질기준을
후 지역주민들이 **생화학적산소요구량[BOD]** 방류 수질기준을

'비오디(BOD)'는 "산소가 있을 때 생육하는 성질이 있는 미생물이 일정 기간 동안 수중의 유기물을 산화 분해할 때 소비하는 산소량"을 뜻한다. 'BOD'의 법제처 순화어는 '생화학적산소요구량(BOD)' 또는 '생물화학적산소요구량(BOD)'이다.

전 급식지원시설 · **HACCP** 보유 현황 등에
후 급식지원시설 · **식품안전관리기준[HACCP]** 보유 현황 등에

'해썹(HACCP)'은 "식품이 원재료 생산 단계에서 유통 단계를 거쳐 최종 소비자에게 도달하기까지 모든 과정에서 오염되는 것을 예방하기 위한 위생 관리 시스템"을 뜻한다. 'HACCP'의 법제처 순화어는 '안전관리인증기준(HACCP)'이고, 국립국어원 순화어는 '식품안전관리인증기준'이다.

전 **PCR 검사** 없이 확진자로 인정돼 재택치료 대상이
후 **코로나 검사** 없이 확진자로 인정돼 재택치료 대상이

'피시알(PCR)'은 "디엔에이(DNA)의 원하는 부분을 복제 · 증폭하는 분자생물학적 기술"을 뜻한다. 'PCR'의 법제처 순화어는 '중합효소연쇄반응(PCR)'이고, 국립국어원 순화어는 '중합효소연쇄반응'이다. 문맥에 따라 '코로나 검사'라고도 할 수 있다.

▶ 'PCR'에 비해 '중합효소연쇄반응'은 널리 알려지지 않은 용어이므로 국립국어원보다 법제처 표기 방식을 따르는 것이 무난하다. 다만 '중합효소연

쇄반응'이라는 용어는 생소하기만 한 것이 아니라 무슨 뜻인지 이해하기 쉽지 않기 때문에 대안을 모색할 필요가 있다.
▶ 코로나 검사법 중 'PCR 검사'는 '코로나 검사(PCR)'로, '신속항원검사'는 '코로나 검사(신속항원검사)'로, '자가진단키트검사'는 '코로나 검사(자가진단검사)'로 구분할 수 있다.

전 도시가스 안전점검 방문할 때 **SMS**로 미리 안내하고
후 도시가스 안전점검 방문할 때 **문자메시지**로 미리 안내하고

'에스엠에스(SMS)'는 "휴대전화로 짧은 문장의 정보를 주고받을 수 있도록 제공하는 통신 서비스"를 뜻한다. 'SMS'의 법제처 순화어는 '문자메시지'이다.

전 **VR · AR**에 기반한 체험형 교육훈련 콘텐츠
후 **가상현실[VR]** · 증강현실[AR]에 기반한 체험형 교육훈련 콘텐츠

'브이알(VR)'은 "현실이 아닌데도 실제처럼 생각하고 보이게 하는 현실"을 뜻한다. 'VR'의 법제처 · 국립국어원 순화어는 '가상현실'이다.

(2) 한자

기본적으로 한자는 한글 표기만으로 뜻을 파악하기 어려울 때만 사용해야 한다. 그냥 '광주'라고 하면 경기도 광주(廣州)인지, 전라남도 광주(光州)인지 알 수 없으므로 '광주(廣州)' 또는 '광주(光州)'로 적는 식이다.

다만 원칙이 그렇다고 하더라도 병기한 한자를 모르면 큰 도움이 되지 않으므로 '경기도 광주'와 '전남 광주'처럼 적을 수도 있다.

전 정책 全 과정에 대한 주민들의 참여욕구 확대
후 정책을 결정하는 **모든** 과정에 주민의 참여 확대

'전 과정'의 '전'은 '全'으로 적으면 안 된다. 비록 '全'은 일상적으로 쓰는 한자지만 한자 교육을 제대로 받지 못한 세대는 이해하지 못할 수도 있기 때문이다. 따라서 '전' 또는 '모든'이라고 적어야 하는데, 가급적 '모든'이라고 적는 편이 오해를 줄일 수 있는 최선의 방법이라고 할 수 있다.

전 인천에서도 **택시표시등(燈)**에 디지털광고 실시한다.
후 인천에서도 **택시 표시등**에 디지털광고 실시한다.

표시등은 '표시등(表示燈)'이나 '표시등(燈)'처럼 굳이 한자를 함께 적을 필요가 없다. 그렇게 적지 않아도 '표시등'을 다른 말로 오해할 수 없기 때문이다.

03

- ☐ 바른 공공언어 쓰기
- ☐ 쉬운 공공언어 쓰기
- ☑ **품위 있는 공공언어 쓰기**
- ☐ 부록

03

 **품위 있는
공공언어의 정의**

 기본적으로 '공문서 등'은 '품위 있는 공공언어'로 작성해야 한다. 그래야만 국민의 눈높이에 맞게 소통할 수 있고, 정부 정책을 품위 있게 전달함으로써 정책 효과를 극대화할 수 있기 때문이다. 더 나아가 공무원의 품위를 지킬 수 있으며, 무엇보다 누군가에게 의도치 않게 상처를 입히지 않을 수 있을 것이다. 그런데 품위 있는 공공언어 쓰기는 말처럼 쉬운 일이 아니다.

 우선 사전적인 의미로 '품위'는 "사람이 갖추어야 할 기품"을 뜻한다. 따라서 공무원으로서 품격을 잃지 않은 언어를 '품위 있는 공공언어'라 할 수 있다. 쉽게 말해 공무원은 점잖고 고상한 언어를 사용해야 한다. 다만 비속어나 거짓말은 점잖지도 않고 고상하지도 않지만 공문서에서 찾아보기 어려우니 논외로 하더라도, 편향적 표현이나 자극적 표현은 적잖이 품위가 없으므로 마땅히 경계해야 하는데 아직 우리 사회의 공감대가 부족한 듯 이러한 표현을 품위 없는 공공언어로 다루지 않고 있다. 한마디로 말해서 공공언어의 품위에 대한 논의는 아직 걸음마 수준을 벗어나지 못한 실정이다.

　공공언어를 보다 '품위 있게' 쓰기 위해서는 무엇보다 '공공기관 등'이 작성한 '공문서 등'을 평가할 때 적용하는 소통성 영역의 '공공성' 기준을 알아야 한다. '공공성'에서는 공문서가 사회 전반에 미치는 영향을 감안하여 고압적 표현과 권위적 표현, 차별적 표현을 사용하지 않도록 규정한다. 고압적이거나 권위적이며 차별적인 태도는 품위가 없기 때문이다. 설령 공무원에게 그러한 의도가 없었다고 하더라도 주의가 필요하다.

　간혹 일각에서는 '바른'과 '쉬운'의 음절 수에 이끌려 '품위 있는'을 '고운'으로 바꿔 쓰기도 하는데 '곱다'의 사전적 정의가 "모양 따위가 산뜻하고 아름답다" 또는 "색깔이 밝고 산뜻하여 보기 좋은 상태에 있다"임을 감안할 때 '곱다'는 공공언어의 기본 요건으로 받아들이기 어렵다. 공문서를 보기 좋게 꾸미려는 순간, 불필요한 시간 낭비를 피하기 어렵기 때문이다. 예컨대 '삼일절'만 하더라도 '3.1절'처럼 마침표를 찍어도 되는데 굳이 '3・1절'처럼 가운뎃점을 찍으려고 마음먹는 순간, 보기 좋은 가운뎃점을 찾아 문자판을 헤매게 된다. 가운뎃점 중에는 점이 굵은 것도 있지만 가는 것도 있고, 간격이 넓은 것도 있지만 좁은 것도 있어서 썼다가 지웠다가를 반복하는 것이다. 한 자리 숫자와 두 자리 숫자를 함께 쓸 때 한 자리 숫자 앞에 '0'을 붙인다든지, 두 글자 제목과 세 글자 제목을 함께 쓸 때 세 글자 제목에 어깨를 맞추기 위해 스페이스 바를 밀어 두 글자 제목의 간격을 벌리는 것도 결국은 공문서를 보기 좋게 꾸미려는 마음에서 비롯된 시간 낭비이다. 모름지기 공문서는 곱게 아름답게 쓰려고 노력하기보다 바르게 쉽게 품위 있게 쓰려고 노력해야 한다. 그래야만 말에 힘이 있고, 사람들이 그 말을 믿고 따르기 때문이다.

▶ 행안부가 펴낸 '행정업무운영 편람'(2020:41)을 보면 날짜는 "숫자로 표기하되 연, 월, 일의 글자는 생략하고 그 자리에 마침표를 찍어 표시한다. 월, 일 표기 시 '0'은 표기하지 않는다."라고 되어 있다. 다만 시간을 나타낼 때는 한 자리 숫자 앞에 '0'을 표기할 수 있도록 하였는데, 한 자리 숫자와 두 자리 숫자를 동시에 나열할 때 한 자리 숫자 앞에 '0'을 붙이는 것이나 물결표를 쓸 때 앞뒤를 띄어 쓰는 것은 결국 아름다움과 시각적 균형을 추구하려는 본능에서 비롯된 매우 비효율적인 표기법이므로 마땅히 경계해야 한다.

품위 있는 공공언어 쓰기의 필요성

(1) 품위 있는 공공언어를 써야 개념 있는 공무원이 된다

"윈스턴 씨는 영국 사람이다. 그에게는 알라오라는 흑인 친구가 있다. 알라오는 아프리카 사람이다. 윈스턴 씨는 의사이고, 그의 친구 알라오는 농부이다. 그래서 윈스턴 씨는 알라오가 아플 때마다 치료해준다."

▶ 이 글은 윈스턴 중심의 글로서 윈스턴에게는 그 사람을 높이는 '씨'라는 의존명사를 사용하지만 알라오에게는 사용하지 않는다. 아울러 윈스턴을 국가명인 영국 출신으로 소개하면서 알라오는 대륙명인 아프리카 출신으로 소개한다. 끝으로 윈스턴은 매번 주기만 하고 알라오는 매번 받기만 하는 사람처럼 묘사하고 있다.

인권 교육을 할 때 즐겨 쓰는 '윈스턴과 알라오'의 이야기이다. 이 짧은 이야기에는 쉽게 눈치챌 수 없는 3가지 차별적인 내용이 숨어 있다. 만약 이 이야기에서 차별적인 내용을 모두 찾아냈다면 '인권 감수성' 또는 '언어 감수성'이 뛰어난 사람이라고 할 수 있지만, 그렇지 않다면 인권 교육을 받아야 할지도 모른다. 인권 감수성이 부족하면 결국 품위 있는 공공언어를 쓰기 어렵기 때문이다.

기본적으로 바른 공공언어보다 중요한 것이 쉬운 공공언어이다. 공공언어가 쉽지 않으면 내용을 제대로 이해하기 어렵기 때문이다. 그런데 쉬운 공공언어보다 더 중요한 것이 바로 품위 있는 공공언어이다. 공공언어에 품위가 없으면 내용을 이해하더라도 공감하기 어렵기 때문이다. 모름지기 의사소통의 궁극적인 목적은 '이해'가 아니라 '공감'에 있고, 품위가 없는 공공언어는 '공감'이 아니라 '반감'만 살 뿐이다. 이것이 품위 있는 공공언어를 사용해야 하는 이유이다.

여담인데, 요즘 대학에서는 학생들이 강의평가를 할 때 교수의 인권 감수성이나 젠더 감수성을 문제 삼기도 한다. 강의실에 여학생들이 많다고 무심코 '꽃밭'이라는 말을 했다가는 어김없이 개념 없는 교수가 되고 만다. 이제 더 이상 옛날의 언어 감수성으로 살 수 없는 세상이 된 것이다. 따라서 공문서도 시대의 변화에 발을 맞추어 달라져야 한다. 그렇지 않으면 개념 없는 공무원이 되는 것을 피하기 어려울 것이다.

(2) 품위 없는 공공언어를 쓰는 사람은 자기중심적이다

"한국산업규격(KS)상 '살색'의 색명은 1967년 한국산업규격 제정 당시 제반사항에 대한 고려 없이 일본의 공업규격을 단순 번역한 것으로서 특정 색깔의 피부를 가진 인종의 사람에 대해서만 사실과 부합되는 것이므로 기타 인종의 사람들에 대해서는 합리적인 이유 없이 헌법 제11조에 보장된 평등권을 침해할 소지가 있다."

> 버섯의 이름에도 '살색갓버섯아재비'와 '살색구멍버섯' 등 '살색'이라는 차별 표현이 쓰이고 있다. 학술용어를 정비할 때 정확성과 용이성뿐만 아니라 공공성까지도 고려해야 한다.

국가인권위원회가 2002년 7월 기술표준원에 한국산업규격(KS)을 개정하라며 내린 권고안의 내용이다. 2001년 11월 독일인 외르크 바루스(Jörg Baruth) 목사와 외국인 3명이 외국인노동자의 집을 운영하던 한국인 목사와 함께 "크레파스의 특정 색을 '살색'이라고 하는 것은 인종차별이다"라며 기술표준원과 크레파스 제조업체인 경인상사(주) 등을 상대로 국가인권위원회에 진정을 냈는데, 국가인권위원회가 이를 받아들인 것이다. 이에 산업자원부 산하 기술표준원은 2002년 11월부터 '살색' 대신 '연주황(軟朱黃)'을 사용하도록 하였다.

그런데 그로부터 2년 뒤인 2004년 8월에 이번에는 처음 '살색' 논쟁을 일으켰던 한국인 목사의 어린 자녀와 조카 6명이 이해하기 어려운 한자어 '연주황'을 사용하는 것은 어린이에 대한 차별이자 인권 침해이므로 '살구색'이나 '봉숭아색' 같은 쉬운 표현으로 바꾸어 달라며 국가인권위원회에 다시 진정을 냈다. 이에 2005년 5월 기술표준원은 '연주황'을 '살구색'으로 고쳐 개정·고시하였다.

그런데 지금도 여전히 '살색'은 유효한 말이다. 다만 '살색'이 더 이상 한 가지 색을 가리키는 말이 아니라 여러 가지 색을 가리키는 말로 달라졌을 뿐이다. 누군가에게는 살색이 살구색이겠지만, 또 누군가에게는 강낭콩색이나 가지색인 세상이 된 것이다. 혹 누군가 그깟 '살색'이라는 말을 바꾸는 데 그렇게 많은 시간과 그렇게 많은 사람의 노력이 들어간 것을 두고 '지나치다'라고 말할 수도 있다. 그러나 그 덕에 누군가는 자신이 그동안 얼마나 자기중심적으로 살았는지 깨닫게 되었을 것이다.

> ▶ 우리나라 기술표준원이 한국산업규격을 정하던 1967년 당시 관용색의 이름을 정할 때 일본의 공업규격을 그대로 받아들이는 과정에서 '살색'이라는 색 이름이 들어온 것으로 보인다. 실제로 2021년 일본의 한 편의점 체인에서 여성용 속옷의 색깔을 '살색(はだいろ)'이라고 표기하여 판매했다가 누리꾼의 뭇매를 맞고 '베이지색'으로 바꾼 일도 있다.
> ▶ 제주도의회의 고현수 의원이 2022년에 발의한 이른바 '차별 표현 방지 조례'는 '차별 표현'의 해석이 추상적이므로 법률 유보 원칙에 어긋난다는 이유로 심사 보류 판정을 받았고 결국 이 조례는 폐기 수순을 밟았다. 여기에서도 문제가 된 것은 무엇을 차별이라고 할 수 있느냐의 문제가 주관적이라는 점이다.

(3) 품위 있는 공공언어는 공무원의 품위 척도이다

"대접받고자 하는 대로 대접하라."

마태복음 7장 12절에 있는 말이다. 그런데 이 말은 사실과 다르다. 상대를 귀하게 대접하면 그보다 더 귀한 대접을 받는 일이 허다하기 때문이다. 옛날 어느 마을 고깃간에서 있었던 일이다. 두 양반이 고깃간을 찾았다. 먼저 온 양반은 "김 서방, 고기 한 근만 주시게"라고 하였고, 나중에 온 양반은 "돌쇠야, 고기 한 근만 주거라"라고 하였다. 고깃간 주인이 먼저 온 양반에게 좋은 고기를 더 많이 주자 나중에 온 양반이 "왜 다르게 주냐?"라며 따져 물었다. 그러자 고깃간 주인이 "먼저 온 손님의 고기는 김 서방이 자른 것이고, 나중에 온 손님의 고기는 돌쇠가 자른 것이라 다릅니다"라고 말했다고 한다.

공무원의 언어도 다르지 않다. 상급 기관의 공무원이 하급 기관의 공무원에게, 또는 일선 공무원이 민원인에게 고압적·권위적으로 말하면 얻는 것보다 잃는 것이 더 많다. 그것이 설령 공문서라 하더라도 마찬가지다. 그런데 말을 할 때보다 글을 쓸 때 고압적이고 권위적인 표현을 사용하는 일이 더 잦다. 그것은 어쩌면 그러한 표현을 사용해야 공적 문서의 권위가 선다거나 그것이 공적 문서의 기본적인 문체라고 오해한 데서 비롯된 일일지도 모른다. 그것이 아니라면 그러한 말투가 곧 그 사람의 개인적인 말투일 수도 있다. 품위가 없는 사람은 아무리 노력해도 결국은 품위의 바닥을 드러낼 수밖에 없기 때문이다. 어쩌면 자신을 시혜자(주는 사람)로, 상대를 수혜자(받는 사람)로 여기고 있는지도 모를 일이다. 한마디로 말해 품위 없는 공공언어가 곧 그 사람의 인품의 척도이자 품위의 척도인 것이다.

> ▶ 기본적으로 에티켓이 없는 사람에게 네티켓도 기대할 수 없듯이 품위 없는 사람에게 품위 있는 공문서를 기대할 수 없다. 개인적으로 전자우편을 보

> 낼 때 상대의 사회적 지위에 따라 자신의 이름 뒤에 '드림' 또는 '올림'이라
> 는 말을 가려 쓰게 되는데, 뜻하지 않은 사람이 '올림'이라는 말을 썼을 때
> 어떤 느낌을 받게 되는지 되짚어 볼 필요가 있다.

 **품위 있는
공공언어 쓰기의 실제**

　의사소통의 과정에서 품위 있는 언어를 사용하는 것은 매우 중요한 일이다. 품위는 상대의 마음을 여는 열쇠이기 때문이다. 그런데 공문서를 평가할 때 품위 있는 공공언어 사용은 매우 소홀히 다루고 있는 것이 현실이다. 실제로 국립국어원이 개정된 국어기본법에 따라 매년 '공공기관 등'의 '공문서 등'을 평가하는 것과 관련하여 2022년 3월에 입찰을 실시한 '공공기관 공문서 언어 사용 평가를 위한 기초 연구'를 보면 공문서의 용이성과 정확성만 평가할 뿐, 공공성은 평가하지 않는 것으로 되어 있다.

　일반적으로 공공언어 사용 실태를 평가하는 평가 기관이나 평가자에 따라 공공성 평가 항목과 평가 목록이 다를 수 있다. 따라서 소속 기관의 공문서를 대상으로 공공성을 평가하고자 한다면 평가 전에 세부 평가 기준과 평가 목록부터 확인해야 한다. 다음 [표9]는 국립국어원이 제시하는 일반적인 공공성 평가 기준이다.

표9 민현식 외(2010)의 공공언어 공공성 평가 기준

평가 영역	평가 요소	평가 항목
소통성	공공성	공공언어로서의 품격을 갖추었는가
		고압적·권위적 표현을 삼갔는가
		차별적 표현을 삼갔는가

▶ 민현식(2011:61)은 '공공언어로서의 품격을 갖추었는가'의 세부 평가 항목으로 구어체 사용(해요체, 준말 포함), 저속한 표현 사용(어감이 좋지 않은 말), 신조어 사용(중소氣UP, 내가 Green 희망Job氣 등), 가치 편향적 표현 사용(소속 기관에 유리한 해석) 등을 꼽았다.

[표9]의 평가 항목 중에 '공공언어로서의 품격을 갖추었는가'는 하위 항목과의 경계가 다소 불분명하다. 왜냐하면 고압적 표현이나 차별적 표현도 결국은 공공언어의 품격을 갖춘 표현으로 보기 어렵기 때문이다. 이러한 이유 때문인지 모르지만 국립국어원이 2022년에 펴낸 '쉬운 공문서 쓰기 길잡이'에서는 '공공언어로서의 품격을 갖추었는가' 항목이 삭제되었다. 그런데 '공공언어로서의 품격을 갖추었는가'라는 표현이 부적절하지만 구어체 사용을 제외하고 신조어나 가치 편향적 표현을 사용하는 것은 공문서의 품격을 떨어트리는 요인이 될 수 있으므로 이를 평가 항목에서 제외하는 것은 바람직하지 않다. 따라서 이 책에서는 [표9]를 [표10]과 같이 수정한다.

▶ 민현식(2010)은 '공공언어로서의 품격을 갖추었는가' 항목에서 구어체 사용을 오류로 다루고 있는데, 이를 공공언어 평가 항목으로 받아들이기는

어렵다. 왜냐하면 공공기관의 공공언어 사용 실태를 평가할 때 주로 보도자료를 대상으로 삼는데, 보도자료는 특성상 문어체보다 구어체로 작성할 것을 권장하기 때문이다.

표10 다듬은 공공언어 공공성 평가 기준

평가 영역	평가 요소	평가 항목
소통성	공공성	자극적 표현을 삼갔는가
		고압적·권위적 표현을 삼갔는가
		차별적 표현을 삼갔는가

[표10]의 자극적 표현을 삼가야 하는 까닭은 인터넷 신조어나 언어유희 표현이 공적인 문서의 내용을 사적으로 가볍게 다루는 듯한 인상을 심어주기 때문이다. 아울러 고압적 표현이나 권위적 표현은 인간관계를 수직적인 상하관계로 파악하는 듯한 인식에서 비롯된 것으로 보고, 차별적 표현은 나와 다른 사람을 비하하거나 조롱하는 듯한 인식에서 비롯된 것으로 보기 때문에 삼가야 한다.

▶ 국립국어원은 2022년 '공공기관 공문서 언어 사용 평가를 위한 기초 연구'와 '2023년 공공기관 공공언어 진단'과 관련하여 연구 용역을 수행할 기관에 공공성 항목의 평가를 요구한 바 없다. 이는 공공성이 정확성이나 용이성에 비해 중요하지 않기 때문이 아니라 평가 결과에 대한 반발에 효과적으로 대응하기 어렵기 때문일 수 있다. 그러나 지금까지의 논의를 토대로 '우선 개선' 목록을 평가 목록에 포함함으로써 품위 있는 공문서가 될 수 있도록 평가 방법을 개선해 나갈 필요가 있다.

▶ 국립국어원이 2011년부터 2019년까지 9년 동안 공공성 항목을 오류로 진

단한 것은 2011, 2015, 2016, 2017, 2018년 5년뿐이다. 그마저도 실제 진단 사례를 구체적으로 밝힌 것은 2011년이 유일하다.

1. 자극적 표현을 삼갔는가

자극적 표현은 국립국어원을 비롯해 어느 기관에서도 구체적인 목록을 제시한 적이 없다. 이는 자극적 표현을 쓰지 말아야 한다는 주장에 동의하면서도 실제로 개선하기 위한 노력을 전혀 하지 않고 있음을 의미한다. 이러한 상황에서 공문서에 적잖이 사용되는 언어유희 표현이나 신조어 표현, 과장 표현을 자극적 표현으로 다룰 수 있다.

(1) 언어유희 표현 오류
공문서에 로마자와 한자의 소리 또는 뜻을 빌려 표기하는 일이 종종 있다. 정책명이나 행사명에 사투리를 쓰는 것은 지역어를 활성화한다는 명분이라도 있지만, 로마자나 한자를 차자 표기하는 것은 아무리 홍보 전략이라고 하더라도 홍보 효과가 검증되지 않는 마당에서 '언어유희'이자 '언어파괴'를 조장하는 행위로밖에 볼 수 없다는 점에서 권장하기 어렵다.

전 '국가·지역 정책**e음**' 활용
후 '국가·지역 정책 **다리놓기**' 활용

'e음'은 로마자 'e'의 소리를 빌려 적은 말로 보인다. 일부 지자체에서는 공유전기차의 이름을 '타U'라고 하는데, 이는 'B옷, C앗'처럼 명백한 언어파괴이자 언어유희라는 점에서 공문서에 사용해서는 안 된다.

전 지역 청년 미래를 **UP(業)하다**
후 지역 청년 미래를 바꾸다

'UP(業)하다'는 로마자 'UP' 또는 한자 '業'의 뜻을 빌려 적은 말로 보인다. 언뜻 소리를 빌려 적은 말처럼 보이지만 '업하다'에 특별한 뜻이 없으므로 그렇게 보기는 어렵다. 뜻을 빌려 적었다면 "업그레이드하다"로 해석할 수도 있고 "일하다"로 해석할 수도 있다. 그런데 저마다 해석이 다를 수 있으므로 창의적이긴 하지만 명확한 의사소통이 불가능한 표현이다.

> ▶ 민현식(2011)에서 오류로 지적한 바 있는 '관광氣UP, 내가 그린(Green) 발표회, 일자리 잡(Job)기(氣)' 등의 신조어 사용이 지금도 여전히 반복되고 있다.

전 농촌애(愛)놀자
후 농촌에서 놀자

'愛'는 한자 '愛'의 뜻과 소리를 빌려 적은 말로 보인다. 소리를 빌려 적었다면 "농촌에서 놀자"가 되고, 뜻을 빌려 적었다면 "농촌을 사랑하며 놀자"가 되는데 둘 다 어색하고 억지스럽다.

(2) 신조어 표현 오류

전 고물가 시대를 극복하기 위해 '**짠내 투어**'를 기획
후 고물가 시대를 극복하기 위해 '**알뜰 여행**'을 기획

'짠내'는 인터넷 신조어이다. 이 말은 방송에서도 즐겨 사용하고 있지만 표준어가 아니므로 공적인 문서에는 쓰지 않아야 한다.

전 **워킹 촌스데이** 활성화
후 **촌집 관광취업** 활성화

'워킹 촌스데이'는 '농어촌'에 '워킹 홀리데이'를 결합한 인터넷 신조어이다. 지자체가 시행하는 사업에 이런 형태의 신조어를 남용하는 것은 정확한 뜻을 이해하지 못해 오히려 정책 효과를 떨어트리는 요인이 될 수 있으므로 보다 신중하게 사용해야 한다.

> ▶ 최근 들어 '촌캉스'니 '촌라이프'니 하는 용어를 자주 사용하는데, 2020년 10월 한국언론진흥재단이 발표한 '미디어상의 외래어와 신조어 사용의 문제점 및 개선대책'에 따르면 신조어의 정보 전달 효과를 긍정적으로 평가한 비율이 19.6%에 불과한 것으로 나타났다. 더욱이 신조어의 정보전달력을 인정한 10대의 비율이 31.0%인 데 반해, 20대는 22.0%, 30대는 16.9%, 40대는 16.7%, 50대는 14.8%, 60대 이상은 16.5%로 나타나 연령층이 높아질수록 홍보 효과를 인정하지 않음을 알 수 있다.

[전] '**MBTI로 지피지기 쌉가능**' 상담 프로그램 성료
[후] '**성격유형검사로 알아보는 또래 이해**' 프로그램 성대하게 마무리

'쌉가능'은 인터넷 신조어이다. 이 말은 표준어가 아니므로 공적인 문서에는 쓰지 않아야 한다. 그런데 그러한 사실을 뻔히 알면서도 공문서에 신조어를 사용하는 까닭은 나름의 홍보 효과를 노린 것으로 볼 수 있는데, 최근 한 대기업에서 채용 문자에 "제출 후에도 수정 쌉가능"이라는 표현을 썼다가 사과문까지 올렸을 정도로 논란이 된 사례가 있으므로 주의가 필요하다.

(3) 과장 표현 오류

공문서는 객관적인 시점에서 기술해야 한다. 그래야 내용과 상황을 제대로 이해할 수 있다. 주관적인 시점은 다소 감정적이고 다소 편향적이어서 자극적이거나 과장된 표현을 사용하게 된다. 특히 공문서에서는 편향적 표현보다 중립적인 표현을 써야 한다.

국가인권위원회

[전] 품행이 단정하고 **장애극복** 의지가 높아 타의 모범이 되는
[후] 행실이 바르고 다른 사람의 모범이 되는

'장애극복'은 장애를 극복의 대상으로 본다는 점에서 문제가 있다. "장애가 있음에도 불구하고"로 바꾼다고 해도 문제가 완전히 사라지는 것은

아니다. 여전히 장애를 결함으로 인식하는 태도가 엿보이기 때문이다. '장애극복'은 장애인에 대한 편견을 조장할 수 있는 자극적 표현이다.

전 수업을 재편성해 '**요린이** 강좌'를 개설했다.
후 수업을 재편성해 '**요리 초보** 강좌'를 개설했다.

'요린이'는 '요리'와 '어린이'를 결합한 말로 요리 초보자를 가리키는 말이다. '요린이'는 아동을 독립적인 인격체가 받아들이지 않고 미숙하고 불완전한 존재라는 인식하에 아동에 대한 부정적인 고정관념을 조장할 수 있는 자극적 표현이다.

> 이런 식의 표현은 주식 초보자에게 '주린이', 토익 입문자에게 '토린이'라고 하는 식으로 다양하게 활용되고 있다.

민현식 외(2011)

전 열띤 경연으로 **뜨겁게 달구어진다**.
후 경연을 **펼치다**.

"뜨겁게 달구어지다"는 "감정이나 열정 따위가 격렬함"을 나타내는 비유적인 표현으로서 객관적인 표현은 아니다. 엄밀히 말해 경연을 긍정적인 시점에서 바라보고 있는 편파적 표현이자 과장 표현이다. '열띠다'도 마찬가지다.

전 **진검승부**가 펼쳐질
후 **정면대결**이 펼쳐질

'진검승부'는 "열띤 승부"를 나타내는 비유적인 표현으로서 객관적인 표현은 아니다. 「표준국어대사전」에는 없고 「우리말샘」에 "실력이 비슷한 사람끼리 겨루는 진지하고 열띤 승부를 비유적으로 이르는 말"이라고 되어 있을 뿐이다. 사실 '진검승부'는 "목숨을 건 진지한 승부"를 뜻하는 일본식 표현으로서 '정면 대결, 최종 대결, 한판 대결'로 바꾸어 쓸 수 있는 자극적 표현이다.

전 확산에 **발 벗고 나섰다**.
후 확산하기 위해 **노력하였다**.

"발을 벗고 나서다"나 "팔을 걷어붙이고 나서다"는 "적극적인 행동"을 뜻하는 비유적인 표현으로서 객관적인 표현은 아니다. 엄밀히 말해 "발을 벗다"는 "양발을 벗다"로, "팔을 걷다"는 "소매를 걷다"로 바꾸어 써야 하는데, 어쨌든 상대를 긍정적인 시점에서 바라보는 편파적 표현이자 과장 표현이라고 할 수 있다.

전 백년대계를 세우는 **충정**으로
후 백년대계를 세우는 **마음**으로

'충정'은 "충성스럽고 절개가 굳음"을 뜻하는 말로서 상대의 행동을 매우 객관적인 표현은 아니다. 엄밀히 말해 상대의 행동을 매우 긍정적인 시점에서 바라보고 있는 편파적 표현이자 과장 표현이다.

전 공정성 시비가 **불붙고 있는** 시점에서
후 공정성 시비가 **불거진** 시점에서

'불붙다'는 "어떤 일이나 감정 따위가 치솟기 시작하다"를 뜻하는 비유적인 표현으로서 객관적인 표현은 아니다. 눈앞에 벌어진 일을 다소 과장되게 표현한 것이다. "몸을 바치다, 가슴을 불태우다, 눈에 불을 켜다, 눈이 벌겋다. 눈이 뒤집히다" 등도 마찬가지다.

전 **제일 양호한** 것으로
후 **양호한** 것으로

'제일'은 "여럿 가운데 가장"을 뜻하는 정도 표현으로서 객관적인 표현은 아니다. 정도가 상대적으로 크다는 것을 강조하는 과장 표현이다. '가장, 너무, 대란, 대형, 대혼란, 유일, 창궐, 최고, 최대, 최악, 최첨단, 특히, 특수' 등도 마찬가지다.

> ▶ 한국소비자보호원에서 광고 등에 최상급 표현과 배타적 표현을 쓰지 못하도록 하고 있는 것과 마찬가지로 주의가 필요하다.

전 고구마는 **배를 채우는** 구황용 식량과

후 고구마는 구황용 식량과

"배를 채우다"는 단순히 행위가 아니라 욕심 사나운 행위거나 안쓰러운 행위를 뜻하는 말로서 객관적인 표현은 아니다. 밥 대신에 고구마로 끼니를 때워야 하는 상황을 강조하는 자극적 표현이다.

전 **선풍적인** 인기를 끌며
후 인기를 끌며

'선풍적이다'는 "돌발적으로 일어나 사회에 큰 영향을 미치거나 관심의 대상이 될 만한 것"을 뜻하는 말로서 객관적인 표현은 아니다. '제일'과 마찬가지로 정도를 강조하는 과장 표현이다.

전 **뒤안길로 사라져** 가고 있다.
후 **사라져** 가고 있다.

'뒤안길로 사라지다'는 "다른 것에 가려서 관심을 끌지 못하는 상황"을 뜻하는 비유적인 표현으로서 객관적인 표현은 아니다. 엄밀히 말해 그렇게 사라지는 것에 대한 안타까움이 드러나는 편파적 표현이자 과장 표현이라고 할 수 있다.

전 **싸구려** 중고엔진을
후 **값싼** 중고엔진을

'싸구려'는 단순히 "값이 싼 물건"을 뜻하는 말이 아니라 "질이 낮은 물건"을 뜻하는 말이다. 값이 싸면서 질이 좋은 물건이나 값은 비싸지만 질이 낮은 물건이 있을 수 있으므로 '싸구려'는 싸다는 이유만으로 물건의 가치를 깎아내리는 자극적 표현이다.

한국신문윤리위원회

전 튀르키예 강진 사망자 5000명 **돌파**
후 튀르키예 강진 사망자 5000명 **넘어서**

'돌파'는 "일정한 기준이나 기록 따위를 지나서 넘어섬"을 뜻하는 말로서 재난 상황에서 사망자의 수를 보도하는 상황에 쓸 수 없는 말이다. 이는 재난의 정도가 매우 심각함을 전혀 고려하지 않은 자극적 표현이다.

▶ 한국신문윤리위원회가 마련한 신문윤리실천요강 제3조 보도준칙 중 7항을 보면 "재난이나 대형 사건 등을 보도할 때 흥미 위주의 보도를 지양하고, 자극적이거나 불필요한 공포심을 일으킬 수 있는 표현을 사용하지 않는다. 재난 및 사고의 피해자, 희생자 및 그 가족의 명예나 사생활 등 인권을 침해하는 일이 없도록 각별히 유의해야 한다." 라고 되어 있다.

▶ 한국신문윤리위원회는 증권 보도에 사용되는 '싹쓸이, 쓸어담아, 씨말라' 등의 표현을 자극적인 표현으로 규정하고, 이런 표현이 독자의 합리적인 투자 판단을 저해할 수 있으므로 사용하지 말 것을 권고하였다.

2. 고압적·권위적 표현을 삼갔는가

고압적 · 권위적 표현은 국립국어원을 비롯해 법제처 등에서 체계적으로 목록을 구축하지 않았다. 일부는 순화어로 다루기도 하고, 일부는 고압적 · 권위적 표현으로 다루기도 하는데 순화어와 달리 다양한 목록을 제시한 적은 없다. 그러한 이유 때문인지 고압적 · 권위적 표현 목록은 기관에서 발표하는 보고서 형태보다 개인 연구자들이 발표하는 논문 형태가 더 많다. 더욱이 대부분 공문서를 대상으로 한 것이 아니라 일반 문서를 대상으로 한 것이 주류를 이룬다.

국립국어원

① 문체부 · 국립국어원(2014)
문체부 · 국립국어원(2014)은 국민을 명령의 대상이 아니라 섬김의 대상이라며 국민에게 명령을 내리는 듯한 표현을 권위적 표현으로 정의한다.

전 사업명을 반드시 확인하여 실행계획서를 **작성할 것**.
후 사업명을 반드시 확인하여 실행계획서를 **작성하십시오**.

'작성할 것'은 서류 등을 작성하도록 명령하는 듯한 말투를 사용한 말로서 수직적 상하관계가 겉으로 드러나는 고압적 · 권위적 표현이다. '작성할 것'의 문체부 · 국립국어원 대체 표현은 '작성해 주십시오'이다. 문맥에 따라 '작성하십시오'라고도 할 수 있다.

▶ 국립국어원(2022ㄴ :113)은 공문서를 명사형으로 종결하는 것을 두고 권위적이라고 규정한다.

전 수령 **즉시 제출 바람**.
후 받은 후 **바로 제출하십시오**.

'즉시 제출 바람'은 제출 시한을 제한하는 공손하지 않은 말투로 수직적 상하관계가 겉으로 드러나는 고압적·권위적 표현이다. '즉시'가 없다고 하더라도 그 자체로 공손하지 않은 말투이므로 권위적인 표현으로 볼 수 있다. '즉시 제출 바람'의 문체부·국립국어원 대체 표현은 '제출해 주십시오'이다. 문맥에 따라 '바로 제출하십시오'라고도 할 수 있다.

전 사고가 발생하지 않도록 만전을 기해달라"고 **지시하였다**.
후 사고가 발생하지 않도록 최선을 다해달라"라고 **말하였다**.

'지시하다'는 "일러서 시키다"를 뜻한다. 이는 주로 윗사람이 아랫사람에게 하는 말로서 수직적 상하관계가 겉으로 드러나는 고압적·권위적 표현이다. '지시하다'의 문체부·국립국어원 대체 표현은 '하다'이다. 문맥에 따라 '말하다, 전달하다'라고도 할 수 있다.

전 노력을 **치하하고** 격려하는 시간을 가졌습니다.
후 노력을 **칭찬하고** 격려하였다.

'치하하다'는 "남이 한 일에 대하여 고마움이나 칭찬의 뜻을 표시하다"를 뜻한다. 이는 주로 윗사람이 아랫사람에게 하는 말로서 수직적 상하관계가 겉으로 드러나는 고압적·권위적 표현이다. '치하하다'의 문체부·국립국어원 대체 표현은 '말하다'이다. 문맥에 따라 삭제할 수 있으며 '위로하다, 축하하다, 칭찬하다'라고도 할 수 있다.

② 국립국어원(2022ㄱ)
전 종사자에 대한 **교육을 실시하였다.**
후 종사자를 대상으로 하는 **교육 프로그램을 운영하였다.**

'교육을 실시하다'는 공공기관이 국민을 교육한다는 의미를 함축한 말로서 수직적 상하관계가 겉으로 드러나는 고압적·권위적 표현이다. '교육을 실시하다'의 국립국어원 순화어는 "교육 프로그램을 운영하다"이다.

③ 국립국어원(2022ㄴ)
국립국어원(2022ㄴ)은 국민의 처지에서 불편함을 느끼거나 거부감이 드는 표현을 고압적 표현으로 정의하면서 가급적 완곡하고 간결하게 표현할 것을 권장한다.

전 행정소송은 법률상 그 이익이 **없다 할 것이다.**
후 행정소송은 법률상 그 이익이 **없다.**

공문서는 간결하고 명확하게 쓰는 것을 원칙으로 한다. 서술어가 복잡하고 장황하면 읽는 사람이 그만큼 그 뜻을 이해하기 어렵다.

법제처

① 법제처(2016)

법제처는 2014년에 장애인 비하 법령용어를 정비한 데 이어, 2015년에는 차별적·권위적 법률용어를 정비하였다. 법제처(2016)는 국민이 이해하기 어려운 용어도 차별적·권위적 용어로 간주하고 있다.

전 보안교육 실시 및 보안각서 **징구**
후 보안교육 실시, 보안각서 **요청**

'징구(徵求)하다'는 "돈 따위를 내놓으라고 요구하다"를 뜻한다. 이는 행정기관이 우월적 지위에 있음을 전제한 말로서 수직적 상하관계가 겉으로 드러나는 고압적·권위적 표현이다. '징구하다'이 법제처 대체 표현은 '제출받다'이다.

> ▶ 참고로 '징구'의 국립국어원 순화어는 '청구'이다. 문맥에 따라 '요청, 제출, 제출요구'라고도 할 수 있다.

전 허가없이 입산하는 자는 (중략) 20만원 이하의 과태료에 **처한다**.
후 허가 없이 입산하는 사람에게는 (중략) 20만 원 이하의 과태료를 **부과한다**.

'처(處)하다'는 "어떤 형벌에 놓이게 하다"를 뜻한다. 흔히 "벌금에 처하다" 또는 "과태료에 처하다"와 같이 쓰는데, 이 말은 "벌을 내린다"라는 의미를 함축한 말로서 수직적 상하관계가 겉으로 드러나는 고압적·권위적 표현이다. '처허다'의 법제처 대체 표현은 '부과하다'이다.

전 승인을 **얻기** 위한 과정에서
후 승인을 **받기** 위한 과정에서

'얻다'는 "긍정적인 태도나 반응 따위를 받다" 또는 "거저 주는 것을 받아 가지다"를 뜻한다. 흔히 "승인을 얻다" 또는 "동의를 얻다"와 같이 쓰는데, 이는 승인을 하는 쪽이 승인을 받는 쪽에게 은혜를 베푸는 듯한 의미를 함축한 말로서 수직적 상하관계가 겉으로 드러나는 고압적·권위적 표현이다. '얻다'의 법제처 대체 표현은 '받다'이다.

② 법제처(2021)
전 경영진단 및 경영개선명령 **시달**
후 경영진단 결과와 경영개선 명령 **전달**

'시달(示達)'은 "상부에서 하부로 명령이나 통지 따위를 문서로 전달함"을 뜻한다. 이 말은 행정상의 지휘 감독권을 발동하여 지시하거나 주의를 준다는 뜻의 행정용어로서 수직적 상하관계가 겉으로 드러나는 고압적·권위적 표현이다. '시달'의 법제처 대체 표현은 '전달, 지시, 통보'이다.

▶ '지시'와 '통보'는 국세청이나 문체부 등에서 고압적·권위적 표현으로 다루고 있다.

전 부처를 **통할하는** 국무총리 소속에 둠으로써
후 부처를 **총괄하는** 국무총리 소속에 둠으로써

'통할(統轄)하다'는 "모두 거느려 다스리다"를 뜻한다. 이는 상부와 하부의 불평등한 관계에 근거한 말로서 수직적 상하관계가 겉으로 드러나는 고압적·권위적 표현이다. '통할하다'의 법제처 대체 표현은 '총괄하다'이다.

▶ 법제처(2021)는 지휘 통솔의 목적이 강한 조직에서는 예외적으로 '통할하다'를 사용할 수 있도록 했는데, 보도자료나 일반 국민이 쉽게 접할 수 있는 공개적인 문건에는 사용하지 않아야 한다.

한국법제연구원

• 강현철 외(2015)

강현철 외(2015)는 법제처가 한국법제연구원에 연구용역을 의뢰한 결과물이다. 강현철 외(2015)는 수직적 상하관계에 기초한 표현뿐만 아니라 '공차(허용오차), 관유물(공공소유물)'처럼 일반인이 이해하기 어려운 행정용어도 고압적·권위적 표현에 포함하였다. 아울러 '견책, 보좌' 등을 고압적·권위적 표현으로 보았으나 적당한 대체어를 찾지 못해 순화를 보류한다.

　　전 대대적인 공직**감찰**을 실시한다고 밝혔다.
　　후 대대적인 공직**감사**를 실시한다고 밝혔다.

'감찰(監察)'은 "단체의 규율과 구성원의 행동을 감독하여 살핌"을 뜻한다. 이 말은 강제성을 띤 행위로서 수직적 상하관계가 겉으로 드러나는 고압적·권위적 표현이다. '감찰'의 강현철 외(2015) 대체 표현은 '감사' 또는 '조사'이다.

　　전 회의를 주재하고 **사정**활동의 속도 조절을 통한
　　후 회의를 주재하고 **감사**활동의 속도를 조절하여

'사정(司正)'은 "그릇된 일을 다스려 바로잡음"을 뜻한다. 이 말은 강제성을 띤 행위로서 수직적 상하관계가 겉으로 드러나는 고압적·권위적 표현이다. '사정'의 강현철 외(2015) 대체 표현은 '감사' 또는 '조사'이다.

　　전 전국 시·도에 지침을 **시달**하였다.
　　후 전국 시도에 지침을 **전달**하였다.

'시달(示達)'은 "상부에서 하부로 명령이나 통지 따위를 문서로 전달함"을 뜻한다. 이는 상부와 하부의 불평등한 관계에 근거한 말로서 수직적 상하관계가 겉으로 드러나는 고압적·권위적 표현이다. '시달'의 강현

철 외(2015) 대체 표현은 '전달'이다.

전 사무관 **시보**로 임용되어
후 사무관 **수습직**으로 임용되어

'시보(試補)'는 "정식 공무원으로 임용되기 전에 실무를 익히는 직책"을 뜻한다. 이는 정규직이 우월한 지위에 있음을 함축한 말로서 수직적 상하관계가 겉으로 드러나는 고압적·권위적 표현이다. '시보'의 강현철 외(2015) 대체 표현은 '보조'이다. 문맥에 따라 '수습직, 임시직'이라고도 할 수 있다.

전 **시정조치** 등 행정처분을 받은
후 **개선조치** 등 행정처분을 받은

'시정조치(是正措置)'는 "잘못된 것을 바로잡는 행위"를 뜻한다. 이는 상사가 부하의 잘못을 꾸짖는 의미를 함축한 말로서 수직적 상하관계가 겉으로 드러나는 고압적·권위적 표현이다. '시정조치'의 강현철 외(2015) 대체 표현은 '개선조치'이다.

전 우수**시책** 공모를 진행중에 있습니다
후 우수**정책** 공개모집을 진행하고 있습니다

'시책(施策)'은 "어떤 정책을 시행함"을 뜻한다. 이는 정책을 펴는 곳이 은혜를 베푼다는 의미를 함축한 말로서 수직적 상하관계가 겉으로 드러나는 고압적·권위적 표현이다. '시책'의 강현철 외(2015) 대체 표현은 '정책'이다.

전 수배자 검거를 위한 숙박업소 **임검** 중
후 수배자를 검거하기 위해 숙박업소 **현장조사** 중

'임검(臨檢)'은 "행정 기관의 직원이 직무를 수행하기 위하여 현장에 가서 조사하는 일"을 뜻한다. 이는 조사자와 피조사자의 불평등한 관계에 근거한 말로서 수직적 상하관계가 겉으로 드러나는 고압적·권위적 표현이다. '임검'의 강현철 외(2015) 대체 표현은 '현장조사'이다.

전 천년 산삼 **종주국**의 위상을 재정립하고
후 천년 산삼 **원산지**의 위상을 재정립하고

'종주국(宗主國)'은 "문화적 현상이 처음 시작한 나라"를 뜻한다. 이는 한 나라가 다른 나라들을 문화적으로 '종속'시킨다는 의미를 함축한 말로서 수직적 상하관계가 겉으로 드러나는 고압적·권위적 표현이다. '종주국'의 강현철 외(2015) 대체 표현은 '탄생지'이다. 문맥에 따라 '원산지, 발상지'라고도 할 수 있다.

전 신분증과 **증명사진** 1 매를 지참하고
후 신분증과 **사진** 1장을 지니고

'증명사진(證明寫眞)'은 "증명서 따위에 붙이는 작은 규격의 얼굴 사진"을 뜻한다. 그런데 '증명'은 서류를 받는 쪽이 서류를 내는 쪽에 비해 우월한 지위에 있음을 함축한 말로서 수직적 상하관계가 겉으로 드러나는 고압적·권위적 표현이다. '증명사진'의 강현철 외(2015) 대체 표현은 '사진'이다. 문맥에 따라 '얼굴사진'이라고도 할 수 있다.

전 정전협정에 따라 한쪽이 24시간 전에 **통고하면**
후 정전협정에 따라 한쪽이 24시간 전에 **알리면**

법률용어로서 '통고(通告)'는 "상대에게 어떤 조처에 따르도록 알려줌"을 뜻한다. 이는 알리는 쪽의 일방적인 행위를 함축한 말로서 수직적 상하관계가 겉으로 드러나는 고압적·권위적 표현이다. '통고'의 강현철 외(2015) 대체 표현은 '알림'이다.

> ▶ 강현철 외(2015)에서는 '통고'를 이해하기 어려운 한자어라는 이유로 고압적·권위적 표현으로 분류하고 있으나 사회적 통념상 '통고'는 상하관계가 전제되는 표현으로 볼 수 있다.

성남시

• 성남시(2015)
성남시는 2015년 8월 각종 사업계획서와 계약서류 등을 작성할 때 사용하는 관용적인 표현 중 공무원의 지위를 은연중에 드러내는 표현이나 상대에게 명령하는 듯한 표현을 순화하여 발표하였다.

전 다른 통신망을 이용하여 **보고**하도록 할 수 있다.
후 다른 통신망을 이용하여 **알릴** 수 있다.

행정용어로서 '보고(報告)하다'는 "상급기관이 요청한 일에 관한 내용이나 결과를 하급기관이 문서나 구두로 알리는 행위"를 뜻한다. 이는 결과를 보고하는 쪽과 보고받는 쪽의 불평등한 관계에 근거한 말로서 수직적 상하관계가 겉으로 드러나는 고압적·권위적 표현이다. '보고'의 성남시 대체 표현은 '통보'이다. 문맥에 따라 '알리다'라고도 할 수 있다.

▶ '통보(通報)'는 "통지하여 보고함"를 뜻하는 말로서 의미상 '보고'의 뜻을 함축하고 있으며 사회적 통념상 일방적인 행위로 볼 수 있으나 행정용어로서 '통보'는 "동급의 기관 간에 행정업무를 원활히 하기 위해 문서를 주고받는 행위"를 뜻하므로 '보고'의 대체어로 쓸 수 있다.

전 제3자에게 손해를 끼친 경우, (중략) "을"은 "갑"에게 **손해에 대한 구상권을 행사할 수 없다.**
후 제3자에게 손해를 끼친 경우, (중략) "을"은 **그로 인한 책임을 진다.**

"손해에 대한 구상권을 행사할 수 없다"라는 표현은 위·수탁 협약서에 자주 사용하는 관용적인 표현으로서 수직적 상하관계가 겉으로 드러나는 고압적·권위적 표현으로 볼 수 있다. "구상권을 행사할 수 없다"

라는 표현의 성남시 대체 표현은 "그로 인한 책임을 진다"이다.

전 발주청 **지시사항** 미이행
후 발주청 **요구사항** 미이행

행정용어로서 '지시(指示)'는 "상급 기관이 하급 기관에 대하여 개별적이고 구체적으로 발하는 행정 규칙"을 뜻한다. 이는 상급 기관과 하급 기관의 불평등한 관계에 근거한 말로서 수직적 상하관계가 겉으로 드러나는 고압적·권위적 표현이다. '지시'의 성남시 대체 표현은 '요구'이다.

전 기간을 연장할 수 있으며, **"을"은 특별한 사유가 없는 한 이에 응하여야 한다.**
후 기간을 연장할 수 있다.

"특별한 사유가 없는 한 이에 응하여야 한다"라는 표현은 '을'에 관한 내용일 때 삭제한다. 이는 갑과 을의 불평등한 관계에 근거한 말로서 수직적 상하관계가 겉으로 드러나는 고압적·권위적 표현이기 때문이다.

전 하자 발생시 **민·형사상 책임**을 진다.
후 하자 발생 시 **책임**을 진다.

"민형사상 책임을 진다"라는 표현은 용역 업체와 계약서를 작성할 때 관행적으로 사용하는 표현으로 "하자 발생에 대한 책임을 진다"라는 표현으로 대신하거나 '민형사상'을 삭제한다. 이는 갑과 을의 불평등한 관계에 근거한 말로서 수직적 상하관계가 겉으로 드러나는 고압적·권위적 표현이기 때문이다.

3. 차별적 표현을 삼갔는가

> ▶ 2011년 행정기관 공공언어 진단 결과보고서에는 "검둥이, 대머리, 땅달보, 뚱보, 말라깽이, 섹시, 에스라인, 잡종, 절름발이행정, 튀기, 혼혈아" 등을 차별적 표현으로 소개한다.
> ▶ '반바지'와 달리 '반팔티'는 차별적 표현이다. 왜냐하면 '반팔티'는 바지의 길이가 반이라는 뜻의 '반바지'와 달리 팔의 길이가 반이라는 뜻으로 해석될 수 있기 때문이다. 이는 의도치 않게 절단 장애가 있는 사람을 놀리는 듯한 표현으로 해석될 수 있으므로 '반소매'라고 써야 한다.

국립국어원

① 국립국어원·한국어문교열기자협회(2009)
   전 지난해 **노인** 보행자 교통사고가 많이 발생한 지역을 대상으로
   후 지난해 **어르신** 보행자 교통사고가 자주 발생한 지역을 대상으로

'노인(老人)'은 "나이가 들어 늙은 사람"(표준국어대사전)을 뜻한다. 이 말은 그 자체로 부정적인 의미를 함축하고 있지 않으나 사회 통념상 부정적인 의미로 쓰이고 있는 차별적 표현이다. '노인'의 국립국어원 대체

표현은 '어르신'이다.

> 서울시는 '노인'이라는 부정적인 명칭을 '어르신'이라는 긍정적인 명칭으로 바꿔 부르고 있다. 아울러 노인복지관은 '어르신복지관'으로, 경로당은 '어르신사랑방'으로 바꿔 부른다.

전 한국전쟁으로 남편을 잃고 **미망인**이 된
후 한국전쟁으로 남편을 잃은

'미망인(未亡人)'은 "아직 따라 죽지 못한 사람이란 뜻으로 남편이 죽고 홀로된 여자를 이르는 말"(고려대한국어대사전)이다. 이 말은 여성을 남성에게 종속된 존재로 바라보는 사회적 통념에 근거한 차별적 표현이다. 참고로 국립국어원의 표준국어대사전은 '미망인'의 뜻을 2017년에 "남편을 여읜 여자"로 바꾸었으나 "아내를 여읜 남자"라는 말이 없으므로 여전히 성적으로 편향적인 용어라는 점에서 차별적 표현으로 볼 수 있다. '미망인'의 국립국어원 대체 표현은 '고 ○○○ 씨의 아내'이다. 문맥에 따라 '미망인'이라는 말을 쓰지 않아도 된다.

> <춘추좌씨전>의 '장공편(莊公篇)'에는 "부인이 과부가 되면 스스로 '미망인'이라 칭한다"라는 내용이 나온다.
> '네이버 국어사전(국립국어원 표준국어대사전)'에는 '미망인'이 "남편을 여읜 여자"로 되어 있으나 '다음 국어사전(고려대학교 한국어대사전)'에는 '미망인'이 "아직 따라 죽지 못한 사람이란 뜻으로, 남편이 죽고 홀로된 여자를 이르는 말"이라고 되어 있다. 국립국어원은 '미망인'의 낱말 뜻을

2017년 12월 3일 "남편을 여읜 여자"로 수정한 바 있으나 '미망'의 낱말 뜻은 그대로 두었다.

전 신도시 특별법으로 일부는 **벙어리 냉가슴을 앓고 있다**.
후 신도시 특별법으로 일부는 **말 못 할 고민을 하고 있다**.

'벙어리 냉가슴 앓다'는 "말을 할 수 없어 답답한 심정"을 뜻한다. 이 말은 오랫동안 사용해온 속담이지만 장애를 비하하는 차별적 표현이다. "벙어리 냉가슴 앓다"의 국립국어원 대체 표현은 "말 못 할 고민에 빠지다"이다. 문맥에 따라 "말 못 할 고민을 하고 있다"라고도 할 수 있다.

▶ "장님 코끼리 만지는 격이다"는 '주먹구구식이다'로, '절름발이 행정'은 '불완전한 행정'으로 바꾸어 쓸 수 있다.
▶ 일상적으로 쓰는 '파행(跛行)'이라는 말도 '절뚝발이 파(跛)' 자를 써서 지체장애인의 '절뚝거리는 걸음'을 일이나 계획 따위가 순조롭지 못하고 이상하게 진행됨을 비유적으로 이르는 말이므로 차별적 표현이다.

전 의정부~퇴계원 구간 등 **서울로 올라오는** 길목이
후 의정부~퇴계원 구간 등 **서울로 가는** 길목이

'서울로 올라오는'은 '서울로 올라가는'과 달리 서울이 중심이라는 점에서 차별적 표현이다. 더욱이 서울보다 아래쪽에 있든 위쪽에 있든 '서울로 올라오는'이라고 말하는 것도 차별적 표현이다. 실제로 의정부는

퇴계원보다 위쪽에 있다. '서울로 올라오는'의 국립국어원 대체 표현은 '서울로 가는'이다.

> ▶ "크기가 여의도 면적의 두 배"처럼 여의도를 면적의 기준으로 제시하거나 "서울에서 남쪽으로 300킬로미터 떨어진"처럼 서울을 거리의 기준으로 제시하는 표현은 서울 중심의 차별적 표현이다.
> ▶ '대학로'라는 이름의 거리는 서울을 비롯해 전국에 있지만 서울의 대학로는 그냥 '대학로'라고 하고, 전주에 있는 대학로는 '전주대학로'라고 하는 것은 서울 중심의 차별적 표현이다.

전 **장애인** 피아니스트의 연주를
후 피아니스트의 연주를

'장애인 피아니스트'는 '피아니스트'를 소개하는 말이 아니라 '장애인인데도 피아니스트가 된 사람을 소개하는 말로서 장애가 있는 사람을 다르게 대하는 차별적 표현이다. '장애인 피아니스트'의 국립국어원 대체 표현은 '장애인'이라는 표현을 쓰지 않는 것이다.

> ▶ "장애를 극복한 피아니스트"라는 표현도 용어 자체가 차별적이지는 않지만 장애를 극복의 대상으로 여긴다는 점에서 차별적 표현으로 볼 수 있다. 피아니스트를 소개할 때 그냥 피아니스트라고 하면 되지, 굳이 어떤 피아니스트라고 표현하는 것 자체가 의도치 않게 정상성을 가정한 표현이기 때문이다.

[전] 첫 번째로 방문한 곳은 **조선족** 밀집 거주 지역이었는데
[후] 첫 번째로 방문한 곳은 **중국동포** 밀집 거주 지역이었는데

'조선족(朝鮮族)'은 "중국에 사는 우리 겨레"를 뜻한다. 이는 미국에 사는 우리 겨레를 '재미동포'라 하고, 일본에 사는 우리 겨레를 '재일교포'라 하는 것과 다른 차별적 표현이다. '조선족'의 국립국어원 대체 표현은 '재중동포' 또는 '중국동포'이다.

> ▶ '외국인'이라는 표현도 우리와 피부색이 다른 사람을 가리켜 쓰는 말인데, 법률상 외국인은 "우리나라의 국적을 갖지 않은 사람"을 뜻하는 말이므로 피부색만 보고 외국인인지 아닌지 판단할 수 없으므로 차별적 표현이 될 수 있다.

[전] 기업 관련 주요 인사들을 초청해 **조찬** 간담회를 갖고
[후] 기업 관련 인사를 초청해 **아침식사** 모임을 마련하고

'조찬(朝餐)'은 "손님을 초대하여 함께 먹는 아침 식사"를 뜻한다. 이 말은 오찬(점심 식사), 만찬(저녁 식사) 등과 함께 계급이나 계층에 따라 식사의 등급을 구별하려는 의도가 반영된 차별적 표현이다. '조찬'의 국립국어원 대체 표현은 '아침 식사'이다.

> ▶ '조찬'은 왕족이 먹는 밥을 '수라'로 구별하여 부르던 시대의 유산으로서 계급이 사라진 시대에 스스로 자신들에게 계급을 부여한 용어라고 할 수 있다.
> ▶ '주요 인사'나 '중요 인사'도 차별적 표현이다. 본래 '사람'을 '인사'라고

하는 것 자체도 차별적이지만, 인사 중에서도 '주요' 인사가 있다는 인식 자체가 차별적이기 때문이다.

전 중동에 이어 호주로 **처녀비행**
후 중동에 이어 호주로 **첫비행**

'처녀비행(處女飛行)'은 "새로 만든 비행기를 처음으로 조종하는 비행"에 빗대어 처음 하는 일을 뜻한다. 이 말은 여성의 순결을 강조하는 전통적인 사고에 근거한 차별적 표현이다. '처녀비행'의 국립국어원 대체 표현은 '첫비행'이다.

▶ 유럽연합은 결혼 여부에 따라 여성을 '미스(Miss)'와 '미시즈(Mrs.)'로 구별하지 않도록 권고하고 있다. 남성에게는 결혼 여부와 상관없이 '미스터(Mr.)'라고 하는데 여성만 구별하는 것은 차별이기 때문이다.
▶ '처녀림(원시림), 처녀작(첫작품)'뿐만 아니라 '처녀생식'도 '단성생식'으로 바꾸어 쓰고 있다.

전 현재는 **청소부**를 하며 어렵게 생활하고 있다.
후 현재는 **환경미화원**을 하며 어렵게 생활하고 있다.

'청소부(淸掃夫/淸掃婦)'는 "청소하는 일을 하는 남자 또는 여자"를 뜻한다. 이 말은 평범하거나 지위가 낮은 사람의 직업을 가리켜 '부'라고 부르는 사회적 통념에 근거한 차별적 표현이다. '청소부'의 국립국어원 대체 표현은 '환경미화원'이다.

> ▶ 청소부는 한자로 '淸掃夫'라고도 쓰고 '淸掃婦'라고도 쓴다. 그런데 배달부(配達夫), 우체부(郵遞夫), 잠수부(潛水夫) 등은 '지아비 부(夫)' 자만 쓰고, 파출부(派出婦) 등은 '지어미 부(婦)' 자만 쓴다. 따라서 배달부는 '배달원', 우체부는 '우편집배원', 잠수부는 '잠수사/잠수원', 파출부는 '가사도우미'라고 쓰도록 하고 있다.

② 문체부·국립국어원(2014)
[전] 지역 아동센터 운영위원을 맡아 **결손가정** 아이들이 올바르게 성장할 수 있도록
[후] 지역 아동센터 운영위원을 맡아 아이들이 올바르게 성장할 수 있도록

'결손가정(缺損家庭)'은 "부모 중 한쪽이나 부모 둘이 모두 없는 가정"을 뜻한다. 이 말은 한부모 가정 등에 대한 부정적인 인식을 드러낸 차별적 표현이다. '결손가정'의 국립국어원 대체 표현은 '한 부모 가족, 청소년가장 가족'이다. 문맥에 따라 '결손가정'이라는 말을 쓰지 않아도 된다.

> ▶ 결손(缺損)의 결(缺)은 '이지러지다'를 뜻하고, 손(損)은 '덜다'를 뜻한다. 말 그대로 한쪽 귀퉁이가 떨어져 나갔거나 무언가 부족하다는 말이다.

[전] 발명교육을 접하기 힘든 **소외계층** 학생들을 위해

🟠 후 발명교육을 접하기 힘든 학생들을 위해

'소외계층(疏外階層)'은 "복지 정책이나 시설의 혜택을 받지 못하여 도움이 필요한 계층"을 뜻한다. 이 말은 경제적 도움이 필요한 계층을 "어떤 무리에서 기피하여 따돌리거나 멀리하는 계층"으로 잘못 인식하게 만들 수 있는 차별적 표현이다. '소외계층'의 국립국어원 대체 표현은 '취약계층'이다. 문맥에 따라 '소외계층'이나 '취약계층'이라는 말을 굳이 쓰지 않아도 된다.

> ▶ '소외계층'의 대체 표현인 '취약계층'도 경제적 도움이 필요한 계층을 "무르고 약한" 계층으로 잘못 인식하게 만들 수 있는 차별표현으로 볼 수 있기 때문에 2017년 3월 광주광역시는 '저소득층, 기초생활보장수급자, 취약계층'을 아울러 '돌봄이웃'이라고 부르고 있다.
> ▶ 취약계층에게 지급하는 장학금을 '인재육성장학금'이라고 부르는 것도 취약계층에 함축되어 있는 의미가 부정적이기 때문이다.

🟠 전 **열악한 경제 여건 속에서 어렵게 살아가는** 이웃들을 위하여
🟠 후 **도움이 필요한** 이웃들을 위하여

"열악한 경제 여건 속에서 어렵게 살아가는"이라는 표현은 경제적으로 풍족하지 않은 이웃을 "능력이나 시설 따위가 매우 떨어지고 나쁜" 상태에서 "살아가기가 고생스러운" 사람들이라는 식으로 잘못 인식하게 만들 수 있는 차별적 표현이다. "열악한 경제 여건 속에서 어렵게 살아가

는"이라는 표현의 국립국어원 대체 표현은 이 표현을 쓰지 않는 것이다.

③ 국립국어원(2022ㄴ)

국립국어원(2022ㄴ)은 국가, 성, 연령, 인종, 장애, 지역 등이 다르다는 이유로 누군가에게 상처를 주거나 거부감이 들게 하는 표현을 차별적 표현으로 정의한다. 이러한 표현은 대중에게 차별적 인식을 심어줄 수 있다는 점에서 경계해야 한다고 말한다.

전 우리 학교에도 6명의 특수교육 대상 학생이 있습니다. 이 학생들에 대한 관심과 배려 부탁드립니다.
후 '장애'보다는 '차이'에 공감할 수 있도록 가정에서 자녀에게 올바른 교육을 해 주시기를 부탁드립니다.

"이 학생들에 대한 관심과 배려 부탁드립니다"라는 표현은 장애인을 배려의 대상으로 대하는 차별적 표현이다. 더욱이 "우리 학교에도 6명의 특수교육 대상 학생이 있습니다"라는 표현은 본래 의도와 상관없이 굳이 밝히지 않아도 되는 개인 정보를 공개한 것으로 볼 수 있다. 배려를 부탁한다는 표현의 국립국어원의 대체 표현은 올바른 교육의 필요성을 강조하는 것이다.

전 일상생활에서 어려움을 겪는 노인들의 불편을 해소하기 위한 조치로
후 어르신들의 불편을 해소하기 위한 조치로

"일상생활에서 어려움을 겪는 노인들"이라는 표현은 노인에 대한 잘못된 편견을 심어줄 수 있는 차별적 표현이다. 더욱이 '노인'이라는 신체적으로 늙은 사람이라는 부정적인 뜻을 내포하고 있다. '노인'의 국립국어원 대체 표현은 '어르신'이다. 아울러 특정 집단을 다르게 대하고 규정하는 표현은 사용하지 않아야 한다.

전 일명 '우리 동네 **오지라퍼**'
후 일명 '우리 동네 **활동가**'

'오지랖'은 "쓸데없이 지나치게 아무 일에나 참견하는 면이 있다" 또는 "염치없이 행동하는 면이 있다"를 뜻한다. 이는 친근감을 주기 위해 의도적으로 사용한 비유적 표현이지만 사전적 의미상 부정적인 뜻을 함축하고 있는 차별적 표현이다. '오지라퍼'의 국립국어원 대체 표현은 '활동가'이다.

법제처

① 법제처(2016)
법제처는 2014년에 장애인 비하 법령용어를 정비한 데 이어, 2015년에는 차별적·권위적 법률용어를 정비하였다. 법제처(2016)는 국민이 이해하기 어려운 용어도 차별적·권위적 용어로 간주하고 있다.

전 도덕적 부패가 극심해져 **사생아**와 낙태

후 도덕적 부패가 극심해져 **혼외자녀**와 임신중단

'사생아(私生兒)'는 흔히 혼외자(婚外子)라고도 하는데 "법률적으로 부부가 아닌 남녀 사이에서 태어난 아이"를 뜻한다. 이 말은 결혼과 출산을 당연한 것으로 여기던 시대의 논리가 낳은 차별적 표현이다. '사생아'의 법제처 대체 표현은 '혼외자녀'이다.

> ▶ 서울시는 2019년 "결혼을 하지 않은 몸으로 아이를 낳은 여자"를 뜻하는 '미혼모'를 차별적 표현으로 규정하고 '비혼모' 사용을 권장하고 있다.
> ▶ 여성가족부는 '혼중자'와 '혼외자'라는 표현 자체가 낙인과 차별을 유발하므로 '자녀'로 통일하여 쓸 것을 권장하고 있다.

② 법제처(2021)
전 종래 **간질** 치료제로 알려진 '프레가발린'의 새로운 용도인
후 종래 **뇌전증** 치료제로 알려진 '프레가발린'의 새로운 용도인

'간질(癎疾)'은 비표준어로서 "경련을 일으키고 의식 장애를 일으키는 발작 증상이 되풀이하여 나타나는 병"을 뜻한다. 이 말은 병에 대한 이해가 부족하여 사회적 편견을 조장하는 차별적 표현이다. '간질'의 법제처 대체 표현은 '뇌전증'이다.

> ▶ 행정용어는 아니지만 널리 쓰이는 속어 중에 '뗑깡'이라는 말은 일본어 '덴칸(癲癇)'에서 온 말로 우리말로는 '간질(癎疾)' 또는 '뇌전증(腦電症)'이라고 한다. 따라서 이 말을 억지 부리는 사람의 행위에 쓰는 것은 차별적

표현이 될 수 있다. '뗑깡'의 순화어는 '생떼'이다.

| 전 | 외부강사의 **강사료**를 현실화하여
| 후 | 외부강사의 **강의료**를 현실화하여

'강사료(講師料)'는 "강의를 한 대가로 받는 돈"을 뜻한다. 이는 직업명과 비용을 합친 말로서 특정 직업에 대한 차별을 조장하는 차별적 표현이다. '강사료'의 법제처 대체 표현은 '강의료' 또는 '강사의 강의료'이다.

▶ '교수료'나 '교사료'라는 말은 없는데 '강사료'라는 말이 있는 것 자체가 차별적이다.

| 전 | 안전 영상이 보급돼 **농아인**들의 안전정보 습득이
| 후 | 안전 영상이 보급돼 **청각·언어장애인**의 안전정보 습득이

'농아(聾啞)'는 "청각 장애인과 언어 장애인을 아울러 이르는 말"이다. 이 말은 장애인을 부정적으로 대하는 차별적 표현이다. '농아'의 법제처 대체 표현은 '청각 또는 언어 장애인' 또는 '청각 및 언어 장애인'이다. '청각·언어장애인'이라고도 할 수 있다.

▶ '농아(聾啞)'는 '귀머거리 롱(聾)' 자와 '벙어리 아(啞)' 자를 쓰는데 '귀머거리'와 '벙어리'는 차별적 표현이다.

전 특히, 노약자 · **장애자** 등 재난취약계층 대상 훈련 확대
후 특히, 노약자 · **장애인** 등 재난취약계층 대상 훈련 확대

'장애자(障礙者)'는 "신체의 일부에 장애가 있거나 정신 능력이 원활하지 못해 일상생활이나 사회생활에서 어려움이 있는 사람"을 뜻한다. 이 말은 '장애인'과 뜻이 비슷하지만 '자(者)'가 '놈 자'로 풀이되는 차별적 표현이다. '장애자'의 법제처 대체 표현은 '장애인'이다.

한국법제연구원

• 강현철 외(2015)

전 한국 **간호원**이 서독으로 출발하는 모습을 담은 사진 기록물을
후 한국 **간호사**가 서독으로 출발하는 모습을 담은 사진 기록물을

'간호원(看護員)'은 비표준어로 "의사의 진료를 돕고 환자를 돌보는 사람"을 뜻한다. 이 말은 간호를 하는 사람을 여성에 국한하는 성차별 표현이다. '간호원'의 강현철 외(2015) 대체 표현은 '간호사'이다.

> ▶ 처음에는 '간호부(看護婦)'라고 했으나 성편향적인 용어라고 하여 '간호원'으로 이름을 바꾸었다. 그런데 '간호원'을 비전문직으로 여기는 사회적 통념이 강해 좀 더 전문성을 강조하기 위해 '간호사'로 이름을 바꾸었다.

| 전 | 노인요양시설 · **고아원** · 독거노인 등 취약계층
| 후 | 노인요양시설 · **아동복지시설** · 홀몸노인 등 돌봄계층

'고아원(孤兒院)'은 "부모의 돌봄을 받을 수 없는 아이를 만 18세까지 양육하는 사회사업 기관"을 뜻한다. 이는 '고아'라는 말의 사전적 정의에도 잘 나타나 있듯이 "부모 없는 아이"나 "부모에게 버림받은 아이"라는 사회적 편견이 함축된 차별 표현이다. '고아원'의 강현철 외(2015) 대체 표현은 '아동복지시설'이다. 문맥에 따라 '아동양육시설'이라고도 할 수 있다.

> ▶ '고아원(孤兒院)'을 "고아를 거두어 기르는 사회사업 기관" (표준국어대사전)이라고 정의하는 것 자체가 차별적이다.
> ▶ '고아'를 "부모를 여의거나 부모에게 버림받아 몸 붙일 곳이 없는 아이" (표준국어대사전) 또는 "외로운 애. 부모 없는 아이" (한글학회 쉬운 말 사전)로 정의하는 것은 차별적인 표현을 넘어 폭력적인 표현이다. 참고로 '고아'의 순화어는 '보호대상아동'이다.
> ▶ '고아원'의 국립국어원 순화어는 '보육원'이다. 그런데 강현철 외(2015)는 '보육원'도 '고아원'과 마찬가지로 '아동복지시설'로 대체할 것을 권고하고 있다.

| 전 | 도농 **자매결연** 맺기 운동을 전개
| 후 | 도농 **교류사업**을 전개

'자매결연(姉妹結緣)'은 "한 지역이나 단체가 다른 지역이나 단체와 교

류하기 위하여 친선 관계를 맺는 일."을 뜻한다. 이 말은 성별에 대한 고정관념이 함축된 표현으로서 도시와 농촌의 서열을 은연중에 드러내는 차별적 표현이다. '자매결연'의 강현철 외(2015) 대체 표현은 '교류사업'이고, 서울시 대체 표현은 '상호결연'이다. 참고로 '자매도시'는 '상호결연도시'라고 할 수 있다.

전 개방형직위, **별정직** 및 전문경력관 임용에 관한 사항
후 개방형직위, **기간제** 및 전문경력관 임용에 관한 사항

'별정직(別定職)'은 "보좌 또는 특정 업무를 수행하기 위해 법령에서 별도로 지정한 공무원"을 뜻한다. 이 말은 계약직이나 임시직을 정규직과 구별하는 의미를 함축하고 있는 차별적 표현이다. '별정직'의 강현철 외(2015) 대체 표현은 '기간제'이다. 문맥에 따라 '계약직'이라고도 할 수 있다.

전 금리상승은 **소득이 낮은 저소득층**에게 더 큰 영향을 미치는
후 금리상승은 **저소득층**에게 더 큰 영향을 미치는

'저소득층(低所得層)'은 "낮은 소득과 낮은 소비 수준을 특징으로 하는 계층"을 뜻한다. 이 말은 '낮을 저(低)'를 사용함으로써 직접적으로 소득이 낮은 계층임을 낙인찍듯이 드러내는 차별적 표현이다. '소득수준이 낮은 저소득층'의 강현철 외(2015) 대체 표현은 '소득수준이 낮은'을 삭제하는 것이다.

▶ '저소득층'은 '영세민'이나 '빈곤층, 빈민층' 등에 비해 상대적으로 완곡한 표현으로 보이나 결과적으로 소득이 낮은 계층이라는 뜻이므로 차별적 표현으로 볼 수 있다.

전 퇴직자 31명을 고용하여 **양로원**, 마을회관, 사회취약계층 등
후 퇴직자 31명을 고용하여 **노인복지시설**, 마을회관, 사회돌봄계층 등

'양로원(養老院)'은 "의지할 데 없는 노인을 수용하여 돌보는 사회 보호 시설"을 뜻한다. 이 말은 버려진 노인들을 수용하는 시설이라는 의미를 함축하고 있는 차별적 표현이다. '양로원'의 강현철 외(2015) 대체 표현은 '노인복지시설'이다.

▶ '양로원'과 마찬가지로 부정적인 의미를 함축하고 있는 '경로당'은 '노인여가시설'로, '요양원'은 '노인의료복지시설'로 대체할 수 있다.

전 **외국인노동자**도 우리부 홈페이지의 '익명신고센터'를 활용하도록
후 **이주노동자** 우리 부 누리집의 '익명신고센터'를 활용하도록

'외국인노동자(外國人勞動者)'는 "우리나라 국적을 갖지 않은 채 돈을 벌기 위하여 우리나라에서 일하는 노동자"를 뜻한다. 이 말은 국적이 다른 외국인을 내국인과 다르게 대하는 차별적 표현이다. '외국인노동자'의 강현철 외(2015) 대체 표현은 '이주노동자, 이민노동자'이다.

> 국제연합의 국제이주노동자권리협약은 외국인노동자(foreign worker)라는 용어를 대신해 이주노동자(immigrant worker)라는 용어를 사용하고 있다.

전 수사 당국인 경찰청을 **외청**으로 두고 있고
후 수사 당국인 경찰청을 **독립청**으로 두고 있고

'외청(外廳)'은 "국가의 행정 조직에서 원·부·처 등에 설치되나 그 내국의 계통 밖에 있고 양적·질적으로 특수성을 가지는 사무를 처리하는 기관"을 뜻한다. 이 말은 기관의 안팎을 구분하는 차별적 표현이다. '외청'의 한국법제연구원 대체 표현은 '독립청'이다. 문맥에 따라 '관리청'이라고도 할 수 있다.

전 지역아동센터 등 **장애우** 체험행사와 주민 화합행사 등을 열어
후 지역아동센터 등 **장애인** 체험행사와 주민 화합행사 등을 열어

'장애우(障礙友)'는 비표준어로 "신체의 일부에 장애가 있거나 정신 능력이 원활하지 못해 일상생활이나 사회생활에서 어려움이 있는 사람."을 뜻한다. 이는 장애인을 동정 또는 시혜의 대상으로 보는 말로서 노소를 가리지 않고 일방적으로 친구로 간주하는 차별적 표현이다. '장애우'의 강현철 외(2015) 대체 표현은 '장애인'이다.

전 양 기관 **접견** 및 개회

후 두 기관 **만남**·개회

'접견(接見)'은 "공식적으로 손님을 맞아들여 만나 봄"을 뜻한다. 이 말은 찾아온 손님을 낮추고 손님을 맞이하는 사람을 높이는 차별적 표현이다. '접견'의 강현철 외(2015) 대체 표현은 '만남'이다.

▶ 참고로 '접견실'은 '사랑방'으로 대체할 수 있다.

전 **행려**환자는 진료를 시작한 날부터
후 **무연고** 환자는 진료를 시작한 날부터

'행려(行旅)'는 "나그네가 되어 돌아다님"을 뜻한다. 이 말은 연고 없이 이곳저곳 떠도는 사람이라는 부정적인 의미를 함축하고 있는 차별적 표현이다. '행려'의 강현철 외(2015) 대체 표현은 '무연고'이다.

서울시

① 서울시 국어바르게쓰기위원회(2018) 양성평등 대체어 목록
전 **불우이웃**돕기 성금 모금
후 **이웃**돕기 성금 모금

'불우이웃(不遇)'은 "살림이나 처지가 딱하고 어려운 이웃"을 뜻한다. 이 말은 경제적으로 넉넉하지 않으면 처지가 애처롭고 가엾다는 식의 편

견을 드러내는 차별적 표현이다. '불우이웃'의 서울시 대체 표현은 '어려운 이웃'이다. 그런데 '어려운 이웃'이라는 말도 결과적으로 '어려운'이라는 낙인을 찍는 말이므로 '이웃'만 쓰도록 한다.

> ▶ '어렵다'는 "겪게 되는 곤란이나 시련이 많다" 또는 "가난하여 살아가기가 고생스럽다"를 뜻한다.

전 고등학교 1~3학년 **학부형**을 대상으로
후 고등학교 1~3학년 **보호자**를 대상으로

'학부형(學父兄)'은 "예전에 학생의 아버지나 형이라는 뜻으로 학생의 보호자를 이르던 말"이다. 이 말은 남성 중심의 가부장적 가치관을 드러내는 차별적 표현이다. '학부형'의 서울시 대체 표현은 '학부모'이다. 그런데 가족의 유형이 다양해지면서 학생의 보호자를 부모에 국한하는 것 역시 차별적이므로 '보호자' 또는 '양육자'를 쓰도록 한다.

전 휠체어 · **유모차** 등 교통약자의
후 휠체어 · **유아차** 등 교통약자의

'유모차(乳母車)'는 "어린아이를 태워서 밀고 다니는 수레"를 뜻한다. 이 말은 여성에게 육아의 책임을 전가하는 의미를 함축하고 있는 차별적 표현이다. '유모차'의 서울시 대체 표현은 '유아차'이다.

② 서울시 국어바르게쓰기위원회(2022) 양성평등 대체어 목록

전 고향사랑 기부제는 **저출산**·고령화 등 지역 인구가 감소해
후 고향사랑 기부제는 **저출생**·고령화 등 지역 인구가 감소해

'저출산(低出産)'은 "아이를 적게 낳음"을 뜻한다. 이 말은 출산율 감소의 책임이 전적으로 여성에게 있다는 인식을 심어줄 수 있는 차별적 표현이다. '저출산'의 서울시 대체 표현은 '저출생'이다.

▶ 흔히 '출산율'은 낳는 사람에 초점을 맞추고 있고, '출생률'은 태어난 사람에 초점을 맞추고 있어서 이러한 인식이 생겼으나 '출산율'과 '출생률'은 의미가 다르기 때문에 용어 자체에는 성차별적인 의도가 없다. 다만 '출산'을 여성의 문제로만 바로 보는 시각이 존재하기 때문에 이러한 논란이 생긴 것으로 볼 수 있다.

전 **맘카페** 협업장터 등 부대행사도 풍성하다.
후 **육아카페** 협업장터 등 딸린 행사도 풍성하다.

'맘카페(mom café)'는 "자녀를 키우는 엄마들이 정보를 공유하고 의견을 나누기 위해 만든 온라인 모임"을 뜻한다. 이 말은 육아 관련 용어가 엄마 중심으로 만들어진 차별적 표현이다. '맘카페'의 서울시 대체 표현은 '육아카페'이다.

▶ '마미캅'은 아이들이 안전하게 학교에서 생활할 수 있도록 학교 주변을 순찰하는 엄마들을 가리키는 말인데, 이 말도 엄마 중심으로 만들어진 차별

적 표현이므로 '어린이안전지킴이, 아이안전지킴이'로 대체되었다.

전 **낙태** 강요, 신체부위를 동의 없이 촬영·유포 등의 성적학대도
후 **임신중단** 강요, 신체부위를 동의 없이 촬영·유포 등의 성적학대도

'낙태(落胎)'는 "태아가 달이 차기 전에 죽어서 나옴"을 뜻한다. 이 말은 특히 인공유산을 비윤리적·불법적 행위로 간주함으로써 여성의 권리를 제한하는 차별적 표현이다. '낙태'의 서울시 대체 표현은 '임신중단'이다. 문맥에 따라 '임신중절, 인공임신중절'이라고도 할 수 있다.

전 **몰카**는 범죄다
후 **불법촬영**은 범죄다

'몰카(몰래camera)'는 "촬영을 당하는 사람이 촬영을 당한다는 사실을 모르는 상태로 촬영하는 카메라"를 뜻한다. 이 말은 성범죄를 단순한 '장난' 정도로 묘사한 차별적 표현이다. '몰카'의 서울시 대체 표현은 '불법촬영'이다.

전 특히 몰카, **리벤지포르노** 등 불법 촬영된 디지털 성범죄 영상들이
후 특히 **불법 촬영물** 등 디지털 성범죄 영상이

'리벤지 포르노(revenge porno)'는 "당사자의 동의 없이 배포되는 음란물 화상 또는 영상"(위키백과사전)을 뜻한다. 이 말은 '복수' 또는 '보복'을

뜻하는 'revenge'를 사용함으로써 마치 불법 촬영 피해자에게도 일부 책임이 있다는 말처럼 들리는 가해자 중심의 차별적 표현이다. '리벤지 포르노'의 서울시 대체 표현은 '성촬영물 유포협박'이고, 국립국어원 대체 표현은 '보복성 음란물'이다.

전 **딥페이크** 영상물 등 개인의 이미지를 활용하여 성적 영상물을
후 **합성영상물** 등 개인의 이미지를 활용하여 성적 영상물을

'딥페이크(deepfake)'는 "딥 러닝(deep learning)과 페이크(fake)의 혼성어로 인공지능을 기반으로 한 인간 이미지 합성 기술"(위키백과사전)을 뜻한다. 이 말은 엄연한 범죄 행위를 마치 새로운 영상 기술처럼 포장한 차별적 표현이다. '딥페이크'의 서울시 대체 표현은 '합성영상물, 허위영상물'이다. 참고로 '딥페이크'의 국립국어원 대체 표현은 '(인공지능 기반) 첨단 조작 기술'이다.

③ 서울시 여성가족재단(2018) 서울시 성평등 언어사전
전 만19~39세 이하 **미혼** 청년이다
후 만 19~39세 이하 **비혼** 청년이다

'미혼(未婚)'은 "아직 결혼하지 않음"을 뜻한다. 이 말은 누구나 결혼을 해야 한다는 생각에서 비롯된 차별적 표현이다. '미혼'의 서울시 대체 표현은 '비혼'이다.

④ 서울시 여성가족재단(2019) 서울시 성평등 언어사전

전 **맘스스테이션**, 휘트니스시설 등을 갖추고 있다.
후 **어린이 승하차장**, 체력단련시설 등을 갖추고 있다.

'맘스스테이션(mom's station)은 "아파트 단지 안에 보호자가 아이와 함께 통학차량을 기다릴 수 있는 대기 장소"를 뜻한다. 이는 육아의 책임이 전적으로 엄마에게 있다는 식의 사회적 편견을 조장하는 차별적 표현이다. '맘스스테이션'의 서울시 대체 표현은 '어린이 승차하장'이다.

▶ '맘스스테이션'은 아이 중심이 아니라 엄마 중심의 차별적 표현이다. 아이가 중심이 되면 '키즈스테이션'이라고 해야 한다.

전 만 35세~59세 **경력단절여성** 등 미취업여성
후 만 35세~59세 **고용중단여성** 등 미취업여성

'경력단절여성(經歷斷絶女性)'은 "근무 역량은 있으나 출산이나 육아 등의 사유로 직장을 그만둔 경험이 있는 여성"을 뜻한다. 이 말은 임신 또는 육아로 잠시 휴직을 했거나 퇴사를 한 여성에게 경력이 부족하다는 인상을 심어주는 차별적 표현이다. '경력단절여성'의 서울시 대체 표현은 '고용중단여성'이다. 관점을 바꾸면 '경력보유여성'이라고도 할 수 있다.

전 휴게공간과 **수유실**도 마련해 이용자들의 편의를 높였다. 뿐만 아니라
후 휴게공간과 **아기쉼터**도 마련해 이용자의 편의를 높였다. 그뿐만 아니라

'수유실(授乳室)'은 "아기의 어머니가 아기에게 젖을 먹이도록 따로 마련해 놓은 방"을 뜻한다. 이는 아이가 아니라 엄마가 중심이 되는 말로서 육아와 관련하여 여자만 이용할 수 있는 공간임을 뜻하는 차별적 표현이다. '수유실'의 서울시 대체 표현은 '아기쉼터'이다. 문맥에 따라 '아기 휴게실'이라고도 할 수 있다.

전 수출 **효자상품**으로 매년 국제꽃박람회 꽃전시회에서
후 수출 **인기상품**으로 매년 국제꽃박람회 꽃전시회에서

'효자상품(孝子商品)'은 "기업 따위의 소득 또는 매출 증대에 크게 이바지하는 상품"을 뜻한다. 이는 가부장제 사회가 만들어낸 비유적인 말로서 남성 중심의 차별적 표현이다. '효자상품'의 서울시 대체 표현은 '인기상품'이다.

> ▶ '등긁이'를 뜻하는 '효자손'도 성편향적인 차별 표현이다. 이 말은 효를 강요하는 표현이라는 점에서 성중립적인 '등긁이[등글기]'를 써야 한다. 간혹 '등긁이'를 '등긁개'라고도 하는데, 이는 표준어가 아니다.

⑤ 서울시 여성가족재단(2020) 서울시 성평등 언어사전
전 신생아집중치료센터 지원사업 **미숙아** 생존율 증가에 기여
후 신생아집중치료센터 지원사업, **일찍 태어난 아기** 생존율 증가에 기여

'미숙아(未熟兒)'는 "임신한 지 37주 미만에 태어난 아기"를 뜻한다. 이

는 일찍 태어난 아기에 대한 부정적인 편견을 조장하는 차별적 표현이다. '미숙아'의 서울시 대체 표현은 '조산아' 또는 '일찍 태어난 아기'이다. 참고로 2013년 대한신생아학회에서는 '미숙아'의 순화어로 '이른둥이'를 제안한 바 있다.

김지혜(2022)

김지혜(2002)는 최근 달라진 사회적 인식 변화에 따라 새롭게 차별적 표현으로 인식되는 언어 표현을 정리하였다.

전 청소년 ○○○(**여**, 18세)에게 주류(소주 ○병)를
후 청소년 ○○○(18세)에게 주류를

남녀 성별 표시는 그 자체로 차별적 표현이 아니다. 그러나 미성년자에게 주류를 판매한 사건 보도와 관련하여 성별을 표시하는 것은 해당 성별에 대한 사회적 편견을 심어줄 수 있는 차별적 표현이다. 청소년의 나이는 미성년자임을 확인할 수 있는 중요한 정보지만 청소년의 성별은 사건과 아무런 관련이 없기 때문이다.

전 KBO리그에 **고졸** 신인으로 데뷔해
후 KBO 리그에 신인으로 등단해

프로야구 선수를 소개할 때 '고졸' 출신이라는 최종 학력을 밝히는 것

은 차별적 표현이 될 수 있다. 대학을 졸업하지 않은 사실을 굳이 밝힌 것은 그것을 흥미롭게 여기고 있으며, 결과적으로 고졸 출신을 대졸 출신과 구별하려는 인식에서 비롯된 것으로 볼 수 있기 때문이다.

전 **87학번**인 ○○ 씨는 대학교를 졸업한 뒤
후 ○○ 씨는 대학교를 졸업한 뒤

특정 학번을 밝히는 것은 해당 학번과 다른 학번을 구별하려는 인식에서 비롯된 것으로 볼 수 있기 때문에 차별적 표현이 될 수 있다.

전 ○○○ 도의원(**재선**)은
후 ○○○ 도의원은

전 수사를 지휘해 온 ○○○ ○○고검장(55 · **사법연수원 00기**)이
후 수사를 지휘해 온 ○○○ ○○고검장이

특정 인물을 소개할 때 '재선, 기수' 등의 정보를 구체적으로 밝히는 것도 차별적 표현으로 볼 수 있다. 기본적으로 보도자료에 성별이나 학력, 학번 등의 세부 정보를 밝히는 것은 개인 정보 보호에 어긋날 뿐만 아니라 해당 성별이나 학력에 편견을 조장할 수 있으므로 밝히지 않도록 한다.

이정복(2017)

후 도자기를 만드는 **도공**들의 작품이다.
전 도자기를 만드는 **도예가**들의 작품이다.

'도공(陶工)'은 "옹기 만드는 일을 업으로 하는 사람"을 뜻한다. '공(工)'은 해당 직업이 힘든 육체노동임을 드러내는 차별적 표현이다. 참고로 목공(木工), 석공(石工), 인쇄공(印刷工), 전기공(電氣工) 등도 마찬가지다. '도공'의 대체 표현은 '도예가'이다. 문맥에 따라 '도예 전문가'라고도 할 수 있다.

전 「나도 **목수**다」 프로그램 안내
후 「나도 **목공예 전문가다**」 프로그램 안내

'목수(木手)'는 "나무로 집을 짓거나 가구, 기구 따위를 만드는 일을 업으로 하는 사람"을 뜻한다. '수(手)'는 해당 직업이 힘든 육체노동임을 드러내는 차별적 표현이다. 참고로 무용수(舞踊手), 석수(石手) 등도 마찬가지다. '목수'의 대체 표현은 '목공예 전문가'라고 할 수 있다.

전 **잡역부** 구함
후 **환경정비원** 구함

'잡역부(雜役夫)'는 "여러 가지 자질구레한 일에 종사하는 남자"를 뜻한다. '부(夫)'는 해당 직업이 힘든 육체노동임을 드러내는 차별적 표현이다. 참고로 가정부(家政婦), 인부(人夫), 파출부(派出婦) 등도 마찬가지다. 참고로 '잡역부'의 서울시 대체 표현은 업무에 따라 '사무종사원, 시설청소원, 환경미화원'이라고 한다.

> ❯ '단순노무직, 사역인원, 일용직' 등도 비숙련직 노동자를 비하하는 차별적 표현이다. 이와 관련하여 안산시는 '공원관리원, 누수수리원, 청사청소원' 등을 '현업실무원'으로 부르고 있다.
> ❯ 2014년 '세월호 침몰 사고' 당시 초기에는 '잠수부(潛水夫)'와 '민간 잠수부'라는 표현이 널리 사용되었지만 차별적 표현이라는 지적이 나오자 '잠수사'로 바뀌었다.

04

- ☐ 바른 공공언어 쓰기
- ☐ 쉬운 공공언어 쓰기
- ☐ 품위 있는 공공언어 쓰기
- ☑ **부록**

04

 꼭 알아야 할
순화어 목록

　순화어는 크게 행정용어 순화어, 법률용어 순화어, 전문용어 순화어, 학술용어 순화어로 나눌 수 있다. 이 가운데 행정용어 순화어는 문화체육관광부(국립국어원)와 행정안전부, 법률용어 순화어는 법제처, 학술용어는 학술단체총연합회와 (사)국어문화원연합회가 주축이 되어 발표하고 있다. 참고로 전문용어 순화어는 중앙행정기관의 '전문용어표준화협의회'가 만들기도 하지만, 공공기관이 자체적으로 만들기도 한다. 전자를 전문용어 표준화 작업이라고 하고, 후자를 전문용어 순화어 작업이라고 하여 구별할 수 있다.

▶ 기본적으로 이 장에 소개한 모든 순화어는 국립국어원의 '다듬은 말'에서 검색할 수 있어야 한다. 그런데 검색되지 않는 용어가 더 많다. 이러한 문제를 해결하기 위해 네이버 오픈사전에 '우리말 순화어 큰사전'을 공개할 예정이다. 이 사전에는 공문서에서 주로 사용하는 여러 분야의 순화어를 순차적으로 올려놓을 예정이다. 아울러 이곳에 제시한 목록은 지속적으로 관찰(모

니터링)하여 목록을 갱신(업데이트)하는 작업을 이어갈 예정이다.

(1) 행정용어 순화어

국립국어원

국립국어원은 2004년 '모두가 함께하는 우리말 다듬기(말터)'를 시작으로 2011년 '우리말다듬기위원회'를 거쳐 2019년 '새말모임'을 중심으로 순화어 보급 사업을 지속적으로 추진하고 있다. 아울러 자체적으로 축구용어 순화어를 발표한다든지 필수개선 행정용어 목록을 발표하기도 한다.

> ▶ 국립국어원은 2014년 브라질 월드컵 당시 세트플레이(set play) 또는 세트피스(set piece)를 '맞춤전술, 각본전술'로, 펀칭(punching)을 '쳐내기'로, 포메이션(formation)을 '대형, 진형'으로, 매치업(match-up)을 '맞대결, 대진'으로, 디펜딩 챔피언(defending champion)을 '직전우승팀, 전대회우승팀'으로, 팀 닥터(team doctor)를 '(팀)전담의사, (팀)전속의사, 팀 주치의'로, 코칭스태프(coaching staff)를 '코치진'으로, 베이스캠프(base camp)를 '주훈련장'으로 제안한 바 있다.

① 국립국어원 '필수 개선 행정용어' 외래어·외국어 전체 목록(2018)

번호	순화대상어	순화어
1	거버넌스(governance)	관리, 민관협력, 정책, 행정, 협치
2	규제 샌드박스(規制 sandbox)	규제유예(제도)
3	규제 프리존(規制 free zone)	규제(대폭)완화지역, 규제자유구역, 무규제 지역

번호	순화대상어	순화어
4	니즈(needs)	바람, 수요, 필요
5	데모데이(demoday)	사전행사(일), 시범행사(일), 시연일, 시연회
6	드론(drone)	무인기
7	라운드 테이블(round table)	원탁회의
8	롤모델(role model)	모범, 본보기, 본보기상
9	리스크(risk)	손실 우려, 손해 우려, 위험
10	마스터 플랜(master plan)	기본계획, 기본설계, 종합계획
11	매뉴얼(manual)	설명서, 안내서, 지침
12	매칭(matching)	대응, 연결, 연계 * '매칭펀드'는 '대응자금'으로 순화할 수 있음.
13	메가트렌드(megatrend)	거대물결, 대세
14	모멘텀(momentum)	(전환)계기, (전환)국면, 동인(動因)
15	바우처(voucher)	이용권
16	브라운백 미팅(brownbag meeting)	도시락 강연회, 도시락 토론회, 도시락 회의
17	브로슈어(brochure)	소책자, 안내서
18	세션(session)	분과, 시간
19	스크린도어(screen door)	안전문
20	스타트업(startup)	새싹기업, 창업초기기업
21	싱크 탱크(think tank)	두뇌집단, 참모진, 참모집단
22	아웃리치(outreach)	거리상담, 현장지원활동, 현장원조활동
23	아카이브(archive)	기록보관, 자료보관소, 자료저장소, 자료전산화
24	액션 플랜(action plan)	실행계획
25	어젠다(agenda)	의제
26	오피니언 리더(opinion leader)	여론주도자, 여론주도층
27	원스트라이크 아웃제(one strike out制)	즉각처벌제도, 즉시퇴출제
28	이니셔티브(initiative)	구상, 발의, 발의권, 선제권, 주도권
29	제로화(zero化)	뿌리뽑기, 없애기, 원점화
30	쿼터(quarter)	한도량, 할당량
31	클러스터(cluster)	산학협력지구, 연합지구, 협력지구
32	킥오프 회의(kickoff 會議)	첫 기획회의, 첫 회의

번호	순화대상어	순화어
33	태스크포스팀(task force team)	전담팀, 특별팀, (특별)전담조직
34	테스트 베드(test bed)	가늠터, 시험대, 시험무대, 시험장
35	투트랙(twotrack)	두 갈래, 양면
36	팸투어(familiarization tour)	사전답사여행, 초청홍보여행, 홍보여행
37	풀(pool)	군, 명단, 후보군
38	허브(hub)	중심, 중심지

▶ 국립국어원(2018)의 '필수 개선 행정용어' 중 외래어·외국어 목록은 총 50개인데, 그중에 로마자 12개를 제외하면 38개이다.

② 국립국어원 '필수 개선 행정용어' 한자어 전체 목록(2018)

번호	순화대상어	순화어
1	가료(加療)	치료
2	가용(可用)하다, 가용한	쓸 수 있다, 쓸 수 있는
3	개산(槪算)(하다)	대략 계산하다, 어림잡아 계산하다, 대략 계산, 어림계산
4	개산급(槪算給)	대략 계산 지급, 어림 지급
5	거양(擧揚)(하다)	(드)높이다, 들다, 올리다, (드)높임, 듦, 올림
6	게첨(揭添)(하다)	게시하다, 내걸다, 내붙이다, 게시, 내걺, 내붙임
7	게첩(揭帖)(하다)	게시하다, 내걸다, 내붙이다, 게시, 내걺, 내붙임
8	견양(見樣)	보기, 본, 본보기, 서식
9	계류(繫留)(되다)	묶여 있다, 묶이다, 묶임
10	계류 중	검토 중
11	계리(計理)	회계처리
12	금명간(今明間)	곧, 오늘내일, 오늘내일 사이
13	금번(今番)	이번
14	금회(今回)	이번
15	내구연한(耐久年限)	사용연한, 사용가능기간, 사용가능햇수

번호	순화대상어	순화어
16	내용연수(耐用年數)	사용연한, 사용가능기간, 사용가능햇수
17	단차(段差)	고저차, 높낮이(차이), 높이차이
18	당해(當該)	그, 해당
19	동년(同年)	같은 날
20	동법(同法)	같은 법
21	동월(同月)	같은 달
22	동일(同日)	같은 해
23	동조(同條)	같은 조
24	동항(同項)	같은 항
25	물품 수불 대장(物品受拂臺帳)	물품출납대장, 물품출납장부
26	별건(別件)	다른 건, 딴 건
27	부락(部落)	마을
28	불상(不詳)	알 수 없는, 자세하지 않은
29	불시에(不時)	갑자기, 예고 없이
30	불입(拂入)(하다)	납부하다, 납입하다, 내다, 납부, 납입, 냄
31	불출(拂出)(하다)	공급하다, 내주다, 지급하다, 공급, 내줌, 지급
32	성료(盛了)	성공적으로 마침, 성공적으로 끝남, 성대하게 마침
33	수범 사례(垂範事例)	모범사례, 잘된 사례
34	수의시담(隨意示談)	가격 협의
35	시건장치(施鍵裝置)	잠금장치
36	양도양수(讓渡讓受)	넘겨주고 넘겨받음, 주고받음
37	양생(養生)	(콘크리트, 아스팔트 등) 굳히기, 굳히는 중
38	여입 결의(戾入決議)	회수 결정
39	예가(豫價, 預價)	예정 가격
40	예산 지변 과목(豫算支辨科目)	예산 과목
41	예찰(豫察)	미리 살피기
42	이격(離隔)	떨어짐, 벌림, 벌어짐 [참고] '이격거리'는 '떨어진 거리'로 순화.
43	익일(翌日)/익월(翌月)/익년(翌年)	다음 날/다음 달/다음 해
44	일부인(日附印)	날짜 도장
45	임석(臨席)	(현장) 참석

번호	순화대상어	순화어
46	자동제세동기(自動除細動器)	자동 심장 충격기
47	적기(適期)	알맞은 시기, 제때, 제철
48	적의 조치(適宜措置)(하기 바람)	적절한 조치, 적절히 조치하기 바람
49	지득(知得)(하다)	알게 되다, 알다, 알게 됨, 앎
50	차년도(次年度)	다음 연도, 다음 해
51	채납(採納)(하다)	(기부 등을) 받다, 받아들이다, (기부 등을) 받기, 받음
52	첨두시(尖頭時)	가장 붐빌 때, 수요가 최고일 때
53	초도순시(初度巡視)	첫 둘러보기, 첫 시찰
54	취명(吹鳴)(하다)	울리다, (경보, 사이렌 등을) 울림
55	패용(佩用)(하다)	달다, 달기 * '신분증 패용'은 "신분증을 달아주세요"로 순화할 수 있으나 문맥에 따라 '신분증 착용' 또는 "신분증을 착용하세요"로 순화할 수 있음.
56	하구언(河口堰)	하굿둑
57	행선지(行先地)	목적지

▶ 국립국어원(2018)의 '필수 개선 행정용어' 중 한자어 목록은 57개이다.

▶ '필수 개선 행정용어' 중 '가료'는 명사형 '가료'만 있고 동사형 '가료하다'는 없다. 이와 달리 '거양'은 명사형과 동사형이 모두 있다. 그런데 '가료'는 '치료'와 '치료하다'로 대체할 수 있지만 '거양'은 '드높이다'로 대체하기는 쉬워도 '드높임'으로 대체하기는 어렵다. 따라서 '가료'는 명사형과 동사형을 모두 제시해야 하고, '거양'은 동사형만 제시하는 편이 자연스럽다. 그런가 하면 '양도양수'는 '주고받다'로 대체하기 쉽지만 '주고받음'으로 대체하기는 어렵다. 이처럼 순화대상어 중 동사형(또는 형용사형)은 대체가 자연스럽지만 명사형은 대체가 부자연스러운 사례가 많기 때문에 이를 고려하여 순화어를 제시할 때 명사형과 동사형(또는 형용사형)을 함께 제시할 것인지 명사형만 제시할 것인지 결정해야 한다.

▶ 필수 개선 행정용어 중 '거양'은 기획재정부 누리집에서 2000~2004년 사이에 총 5차례 쓰인 용례가 있을 뿐, 최근에는 전혀 쓰이지 않는다. '게첨'도 행정안전부 누리집에서 2014~2015년 사이에 단 2차례 쓰인 용례만 있을 뿐, 최근에는 전혀 쓰이지 않는다. 이러한 용어는 필수 개선 행정용어 목록에서 제외해야 한다.

③ 국립국어원 필수 개선 행정용어 로마자 전체 목록(2018)

번호	순화대상어	순화어
1	AI(Artificial Intelligence)	인공 지능
2	AI(Avian Influenza)	조류 독감, 조류 인플루엔자
3	B2B(Business to Business)	기업 간 (거래)
4	BI(Brand Identity)	브랜드 정체성
5	G20(Group of 20)	주요 20개국
6	G2G(Government to Government)	정부 간 (거래)
7	ICT(Information & Communications Technology)	정보 통신 기술
8	IoT(Internet of Things)	사물 인터넷
9	IR(Investor Relations)	기업 설명회, 기업 상담회
10	IT(Information Technology)	정보 기술
11	MOU(Memorandum of Understanding)	업무 협약, 양해 각서
12	O2O(Online to Offline)	온오프라인 연계, 온오프라인 연계 마케팅, 온오프라인 연계 사업
13	ODA(Official Development Assistance)	공적 개발 원조, 정부 개발 원조
14	R&D(Research & Development)	연구 개발

▶ 국립국어원(2018)의 '필수 개선 행정용어' 중 로마자 목록은 14개이다.

새말모임

'새말모임'은 기사 제목에 새롭게 등장한 외국어 신조어가 널리 퍼지기 전에 빠르게 순화어를 만들어 보급하는 일을 한다. 전문가로 구성된 위원들이 순화어를 마련하면 무작위로 신정된 국민 2000명을 대상으로 수용도 조사를 실시하여 순화어를 발표하고 있다.

① 새말모임 신어 순화어 전체 목록(2019)

번호	순화대상어	순화어
1	게이트 키퍼(gate keeper)	생명 지킴이
2	딥페이크(deepfake)	(인공지능기반) 첨단조작기술
3	머그샷 제도(mug shot 制度)	피의자 사진공개제도
4	베그패커(beg packer)	구걸배낭족
5	소셜디자이너(social designer)	공동체(혁신)활동가
6	쇼트리스트(short list)	최종후보명단
7	스피드 팩토어(speed factore)	잰맞춤 생산(체계)
8	앰비슈머(ambisumer)	가치소비자
9	에이에스엠아르(ASMR)	감각소리
10	욜로(YOLO)	오늘살이
11	제로웨이스트(zero waste)	쓰레기 없애기
12	치팅 데이(cheating day)	먹요일
13	패스트 패션(fast fashion)	반짝패션
14	플로깅(plogging)	쓰담 달리기
15	필리버스터(filibuster)	무제한 토론, 합리적 의사진행 저지

▶ 새말모임은 2019년 10월부터 활동하기 시작하였다. 이 기간에 발표한 용어는 15개이다.

▶ 새말모임 순화어는 국립국어원의 '다듬은 말'에서 검색할 수 있는데, '에이에스엠아르, 욜로, 패스트 패션'은 검색할 수 없다.

② 새말모임 신어 순화어 전체 목록(2020)

번호	순화대상어	순화어
1	1코노미(1conomy)	1인경제
2	가스라이팅(gaslighting)	심리적지배
3	갭 이어(gap year)	채움 기간
4	게리맨더링(gerrymandering)	자의적 선거구(획정)
5	그래픽 노블(graphic novel)	만화형 소설
6	그린 모빌리티(green mobility)	친환경 교통수단, 친환경 이동 수단
7	그린테일(greentail)	친환경 유통
8	글러브 월(glovewall)	의료용 분리벽
9	네트 런처(net launcher)	그물총
10	네트 제로(net zero)	순배출 영점화
11	뉴 노멀(new normal)	새 기준, 새 일상
12	다크 너지(dark nudge)	함정상술
13	다크 넛지(dark nudge)	함정상술
14	다크 웹(dark web)	지하웹
15	다크패턴(dark pattern)	눈속임 설계
16	데이터 레이블러(data labeler)	데이터 주석자
17	데이터 레이블링(data labeling)	데이터 주석
18	드라이빙 가이드(driving guide)	자가운행 여행안내(자)
19	디지털 에이징(digital aging/ageing)	고령층 정보화
20	라스트 마일(last mile)	최종구간
21	라이브 커머스(live commerce)	실시간 소통판매
22	라이프 라인(life line)	생활기반망
23	라이프 로그(life log)	일상정보
24	라키비움(larchiveum)	복합문화공간
25	로 푸드(low food)	저자극식
26	로고젝터(logojector)	알림조명
27	로컬 페어 트레이드(local fair trade)	지역형 공정무역
28	로컬택트(localtact)	지역 울타리 활동
29	롱폼(longform)	긴 영상, 긴 형식
30	리미티드 런(limited run)	기간한정공연
31	리브랜딩(rebranding)	상표 새단장

번호	순화대상어	순화어
32	리커버(recover)	새표지
33	리테일 테크(retail tech)	첨단소매 유통기술
34	마스터 리스(master lease)	재임대
35	매직 넘버(magic number)	확정승수
36	맥시멀리스트(maximalist)	최대주의자
37	맥시멀리즘(maximalism)	최대주의
38	멀티 커리어리즘(multi-careerism)	겸업현상
39	멀티페르소나(multi-persona)	다면적 자아
40	메가 리전(mega region)	초거대 도시 연결권
41	모션 그래픽(motion graphic)	동작 그래픽
42	미닝 아웃(meaning out)	소신 소비
43	미러 시트(mirror sheet)	안심거울
44	밀레니얼 세대(millennial 世代)	새천년 세대
45	바이 소셜(buy social)	상생 소비
46	바이오 월(bio wall)	수직 정원
47	바이오시밀러(biosimilar)	동등생물의약품
48	버블 맵(bubble map)	주제 그물
49	베이퍼웨어(vaporware)	신기루상품
50	보어 아웃(bore out)	권태증후군
51	브레인 포그(brain fog)	뇌흐림
52	브이로그(vlog)	영상일기
53	블라인드 티켓(blind ticket)	출연진 미공개 할인표
54	블라인드 펀드(blind fund)	투자처 미특정 기금
55	빅텐트(big tent)	초당파연합, 포괄정당
56	소셜 미디어(social media)	누리소통매체
57	소셜 믹스(social mix)	어울단지(조성)
58	소셜 섹터(social sector)	사회기여공동체, 사회기여부문
59	소프트 스킬(soft skill)	대인관계기술
60	소프트 파워(soft power)	문화적 영향력
61	쇼트폼(shortform)	짧은 영상, 짧은 형식
62	스니즈 가드(sneeze guard)	침방울 가림막
63	스마트 셸터(smart shelter)	복합기능쉼터

번호	순화대상어	순화어
64	스마트 폴(smart pole)	지능형 기둥
65	스몰 라이선스(small license)	소규모 인허가
66	스윙보터(swing voter)	유동투표층
67	스카이라인(skyline)	하늘지붕선, 하늘선
68	스카이워크(skywalk)	하늘 산책로
69	스토리노믹스(storinomics)	이야기 산업
70	스피어 피싱(spear phishing)	표적 온라인사기
71	슬로 푸드(slow food)	여유식, 느린음식, 정성음식
72	신파일러(thin filer)	금융이력부족자
73	아쿠아포닉스(aquaponics)	물고기 농법
74	아트버스터(artbuster)	흥행예술작
75	안심 스크린(安心 screen)	안심 가림판
76	애니멀 호더(animal hoarder)	동물수집꾼
77	애자일 조직(agile 組織)	탄력조직
78	액티브 시니어(active senior)	활동적 장년
79	언박싱(unboxing)	개봉(기)
80	언택트 서비스(untact service)	비대면 서비스
81	에어 샤워(air shower)	바람세척
82	에이징 테크(aging tech, ageing tech)	고령맞춤기술
83	에코티어링(ecoteering)	생태탐험
84	에피데믹(epidemic)	(감염병) 국가적 유행, (감염병) 다국가 유행, (감염병) 예상 밖 유행, (감염병) 유행
85	엔데믹(endemic)	(감염병) 일상적 유행, (감염병) 주기적 유행, (감염병) 토착 유행
86	엔차 감염(n次 感染)	연쇄감염, 연속감염
87	엘리베이터 피치(elevator pitch)	요점전달
88	오픈 런(open run)	상시공연/개장질주, 개점질주
89	오픈 액세스(open access)	개방형 정보열람(서비스)
90	오픈 캠퍼스(open campus)	기관대학협력교육
91	온보딩(onboarding)	적응지원
92	온택트(ontact)	영상대면, 화상대면
93	워킹 스루(walking through)	도보이동형, 도보형

번호	순화대상어	순화어
94	원루프 서비스(oneroof service)	한지붕 서비스
95	원포인트회의(onepoint 會議)	단건(집중)회의
96	월 패드(wall pad)	통합주택 제어판
97	웨비나(webinar)	화상토론회, 화상회의
98	웰컴 키트(welcome kit)	환영꾸러미
99	위드 코로나 시대(with COVID19 時代)	코로나 일상
100	윈도 스루 검진(window through 檢診)	투명창 검진
101	유니콘 기업(unicorn 企業)	거대신생기업
102	유니크 베뉴(unique venue)	이색지역명소
103	인포데믹(infodemic)	악성정보확산
104	임팩트 투자(impact 投資)	사회가치투자
105	지표 환자(指標患者)	첫 확진자
106	챌린지(challenge)	도전잇기, 참여잇기
107	체크슈머(checksumer)	꼼꼼 소비자
108	커뮤니티 매핑(community mapping)	참여형 지도제작
109	케어 팜(care farm)	치유농장
110	코드 인사(code 人事)	성향인사, 편향인사
111	코드 커팅(cord cutting)	유선 해지
112	코로나 블루(COVID19 blue)	코로나 우울
113	코리빙 하우스(coliving house)	공간나눔주택
114	코호트 격리(cohort 隔離)	동일집단격리
115	콤팩트 시티(compact city)	기능집약도시
116	쿨 루프(cool roof)	시원지붕
117	클린 로드 (lean road)	도로살수장치
118	키 비주얼(key visual)	핵심그림, 핵심장면
119	킹메이커(kingmaker)	대권인도자, 핵심조력자
120	태그리스(tagless)	비접촉, 비접촉식
121	테마주(thema株)	화제주
122	텔레 케어(tele care)	원격돌봄
123	트래직 넘버(tragic number)	패배 수
124	트윈데믹(twindemic)	감염병 동시유행
125	패닉 바잉(panic buying)	공황구매

번호	순화대상어	순화어
126	패닉 셀링(panic selling)	공황매도
127	팬데믹(pandemic)	(감염병) 세계적 유행
128	퍼네이션(funation)	놀이형 기부
129	퍼펙트 스톰(perfect storm)	초대형 경제위기
130	페이스 실드(face shield)	얼굴 가림막
131	페티켓(petiquette)	반려동물 공공예절
132	펫팸족(petfam族)	반려동물 돌봄족
133	폴리널리스트(polinalist)	정치참여 언론인
134	풀링 검사(pooling 檢査)	취합(선별)검사
135	프롭테크(proptech)	부동산 정보기술
136	플랫폼 노동(platform 勞動)	(온라인) 매개노동
137	하드 스킬(hard skill)	직무기술
138	하드 파워(hard power)	물리적 영향력
139	하프 오픈 톱(half open top)	부분 개방형
140	해커톤 대회(hackathon 大會)	끝장 개발 대회
141	해커톤 토론(hackathon 討論)	끝장 토론
142	헬스테크(health tech)	건강기술, 노후건강투자
143	홈 팜(home farm)	가내 텃밭

▶ '슬로푸드'의 순화어 '정성음식'은 국립국어원의 '다듬은 말'에서 검색할 수 없다. 2022년 11월 다듬은 말 정비 회의에서 결정한 '여유식'과 '느린음식'만 검색된다.

③ 새말모임 신어 순화어 전체 목록(2021)

번호	순화대상어	순화어
1	고스팅(ghosting)	고용잠적
2	그린 포트폴리오(green portfolio)	친환경 수익전략
3	긱 워커(gig worker)	초단기 노동자
4	다크 스토어(dark store)	배송전용매장

번호	순화대상어	순화어
5	데스크테리어(deskterior)	책상 꾸미기
6	디마케팅(demarketing)	수요축소(전략)
7	디엠(DM)	쪽지
8	디지털 디톡스(digital detox)	디지털 거리두기
9	레몬 마켓(lemon market)	정보불균형 시장
10	로컬 크리에이터(local creator)	지역가치창출가
11	롱 코비드(long COVID)	코로나 감염 후유증
12	리걸테크(legaltech)	법률 정보 기술, 법률 정보 기술 서비스
13	리빙 랩(living lab)	생활실험실
14	리셀 테크(reselltech)	재판매 투자
15	리유저블 컵(reusable cup)	다회용컵
16	리클라이너(recliner)	각도조절의자
17	마이너스 옵션(minus option)	제외 선택제, 제외 선택권, 제외 선택 사항
18	메디 푸어(medi poor)	의료빈곤층
19	메디컬 푸어(medical poor)	의료빈곤층
20	메타버스(metaverse)	가상융합세계, 확장가상세계
21	백 브리핑(back briefing)	덧보고
22	벌크 업(bulk up)	근육키우기
23	부스터 샷(booster shot)	추가접종
24	부스터 숏(booster shot)	추가접종
25	북 아트(book art)	책 꾸밈
26	비즈 매칭(bizmatching)	사업자 연계
27	비치 코밍(beachcombing)	해변정화
28	빈지 워칭(binge watching)	몰아보기
29	쇼룸(showroom)	체험전시실
30	스테이케이션(staycation)	근거리 휴가
31	슬리포노믹스(sleeponomics)	숙면경제, 숙면산업
32	슬립 테크(sleep tech)	숙면기술
33	실버 서퍼(silver surfer)	디지털 친화 어르신
34	아너 코드(honor code)	명예규율
35	아웃링크(out link)	외부연결방식

번호	순화대상어	순화어
36	애슬레저(athleisure)	일상운동복
37	에이징 커브(aging curve)	노화곡선
38	오너 리스크(owner risk)	경영주발 악재
39	오너 코드(honor code)	명예규율
40	오픈 이노베이션(open innovation)	개방형 혁신전략
41	워커밸(workercustomer balance)	주객평등
42	워케이션(worcation)	휴가지 원격근무
43	웰에이징(wellaging)	건강 노년 맞이
44	인링크(in link)	내부연결방식
45	인슈어테크(insurtech)	보험정보기술
46	잡 크래프팅(job crafting)	자발적 직무설계
47	젠더 프리 캐스팅(gender free casting)	탈성별 배역, 탈성별 배역선정
48	캄테크(calmtech)	자동편의기술
49	케어 푸드(care food)	돌봄음식, 돌봄식
50	코로나 레드(COVID19 red)	코로나 분노
51	코로나 블랙(COVID19 black)	코로나 절망
52	코로나 쇼크(COVID19 shock)	코로나 충격
53	코로나19 쇼크(COVID19 shock)	코로나 충격
54	코르크 차지(cork charge)	주류반입비
55	콜키지(corkage)	주류반입비
56	쿠키 영상(cookie 映像)	부록 영상
57	쿨링 포그(cooling fog)	안개형 냉각, 안개형 냉각수
58	크라우드 워커(crowd worker)	대규모 참여형 노동자
59	크로스 미디어(cross media)	매체 다양화
60	트래블 버블(travel bubble)	비격리여행권역, 여행안전권역
61	팝업 가든(popup garden)	반짝정원
62	펀 세이빙(fun saving)	놀이형 저축
63	펀슈머(funsumer)	오락적 소비자
64	펜트업 효과(pentup 效果)	수요분출효과
65	펫 로스 증후군(pet loss 症候群)	반려동물 상실증후군
66	펫코노미(petconomy)	반려동물산업
67	포모 증후군(FOMO 症候群)	소외불안증후군

번호	순화대상어	순화어
68	포지티브 규제(positive 規制)	최소허용규제
69	푸드 리퍼브(food refurb)	식자재 새활용
70	푸드테크(food tech)	첨단식품기술
71	플러스 옵션(plus option)	추가 선택제, 추가 선택권, 추가 선택 사항
72	피버팅(pivoting)	전략급선회
73	필터 버블(filter bubble)	정보여과현상
74	하이퍼 로컬(hyper local)	동네 생활권
75	홈루덴스(home ludens)	집놀이족
76	홈코노미(homeconomy)	재택경제활동

④ 새말모임 신어 순화어 전체 목록(2022)

번호	순화대상어	순화어
1	그루밍 성범죄(grooming 性犯罪)	환심형 성범죄
2	네버 코비드(never COVID19)	코로나 비감염
3	노마드 워커(nomad worker)	유목민형 노동자
4	뉴 스페이스(new space)	민간우주개발
5	도어스테핑(doorstepping)	약식 문답, 출근길 문답
6	듀얼 라이프(dual life)	두 지역살이
7	디제라티(digerati)	디지털 지식인
8	디지털 네이티브(digital native)	디지털 태생
9	디지털 트윈(digital twin)	가상모형
10	로컬 소싱(ocal sourcing)	현지조달
11	로테크(low tech)	단순기술
12	마이크로투어리즘(microtourism)	근거리 여행
13	멀티데믹(multi pandemic)	감염병 복합유행
14	메타 패션(eta fashion)	가상세계패션
15	미코노미(meconomy)	자기중심소비
16	베이비 스텝(aby step)	소폭 조정
17	빅 스텝(ig step)	대폭 조정
18	빅 테크(big tech)	정보기술 대기업

번호	순화대상어	순화어
19	세이프티 콜(safety call)	작업중지요청
20	스태그플레이션(stagflation)	고물가 경기침체
21	아르피에이(RPA)	업무처리자동화
22	알피에이(RPA)	업무처리자동화
23	아쿠아스케이프(aquascape)	수경조경
24	안테나 숍(antenna shop)	탐색매장
25	에듀테크(edu tech)	교육정보기술
26	에이지리스(ageless)	나이 무관
27	엔데믹 블루(endemic blue)	일상회복불안
28	엔에프티(nft)	대체불가토큰
29	영 케어러(young carer)	가족돌봄청년
30	오리지널 콘텐츠(original contents)	자체 제작물
31	오픈 스페이스(open space)	열린 쉼터
32	이에스지 경영(ESG 經營)	환경·사회·투명경영
33	임팩트 비즈니스(impact business)	사회가치 병행사업
34	자이언트 스텝(iant step)	광폭 조정
35	제로 코로나(zero COVID19)	고강도 방역
36	커리어 하이(career high)	최고기록
37	컬처 핏(culture fit)	조직문화 적합성
38	코워킹 스페이스(coworking space)	공유업무공간
39	큐레이션 커머스(curation commerce)	소비자 맞춤 상거래
40	클린 뷰티(clean beauty)	친환경 화장품
41	트래블 룰(travel rule)	송금정보 기록제
42	페이스 리프트(face lift)	외관개선
43	페일콘(failcon)	실패공유모임
44	펫 프렌들리(pet friendly)	반려동물 친화
45	플라잉 모빌리티(flying mobility)	근거리 비행수단
46	피크 아웃(peak out)	하락전환
47	헤드라이너(headliner)	대표 출연자

⑤ 새말모임 신어 순화어 전체 목록(2023)

번호	순화대상어	순화어
1	그린 오션(green ocean)	친환경 시장
2	긱 이코노미(gig economy)	일시 고용 경제
3	니어쇼어링(nearshoring)	인접국 이전
4	로크인 효과(lock in effect)	자물쇠 효과
5	리드 타임(lead time)	납품 소요 시간
6	리커머스(recommerce)	재거래
7	마이크로 러닝(micro learning)	짤막 학습
8	매치 메이킹(match making)	상대 결정
9	머니 무브(money move)	자금 이동
10	멀웨어(malware)	악성 프로그램
11	메가 딜(mega deal)	초대형 거래
12	메가 오퍼(mega offer)	초고액 제안
13	메가스테이션(megastation)	복합 충전 시설
14	메디 푸드(medi food)	의료식
15	메타노믹스(metanomics)	가상 세계 경제
16	메타팜(metafarm, metaverse smart farm)	가상농장
17	무라벨(無label)	무상표
18	뱅크 런(bank run)	인출 폭주
19	뱅크데믹(bankdemic, bank pandemic)	은행 불신 확산
20	버티포트(vertiport)	수직 이착륙장
21	베타테스트(beta test)	출시 전 시험
22	본드 런(bond run)	채권 매도 사태
23	뷰잉 파티(viewing party)	단체 시청 행사
24	블루 푸드(blue food)	수산 식품
25	비거노믹스(vegan economics)	채식 산업
26	생크추어리(sanctuary)	동물 보호 구역
27	세이브케이션(savecation)	알뜰 휴가
28	셔틀 외교(shuttle 外交)	왕래 외교
29	소셜 본드(social bond)	사회 가치 채권
30	솔로 이코노미(solo economy)	1인 가구 경제
31	스몰 럭셔리(small luxury)	소소한 사치

번호	순화대상어	순화어
32	슬로 패션(slow fashion)	친환경 패션
33	실버 푸어(silver poor)	노년 빈곤층, 노후 빈곤층
34	아트 테크(art tech)	예술품 투자
35	애그테크(agtech)	첨단 농업 기술
36	어닝 쇼크(earning shock)	실적 충격
37	에듀 푸어(education poor)	교육 과소비층
38	오마카세(omaka[御任]se)	주방특선
39	욜드(YOLD)	청노년
40	웰다잉(well-dying)	품위사
41	이지 머니(easy money)	저리 자금
42	제너럴리스트(generalist)	다방면 인재
43	제로 트러스트(zero trust)	철통 인증
44	제론테크놀로지(gerontechnology)	고령 친화 기술
45	칠링 이펙트(chilling effect)	위축 효과
46	캔슬 컬처(cancel culture)	등돌림 문화
47	콜 포비아(call phobia)	통화 기피증
48	콜키지 프리(corkage free)	주류 반입 무료
49	큐싱(Qshing)	큐알 사기
50	클린 하우스(clean house)	쓰레기 수거장
51	킬러 아이템(killer item)	핵심 상품
52	테크니컬 투어(technical tour)	산업 현장 탐방
53	트래블 테크(travel tech)	여행 정보 기술
54	패시브 인컴(passive income)	노동 외 소득
55	퍼스널 컬러(personal color)	맞춤 색상
56	페어링(pairing)	맛조합
57	페이 커트(paycut)	감액 계약
58	프렌드쇼어링(friendshoring)	우호국 이전
59	프리 플로팅(free floating)	자유 주차 방식
60	프리패브(prefab)	사전 제작, 선제작 공법
61	필드 테스트(field test)	실사용 평가
62	할루시네이션(hallucination)	허위 생성

행정안전부

① 행정안전부 행정용어 순화어 외래어·외국어 전체 목록(2020)

번호	순화대상어	순화어
1	가이드라인(guideline)	방침, 지침
2	가이드북(guidebook)	길잡이, 안내서, 지침서
3	글로벌 경쟁력(global 競爭力)	국제 경쟁력, 세계 경쟁력
4	글로벌 스탠더드(global standard)	국제 표준
5	네트워크(network)	관계망, 연결망, 연계망
6	노하우(knowhow)	기술, 방법, 비결, 비법
7	니즈(needs)	바람, 요구, 필요
8	데모데이(demo day)	시연회
9	드론(drone)	무인기
10	디지털 포렌식(digital forensic)	전자법의학
11	라운드 테이블 토론(Round Table 討論)	원탁토론, 원탁회의
12	레시피(recipe)	조리법
13	로드맵(road map)	단계별 계획, (단계별) 이행안
14	로드쇼(road show)	투자설명회
15	로컬 푸드(local food)	지역음식, 향토음식
16	론칭(launching)	개시
17	리스크(risk)	손실, 위험
18	마스터 플랜(master plan)	기본계획, 종합계획
19	매뉴얼(manual)	설명서, 안내서, 지침
20	매칭(matching)	연결
21	모니터단(monitor 團)	감시단, 점검단
22	모니터링(monitoring)	감독, 감시, 점검
23	미스매치(mismatch)	부적합한 연결
24	바우처(voucher)	상품권, 이용권
25	벤치마킹(benchmarking)하다	견주다, 본을 따르다
26	블라인드 채용(blind 採用)	정보 가림 채용
27	세션(session)	부문, 부분, 분과

번호	순화대상어	순화어
28	스왑(swap)	교환
29	스크린도어(screen door)	안전문
30	스타트업(startup)	새싹기업, 창업(초기)기업
31	시너지 효과(synergy 效果)	(동반)상승효과, 상생효과
32	아웃리치(outreach)	현장지원(활동)
33	액셀러레이팅(accelerating)	새싹기업 육성, 창업(초기)기업 육성
34	액션 플랜(action plan)	실행 계획
35	원스톱 서비스(onestop service)	일괄 서비스, 통합 서비스
36	웨어러블 디바이스(wearable device)	착용형 기기
37	윈윈 효과(winwin 效果)	상생효과
38	이슈(issue)	논쟁, 쟁점
39	인센티브(incentive)	특전, 혜택
40	인큐베이팅(incubating)	보육(인큐베이팅)
41	인프라 구축(infrastructure 構築)	기반(시설) 구축
42	카 셰어링(car sharing)	차량 공유
43	컨트롤타워(control tower)	(조정)관리조직, (조정)관리기구
44	콘퍼런스(conference)	학술대회, 학술회의
45	킥오프 회의(kickoff 會議)	첫 회의
46	타깃(target)	대상, 목표
47	태스크포스(task force)	전담팀, 특별팀
48	테마공원(thema公園)	주제 공원
49	테스트 베드(test bed)	시범공간, 시험대, 시험장
50	톱다운식(topdown式)	하향식
51	트렌드(trend)	경향, 동향, 유행, 흐름
52	패러다임(paradigm)	인식
53	패키지 지원(package 支援)	종합지원, 통합지원
54	페스티벌(festival)	축제
55	페이백(payback)	보상환급
56	프로세스(process)	과정, 절차
57	프로젝트(project)	과제, 기업, 사업
58	핫라인(hotline)	(비상)직통전화, (비상)직통회선
59	허브(hub)	거점, 중심, 중심지

번호	순화대상어	순화어
60	헬스케어(healthcare)	건강관리
61	힐링(healing)	치유

▶ 행안부(2020)의 '행정업무 운영편람'에 포함된 외래어·외국어 순화어 목록은 61개이다.

② 행정안전부 행정용어 순화어 한자어 전체 목록(2020)

번호	순화대상어	순화어
1	가격투찰(價格投札)	가격제시
2	가용(可用)한	쓸 수 있는
3	가일층(加一層)	더한층, 한층 더
4	거양(擧揚)하다	올리다
5	경주(傾注)하다	기울이다, 다하다, 쏟다
6	계도(啓導)하다	알려주다, 일깨워주다
7	금번(今番)	이번
8	기(旣)	이미, 기존의
9	기망(欺罔)하다	속이다
10	긴요(緊要)하다	아주 중요하다
11	동(同)	이
12	만전을 기(萬全期)할 예정이다	최선을 다할 예정이다
13	본(本)	이
14	부기(附記)하다	덧붙여 기재하다
15	불식(拂拭)하다	없애다
16	불요(不要)	필요 없음
17	비첨두시(非尖頭時)	붐비지 않을 때
18	사역(使役)	채용
19	사역결의(使役決議)	채용결정
20	상기(上記)	위
21	상이(相異)하다	다르다

번호	순화대상어	순화어
22	상존(常存)	늘 있음
23	상회(上廻)하다	웃돌다
24	서훈된 자(敍勳者)	훈장을 받은 사람
25	송달(送達)하다	보내다
26	수범사례(垂範事例)	모범사례
27	수취(受取)	받음, 수령
28	시찰(視察)하다	살펴보다
29	시현(示顯)하다	나타내다, 나타내 보이다
30	예찰(豫察)하다	미리 살피다
31	용이(容易)하다	쉽다
32	이첩(移牒)하다	넘기다
33	적기(適期)	알맞은 시기, 제철
34	적시(適時)	제때
35	정수(定數)	정원
36	제고(提高)하다	높이다
37	제반(諸般)	여러
38	존치(存置)하다	그대로 두다
39	차기(次期)	다음(번)
40	천명(闡明)하다	밝히다
41	첨두시(尖頭時)	가장 붐빌 때
42	추서(追敍)하다	훈장을 내리다
43	타(他)	다른
44	패용(佩用)하다	달다
45	편취(騙取)하다	속여 뺏다
46	하회(下廻)하다	밑돌다
47	현출(顯出)	두드러짐
48	확행(確行) 바랍니다	꼭 하시기 바랍니다

▶ 행안부(2020)의 '행정업무 운영편람'에 포함된 한자어 순화어 목록은 48개이다.

▶ '상존'은 행정용어인 '상존(常存)'과 '상존(尙存)'의 뜻으로 쓸 때는 '늘 있음'과 '남아 있음'으로 대체해야 하지만, 농업용어인 '상존(床拵)'의 뜻으로 쓸 때는 '모판 만들기'로 대체해야 한다. 따라서 '상존(常存)'만 제시한 행안부의 행정용어 순화어 목록을 농업 관련 공문서에 그대로 적용하는 것은 적절하지 않다.

③ 행정안전부 행정용어 순화어 로마자 전체 목록(2020)

번호	순화대상어	순화어
1	AI(Artificial Intelligence/Avian Influenza)	인공 지능(AI)/조류 독감, 조류 인플루엔자(AI)
2	Asis	개선 전
3	B2B(Business to Business)	기업 간 거래(B2B)
4	Bottomup식	상향식
5	ICT(Information & Communications Technology)	정보통신기술(ICT)
6	IoT(Internet of Things)	사물 인터넷(IoT)
7	MOU(Memorandum of Understanding)	업무협약, 양해각서(MOU)
8	P2P(Peer to peer)	개인 간(P2P)
9	R&D(Research & Development)	연구개발(R&D)
10	Tobe	개선 후

▶ 행안부(2020)의 '행정업무 운영편람'에 포함된 로마자 순화어 목록은 10개이다.

서울시

서울시는 2018년부터 최근까지 수시로 행정용어 순화어를 발표하고 있다. 서울시 행정용어 순화어는 순화어와 차별어를 구분하지 않고 행정용어 순화어로 고시하며, 새로운 순화어를 기존 순화어 목록에 누적해 가는 방식으로 관리하고 있다. 현재까지 총 507개의 순화어를 발표하였는데, 전체 순화어 목록을 한곳에서 확인하기 어려운 점은 아쉽다.

> 서울시청 누리집 첫 화면에서 통합 검색창에 '순화어'를 입력하면 2020년 12월을 기준으로 '사라(접시)'처럼 중복되는 용어와 '오케바리(좋다)'처럼 행정용어로 보기 어려운 용어를 제외하고 총 507개의 순화어 목록을 확인할 수 있다. 참고로 '서울시보'에서는 2022년에 발표된 순화어 목록도 확인할 수 있다.

① 서울시 행정용어 외래어 · 외국어 순화어 간추린 목록

번호	순화대상어	순화어
1	가드닝(gardening)	정원 가꾸기
2	가드레일(guardrail)	보호난간
3	가이드라인(guideline)	지침
4	가이드북(guidebook)	길잡이, 안내서, 지침서
5	갤러리(gallery)	전시실
6	거버넌스(governance)	민관협력
7	골든타임(golden time)	황금시간
8	그린벨트(greenbelt)	개발제한구역
9	네이밍(naming)	이름, 이름짓기
10	뉴스레터(newsletter)	소식지
11	니즈(needs)	수요, 바람
12	다운로드(download)	내려받기
13	도슨트(docent)	전문안내원
14	랜드마크(landmark)	상징건물, 대표건물, 마루지
15	로드맵(landmark)	단계별 계획

번호	순화대상어	순화어
16	루트(route)	경로
17	리더십(leadership)	통솔력, 지도력, 영향력
18	리빙랩(living lab)	생활실험실
19	리스(lease)	임대
20	리스크(risk)	위험, 손실
21	마스터플랜(master plan)	종합계획
22	마일리지(mileage)	이용실적(점수), 참여실적(점수)
23	매뉴얼(manual)	안내서, 길잡이
24	메이커(maker)	제작자, 제조업체
25	멘토(mentor)	(담당)지도자, 조언자
26	멘토링(mentoring)	상담
27	모니터링 시스템(monitoring system)	점검체계, 감시체계
28	미션(mission)	임무
29	바이럴(viral)	입소문
30	배너(banner)	띠광고(온라인), 알림막(오프라인)
31	보타닉 공원(botanic park)	생태 공원
32	볼라드(bollard)	길말뚝
33	북카페(book cafe)	책찻집
34	블록(block)	구역
35	비전(vision)	이상, 전망
36	사이트맵(site map)	누리집 지도
37	서밋(summit)	(정상) 회담
38	서포터(supporter)	응원단, 후원자
39	세미나(seminar)	발표회, 토론회, 연구회
40	셔틀 버스(shuttle bus)	순환 버스
41	솔라스테이션(solar station)	햇빛충전소
42	스크리닝(screening)	선별, 훑어보기, 점검
43	스크린도어(screen door)	승강장 안전문
44	스타트업(startup)	새싹기업
45	스토리텔링(storytelling)	이야기(엮기)
46	스페이스(space)	공간

번호	순화대상어	순화어
47	슬로건(slogan)	구호, 표어
48	시너지효과(synergy 效果)	상승효과
49	아카이브(archive)	자료곳간(資料庫間), 자료보관소
50	앵커시설(anchor施設)	종합지원시설
51	어워드(award)	상
52	업로드(upload)	올리기, 올려싣기
53	오프닝(opening)	개관, 개통, 개막
54	오픈소스(open source)	공개소스, 공개자료
55	워크숍(workshop)	공동수련, 공동연수
56	웹진(webzine)	누리잡지
57	웹하드(web hard)	누리저장소
58	위크(week)	주, 주간
59	윈윈(winwin)	상생
60	이러닝(elearning)	온라인 학습, 온라인 교육
61	이벤트(event)	(기획) 행사
62	이커머스(ecommerce)	전자상거래
63	인센티브(incentive)	성과급, 보상
64	인큐베이팅(incubating)	육성, 보육
65	인턴십(internship)	직무실습
66	인프라(infrastructure)	기반(시설)
67	인플루언서(influencer)	영향력자
68	젠더(gender)	성(인지, 평등)
69	존(zone)	구역
70	주얼리(jewelry)	귀금속
71	직장맘(職場 mom)	여성직장인
72	체크리스트(checklist)	점검표
73	캐노피(canopy)	뜬지붕
74	캠퍼스타운(campus town)	대학촌, 대학거점도시
75	커뮤니티 (community space)	소통 공간, 공동체 공간
76	커팅(cutting)	자르기
77	케어(care)	돌봄, 관리
78	코디네이터(coordinator)	조정자

번호	순화대상어	순화어
79	코로나 블루(COVID19 blue)	코로나 우울
80	코워킹(coworking)	협업, 공동작업
81	코칭(coaching)	지도
82	콘퍼런스(conference)	대회, 회의
83	큐레이션(curation)	전시기획
84	클러스터(cluster)	연합지구, 협력지구
85	키오스크(kiosk)	무인안내기
86	태스크포스팀(task force team)	(특별)전담 조직
87	텀블러(tumbler)	(휴대용) 통컵 ※ 휴대할 경우에는 '휴대용 통컵'으로 사용
88	테스트베드(test bed)	시험장, 시험(무)대, 가늠터
89	티백(tea bag)	봉지차
90	팀빌딩(team building)	팀단합
91	파고라(pergola)	그늘막
92	파빌리온(pavilion)	가설건물, 전시관
93	패널티(penalty)	벌칙, 제재
94	팸투어(FAM tour)	(초청)홍보여행, 사전답사여행
95	퍼실리테이터(facilitator)	도우미
96	페스티벌(festival)	잔치, 축제
97	펜스(fence)	울타리
98	포스트 코로나(post COVID19)	코로나 이후
99	포트폴리오(portfolio)	실적자료집
100	포트홀(pot hole)	도로파임, 노면구멍
101	푸드트럭(food truck)	음식차, 음식트럭, 먹거리트럭
102	풀(pool)	~후보군(예: 인재풀→인재후보군/ 전문가풀→전문가후보군)
103	프레임(frame)	틀
104	프로젝트(project)	사업
105	플랫폼(platform)	기반, 장
106	플리마켓(flea market)	벼룩시장
107	픽토그램(pictogram)	그림기호
108	하이패스(hipass)	진료비 자동결제

번호	순화대상어	순화어
109	해커톤(hackathon)	끝장/마라톤(찾기, 토론, 대회)
110	허브(hub)	중심, 중심지
111	힐링(healing)	치유

▶ 서울시청 행정용어 순화어 총 507개 중 서울시청 2021년 보도자료에 1회 이상 사용된 외래어·외국어 순화대상어는 111개이다.

▶ 서울시 순화대상어 목록에 'penalty'의 표기가 규범 표기인 '페널티'가 아니라 비규범 표기인 '패널티'로 올라와 있다.

② 서울시 행정용어 한자어 순화어 간추린 목록

번호	순화대상어	순화어
1	가급적(可及的)	되도록
2	가산(加算)	더하기, 보탬
3	가처분(假處分)	임시처분
4	간선도로(幹線道路)	주요도로
5	감안(勘案)하다	고려하다
6	개소(開所)하다	열다
7	개찰구(改札口)	표 내는 곳
8	거래선(去來先)	거래처
9	게첨(揭添)	게시의 의미 : 게시, 내붙임, 부착의 의미 : 걸음, 내걸음
10	견습(見習)	수습
11	계도(啓導)	알림, 일깨움, 홍보 * 삭제
12	고지(告知)	알림
13	공기(工期)	공사기간
14	공실(空室)	빈방
15	공유재산(公有財産)	지방자치단체 재산
16	관급자재(官給資材)	관공급자재
17	관용차(官用車)	공무차량

번호	순화대상어	순화어
18	관정(管井)	대롱우물
19	교부(交付/交附)하다	내어주다
20	구경(口徑)	지름
21	구비서류(具備書類)	갖춤서류
22	귀속(歸屬)	갖음, 갖습니다, 있음, 있습니다
23	금년(今年)	올해
24	금일(今日)	오늘
25	기성금(旣成金)	중간정산금
26	기재(記載)하다	쓰다, 적다
27	납기(納期)	내는 날, 내는 기간
28	납부(納付)하다	내다
29	내구연한(耐久年限)	사용 가능 기간
30	노약자(老弱者)	배려석
31	노점상(露店商)	거리가게
32	누락(漏落)	빠짐
33	누수(漏水)	새는 물
34	단차(段差)	높낮이
35	대인(大人)	어른
36	도래(到來)하다	(기한이) 이르다, 오다, 닥치다
37	독거노인(獨居老人)	홀몸노인(홀로 사는 노인)
38	동절기(冬節期)	겨울철
39	등재(登載)	목록에 있음/있는
40	만전을 기(萬全期)하다	빈틈없이 하다
41	매설(埋設)	땅속 설치
42	매표소(賣票所)	표 사는 곳
43	미혼모(未婚母)	비혼모
44	배포(配布)하다	나누어주다
45	별첨(別添)	붙임
46	병행(竝行)하여	함께, 동시에(병행하여)
47	보직(補職)	담당업무, 맡은 일
48	복토(覆土)	흙덮기, 흙을 덮음(동사형활용)

번호	순화대상어	순화어
49	부합(附合)하다	들어맞다
50	비품(備品)	비소모품
51	상기(上記)	위의, 위
52	송부(送付)하다	보내다
53	수납(收納)	돈 내는 곳, 계산 창구
54	수리(受理)	처리
55	수목(樹木)	나무
56	수수(授受)하다	주고받다
57	수유실(授乳室)	아기쉼터
58	수탁자(受託者)	(계약)대상자
59	승강장(乘降場)	타는곳
60	시건장치(施鍵裝置)	잠금장치
61	시달(示達)	알림, 전달
62	시민고객(市民顧客)	시민, 시민님
63	시운전(試運轉)	시험운전
64	시정조치(是正措置)	개선조치
65	시찰(視察)	현장방문, 두루 살핌
66	식대(食代)	밥값
67	식비(食費)	밥값
68	식재(植栽)	나무 심기, 나무 가꾸기
69	양도양수(讓渡讓受)	주고받기
70	연면적(延面積)	총면적
71	염두(念頭)에 두어	생각하여, 고려하여
72	영위(營爲)	하는
73	영접(迎接)	맞이함, 맞음, 맞다, 맞이
74	요망(要望)	바람
75	우수관로(雨水管路)	빗물관
76	원격교육(遠隔敎育)	먼거리교육, 원격교육
77	월류(越流)	물 넘침, 무넘이
78	유모차(乳母車)	유아차, 아기차
79	유보(留保)하다	미루다, 미루어 두다
80	은폐(隱蔽)	감춤, 덮음, 숨김, 감추는, 덮는, 숨기는

번호	순화대상어	순화어
81	음용(飲用)하다	마시다
82	음용수(飲用水)	마실 물, 먹는 물
83	의거(依據)하다	따르다
84	이격(離隔)	어긋남, 벌림
85	이면(裏面)	뒤쪽, 안쪽
86	이면도로(裏面道路)	뒷길
87	이식(移植)	옮겨심기
88	이첩(移牒)하다	넘기다
89	익월(翌月)	다음 달
90	익일(翌日)	그다음 날
91	인계(引繼)하다	넘겨주다
92	인근역(鄰近驛)	이웃역, 인근역
93	인력시장(人力市場)	일자리마당
94	인수(引受)하다	넘겨받다
95	일환(一環)	의 하나
96	잔반(殘飯)	음식 찌꺼기, 남은 음식
97	적발(摘發)	(부정승차) 찾아냄
98	적치(積治)	쌓아둠
99	절수(節水)	물 절약, 물 아낌
100	접견(接見)	만남
102	정주(定住)	거주
102	제반(諸般)	모든(사항)
103	제방(堤防)	둑
104	제세공과금(諸稅公課金)	각종공과금
105	제척(除斥)	제외, 뺌
106	조서(調書)	확인서
107	주거복지센터	주거복지종합(민원)시설, 주거복지지원시설, 주거복지지원처
108	중대재해(重大災害)	큰 재해, 중대재해
109	증빙서류(證憑書類)	증거서류
110	지장물(支障物)	장애물
111	징구(徵求)(하다)	요청(하다)

번호	순화대상어	순화어
112	차입금(借入金)	빌린 돈
113	차후(此後)	지금부터, 앞으로
114	착석(着席)하다	(자리에) 앉다
115	창출(創出)하다	새로 마련하다, 새로 만들다
116	첨두시(尖頭時)	가장 붐빌 때
117	첨부(添附)	붙임
118	첨부서류(添附書類)	붙임서류
119	추계(推計)	어림셈
120	취합(聚合)하다	모으다
121	치하(致賀)	* 삭제
122	타(他)	다른
123	토사(土砂)	흙모래
124	투기(投棄)하는	내버리는
125	폭원(幅員)	너비
126	필히(必히)	반드시, 꼭
127	하사(下賜)	* 삭제
128	하절기(夏節期)	여름철
129	하중(荷重)	짐무게, 부담
130	하청업체(下請業體)	협력업체
131	해소(解消)하다	없애다, 풀다
132	해촉(解囑)	위촉 해제, 위촉을 끝냄(해촉)
133	행선지(行先地)	목적지, 가는 곳
134	형틀(型틀)	거푸집
135	호우(豪雨)	큰비
136	호출(呼出)하다	부르다
137	혹서기(酷暑期)	무더위 때
138	확행(確行)	반드시 하기
139	환승역(換乘驛)	갈아타는 곳
140	환아(患兒)	아픈 아이, 아픈 어린이
141	환지(換地)	교환토지, 보상토지
142	힐링(healing)	치유

▶ 서울시청 행정용어 순화어 총 507개 중 서울시청 2021년 보도자료에 1회 이상 사용된 한자어 순화대상어는 143개이다.

③ 서울시 행정용어 로마자 순화어 간추린 목록

번호	순화대상어	순화어
1	CSR(Corporate Social Responsibility)	기업의 사회적책임
2	DB(DataBase)	디비, 데이터베이스
3	GIS(Geographic Information System)	지리 정보 시스템, 지리 정보 체계
4	ICT(Information & Communications Technology)	정보통신기술, 정보문화기술
5	NPO(Non-profit Organization)	비영리단체
6	OECD(Organisation for Economic Cooperation and Development)	경제협력개발기구, 경협기구
7	PQ(Pre Qualification)	사전심사
8	R&D(Research and Development)	연구 개발
9	TF(Task Force)	특별 전담 조직, 전담 조직, 특별팀, 전담팀, 전담반

▶ 서울시청 행정용어 순화어 총 507개 중 서울시청 2021년 보도자료에 1회 이상 사용된 로마자 순화대상어는 9개이다.

전라남도

전라남도는 2010년 3월(91개)과 12월(40개), 2015년 10월(20개) 총 3회에 걸쳐 151개의 순화어를 발표하였다. 전라남도가 발표한 순화어는 지자체에서 주로 사용하는, 즉 지역적인 특징이 잘 반영된 용어라는 점이 특징이다.

▶ 전라남도가 제안한 순화어는 전라남도 누리집에서 전체 목록을 확인할 수 있는데 검색하기 쉽지 않다. 이와 달리 국립국어원이 운영하는 '다듬은 말'은 검색하기 쉽지만 다른 기관이 제안한 순화어를 통합해서 관리하지 않기 때문에 전라남도 행정용어 순화어를 일부만 확인할 수 있다.

① 전라남도 행정용어 외래어·외국어 순화어 간추린 목록

번호	순화대상어	순화어
1	굿스테이(good stay)	추천숙박
2	그린 스타트(green start)	온실가스감축
3	그린 에코포트(green eco port)	친환경항만
4	기프티콘(gifticon)	선물교호
5	논 슬립(non slip)	미끄럼 방지물, 미끄럼 방지 시설
6	레지던스(residence)	창작공간, 창작촌
7	로컬 푸드(local food)	지역 먹을거리, 향토 먹을거리
8	마이스터대학(meister大學)	장인대학, 미래농업대학
9	매머드급(mammoth級)	대규모
10	멘토링(mentoring)	후원, 상담, 지도
11	멤버십(membership)	회원, 회원제
12	바이오산업(bio産業)	생물산업, 생명산업
13	베이크아웃(bake out)	구워서 내보내다
14	벤더(vendor)	중간 유통 업자
15	브랜드육(brand肉)	상표고기, 상표등록고기
16	블루콘텐츠(blue contents)	해양 문화자원
17	비즈니스 센터(business center)	사업소, 사업처
18	산림 바이오매스(山林 biomass)	산림자원
19	스토리 랩(story lab)	이야기산업
20	슬러지(sludge)	찌꺼기, 쓰레기
21	아이디어 페스티벌(idea festival)	생각 모음 잔치, 아이디어 발표 대회
22	에스에스기(SS기)	고속살포기
23	오션복합콤플렉스(ocean複合complex)	해양복합단지
24	원 어데이(one a day)	오늘 추천

번호	순화대상어	순화어
25	유기농멤버십(有機農 membership)	유기농 회원, 유기농 회원제
26	의료 텔레메트리(醫療 telemetry)	화상 처치 체제, 원격 화상 처치 체제
27	자원봉사 코디네이터(自願奉仕 coordinator)	자원봉사 관리자
28	조류인플루엔자(鳥類 influenza)	조류독감, 새독감
29	컨베이어(conveyor)	운반, 운반기
30	콩그레스(congress)	대회
31	테크니션스쿨(technician school)	산업인력학교
32	투어랠리(tour rallye)	관광지 돌아보기 대회, 관광지 순회 대회
33	트레블마트(travel mart)	여행상품박람회
34	파워블로거(power blogger)	인기누리지기
35	펠릿보일러(pellet boiler)	압축연료보일러
36	펠릿사료(pellet 飼料)	덩이먹이, 압축사료
37	포토존(photo zone)	사진 촬영 구역, 촬영 구역, 사진 찍는 곳
38	표준 프로세스(標準 process)	표준 과정, 표준 절차
39	프랜차이저(franchiser)	상품 제휴 본점
40	피비상품(PB 商品)	자체 상표 상품

▶ 전남도청이 선정한 순화대상어 '베이크아웃(bake out)'은 새 건물에 입주하기 전에 실내 온도를 높여 각종 냄새와 화학물질을 제거하는 방법을 일컫는 말이다. 따라서 '베이크 아웃'을 '구워서 내보내다'로 순화하는 것은 부자연스럽다. 기본적으로 순화대상어를 순화할 때 직역과 의역을 모두 활용해야 하는데, '베이크 아웃'은 직역하지 말고 의미를 살려 '실내난방소독(베이크아웃)'이나 '새집난방소독(베이크아웃)'으로 순화하는 것이 자연스럽다.

② 전라남도 행정용어 한자어 순화어 간추린 목록

번호	순화대상어	순화어
1	갑지(匣紙)	표지
2	개구부(開口部)	열린 곳
3	개수(改修)	수리, 고치기
4	건고추(乾고추)	말린고추, 마른고추
5	경도(硬度)	굳기, 굳음새
6	경축순환자원화센터(耕畜循環資源化 center)	농업재활용사업소, 농업재활용센터
7	계두(鷄痘)	닭마마
8	고장(尻長)	엉덩이 길이
9	곡과(曲果)	굽은 과일
10	공동과(空洞果)	속 빈 과일
11	과경(果梗)	열매꼭지
12	관행농법(慣行農法)	전통농법
13	구조내력(構造耐力)	구조내구력, 구조견딜힘
14	기립불능(起立不能)	주저앉은
15	농후사료(濃厚飼料)	고영양사료
16	도체율(屠體率)	통고기율
17	립(粒)	알
18	만수위(滿水位)	가득찬 물 높이
19	모객비(募客費)	관광객 모집 비용
20	모의도서(無島醫嶼)	의료기관 없는 섬
21	모조(母藻)	씨해조류
22	모패(母貝)	씨조개
23	무의도서(無醫島嶼)	의료기관 없는 섬
24	벌개제근(伐開除根)	나무뿌리 파내기, 나무뿌리 제거
25	법면(法面)	경사지
26	법면보호(法面保護)	비탈면 보호
27	보파(補播)	보충파종, 덧뿌리기
28	봉독(蜂毒)	벌독
29	봉상 관창(棒狀 管槍)	막대관창
30	부재(部材)	재료
31	분말염료(粉末染料)	가루물감

번호	순화대상어	순화어
32	비종(肥種)	비료 종류, 비료의 종류
33	생력화(省力化)	노동력 절감, 노동력 줄이기
34	선도농가(先導 農家)	앞선 농가
35	선택 사양(選擇仕樣)	선택 항목, 선택 품목
36	송출(送出)	보내기, 내보내기
37	수갑(水閘)	수문
38	수로교(水路橋)	물길다리
39	수리안전답(水利安全畓)	물 사정 좋은 논
40	수원공(水源工)	농업용수 공급시설
41	숭상(崇上)	높임, 돋우기, 돋움, 높이기
42	신수종사업(新樹種事業)	유망사업
43	야생조수(野生鳥獸)	들짐승
44	양수(揚水)	물푸기
45	엽채류(葉菜類)	잎채소류
46	예찰검사(豫察檢査)	사전검사
47	유료작물(油料作物)	기름작물
48	종구소독(種球 消毒)	씨알소독
49	제당(堤塘)	둑
50	제체(堤體)	둑 몸체
51	조류(藻類)	이끼류
52	종구 소독(種球 消毒)	씨알소독
53	차양구(遮陽具)	햇빛 가리개, 그늘막
54	채묘(採苗)	종자붙임, 씨붙임
55	출타(出他)	외출
56	통로암거(通路暗渠)	통행굴
57	포복경(匍匐莖)	기는 줄기
58	현창(顯彰)하다	기리다

충청북도

충청북도는 2009년부터 2012년(29개)까지 총 다섯 차례에 걸쳐 행정용어순화 자문회의를 개최하여 그동안 146개의 행정용어 순화어를 발표하였다.

> ▶ 충청북도 누리집 첫 화면에서 통합 검색창에 '순화어'를 입력하면 제1차 자문회의(2009년, 48개)와 제2차 자문회의(2010년, 33개), 제5차 자문회의(2012년, 29개)를 개최했다는 내용이 검색되지만 실제 목록은 찾아볼 수 없다.

① 충청북도 행정용어 외래어 · 외국어 · 한자어 순화어 간추린 목록

번호	순화대상어	순화어
1	가이드라인(guideline)	지침, 제한선, 길잡이
2	그린 빌리지(green village)	친환경 마을
3	그린 캠퍼스(green campus)	녹색 교정, 친환경 캠퍼스
4	대향하다(對向하다)	마주보다
5	덱 로드(deck road)	툇마루 산책길, 툇마루 등산길
6	드라마 창작 클러스터(drama 創作 cluster)	드라마 창작 협력지구
7	드림 스타트 센터(dream start center)	희망 가꿈터
8	로드 맵(road map)	밑그림, 청사진, 길잡이, 단계별 이행안
9	리프레시 데이(refresh day)	재충전의 날
10	매가시티(mega city)	특화 도시
11	매칭 시스템(matching system)	협력 체계
12	매칭 펀드(matching fund)	대응 투자금, 동반 투자금
13	메디컬그린시티(medical green city)	의료중심도시
14	바이오메디컬 허브(biomedical hub)	생명 의약 중심, 생명 의약 중심지
15	백드롭(back drop)	배경막
16	밸리(valley)	지구, −지(地), −골
17	뱅크(bank)	은행
18	서번트 리더십(servant leadership)	섬김지도력
19	스포츠 콤플렉스(sports comflex)	스포츠 복합 단지
20	시니어클럽(senior club)	어르신 모임, 어르신 동아리

번호	순화대상어	순화어
21	아이디어 챌린지(idea challenge)	참신한 생각 겨루기, 아이디어 겨루기, 참신한 생각 공모, 아이디어 공모
22	안치대(安置臺)	보관대
23	에코 어드벤처(echo adventure)	자연 탐험 시설, 자연 체험 시설
24	오가닉(organic)	유기농
25	오피니언 리더(opinion leader)	여론 주도자, 여론 주도층
26	인랜드포트(inland fort)	내륙항
27	카프리 데이(carfree day)	운전 안 하는 날
28	컨버팅(converting)	변환
29	큐시트(cuesheet)	진행표
30	클러스터(cluster)	산학 협력 지구, 연합 지구, 협력 지구
31	클로징(closing)	마무리, 맺음
32	클리닉(clinic)	교실
33	클린(clean)	투명한, 깨끗한
34	클린카드(clean card)	모범카드
35	타깃 마케팅(target marketing)	주요 판촉, 중점 판촉
36	탑프루트(topfruit)	으뜸과실
37	테라피(therapy)	치유, 치료
38	테이프커팅(tape cutting)	색줄자르기
39	테크노폴리스(technopolis)	첨단 산업 연구 도시
40	파워블로거(power bloger)	인기누리지기, 인기누리방지기
41	팜스쿨(farm school)	농어촌 체험학교
42	팸투어(familiarization tour)	사전 답사 여행, 홍보 여행, 초청 홍보 여행
43	포스팅(posting)	올리기
44	포인트제(point制)	점수제
45	푸드 마켓(food market)	먹거리 나눔 가게
46	헬스케어(health care)	건강관리
47	홈스쿨(homeschool)	가정학교
48	힐링 뮤직(healing music)	치유 음악

문체부 · 한글문화연대(2020)

문체부 · 한글문화연대(2020)는 국민 11,074명을 대상으로 외국어 표현 3,500개의 이해도를 조사한 결과, 일반 국민의 이해도가 50%를 넘지 않는 외국어 목록(로마자 · 한자 105개 포함) 155개와 70세 이상도 쉽게 이해하는 외국어 목록 100개를 발표하였다.

① 일반 국민의 이해도가 낮은 외국어 목록

번호	순화대상어	순화어	이해도
1	언택트(uncontact)	비대면	14
2	아이에스에이(ISA)	개인 종합 자산 관리 계좌	14.6
3	거버넌스(governance)	정책, 행정, 관리, 민관 협력, 협치	15.2
4	옴부즈만(ombudsman)	민원 도우미	17.4
5	클러스터(cluster)	산학 협력 지구, 연합 지구, 협력 지구	18.2
6	마이스(MICE)	전시산업	18.3
7	서킷브레이커(circuit breaker)	일시 매매 정지	19.6
8	마리나(marina)	해안유원지	20.4
9	앰배서더(ambassador)	대사	20.4
10	플랫폼 노동(platform 勞動)	온라인기반노동(자), 온라인특수고용노동(자)	22.4
11	서밋(summit)	회담, 정상 회담	22.4
12	플래그십(flagship)	대표 상품, 주력 상품	23.5
13	모멘텀(momentum)	전환 국면	23.8
14	알파인(alpine)	산악 경기	24.4
15	노믹스(nomics)	경제 정책	25.1
16	핀테크(fintech)	금융 기술	25.5
17	필리버스터(filibuster)	합법적 의사진행 저지, 무제한 토론	26.1
18	빅텐트(big tent)	초당파 연합, 포괄 정당	26.2
19	엑소더스(exodus)	탈출, 대이동	27.7
20	사모펀드(私募fund)	소수투자자 기금	27.7

번호	순화대상어	순화어	이해도
21	포퓰리즘(populism)	대중 영합 주의	27.8
22	시에스(CS)	고객 만족	28.2
23	유커(youke)	중국 관광객, 중국인 관광객	28.2
24	스마트팜(smart farm)	지능형 농장	28.2
25	스톡(stock)	잔액, 잔량	28.3
26	브렉시트(Brexit)	영국의 유럽연합 탈퇴	28.3
27	모빌리티(mobility)	탈 것, 이동수단	28.8
28	아이오티(IOT)	사물 인터넷	29.1
29	싱크탱크(think tank)	두뇌 집단, 참모 집단	29.8
30	카르텔(kartell)	담합, 마약조직	30.1
31	르포(reportage)	현지 보고, 보고 기사, 현장 보고, 현장 보고서	30.7
32	샌드박스(sandbox)	모래사장, 안전놀이터	31.1
33	컨소시엄(consortium)	협력체, 연합체, 협력 모임	31.6
34	지소미아(GSOMIA)	한일군사정보보호협정	32.1
35	탱크로리(tank lorry)	용기 적재차	32.4
36	갭투자(gap投資)	시세차익 투자	33
37	워라밸(work–life balance)	일과 삶의 균형, 일삶균형	33.2
38	모듈(module)	조립식	33.4
39	플렉스(flex)		33.9
40	밸리(valley)	지구, —골, —지	34.2
41	밀레니얼(millennial)	천년 세대, 새천년 세대	34.5
42	뉴트로(new retro)	신복고	36.6
43	패스트트랙(fast track)	신속 처리제	36.6
44	심포지엄(symposium)	학술 토론회, 학술 토론 회의, 집단 토론 회의	36.7
45	리테일(retail)	소매, 소매 금융	36.8
46	인플루언서(influencer)	영향력자	36.9
47	사이드카(sidecar)	호위 차량	36.9
48	컷오프(cutoff)	탈락	37.5
49	유턴기업(u–turn企業)	귀국 기업	37.9
50	드라이브스루(drive–through)	승차구매, 승차진료, 차량이동형진료(소)	38.4

번호	순화대상어	순화어	이해도
51	트레일(trail)	탐방로	38.5
52	프레스(press)	압박	38.7
53	퍼블릭(public)	일반의, 공공의	39
54	리베이트(rebate)	사례비	39.1
55	페어(fair)	박람회	39.2
56	컨퍼런스(conference)	학술 회의, 학술 대회	39.2
57	페스트(pest)	흑사병	39.4
58	비건(vegan)	채식주의자	39.8
59	조인트(joint)	합동, 연합	40.1
60	랠리(rally)	주고받기, 자동차 경주	40.2
61	워킹그룹(working group)	실무단, 실무협의단	40.4
62	플랜트(plant)	설비, 시설	40.5
63	디엠(DM)	우편 광고, 우편 광고물	40.6
64	엠블럼(emblem)	상징, 상징표	40.9
65	위트(wit)	재치, 기지	40.9
66	테마주(thema株)	화제주	40.9
67	패싱(passing)	배제, 생략, 따돌림	40.9
68	엔트리(entry)	참가자명단, 선수명단	41.1
69	레트로(retro)	복고풍	41.3
70	스미싱(smishing)	문자(결제)사기	41.5
71	트래블러(traveller)	여행자	41.8
72	트레이(tray)	접시, 담배 상자	41.9
73	매크로(macro)	거시적	42.3
74	포럼(forum)	공개 토론회	42.4
75	패러다임(paradigm)	체계, 틀	42.4
76	마이너(minor)	비주류	42.4
77	이노베이션(innovation)	(기술) 혁신	42.5
78	모토(motto)	신조, 좌우명, 제목, 표어, 목표	42.7
79	루키(rookie)	신인 (선수)	42.8
80	저널리즘(journalism)	언론, 언론 문화	43.1
81	아듀(adieu)	안녕	43.1
82	위크(week)	주, 주간	43.5

번호	순화대상어	순화어	이해도
83	포레스트(forest)	숲	43.7
84	메카(mecca)	중심, 중심지	43.9
85	에디션(edition)	판	44.2
86	펀딩(funding)	투자 유치, 투자	44.5
87	신스틸러(scene-stealer)	명품 조연	44.7
88	핫라인(hotline)	직통 전화, 비상 직통 전화, 직통 회선	44.9
89	팬덤(fandom)	열성 팬, 열성 조직	45
90	메가(mega)	초대형	45.3
91	블랙아이스(black ice)	(노면/도로) 살얼음	45.4
92	바우처(voucher)	이용권	45.7
93	화이트리스트(white list)	수출 심사 우대국	46
94	컨벤션(convention)	대회, 전시, 행사	46.2
95	머니게임(money game)	돈놀이	46.6
96	팩토리(factory)	공장, 공방	47.1
97	페미니즘(feminism)	여성주의	47.1
98	인터넷 비제이(internet BJ)	인터넷 방송 진행자	47.3
99	팝업스토어(pop-up store)	반짝 매장	47.4
100	스마트공장(smart工場)	지능형 공장	47.4
101	사드(THAAD)	고고도 미사일 방어체계	48.1
102	스펙트럼(spectrum)	색깔, 파장, 층	48.4
103	스마트시티(smart city)	지능형 도시	48.6
104	로컬(local)	지역, 지방, 현지	48.7
105	브리지(bridge)	다리, 연결, 작은 구멍간격	48.8
106	노쇼(no-show)	예약 부도	49.1
107	셀럽(celebrity)	유명인, 명사	49.4
108	플라자(plaza)	광장, 상가	49.4
109	스마트도시(smart都市)	지능형 도시	49.5
110	섹션(section)	분야	49.5
111	랭크(rank)	순위	49.7
112	비하인드 컷(behind cut)	미공개 장면, 미공개 영상	49.7
114	플라잉(flying)	매달기	49.7

▶ '우선 개선 행정용어' 목록을 선정할 때 일반 국민의 이해도가 낮은 용어를 선정해야 하지만, 이해도가 낮은 '마리나(20.4%)'보다 '바우처(45.7%)'와 '노쇼(49.1%)'의 사용 빈도가 더 높은 점을 감안한다면 이해도만을 고려하는 방식에 문제가 있음을 알 수 있다.

② 일반 국민의 이해도가 낮은 로마자 목록

번호	순화대상어	순화어	이해도
1	RSV(Respiratory Syncytial Virus)	호흡기세포융합바이러스	9.3
2	CES(Consumer Electronics Show)	세계 가전 전시회	10.5
3	ASF(African Swine Fever)	아프리카돼지열병	11.3
4	BRT(Bus Rapid Transit)	간선 급행 버스, 간선 급행 버스 체계	13.2
5	IPO(Initial Public Offering)	기업 공개, 주식 공개(상장)	13.8
6	ICT(Information Communications Technology)	정보 통신 기술, 정보 문화 기술	17.6
7	NSC(National Security Council)	국가 안전 보장 회의	18.3
8	ELS(Equity Linked Securities)	주가연계증권	19.1
9	SOC(Social Overhead Capital)	사회간접자본	19.7
11	ICBM(intercontinental ballistic missile)	대륙 간 유도탄, 대륙 간 탄도유도탄, 대륙 간 탄도탄	22.7
12	TF(task force)	특별팀, 전담팀, 전담조직, 특별전담조직	23
13	MOU(Memorandum of Understanding)	업무 협정, 업무 협약, 양해 각서	27.3
14	P2P(people to people)	개인 간 공유	27.4
15	R&D(Research and Development)	연구 개발	29
16	FDA(Food and Drug Administration)	미국식품의약품청	30.9
17	OPEC(Organization of the Petroleum Exporting Countries)	석유 수출국 기구	31.9
18	SW(software)	소프트웨어	33.2

번호	순화대상어	순화어	이해도
19	M&A(Merger and Acquisition)	(기업) 인수 합병	37.2
20	AR(Augmented Reality)	증강현실	38.8
21	G20(Group of 20)	주요 20개국	39.7
22	LNG (Liquefied Natural Gas)	액화천연가스	39.9
23	IOC(International Olympic Committee)	국제올림픽위원회	40
24	WTO(World Trade Organization)	세계무역기구	40.8
25	OLED(organic light-emitting diode)	유기 발광 다이오드	42
26	LPGA(Ladies Professional Golf Association)	미국여자프로골프(협회)	43.4
27	FTA(Free Trade Agreement)	자유 무역 협정	43.8
28	GDP(Gross Domestic Product)	국내 총생산	45.4
29	IPTV(Internet Protocol TV)	인터넷 텔레비전	48
30	VR(Virtual Reality)	가상현실	48.7

③ 일반 국민의 이해도가 낮은 한자 목록

번호	순화대상어	순화어	이해도
1	委	위	19.9
2	對	대	24.2
3	檢	검	24.2
4	比	비	27.3
5	與	여	28.4
6	野	야	28.4
7	中企	중기	34.4
8	社	사	34.5
9	故	고	40.1
10	法	법	44.7
11	靑	청	47.5
12	韓	한	49.1
13	前	전	49.7

④ 70세 이상이 쉽게 이해하는 외국어 목록

순위	외국어 표현	전체 평균(%) 이해도	70세 이상(%) 이해도
1	휴대폰(携帶phone)	86.4	100.0
2	택시(taxi)	87.0	97.9
3	카메라(camera)	84.5	97.6
4	핸드백(handbag)	85.9	97.6
5	티브이(TV)	86.3	97.6
6	아파트(apartment)	89.4	97.6
7	빌딩(building)	83.9	97.5
8	마트(mart)	84.6	97.5
9	선글라스(sunglasses)	85.6	97.5
10	치킨(chicken)	88.0	97.5
11	샴푸(shampoo)	85.4	95.7
12	크리스마스(Christmas)	84.6	95.3
13	메뉴판(menu板)	81.4	95.2
14	슈퍼마켓(supermarket)	83.3	95.2
15	에어컨(air conditioner)	84.5	95.2
16	박스(box)	88.1	95.2
17	샤워(shower)	84.8	95.1
18	셔츠(shirt)	80.3	95.0
19	비닐하우스(vinyl house)	81.9	95.0
20	가스(gas)	83.3	95.0
21	아이스크림(ice cream)	85.3	95.0
22	뉴스(news)	84.5	93.6
23	핸드폰(hand phone)	84.5	93.3
24	물티슈(물tissue)	85.9	93.0
25	테이블(table)	81.1	92.9
26	휠체어(wheelchair)	82.0	92.9
27	스마트폰(smartphone)	85.3	92.9
28	안전벨트(安全belt)	85.4	92.9
29	시시티브이(CCTV)	79.4	92.7
30	타월(towel)	79.5	92.5
31	마라톤(marathon)	83.7	92.5

순위	외국어 표현	전체 평균(%) 이해도	70세 이상(%) 이해도
32	보일러(boiler)	85.8	92.5
33	보너스(bonus)	83.2	91.5
34	슈퍼(supermarket)	79.4	90.5
35	카페(cafe)	82.6	90.5
36	서비스(service)	82.7	90.5
37	웨딩드레스(wedding dress)	83.2	90.5
38	게임(game)	83.8	90.5
39	다이아몬드(diamond)	87.1	90.5
40	아이스박스(icebox)	81.4	90.2
41	컵(cup)	83.0	90.2
42	쇼핑백(shopping bag)	83.0	90.2
43	아나운서(announcer)	87.1	90.2
44	사우나(sauna)	82.3	90.0
45	테이프(tape)	82.6	90.0
46	싱크대(sink臺)	83.4	90.0
47	컴퓨터(computer)	86.4	89.4
48	라디오(radio)	83.2	88.9
49	크림(cream)	77.3	88.1
50	아스팔트(asphalt)	79.4	88.1
51	마사지(massage)	80.9	88.1
52	레스토랑(restaurant)	81.4	88.1
53	서커스(circus)	81.4	87.8
54	앨범(album)	82.0	87.8
55	헬기(helicopter機)	84.4	87.8
56	드라이(dry)	77.4	87.5
57	커튼(curtain)	81.9	87.5
58	쇼핑(shopping)	82.5	87.5
59	페인트(paint)	77.6	87.2
60	로션(lotion)	80.4	86.0
61	크레파스(kurepasu)	81.2	86.0
62	드레스(dress)	78.6	85.7
63	유니폼(uniform)	80.4	85.7

순위	외국어 표현	전체 평균(%) 이해도	70세 이상(%) 이해도
64	모델(model)	81.7	85.7
65	다이어트(diet)	79.7	85.4
66	코미디언(comedian)	80.1	85.4
67	카드(card)	81.7	85.4
68	타이어(tire)	83.8	85.1
69	셔틀버스(shuttle bus)	82.2	85.0
70	댄스(dance)	82.4	85.0
71	비타민(vitamin)	85.8	85.0
72	엘리베이터(elevator)	83.5	84.8
73	터미널(terminal)	79.7	84.4
74	트럭(truck)	82.8	83.7
75	케이크(cake)	85.3	83.3
76	알코올(alcohol)	82.2	83.0
77	파티(party)	82.9	83.0
78	빌라(villa)	77.1	82.9
79	리본(ribbon)	79.3	82.9
80	인테리어(interior)	80.8	82.9
81	비디오(video)	81.4	82.9
82	리모컨(remote control)	82.0	82.9
83	마이크(mike)	82.3	82.9
84	티셔츠(t-shirt)	84.7	82.9
85	힌트(hint)	80.1	82.5
86	아르바이트(arbeit)	83.3	82.5
87	에스컬레이터(escalator)	81.5	81.4
88	드라마(drama)	79.2	81.0
88	커트(cut)	79.4	80.9
90	인터폰(interphone)	79.5	80.9
91	퀴즈(quiz)	79.7	80.5
92	마스크(mask)	79.4	80.4
93	터널(tunnel)	80.7	80.4
94	안테나(antenna)	78.0	80.0
95	헬멧(helmet)	80.3	80.0

순위	외국어 표현	전체 평균(%) 이해도	70세 이상(%) 이해도
96	안내 데스크(案內 desk)	80.9	80.0
97	알레르기(allergie)	81.2	80.0
98	스포츠(sports)	82.0	80.0
99	아이디어(idea)	82.4	80.0
100	에너지(energy)	80.7	78.7

▶ 이 목록은 70세 이상의 이해도가 80% 이상으로 매우 높기 때문에 외래어 사용 실태 진단 목록에 꼭 포함해야 할 이유가 없다. 더욱이 이 설문조사 결과에 따르면 '마트'를 '가게'나 '할인점'으로, '비닐하우스'를 '비닐온실'로, '뉴스'를 '소식'으로, '시시티브이(CCTV)'를 '상황관찰기'나 '내부 영상망'으로, '게임'을 '놀이'로 바꾸어 쓰도록 권고할 근거가 다소 부족함을 알 수 있다.

구본관 외(2019)

구본관 외(2019)는 '어려운 공공언어 진단 기준'을 마련하기 위한 보고서에서 국민 1,000명을 대상으로 이해도 조사를 실시한 결과, 이해도가 3점 미만인 공공용어 97개를 발표하였다.

① 이해도가 3점 미만인 외래어·외국어 간추린 목록

번호	이해도가 3점 미만인 외래어	대체어	이해도
1	브라운 백 미팅(brown bag meeting)	도시락 모임, 도시락 토론회, 도시락 회의	1.83
2	해커톤(hackathon)	끝장 마라톤 토론	1.87
3	사이니지(signage)	광고판	1.87
4	퍼실리테이터(facilitator)	도우미	1.98
5	배리어 프리(barrier free)	무장벽, 장벽 없는	2.04
6	벙커링(bunkering)	급유	2.09

번호	이해도가 3점 미만인 외래어	대체어	이해도
7	비즈쿨(biz cool)	경영 체험, 경영 체험 학교	2.12
8	데모데이(demoday)	시연회	2.13
9	팸투어(famtour)	사전 답사 여행, 초청 홍보 여행, 홍보 여행	2.15
10	아웃리치(outreach)	거리 상담, 현장 원조 활동, 현장 지원 활동	2.16
11	스튜어드십 코드(stewardship code)	의결권 행사 지침	2.17
12	가이던스(guidance)	안내, 지도	2.21
13	이니셔티브(initiative)	주도권·선제권, 구상, 발의·발의권	2.25
14	테스트베드(test bed)	가늠터, 시험대, 시험 무대, 시험장	2.26
15	밸류 체인(value chain)	가치사슬	2.28
16	프레임워크(framework)	틀, 체계	2.29
17	스몸비(smombie)	스마트폰 몰입 보행자, 스마트폰 몰입 이동자	2.29
18	거버넌스(governance)	정책, 행정, 관리, 민관 협력, 협치	2.32
19	메이커교육 (maker 教育)	창조 혁신 교육	2.34
20	로하스(LOHAS)	친환경살이	2.35
21	규제 샌드박스(規制 sandbox)	규제 유예, 규제 유예 제도	2.35
22	인포그래픽(infographics)	정보그림	2.37
23	디지털 원패스(digital onepass)	통합 접속 인증서	2.37
24	스마트팜 혁신밸리(smart farm 革新 valley)	지능형농장 혁신지구	2.41
25	엔젤투자(angel 投資)	신생기업 투자	2.42
26	컨센서스(concensus)	합의, 의견 일치	2.44
27	매입 임대리츠(買入 賃貸REITs)	매입 임대 부동산투자신탁	2.44
28	레지던시(residency)	거주, 거주지	2.44
29	아스콘(ascon)	아스팔트 혼합물	2.55
30	혁신창업클러스터(革新創業 cluster)	혁신창업 산학협력지구, 혁신창업협력지구	2.59
31	법률 홈닥터(法律 home doctor)	법률 가정 주치의	2.59
32	플래그십(flagship)	체험	2.62

번호	이해도가 3점 미만인 외래어	대체어	이해도
33	리플릿(leaflet)	광고지, 홍보지, 홍보책자, 홍보전단, 홍보물, 안내문	2.62
34	라운드 테이블(round table)	원탁회의	2.64
35	오픈캠퍼스(open campus)	기관-대학 협력 교육	2.72
36	스마트팩토리(smart factory)	지능형 공장	2.76
37	통화스와프(通貨 swap)	통화 교환	2.77
38	스마트워크(smart work)	원격근무	2.80
39	엠바고(embargo)	보도시점유예	2.83
40	포렌식(forensics)	법의학, 법의학 수사	2.87
41	오픈소스(open source)	공개 소스, 공개 자료	2.87
42	해양플랜트(海洋 plant)	해양설비, 해양시설	2.91
43	핀테크(fintech)	금융 기술, 금융 기술 서비스	2.91
44	싱크탱크(think tank)	두뇌 집단, 참모 집단	2.96
45	인플루언서(influencer)	영향력자, 온라인 유명인	2.97

② 이해도가 3점 미만인 한자어 간추린 목록

번호	이해도가 3점 미만인 한자어	대체어	이해도
1	확도(確度)	정확도	1.89
2	나지(裸地)	맨땅	1.91
3	금후(今後)	앞으로	1.99
4	개서(改書)하다	고쳐 쓰다, 고쳐 적다, 고치다	2.07
5	정주여건(定住與件)	거주여건	2.10
6	하방 리스크(下方 risk)	하락요인	2.13
7	성료(盛了)	성공적으로 마침	2.13
8	궐위(闕位)	비다, 자리가 비다	2.13
9	징구(徵求)	청구	2.14
10	시계열(時系列)	시간의 흐름	2.16
11	개보(改補)	고쳐 넣음	2.16
12	예가(預價)	예정 가격	2.17
13	계상(計上)하다	계산하여 반영하다	2.24
14	차폐(遮蔽)	가림	2.35

번호	이해도가 3점 미만인 한자어	대체어	이해도
15	원안위(原安委)	원자력안전위원회	2.36
16	예타(豫妥)	예비타당성조사	2.39
17	경정(更正)	변경	2.55
18	전언 통신문(傳言 通信文)	알림글	2.58
19	산은(産銀)	산업은행	2.68
20	정례(定例)	관례	2.69
21	시방서(示方書)	설명서, 지침서, 세부 지침서	2.69
22	공적개발원조(公的開發援助)	없음	2.69
23	예규(例規)	없음	2.72
24	이첩(移牒)하다	넘기다	2.74
25	관보(官報)	관청 소식지	2.75
26	일몰제(日沒制)	효력상실제도	2.82
27	기조(基調)	기본방향	2.82
28	방호(防護)	방어하고 보호함	2.83
29	개축(改築)하다	다시 짓다	2.89
30	법제(法制)	법률과 제도	2.93
31	비준(比準)	법률조약동의절차	2.96
32	노무비(勞務費)	인건비	2.98

③ 이해도가 3점 미만인 로마자 간추린 목록

번호	이해도가 3점 미만인 로마자	대체어	이해도
1	ODA(Official development assistance)	공적개발원조	1.83
2	ETRI(Electronics and Telecommunications Research Institute)	한국전자통신연구원	1.84
3	PEF(Private Equity Fund)	고수익기업투자펀드	1.87
4	VC 투자(Venture Capital 投資)	벤처캐피탈 투자	1.89
5	HMR(Home Meal Replacement)	가정간편식	1.94
6	MICE 산업(MICE産業)	복합적인 전시 산업	1.95
7	UN HABITAT	유엔 인간 주거 계획	1.96

번호	이해도가 3점 미만인 로마자	대체어	이해도
8	K-Move 스쿨(school)	해외 취업 연계 프로그램	1.96
9	As is To be	이상과 현실의 차이를 해결하는 기법	2.01
10	API(Application Programming Interface)	애플리케이션 프로그래밍 인터페이스	2.02
11	PPP산업(Public-Private Partnership 産業)	민관합작투자사업	2.04
12	O2O(Online to Offline)	온라인 투 오프라인	2.04
13	U-City(ubiquitous-City)	유비쿼터스 도시	2.08
14	bottom up	상향식	2.36
15	B2B(Business-to-Business)	기업간 거래	2.76
16	AR(augmented reality)	증강현실	2.81
17	Fast Track	신속처리	2.87
18	MOU(Memorandum of Understanding)	양해각서	2.93

(2) 법률용어 순화어

법제처

① 법제처 '알기 쉬운 법령 정비기준(제10판)' 외래어·외국어 정비어 간 추린 목록(2021)

번호	정비대상어	정비어
1	가이드라인(guideline)	기준, 지침
2	그리드(grid)	격자(grid)
3	그룹(group)	그룹, 모둠
4	네트워킹(networking)	연결망 구축
5	디지털포렌식(digital forensic)	디지털포렌식(digital forensic: 전자법의학수사)
6	라디에이터(radiator)	라디에이터(방열기)
7	라우터(router)	라우터(네트워크 연결장치)

번호	정비대상어	정비어
8	램프(lamp/ramp)	등, 표시등/램프(경사식 진출입로)
9	레이아웃(layout)	배열, 배치
10	로더(loader)	로더(loader: 올리개)
11	리더기(reader 機)	판독기
12	리콜(recall)	제작결함 시정
13	마스트(mast)	돛대
14	매뉴얼(manual)	매뉴얼, 설명서, 안내서
15	메이크업(makeup)	화장·분장
16	모바일헬스케어(mobile health care)	원격건강관리
17	몰드(mold)	몰드(주조)
18	믹서(mixer)	분쇄기, 혼합기
19	바우처(voucher)	이용권
20	베뉴(venue)	경기장, 장소
21	부이(buoy)	부표
22	비오톱(biotope)	생물서식공간(biotope), 생물서식공간(비오톱)
23	빌리루빈(bilirubin)	담적색소
24	사일로(silo)	사료저장장, 사일로(저장고), 사일로(사료저장고), 저장창고
25	소셜네트워크서비스(social network service)	사회관계망서비스(SNS)
26	스마트팜(smartfarm)	스마트 농장(원격기술적용 농장)
27	스케줄(schedule)	계획, 계획표, 시간표, 일정, 일정표
28	슬러지(sludge)	찌꺼기, 침전물, 침전물(슬러지)
29	슬로건(slogan)	구호
30	시뮬레이션(simulation)	모의실험, 시뮬레이션(모의실험)
31	안전펜스(安全 fence)	안전울타리
32	웰니스(wellness)	건강관리
33	이메일(email)	전자우편
34	인센티브(incentive)	특전, 혜택
35	인스턴트(instant)	즉석식품
36	인터체인지(interchange)	나들목(IC)
37	인프라(Infra)	기반, 기반시설

번호	정비대상어	정비어
38	쿨러(cooler)	냉각기
39	크레인(crane)	기중기
40	클라이밍(climbing)	암벽타기
41	타운(town)	마을
42	태그(tag)	꼬리표
43	트레이(tray)	쟁반형 용기(tray)
44	파고라(pergola)	퍼걸러(서양식 정자)
45	펜스(fence)	울타리
46	프로세스(process)	절차
47	피트(pit)	구덩이(pit), 피트(pit: 인공지하구조물), 하부공간(pit)
48	픽셀(pixel)	화소(pixel)
49	픽토그램(pictogram)	그림문자
50	허브(hub)	중심지

▶ 법제처가 2021년에 펴낸 '알기 쉬운 법령 정비기준'에는 총 5077개의 정비대상 용어가 올라와 있는데, 그중에 외래어·외국어 순화어는 326개이다. 이 중 중앙행정기관 중 2곳(문체부와 행안부)과 지자체 중 2곳(경기도청과 서울시청)의 2021년 보도자료 1년 치를 모두 조사(전수조사)한 결과, 1회 이상 사용된 외래어·외국어는 73개로 나타났다. 여기에는 그중 일부를 제외하고 50개를 가려 뽑았다.

② 법제처 '알기 쉬운 법령 정비기준(제10판)' 한자어 정비어 간추린 목록(2021)

번호	정비대상어	정비어
1	가두(街頭)	길거리
2	가점(加點)	가산점
3	강구(講究)하다	마련하다
4	공부(公簿)	공문서 묶음, 공문서와 장부, 공부(公簿), 공적 장부

번호	정비대상어	정비어
5	교부(交付)하다	발급하다, 지급하다
6	구비서류(具備書類)	붙임서류, 첨부서류
7	기점(起點)	기점, 시작점, 출발점
8	기타(其他)	그 밖에, 그 밖의
9	내역(內譯)	구체적인 내용, (사업)내용, (비용)명세
10	답(畓)	논
11	당해(當該)	그, 해당
12	매(枚)	장
13	발주(發注)하다	주문하다
14	별첨(別添)	별도 붙임
15	부숙(腐熟)하다	썩히다
16	불(弗)	달러
17	사료(思料)	생각
18	살처분(殺處分)	도살처분
19	소정(所定)	일정한, 정해진
20	시달(示達)하다	통보하다, 통지하다, 하달하다
21	시료(試料)	시험용 재료
22	시제품(試製品)	시험제품
23	실사(實査)	실셈조사, 실제조사, 현장조사, 현지조사
24	실증(實證)	사실 증명
25	애로(隘路)	고충, 어려움
26	연령(年齡)	나이, 연령
27	연장(延長)	전체 길이, 총 길이
28	예찰(豫察)	예비관찰
29	유관기관(有關機關)	관계기관, 관련기관, 유관기관
31	의거(依據)	근거 삼아, 따라, 의하여, 쫓아
31	일원(一員)	구성원, 한 사람
32	일자(日字)	날짜
33	일환(一環)	하나로
34	임지(任地)	근무지
35	자(者)	사람, 자
36	저촉(抵觸)되다	어긋나다, 일치하지 아니하다, 일치하지 않다

번호	정비대상어	정비어
37	전월(前月)	지난달
38	제고(提高)하다	높이다, 제고하다
39	진작(振作)하다	떨치다, 북돋다, 북돋우다
40	차년도(次年度)	다음 연도, 다음 해
41	첨부(添附)	붙임, 첨부
42	추계(推計)	어림셈, 추계, 추정
43	타(他)	다른, 다른 것
44	파쇄(破碎)하다	분쇄하다
45	필(畢)하다	마치다, 확인하다
46	해외(海外)	국외
47	향유(享有)하다	누리다
48	화상회의(畫像會議)	영상회의
49	화훼(花卉)	화초
50	회부(回附)되다	(안건을 ~에) 넘기다, (회의에) 부치다

▶ 법제처가 2021년에 펴낸 '알기 쉬운 법령 정비기준'에는 총 5077개의 정비대상 용어가 올라와 있는데, 그중에 한자어 순화어는 4170개이다. 이 중 중앙행정기관 중 2곳(문체부와 행안부)과 지자체 중 2곳(경기도청과 서울시청)의 2021년 보도자료 1년 치를 모두 조사(전수조사)한 결과, 1회 이상 사용된 한자어는 800여 개로 나타났다. 여기에는 그중 50개를 가려 뽑았다.

③ 법제처 '알기 쉬운 법령 정비기준(제10판)' 로마자 정비어 간추린 목록(2021)

번호	정비대상어	정비어
1	3D	삼차원
2	ABS모듈(Antilock Brake System module)	바퀴잠김방지식, 제동장치(ABS) 모듈
3	AI(Artificial Intelligence)	인공지능
4	AR(Augmented Reality)	증강현실

번호	정비대상어	정비어
5	ARS(Automated Response System)	자동응답시스템(ARS)
6	BOD(Biochemical Oxygen Demand)	생화학적산소요구량(BOD), 생물화학적산소요구량(BOD)
7	CITES	멸종위기에 처한 야생동식물종의 국제거래에 관한 협약(CITES)
8	CNG(Compressed Natural Gas)	압축천연가스(CNG)
9	ESS(Energy Storage System)	에너지저장장치
10	GPS(Global Positioning System)	위성 위치 확인 시스템(GPS)
11	HACCP(Hazard Analysis and Critical Control Points)	안전관리인증기준(HACCP)
12	IUCN(International Union for Conservation of Nature and Natural Resources)	국제자연보전연맹(IUCN)
13	LED(Light Emitting Diode)	발광다이오드, 엘이디(LED)
14	LNG(Liquified Natural Gas)	액화천연가스(LNG)
15	LPG(Liquified Petroleum Gas)	액화석유가스(LPG)
16	OLED(Organic Light Emitting Diode)	유기발광다이오드
17	PCB(Polychlorinated Biphenyl)	폴리염화비페닐(PCB), 폴리클로리네이티드비페닐(PCB)
18	PCR(Polymerase Chain Reaction)	중합효소연쇄반응(PCR)
19	pH(potential of Hydrogen)	수소이온지수(pH)
20	PVC(Polyvinyl Chloride)	폴리염화비닐(PVC)
21	SCR(Selective Catalytic Reduction)	선택적 환원촉매장치(SCR)
22	SMS(Short Message Service)	문자메시지
23	TP(Total Phosphorus)	총인(Total Phosphorus), 총인(T-P)
24	UV(ultraviolet)	자외선
25	VR(Virtual Reality)	가상현실

▶ 법제처(2021)의 정비 권고 용어 중 로마자는 총 120개이다. 이 중 중앙행정기관 2곳(문체부와 행안부)과 지자체 2곳(경기도청과 서울시청)의 2021년 보도자료 1년 치를 모두 조사(전수조사)한 결과, 1회 이상 사용된 로마자는 25개로 나타났다.

▶ 로마자 'OLED'는 '유기발광다이오드'처럼 순화어를 단독으로 쓸 수도 있지만 '유기발광다이오드(OLED)'나 '오엘이드(OLED)'처럼 쓸 수도 있고, OLED(유기화합물로 구성된 LED 반도체 소자)'처럼 쓸 수도 있다.

④ 법제처 '알기 쉬운 자치법규 정비기준' 외래어·외국어 정비어 전체 목록(2020)

번호	정비대상어	정비어
1	가이드라인(guideline)	지침
2	교육프로그램(敎育program)	교육과정
3	네트워크(network)	사회적 관계망
4	로컬푸드(local food)	지역농산물
5	멘토·멘티(mentor·mentee)	결연, 연결, 지도, 지원, 후원
6	워크숍(workshop)	연수
7	컨설팅(consulting)	자문

▶ 법제처(2020)의 '알기 쉬운 자치법규 정비기준'에는 외래어·외국어가 많이 포함되어 있지 않다. 로마자는 한 개도 없다.

⑤ 법제처 '알기 쉬운 자치법규 정비기준' 한자어 정비어 전체 목록(2020)

번호	정비대상어	정비어
1	강구(講究)하다	마련하다
2	경감(輕減)하다	줄여주다
3	경과(經過)하다	지나다
4	공사시방서(工事示方書)	작업설명서
5	교부(交付)하다	발급하다, 주다, 지급하다
6	관외지역(管外地域)	○○군 외의 지역

번호	정비대상어	정비어
7	기여(寄與)하다	이바지하다
8	망실(亡失)	분실
9	부적합(不適合)하다	적합하지 않다
10	부의(附議)하다	회의에 부치다
11	부착(附着)하다	붙이다
12	비치(備置)하다	갖추어 놓다
13	성토(盛土)	흙쌓기
14	연륙도서(連陸島嶼)	방파제 또는 교량 등으로 육지와 연결된 도서
15	유관기관(有關機關)	관계기관
16	일할계산(日割計算)	일 단위로 계산
17	자의(自意)	스스로
18	저해(沮害)하다	해치다
19	제고(提高)하다	높이다
20	청취(聽取)	듣다
21	타인(他人)	다른 사람
22	태만(怠慢) 하여	게을리 하여
23	통지(通知)하다	알리다
24	허위(虛僞)	거짓

▶ 법제처(2020)의 '알기 쉬운 자치법규 정비기준'에는 한자어가 24개 있다.

▶ 한자어 목록과 별개로 '그 밖의 정비대상 용어'에 '각 호의 1(각 호의 어느 하나), 기타(그 밖의/그밖에), 내지(~부터~까지), 소요되는(드는/필요한), 쌍생아(다태아), 수/두(마리), 여객선사(내항여객운송사업자), 의한다(따른다), 하여금(가/로 하여금/를/에게)' 등이 있다.

(3) 전문용어 순화어

금융투자협회

금융투자협회는 2015년 7월에 '어려운 금융용어 303개 알기 쉽게 풀이'라는 제목의 보도자료를 배포하면서 금융용어 순화어 303개를 발표하였다.

• 금융투자협회 금융용어 순화어 전체 목록(2015)

번호	순화대상어	순화어
1	A/S(After Service)	사후관리(A/S)
2	ARS(Auto Response System)	자동응답전화(ARS)
3	B2B(Business to Business)	기업과 기업 간(B2B)
4	B2C(Business to Consumer)	기업과 소비자 간(B2C)
5	CAPA(Capacity)	생산능력, 수용력, 용량
6	DRS(Disaster Recovery System)	재해복구체계(DRS)
7	HRD(Human Resource Development)	인적자원개발(HRD)
8	IR(Investor Relations)	기업설명회(IR)
9	MOU(Memorandum Of Understanding)	양해각서, 업무협약, 업무협정(MOU)
10	NGO(Non Government Organization)	비정부조직, 시민단체(NGO)
11	P/O(Purchase Order)	구매주문
12	R&D(Reserch and Development)	연구개발(R&D)
13	Scale-Up	규모확대
14	가(假)	임시~
15	가급적(可及的)	될 수 있으면, 되도록
16	가산(加算)하다	더하다
17	가시적(可視的)	눈에 띄는, 보이는, 볼 수 있는
18	가중(加重)되다	더 무거워지다, 더 커지다
19	감내(堪耐)하다	견디다, 어려움을 참고 버텨내다

번호	순화대상어	순화어
20	강구(講究)하다	생각하다, 연구하다
21	개관(概觀)해 보면	전체적으로 (대충/대강) 살펴보면
22	경합(競合)하다	경쟁하다, 맞서 겨루다
23	계류(繫留)	진행 중
24	계상(計上)하다	계산하여 넣다
25	고도화(高度化)	높은 수준(정도)로 끌어 올림
26	고려(考慮)하다	생각해 보다
27	고지(告知)하다	알리다
28	공제(控除)하다	(받을 몫에서) 떼다, 빼다
29	구비(具備)하다	갖추다
30	권면(券面)	증권표기
31	귀책사유(歸責事由)	책임 있는 사유
32	금번(今番)	이번
33	기명날인(記名捺印)	이름을 적고 도장을 찍음
34	기인(起因)하다	(~에) 말미암다, 원인을 두다.
35	기재(記載)하다	적다
36	기타(其他)	그 밖의
37	내방(來訪)	방문
38	내용연수(耐用年數)	사용 가능 연수
39	네거티브(negative)하다	부정적이다, 좋지 않다
40	네고(negotiation)	협상
41	네임밸류(name value)	지명도
42	네트워크(network)	관계망, 연결망, 연계망
43	(년)물 채권	년 만기 채권
44	누증(累增)	점점 늘어남, 점점 쌓임
45	니즈(needs)	수요, 필요성
46	니치마켓(niche market)	틈새시장
47	당일(當日)	그날
48	동(同)	같은, 이
49	동일(同一)	같은
50	둔화(鈍化)되다	둔해지다, 무디어지다
51	듀딜리전스(Due-Diligence)	기업실사(Due-Diligence)

번호	순화대상어	순화어
52	디테일(detail)하다	미세하다, 섬세하다, 자세하다
53	딜 스트럭쳐(deal structure)	거래구조, 거래내용
54	램프업(ramp-up)단계	생산능력강화 단계
55	런칭(launching)	새로 시작, 출시
56	레이아웃(layout)	배열, 배치
57	로열티(royalty)	특허권 사용료, 상표권 사용료 등
58	로컬(local)	~ 내, 지방, 지역
59	리픽싱(refixing)	재조정
60	마진(margin)	수익, 이윤
61	매뉴얼(manual)	설명서, 안내서, 지침
62	머천다이징(merchandising)	판매
63	명시(明示)하다	분명하게 적다, 분명하게 밝히다
64	명의(名義)	이름
65	모니터링(monitoring)	들여다봄, 살펴봄
66	모바일(mobile)	이동통신(기기)
67	모사전송(模寫電送)	팩스(Fax)
68	무관(無關)하다	관계없다
69	미(未)	(~이) 되지 아니하다
70	미비(未備)하다	아직 다 갖추지 못하다
71	미흡(未洽)하다	만족스럽지 못하다, 모자라다
72	백오피스(backoffice)	지원업무
73	밴드(band)	범위
74	변제(辨濟)하다	빚을 갚다
75	병행(竝行)하다	동시에 시행하다, 함께 하다
76	본(本)	이
77	부여(賦與)하다	주다
78	부주의(不注意)	주의를 다하지 못함
79	비(非)	아닌, 않은
80	비치(備置)하다	갖추어 두다
81	빈번(頻繁)하다	잦다
82	사사오입(四捨五入)	반올림
83	산출(算出)하다	계산하여 나오다

번호	순화대상어	순화어
84	상기(上記)	위
85	상이(相異)하다	서로 다르다
86	소손(燒損)되다	불에 타서 손상되다
87	소요(所要)되다	(비용이) 들다, 필요하다
88	소인(訴因)으로	소송 사유로
89	소정(所定)의	정해진
90	소화(消化)하다	감당하다, 부담하다, 처리하다
91	수급(需給)	수요와 공급
92	수령(受領)하다	받다
93	숙지(熟知)하다	자세히 알다, 충분히 알다
94	순연(順延)	늦춰짐, 미루어짐, 미룸
95	스케줄(schedule)	계획(표)
96	시너지(synergy)	동반상승, 동반성장
97	아웃소싱(outsourcing)	외부위탁
98	안분(按分)하다	고르게 나누다
99	어떤 당사자도 투자손실에 대하여 책임지지 아니합니다.	책임 있는 사유가 없는 한 책임지지 아니합니다.
100	어필(appeal)하다	흥미를 불러일으키거나 마음을 끌다
101	엄수(底邊)	꼭 지키다, 반드시 지키다
102	에 의해	에 따라
103	여하한(如何)	어떠한
104	영구폐지(永久廢止)	완전히 없어짐
105	옵티미제이션(optimization)	최적화
106	용이(容易)하다	쉽다
107	유보(留保)하다	미루다, 미루어두다, 지금 하지 않습니다.
108	유예(猶豫)하다	미루다
109	이견(異見)	다른 의견
110	이슈(issue)	논쟁거리, 문제, 쟁점
111	익스포저(exposure)	위험, 위험노출
112	인지(認知)하다	알다
113	인편(人便)	방문
114	인프라(infra)	기반시설(설비)

번호	순화대상어	순화어
115	일괄(一括)하여	한꺼번에
116	일조(一助)하다	도움이 되다
117	잔여(殘餘)	남은
118	저변(底邊)	밑바닥, 밑바탕
119	저촉(抵觸)되다	걸리다, 어긋나다
120	저해(沮害)하다	못하게 하다, 방해하다
121	적기(適期)	알맞은 시기, 제때
122	적시(摘示)하다	구체적으로 제시하다, 지적하여 보이다
123	적재적소(適材適所)	알맞은 곳, 적절한 자리
124	적재적시(適材適時)	알맞은 시간, 적절한 시기
125	전사(全社)	회사 전체
126	전술(前述)한	앞에서 설명한
127	전적(全的)으로	회사의 책임 있는 사유가 없는 한
128	제고(提高)하다	높이다
129	조인트벤처(joint venture)	합작투자
130	주금납입기일(株金納入期日)	배정받은 주식대금을 내야 하는 날
131	증대(增大)하다	늘다, (양이) 많아지거나 (규모가) 커지다
132	지득(知得)하다	알게 되다
133	지양(止揚)하다	피하다, 하지 않다
134	차감(差減)하다	빼다
135	차치(且置)하다	내버려 두고 문제삼지 아니하다, 제쳐 놓다
136	창설(創設)	새로 설립
137	채널(channel)	경로, 방법, 통로
138	책정(策定)하다	정하다
139	추산(推算)	미루어 계산하다, 어림잡다
140	추종(追從)	따라가기
141	출회(出廻)	(물품 등이)시장에 나와 돎
142	충당(充當)하다	모자라는 것을 채워 넣다, 사용하다
143	캐시카우(cash cow)	수익원
144	캡티브마켓(captive market)	고정거래처
145	컨설팅(consulting)	전문적인 자문

번호	순화대상어	순화어
146	컴플레인(complaint)	불만, 불평
147	킥오프(kickoff)	개시, 시작, 첫
148	타겟팅(targeting)	대상, 목표, 표적
149	턴어라운드(turn around)	회생, 흑자전환
150	툴(tool)	도구, 방법
151	트렌드(trend)	경향, 동향, 추세
152	패러다임(paradigm)	체계, 틀
153	패턴(pattern)	일정한 형태나 양식
154	평잔(平殘)	평균잔액
156	표창(標唱)하다	표시하다
157	피드백(feedback)	의견제시
158	해태(懈怠)하다	게을리 하다, 제때 하지 않다
159	호전(好轉)되다	좋아지다
160	환금성(換金性)	현금화
161	환위험(換危險)	환율변동위험
162	휴면계좌(休眠計座)	휴면계좌(일정기간 입금, 출금 등이 없어 사용되지 않은 계좌)

▶ 2015년에 발표한 금융용어 순화어는 162개이다.

▶ 금융투자협회는 순화대상어로 '익스포져, 조인트 벤쳐, 캐쉬카우' 등을 제시했는데 외래어 표기법에 따르면 '익스포저, 조인트 벤처, 캐시카우'라고 적어야 한다.

농림축산식품부

농림축산식품부는 2015년에 '누구나 알기 쉬운 농업용어 109개'를 발표하였다.

• 농림축산식품부 '누구나 알기 쉬운 농업용어 109개' 순화어 전체 목록(2015)

번호	순화대상어	순화어
1	가식(假植)	임시심기
2	간벌(間伐)	솎아베기
3	간작(間作)	사이짓기
4	개거(開渠)	겉도랑
5	객토(客土)	새흙넣기
6	건답(乾畓)	마른논
7	건답직파(乾畓直播)	마른논 씨뿌리기
8	검란기(檢卵機)	알검사기
9	견치(犬齒)	송곳니
10	결속(結束)	다발묶기
11	경운(耕耘)	흙갈이
12	곡과(曲果)	굽은 과일
13	골분(骨粉)	뼛가루
14	공동과(空洞果)	속빈 과일
15	과경(果徑/果梗)	열매지름/열매꼭지
16	과숙(過熟)	농익음
17	과피(果皮)	과일껍질
18	과형(果形)	과일모양
19	관개(灌漑)	물대기
20	관정(管井)	우물
21	구근(球根)	알뿌리
22	굴착(掘鑿)	파내기
23	근채류(根菜類)	뿌리채소류
24	기공(氣孔)	숨구멍
25	기비(基肥)	밑거름
26	낙과(落果)	떨어진 열매, 열매 떨어짐
27	내피(內皮)	속껍질
28	노계(老鷄)	늙은닭
29	도복(倒伏)	쓰러짐

번호	순화대상어	순화어
30	도수로(導水路)	물댈 도랑
31	도장(徒長)	웃자람
32	돈사(豚舍)	돼지우리
33	동작물(冬作物)	겨울작물
34	두류(豆類)	콩류
35	만상해(晚霜害)	늦서리피해
36	만파(晚播)	늦뿌림
37	맹아(萌芽)	움, 움트기
38	멀칭(mulching)	바닥덮기
39	모계(母鷄)	어미 닭
40	몽리면적(蒙利面積)	물댈 면적
41	미강(米糠)	쌀겨
42	발아(發芽)	싹트기
43	방향식물(芳香植物)	향기식물
44	배대양(胚培養)	씨눈배양
45	배수(排水)	물 빠짐
46	병과(病果)	병든 열매
47	복토(覆土)	흙덮기
48	본엽(本葉)	본잎
49	봉침(蜂針)	벌침
50	부초(敷草)	풀덮기
51	비배관리(肥培管理)	거름 주어 가꾸기
52	사양(飼養)	기르기, 치기
53	사토(砂土)	모래흙
54	살수(撒水)	물 뿌리기
55	삽목(挿木)	꺾꽂이
56	삽시(澁柿)	떫은 감
57	선과(選果)	과일고르기
58	선종(選種)	씨고르기
59	수갑(水閘)	수문
60	수도(水稻)	논벼
61	수로교(水路橋)	물길다리

번호	순화대상어	순화어
62	수리안전답(水利安全畓)	물사정 좋은 논
63	수원공(水原工)	농업용수 공급시설
64	수잉기(穗孕期)	이삭밴 시기
66	순치(馴致)	길들이기
66	승수로(承水路)	물받이도랑
67	시비(施肥)	비료주기
68	심경(深耕)	깊이갈이
69	십자화과(十字花科)	배추과
70	아접(芽接)	눈접
71	암거(暗渠)	속도랑
72	양수(揚水)	물푸기
73	연작(連作)	이어짓기
74	엽채류(葉菜類)	잎채소류
75	용수로(用水路)	물도랑
76	우사(牛舍)	소우리
77	웅계(雄鷄)	수탉
78	유료작물(油料作物)	기름작물
79	유우(乳牛)	젖소
80	육계(肉鷄)	고기용 닭
81	윤작(輪作)	돌려짓기
82	이병수율(罹病穗率)	병든 이삭율
83	이식(移植)	옮겨심기
84	이앙기(移秧期)	모내는 시기
85	재식거리(栽植距離)	심는거리
86	적과(摘果)	열매솎기
87	정지(整地)	땅고르기
88	제당(堤塘)	물둑, 제방
89	제체(堤體)	둑 몸체
90	조류(藻類)	이끼류
91	지력(地力)	땅심
92	지주(支柱)	받침대
93	집수정(集水井)	물 웅덩이

번호	순화대상어	순화어
94	차광(遮光)	빛가림
95	착유(搾乳)	젖짜기
96	채종(採種)	종자생산
97	최아(催芽)	싹 틔우기
98	침종(浸種)	씨 담그기
99	포복경(匍匐莖)	기는 줄기
100	표토(表土)	겉흙
101	표피(表皮)	겉껍질
102	하상(河床)	하천바닥
103	한발(旱魃)	가뭄
104	한해(旱害/寒害)	가뭄피해/추위피해
105	회분(灰粉)	재
106	혼작(混作)	섞어짓기
107	휴립(畦立)	이랑만들기

▶ 농림축산식품부가 2015년에 발표한 순화어는 총 109개(한 칸에 2개의 순화대상어를 표기한 사례 2개 포함)이다.

농촌진흥청

농촌진흥청은 2015년에 '알기 쉬운 농업용어집'을 펴내면서 농업용어 순화어 2,493개를 발표하였다. 농업용어집은 1982년 초판에 이어 네 번째 개정판이다. 이후에도 농촌진흥청은 2020년그린매거진 182호에 '알고 쓰면 쉬운 농업용어' 40개를 발표하였다.

• 농촌진흥청 농업용어 순화어 전체 목록(2020)

번호	순화대상어	순화어
1	각피(角皮)	껍데기
2	간인기(間引機)	솎음 기계
3	결과습성(結果習性)	열매맺음성
4	내도복성(耐倒伏性)	쓰러짐 견딜성
5	녹비(綠肥)	풋거름
6	단아삽(單芽揷)	홑눈 꺾꽂이
7	도야도아(稻夜盜蛾)	벼도둑나방
8	드릴파(drill播)	좁은 줄뿌림
9	로터리(Rotary)	경운, 흙펴기
10	마쇄기(磨碎機)	갈아부수개
11	만식재배(晩植栽培)	늦심기재배
12	밀원수(蜜源樹)	꿀밭 나무, 양봉 나무
13	박파(薄播)	성기게 뿌림
14	부숙퇴비(腐熟堆肥)	썩은 퇴비
15	비효(肥效)	거름효과
16	사양토(砂壤土)	모래참흙
17	생력(省力)	노력 줄이기, 힘 줄이기
18	슬러지(Silage)	담근 먹이, 발표 사료, 매장 사료
19	신장기(伸張期)	줄기 자랄 때
20	암발아종자(暗發芽種子)	어둠 발아 씨
21	엘에스와이(LSY)	연간모돈회전수
22	왜성대목(矮性臺木)	난장이바탕나무
23	입상비료(粒狀肥料)	낱알비료
24	자가적과성(自家摘果性)	열매솎기가 필요없는 품종
25	저위생산답(低位生産畓)	소출낮은 논
26	중경제초(中耕除草)	김매기
27	착화불량(着花不良)	꽃눈형성 불량
28	충매전염(蟲媒傳染)	벌레전염
29	층적저장법(層積貯藏法)	층층갈무리
30	콜드체인시스템(cold chain system)	저온유통체계
31	카테터(catheter)	삽입관

번호	순화대상어	순화어
32	탈지강(脫脂糠)	기름 뺀 겨
33	톱교배(top交配)	품종 간 교배
34	평당주수(坪當株數)	평당 포기수
35	피맥(皮麥)	겉보리
36	피해립(被害粒)	상한 낟알
37	하기전정(夏期剪定)	여름가지치기
38	향일성(向日性)	빛 따름성
39	협채류(莢菜類)	(콩)깍지 채소류
40	휴립경법(畦立耕法)	이랑 전체 파종

법무부 교정본부

교정본부는 2018년 5월에 '어려운 교도소 용어, 알시 쉽게 바꾼다'라는 제목의 보도자료를 배포하면서 교정관계법령 순화어 21개와 이미 순화되었거나 적극적으로 활용이 필요한 교정용어 60개를 추가로 발표하였다.

• 법무부 교정본부 교정용어 순화어 간추린 목록(2018)

번호	순화대상어	순화어
1	가료(加療)	치료
2	가시정(假施錠)	간이잠금
3	간수(看守)	교도관
4	간질(癎疾)	뇌전증
5	감방(監房)	교도소, 구치소
6	감옥(監獄)	교도소, 구치소
7	개방(開房)	일과시작
8	개소(個所)	장소
9	거동(擧動)	행동
10	검방(檢房)	거실검사
11	검식(檢食)	음식물 검사

번호	순화대상어	순화어
12	검취(檢取)	검사, 조사
13	계구(戒具)	보호장비
14	공장(工場)	작업장
15	관사(官舍)	비상대기숙소
16	관약(官藥)	국가지급의약품
17	관용부(官用夫)	운영지원작업자
18	관용작업(官用作業)	운영지원작업
19	교부(交符)하다	건네주다
20	교회당(敎會堂)	대강당
21	구외(構外)	개방지역
22	국제수형자(國際受刑者)	국제이송수형자
23	다중(多衆)	많은 사람
24	대용(代用)	용도 변경
25	독방(獨房)	독거실
26	동정(動靜)	동태
27	만기력부(滿期歷簿)	형기종료부
28	만기자교육(滿期者敎育)	석방전교육
29	만기출소(滿期出所)	형기종료 출소, 형기를 마치고 출소
30	망실(亡失)	분실
31	명적(名籍)	수용기록
32	무기서무(武器庶務)	교정장비서무
33	무인(拇印)	손도장
34	배방(配房)	거실지정
35	병동(病棟)	의료수용동
36	복역(服役)하다	징역을 살다
37	사동(舍棟)	수용동
38	사약(私藥)	자비구매의약품
39	사책(私冊)	자비구매도서
40	상관(上官)	상급자
41	서신(書信)	편지
42	소지(掃地)	수용동청소부
43	소지(所持)하다	지니다

번호	순화대상어	순화어
44	수번(收番)	수용자 번호
45	수정(手錠)	수갑
46	시갑(施匣)	수갑을 채우다
47	시승(施繩)	포승으로 묶다
48	시정(是正)하다	바로잡다
49	시찰(視察)	관찰
50	신봉(信奉)하다	믿다
51	신분장(身分帳)	수용기록부
52	연출(連出)	동행
53	영선(營繕)	시설보수
54	영치(領置)	보관
55	외정문(外正門)	외부정문
56	요원(要員)	직원
57	우량수(優良囚)	모범수형자
58	은닉(隱匿)하다	감추다
59	의체검사(衣體檢查)	의류 및 신체검사
60	이감(移監)	이송
61	이석(離席)	자리를 뜨다
62	인장(印章)	도장
63	잔형(殘刑)	잔여 형기
64	재소자(在所者)	수용자
65	전방(轉房)	거실변경
66	전실(轉室)	거실변경
67	전염병(傳染病)	감염병
68	정신자세(精神姿勢)	마음가짐
69	제반규정(諸般規定)	관련규정
70	조출(早出)	조기출역
71	집금(集禁)	집합수용
72	집체직업훈련(集體職業訓鍊)	집합직업훈련
73	차입(差入)	교부허가
74	차폐(遮蔽)	가림
75	채증(採證)	증거수집

번호	순화대상어	순화어
76	철격자(鐵格子)	쇠창살
77	출문증(出門證)	출입허가증
78	출역(出役)	작업장 취업
79	통고(通告)하다	알리다
80	통모(通謀)	부정모의
81	통방(通房)	부정연락
82	펜스(fence)	감지벽
83	폐방(閉房)	일과종료
84	해외(海外)	국외
85	흥행장(興行場)	공연장

산림청

산림청은 1984년부터 2012년까지 산림법률용어와 산림행정용어 순화어 1,578개를 발표하였다. 1984년 346개, 1992년 174개, 1996년 997개, 2010년 143개, 2011년 43개, 2012년 81개를 발표하였고, 이들 용어를 1권의 용어순화집(2014)으로 엮어 배포하였다. 이외에도 사용 빈도가 높은 산림청 법률용어 24개와 산림행정용어 70개를 선별하여 공개하였다. 그 후로도 2019년 10월에 '법에 있는 산림용어, 알기 쉽게 달라졌다'라는 제목의 기사에서 산림청 법률용어 10개를 발표하였다.

① 산림청 산림용어 순화어 간추린 목록(2014)

번호	순화대상어	순화어
1	가식(假植)	임시심기
2	간벌(間伐)	솎아베기
3	간인(間引)	솎아내기
4	간장(幹長)	줄기길이
5	간재적(幹材積)	줄기부피
6	감염목(感染木)	병든나무

번호	순화대상어	순화어
7	개벌(皆伐)	모두베기
8	개식(改植)	다시심기
9	개엽기(開葉期)	잎피는 시기
10	개화기(開花期)	꽃피는 시기
11	결실기(結實期)	열매 맺는 시기
12	경급(徑級)	나무지름크기
13	고사목(枯死木)	죽은나무
14	공동목(空洞木)	속 빈 나무
15	관목(灌木)	작은키나무
16	교목(喬木)	큰키나무
17	군식(群植)	모아심기
18	근원경(根元徑)	밑동지름
19	근장(根長)	뿌리길이
20	단근이식(斷根移植)	뿌리끊어심기
21	대경목(大徑木)	큰 지름나무
22	대경재(大徑材)	큰 지름원목
23	대묘(大苗)	큰 묘목
24	대벌(帶伐)	줄베기
25	대절(帶切)	줄기자르기
26	도벌(盜伐)	몰래베기
27	도복목(倒伏木)	쓰러진 나무
28	도장지(徒長枝)	웃자란가지
29	도태간벌(淘汰間伐)	불량나무 솎아베기
30	독림가(篤林家)	우수 산림경영인
31	동아(冬芽)	겨울눈
32	만경류(蔓莖類)	덩굴류
33	말구(末口)	끝동부리
34	매취사업(買取事業)	매매사업
35	맹아(萌芽)	움
36	맹지(盲地)	길 없는 땅
37	모수(母樹)	어미나무
38	목본류(木本類)	나무종류

번호	순화대상어	순화어
39	묘포(苗圃)	묘목 밭
40	무육(撫育)	가꾸기
41	무육간벌(撫育間伐)	숲가꾸기용 솎아베기
42	물매	기울기, 경사
43	반지(返地)	(토지)반환
44	방화선(防火線)	산불진화선
45	벌구(伐區)	나무베기구역
46	벌근(伐根)	그루터기
47	벌목(伐木)	나무베기
48	벌채(伐採)	나무베기
49	보식(補植)	보충심기
50	보안림(保安林)	산림보호구역
51	본수(本數)	그루수
52	부후목(腐朽木)	썩은나무
53	비오톱(Biotop)	소생물권
54	산록부(山麓部)	산기슭
55	산림경영관리사(山林經營管理舍)	산림경영관리건물
56	산복부(山腹部)	산허리
57	산정(山頂)	산꼭대기
58	산화경방탑(山火警防塔)	산불감시탑
59	삼림(森林)	산림
60	삽목(挿木)	꺾꽂이
61	삽수(挿穗)	꺾꽂이순
62	상승사면(上昇斜面)	오르막비탈면
63	생장추(生長錐)	나이테측정기
64	석력지(石礫地)	자갈땅
65	선목(選木)	나무 고르기
66	소경목(小徑木)	작은 지름나무
67	수간(樹幹)	나무줄기
68	수고(樹高)	나무높이
69	수령(樹齡)	나무나이
70	수목(樹木)	나무

번호	순화대상어	순화어
71	수실(樹實)	나무열매
72	수원함양림	수원함양보호구역
73	수종(樹種)	나무종류
74	수피(樹皮)	나무껍질
75	수형(樹型)	나무모양
76	수형목(秀型木)	우량개체나무
77	시방서(示方書)	설명서
78	식재(植栽)	나무심기
79	신초(新梢)	새순
80	암석지(巖石地)	바위지역
81	양수(陽樹)	양지나무
82	역지(力枝)	가장 굵은 가지
83	연륜폭(年輪幅)	나이테 너비
84	열식간벌(列式間伐)	줄 속아베기
85	엽면시비(葉面施肥)	잎거름주기
86	영림(營林)	산림경영
87	예불기(刈拂機)	풀깎는 기계
88	예찰(豫察)	미리살펴보기
89	옹벽(擁壁)	축대벽
90	운재로(運材路)	나무운반길
91	울폐도(鬱閉度)	(숲이) 우거진 정도
92	원구(元口)	밑동부리
93	유령림(幼齡林)	어린나무 숲
94	육림(育林)	숲가꾸기
95	음수(陰樹)	음지나무
96	임간(林間)	숲속, 숲 안
97	임내(林內)	숲안/숲속
98	임령(林齡)	숲나이
99	임목(立木)	숲의 나무
100	임연부(林緣部)	숲가장자리
101	임종(林種)	숲종류
102	임지비배(林地肥培)	숲 거름주기

번호	순화대상어	순화어
103	임황(林況)	숲 현황
104	잔존목(殘存木)	남은나무
105	장뇌(長腦)	산양삼
106	장령림(壯齡林)	어른나무 숲
107	재적(材積)	나무부피
108	전간재(全幹材)	긴 통나무, 긴 원목
109	접수(椄穗)	접순
110	종피(種皮)	종자껍질
111	중경목(中徑木)	중간 지름나무
112	중경재(中徑材)	중간 지름원목
113	지엽(枝葉)	가지와 잎
114	지조(枝條)	가지
115	지주목(支柱木)	버팀목
116	지황(地況)	토지 현황
117	집재(集材)	나무쌓기
118	차폐림(遮蔽林)	가림막숲
119	초본류(草本類)	풀종류
120	치수(稚樹)	어린나무
121	택벌(擇伐)	골라베기
122	표주(標柱)	(경계)푯말
123	하강사면(下降斜面)	내리막비탈면
124	하예(下刈)	풀베기
125	한해(旱害)	가뭄피해
126	혼효림(混淆林)	혼합림
127	화목(火木)	땔나무
128	환상박피(環狀剝皮)	돌려 벗기기
129	후계목(後繼木)	차세대나무
130	후동목(後棟木)	자투리 나무

▶ 산림청 산림용어 1,578개 중 사용 빈도 등을 고려하여 130개 용어를 선별하였다.

② 산림청 법률용어 순화어 전체 목록(2019)

번호	순화대상어	순화어
1	관목(灌木)	관목(작은키나무)
2	모수작업(母樹作業)	어미나무작업
3	목탄(木炭)	숯
4	세륜시설(洗輪施設)	세륜시설(바퀴 등의 세척시설)
5	수종(樹種)	나무의 종류
6	육안(肉眼)	맨눈
7	임상(林相)	숲의 모양
8	재적(材積)	나무부피
9	퇴비사(堆肥舍)	퇴비저장시설
10	한해(寒害)	가뭄해

③ 사용빈도가 높은 산림청 법률용어 순화어 전체 목록

번호	순화대상어	순화어
1	간벌(間伐)	솎아베기
2	국산재(國産材)	국산목재
3	도벌(盜伐)	몰래베기
4	독림가(篤林家)	우수 산림경영인
5	모수(母樹)	어미나무
6	벌채(伐採)	나무베기
7	보안림(保安林)	산림보호구역
8	분수림(分收林)	수익분배산림
9	불요존국유림(不要存國有林)	준보전국유림
10	수고(樹高)	나무높이
11	수목(樹木)	나무
12	수실(樹實)	나무열매
13	수원함양림(水源涵養林)	수원함양보호구역
14	수종(樹種)	나무종류
15	수하식재(樹下植栽)	나무아래심기
16	수형목(秀型木)	우량개체나무

번호	순화대상어	순화어
17	식재(植栽)	나무심기
18	요존국유림(要存國有林)	보전국유림
19	용기묘(容器苗)	용기 묘목
20	운재로(運材路)	나무운반길
21	육림(育林)	숲가꾸기
22	집재(集材)	나무쌓기
23	표주(標柱)	(경계)푯말
24	혼효림(混淆林)	혼합림

④ 사용빈도가 높은 산림행정용어 순화어 전체 목록

번호	순화대상어	순화어
1	간인(間引)	솎아내기
2	간재적(幹材積)	줄기부피
3	강도간벌(强度間伐)	강한 솎아베기
4	개벌(皆伐)	모두베기
5	개식(改植)	다시심기
6	개엽기(開葉期)	잎피는 시기
7	개화기(開花期)	꽃피는 시기
8	결실기(結實期)	열매 맺는 시기
9	경급(徑級)	나무지름크기
10	관목(灌木)	작은키나무
11	교목(喬木)	큰키나무
12	극인(極印)	검사도장, 허가도장
13	근맹아(根萌牙)	뿌리움
14	근장(根長)	뿌리길이
15	근주맹아(根株萌芽)	뿌리움
16	단근이식(斷根移植)	뿌리끊어심기
17	대경목(大徑木)	큰 지름나무
18	대경재(大徑材)	큰 지름원목
19	대묘(大苗)	큰 묘목
20	대벌(帶伐)	줄베기
21	대절(帶切)	줄기자르기

번호	순화대상어	순화어
22	도장지(徒長枝)	웃자란가지
23	도태간벌(淘汰間伐)	불량나무 솎아베기
24	맹아(萌芽)	움
25	맹아갱신(萌芽更新)	움갈이
26	목재집재기(木材集材機)	목재수집장비
27	목질계바이오매스	산림바이오매스
28	묘포(苗圃)	묘목 밭
29	무육(撫育)	가꾸기
30	벌근(伐根)	그루터기
31	산록부(山麓部)	산기슭
32	산복부(山腹部)	산허리
33	산정(山頂)	산꼭대기
34	삽목(挿木)	꺾꽂이
35	석력지(石礫地)	자갈땅
36	선목(選木)	나무고르기
37	설해목(雪害木)	눈 피해목
38	소경목(小徑木)	작은 지름나무
39	소경재(小徑材)	작은 지름원목
40	속성수(速成樹)	빨리 자라는 나무
41	수간주사(樹幹注射)	나무주사
42	수라(修羅)	나무운반 미끄럼틀
43	수렵지(狩獵地)	사냥터
44	수목표찰(樹木標札)	나무이름표
45	수익간벌(收益間伐)	수익 솎아베기
46	수피(樹皮)	나무껍질
47	신탄림(薪炭林)	연료림
48	약도간벌(弱度間伐)	약한 솎아베기
49	열식간벌(列式間伐)	줄 솎아베기
50	영림(營林)	산림경영
51	영림계획(營林計劃)	산림경영계획
52	예비간벌(豫備間伐)	미리 솎아베기
53	울폐도(鬱閉度)	(숲이)우거진 정도

번호	순화대상어	순화어
54	임목생장량(林木生長量)	나무생장량
55	임연부(林緣部)	숲가장자리
56	임지시비(林地施肥)	숲에 거름주기
57	재적(材積)	나무부피
58	전간재(全幹材)	긴 통나무, 긴 원목
59	중경목(中徑木)	중간 지름나무
60	중경재(中徑材)	중간 지름원목
61	지엽(枝葉)	가지와 잎
62	지조(枝條)	가지
63	천연림보육(天然林保育)	천연림가꾸기
64	치수(稚樹)	어린나무
65	치수무육(稚樹撫育)	어린나무가꾸기
66	택벌(擇伐)	골라베기
67	하예(下刈)	풀베기
68	후계목(後繼木)	차세대나무
69	후동목(後棟木)	자투리 나무
70	흉고직경(胸高直徑)	가슴높이지름

식품의약품안전처

식품의약품안전처는 2023년 12월 기관 블로그 '식약메이트'에 '친절해진 식의약 용어'라는 제목으로 55개의 식의약 용어 순화어를 발표하였다.

• 식품의약품안전처 의약용어 순화어 전체 목록(2023)

번호	순화대상어	순화어
1	ATC코드(Anatomical Therapeutic Chemical code)	국제 의약품 분류 체계
2	e-label	전자 라벨
3	UDI코드	의료기기 표준코드(UDI)
4	경피흡수제(經皮吸收劑)	피부 흡수제
5	구역(嘔逆)	메스꺼움

번호	순화대상어	순화어
6	내복(內服)하다	먹다
7	네거티브 리스트(negative list)	예외적 금지 목록
8	다제내성(多劑耐性)	다종 약제 내성
9	다행감(多幸感)	과잉행복감
10	도즈(dose)	회분
11	두류(豆類)	콩류
12	레토르트 제품(retort 製品)	고온살균 밀봉제품
13	로트(lot)	제조단위
14	마이크로 니들(micro needle)	초미세 바늘
15	마일스톤(milestone)	단계별 진단표
16	메디푸드(medi food)	환자용 식품
17	미란(糜爛)	짓무름
18	밀키트(meal kit)	간편조리식
19	발적(發赤)	붉게 부어오름
20	보존식(保存食)	식중독 검사용 보존식
21	사건수면(事件睡眠)	수면 이상 행동
22	살응애제(殺응애劑)	진딧물 살충제
23	생물학적 제제(生物學的 製劑)	생물학적 의약품
24	소양증(搔癢症)	가려움증
25	소포제(消泡劑)	거품 제거제
26	수렴(收斂)	피부진정
27	스마트필(smart pill)	지능형 알약
28	스케일 업(scale up)	규모확대
29	아나필락시스(anaphylaxis)	급성 중증 과민증
30	안검하수(眼瞼下垂)	눈꺼풀 처짐증
31	액취(腋臭)	곁땀내
32	염모제(染毛劑)	모발 염색약
33	오가노이드(organoid)	장기 유사체
34	오심(惡心)	신물성 메스꺼움
35	외피용 연고제(外皮用軟膏劑)	피부 연고제
36	요폐(尿閉)	요도 막힘증
37	웨비나(webinar)	화상토론

번호	순화대상어	순화어
38	웨어러블 기기(wearable 機器)	착용형 기기
39	이장성(弛張性)	되풀이 증상
40	이취(異臭)	이상한 냄새
41	인플루엔자(influenza)	독감
42	종창(腫脹)	부기
43	증점제(增粘劑)	점도 증진제
44	진양(鎭癢)	가려움증 완화
45	진전(鎭顫)	떨림증
46	진해거담제(鎭咳祛痰劑)	기침가래약
47	진해제(鎭咳劑)	기침약
48	창상피복재(創傷被覆材)	상처 보호제
49	치과용 유닛(齒科用 unit)	치과용 복합전동의자
50	코스메틱(cosmetic)	화장품
51	콜드체인(cold chain)	저온냉장유통
52	패각(貝殼)	조개껍데기
53	패독(貝毒)	조개독
54	패치제(patch劑)	붙이는 약
55	피부감작성(皮膚感作性)	피부과민반응성

특허청 특허심판원

특허청 특허심판원은 2005년 1월에 '심결문 용어 순화 편람'을 펴내면서 심결문 용어 순화어 980개를 발표하였다. 심결문 순화대상어는 표준국어대사전에서 검색할 수 없는, 이해하기 어려운 한자어가 적지 않다.

• 특허청 특허심판원 심결문 용어 순화어 간추린 목록(2005)

번호	순화대상어	순화어
1	가이드(guide)	안내
2	간극(間隙)	간격

번호	순화대상어	순화어
3	감축(減縮)	줄임
4	강고(强固)히	단단히
5	검출기(檢出器)	감지기
6	계류(繫留)	진행 중
7	계합(契合)	결합
8	고순도(高純度)	높은 순도
9	공역(共役)	결합
10	공핍(空乏)	결핍
11	광량(光量)	빛의 양
12	괘정(掛釘)	잠금
13	군소(群小)	여러 가지 작은
14	기속(羈束/覊束)	얽매임
15	노드(node)	분기점
16	댐퍼(damper)	완충기
17	도출(導出)	이끌어 냄
18	등재(登載)	실림
19	디바이스(device)	장치
20	링크(link)	연결, 결합
21	마더보드(motherboard)	주회로기판
22	매칭(matching)	정합
23	멀티플렉서(multiplexer)	다중화기
24	멤브레인(membrane)	막
25	모니터링(monitoring)	감시
26	박층(薄層)	얇은 층
27	방청제(防錆劑)	녹방지제
28	배면(背面)	뒷면
29	병기(竝記/倂記)	함께 적음
30	분진(粉塵)	미세먼지
31	비점(沸點)	끓는점
32	상보적(相補的)	상호보완적
33	서증(書證)	서면증거
34	소정(所定)	정한 바

번호	순화대상어	순화어
35	수율(收率)	얻어진 비율, 얻어진 양
36	시뮬레이션(simulation)	모의실험
37	아이템(item)	항목
38	업데이트(update)	갱신
39	엣지(edge)	끝자락, 엣지(edge)
40	오일 체임버(oil chamber)	오일 저장고
41	외관(外觀)	겉모습
42	웨이브(wave)	파동
43	웹스토리지(web storage)	웹 저장소
44	유사(類似)하다	비슷하다
45	유저(user)	사용자
46	융기부(隆起部)	돌기부
47	융점(融點)	녹는점
48	은분(銀粉)	은가루
49	이젝터(ejector)	배출기
50	인버터(inverter)	전환기
51	인슐레이터(insulator)	절연체
52	인터페이스(interface)	접속 또는 경계면
53	일단부(一端部)	한쪽 끝
54	일요부(一要部)	중요한 일부분
55	일응(一應)	일단, 우선
56	일의적(一義的)으로	한 가지 뜻으로
57	장봉형(長峯形)	긴 봉우리 모양
58	저면(底面)	밑면
59	절결(切鍥)	잘림
60	절리(節理)된	단절된
61	주지(周知)	널리 알려짐
62	차분값(差分-)	차이값
63	참증(參證)	참고(가 되는) 증거
64	참칭(僭稱)	행세함으로써, 함부로 함으로써
65	초래(招來)하다	가져오다, 야기하다
66	충전(充塡)	채움

번호	순화대상어	순화어
67	축경(軸徑)	축지름
68	취부구(取付具)	설치기구
69	치환(置換)	대체, 교체
70	코어(core)	중심
71	콤팩트(compact)	조밀
72	탈기(脫氣)	기체 제거
73	탈지화(脫脂化)	지방제거화
74	트래킹(tracking)	추적
75	티슈층(tissue層)	조직층
76	틸팅(tilting)	기울임, 경사
77	파티클(particle)	알갱이
78	패키징(packaging)	밀봉
79	폐루프 방식(閉loop方式)	닫힌 회로 방식
80	포인팅 디바이스(pointing device)	지시장치
81	포지셔너(positioner)	위치고정자
82	폴리머(polymer)	중합체, 고분자
83	프로브(probe)	탐침기
84	프리퀀시(frequency)	주파수
85	플레이트(plait)	판
86	플렉시블 기판(flexible 基板)	유연 기판
87	플로차트(flow chart)	흐름도
88	피드백(feedback)	피드백(feedback)
89	하이브리드(hybrid)	혼성형
90	허부(許否)	허가 여부
91	허여(許與)	허용
92	현시상태(現示常態)	보이는 상태
93	호형(弧形)	부채꼴
94	확개(擴開)	넓힘
95	후륜(後輪)	뒷바퀴
96	후사경(後寫鏡)	백미러
97	훅(hook)	걸쇠
98	흡음제(吸音劑)	소음제거제

번호	순화대상어	순화어
99	히팅(heating)	가열
100	힌지(hinge)	경첩

▶ 심결(審決)은 '심의결정' 또는 '심리결정'으로 순화할 수 있는 순화 대상어이다.

▶ 심결문 용어 980개 중 순화대상어로 볼 수 있는 용어는 716개이다. 716개의 순화대상어 중 2022년 1년 동안 배포한 특허청 보도자료 267건에 사용된 순화대상어는 가이드, 감축, 검출기, 고순도, 도출, 등재, 디바이스, 링크, 매칭, 멤브레인, 모니터링, 병기, 분진, 소정, 수율, 시뮬레이션, 아이템, 업데이트, 엣지, 외관, 유사하다, 유저, 인슐레이터, 인터페이스, 주지, 초래하다, 충전, 캐리어, 커버, 코어, 하이브리드, 흠결 등 32개(4.5%)이다.

▶ 행안부가 2021년 1년 동안 배포한 보도자료 1194건에 사용된 심결문 용어는 가이드, 간극, 갈음, 감축, 격벽, 결여, 계류, 광량, 군소, 노드, 농후, 당해, 도출, 도핑, 등재, 레이아웃, 링크, 매칭, 모니터링, 범용적, 부기, 분진, 불비, 불허, 상이한, 소정, 송부, 시건, 시뮬레이션, 아웃도어, 아이템, 업데이트, 여타, 오인, 와류, 와이어, 외관, 유사, 이종, 진위, 천공, 초래, 충전, 커버, 트랙킹, 하이브리드, 향유, 협소 등 49개(7%)이다.

▶ 특허심판원이 '후사경'의 순화어로 제시한 '백미러'는 국립국어원에서 '뒷거울'로 순화하였다.

한국도로공사

한국도로공사는 2020년 10월에 쉽고 바른 고속도로 전문용어집 '우리길 우리말'을 펴내면서 국민 의견수렴 용어 65개, 건설 행정 및 현장

용어 76개, 건설현장 일본어 투 용어 50개, 기존 순화용어 50개 등 241개의 순화어를 발표하였다.

• 한국도로공사 도로용어 순화어 간추린 목록(2020)

번호	순화대상어	순화어
1	가드레일(guardrail)	차량 보호 울타리
2	가설(假設)	설치, 임시설치, 추가설치
3	간선도로(幹線道路)	중심도로
4	감독원(監督員)/감독자(監督者)	공사 감독자
5	감리(監理)	건설사업관리
6	개구부(開口部)	개방부
7	개소(個所)	곳, 군데
8	거마비(車馬費)	교통비, 차비
9	결속(結束)	묶음
10	고바이(こうばい)	비탈
11	공로(公路)	공공도로
12	교반(攪拌)	섞음
13	구배(勾配)	기울기, 비탈
14	굴토(掘土)	땅파기
15	그레이팅(grating)	배수시설 덮개
16	그루빙(grooving)	미끄럼 방지 홈
17	기성(旣成)	진척도
18	기점(起點)	시작점
19	긴결재(緊結材)	거푸집 조임재
20	길어깨	갓길
21	나대지(裸垈地)	빈터
22	낙석(落石)	떨어진 돌, 돌 떨어짐
23	내역서(內譯書)	명세서
24	노견(路肩)	갓길
5	노리(のり)	비탈면
26	노폭(路幅)	길 너비, 길 폭

번호	순화대상어	순화어
27	다이크(dike)	배수 턱
28	델리네이터/딜리니에이터(delineator)	시선 유도 반사체
29	도포(塗布)	바름
30	동물가드휀스(動物 guard fence)	동물 유도 울타리
31	드라이버(driver)	운전자
32	바라콘(rubber cone)	안전 고깔
33	랜드마크(landmark)	상징물
34	램프(ramp)	연결로
35	럼블스트립(rumble strip)	졸음방지 홈
36	레커/렉카(wrecker)	견인차
37	로드킬(roadkill)	찻길 사고
38	밀시트(mill sheet)	제품증명서
39	바리케이드(barricade)	통행 차단 울타리
40	바이브레이터(vibrator)	진동기
41	바이패스 도로(bypass road)	우회 도로
42	방현망(防眩網)	방지망
43	배면(背面)	뒷면
44	배치플랜트/배칭플랜트(batching plant)	콘크리트 생산
45	벌개제근(伐開除根)	수목 제거
46	법면(法面)	비탈면
47	베이스 콘크리트(base concrete)	바닥 콘크리트
48	베이스 플레이트(base plate)	바닥 강판
49	보틀넥현상(moving bottleneck)	병목 현상
50	복토(覆土)	흙덮기
51	부체 도로(副體道路)	대체 도로
52	붕락(崩落)	무너짐
53	블랙 아이스(black ice)	도로 살얼음
54	블로업/블로우업(blow up)	도로 솟음 현상
55	비산먼지(飛散)	날림먼지
56	빙점(氷点)	어는점
57	사면(斜面)	비탈면

번호	순화대상어	순화어
58	사인보드/싸인보드(sign board)	안전 유도판
59	사질(砂質)	모래질
60	삭초(削草)	베기
61	상행선(上行線)/하행선(下行線)	○○방향
62	세륜시설(洗輪施設)	바퀴 세척 시설
63	스키드마크(skidmark)	타이어 밀린 자국
64	스터드(stud)	전단연결재
65	스토퍼(stopper)	이탈 방지 장치
66	스트레스(stress)	응력
67	스트링거(stringer)	세로보
68	스티프너(stiffener)	보강재
69	스페이서(spacer)	간격재
70	슬라이딩 공법(sliding method)	밀기 공법
71	슬립폼(slip form)	이어치기 거푸집
72	시건(施鍵)	잠금
73	시담(示談)	협의
74	시방서(示方書)	시공 기준서
75	실링재(sealing材)	채움재
76	심도(深度)	깊이
77	싱크홀(sinkhole)	땅 꺼짐
78	아웃트리거(outrigger)	지지대
79	안전벨트(安全belt)	안전띠
80	안전펜스(安全fence)	안전 울타리
81	앵커/앵커링(anchor)	정착
82	야장(野帳)	현장기록지
83	양생(養生)	굳히기
84	에코브릿지(eco bridge)/에코코리더(eco corridor)	생태통로
85	연장(延長)	길이
86	오수(汚水)	오염수
87	우각부(隅角部)	모서리부
88	우수(雨水)	빗물

번호	순화대상어	순화어
89	웨브(web)	복부
90	이형철근(異形鐵筋)	요철 철근
91	익년(翌年)	다음 해, 이듬해
92	인프라(infrastructure)	기반 시설
93	입상(粒狀)	골재 모양
94	저감(低減)	낮춤, 줄임
95	전복(顚覆)	뒤집힘
96	절토부(切土部)	흙 깎기부
97	접속구(接續口)	연결기
98	제형(梯形)	사다리꼴
99	주행차로(走行車路)	정속 차로
100	지오텍스타일(geotextile)	토목 섬유
101	차선도색(車線塗色)	차선 그리기
102	체크리스트(checklist)	점검표
103	추월(追越)	앞지르기
104	침설(沈設)	물속 설치
105	칩핑(chippin)	거칠게 하기, 다듬기
106	캔틸레버(cantilever)	내민보
107	커버(cover)	덮개
108	커트(cut)/커팅(cutting)	자르기
109	커플러(coupler)	연결기
110	콤팩터(compactor)	소형 다짐기
111	크랙(crack)	갈라짐, 균열
112	크러셔(crusher)	쇄석기
113	크로스빔(cross beam)	가로보
114	타설(打設)	치기
115	탈형(脫型)	거푸집 떼기
116	톨게이트(tollgate)	요금소
117	톨비(tollgate費)	통행료
118	파우더(powder)	가루
119	패칭(patching)	포장메꿈
120	페이스트(paste)	반죽, 풀

번호	순화대상어	순화어
121	펜스/휀스	울타리
122	편경사(偏傾斜)	횡단 기울기
123	폐색구간(閉塞區間)	닫힌 구간, 막힌 구간
124	포트 홀(pot hole)	도로 파임
125	폼(form)	거푸집
126	프로토타입(prototype)	시제품
127	프리캐스트(precast)	제작
128	하이드로식/하이드롤릭(hydraulic)	유압식
129	함바(飯場)	현장 식당
130	해사(海沙)	바닷모래

▶ 입말 투의 건설현장 일본어와 기존 순화용어를 제외하고 국민 의견수렴을 거친 용어와 건설 행정 및 현장 용어 141개 중 일부를 간추렸다.

한국주택금융공사

한국주택금융공사는 2024년 1월에 '어려운 주택금융용어, 이제는 쉬운 말로'라는 제목으로 보도자료를 배포하면서 순화어 8개를 발표하였다.

• 한국주택금융공사 주택금융용어 순화어 전체 목록(2024)

번호	순화대상어	순화어
1	차주(借主)	빌린 사람
2	저리(低利)	낮은 금리
3	대위변제금액(代位辨濟金額)	대신 갚은 금액
4	분할상환(分割償還)	나눠갚기
5	승계(承繼)(하다)	이어받기, 이어받다
6	구상권(求償權)	대신 갚고 받을 권리
7	위탁자(委託者)	맡긴 사람
8	수탁자(受託者)	맡은 사람

그 밖의 기관이나 연구자

- '아름다운 우리말 의학 전문용어 만들기' 간추린 목록(2013)

번호	순화대상어	순화어
1	갑상선	갑상샘
2	관통창	관통상처
3	골다공증	뼈엉성증
4	사창	총상
5	사후피임약	사후피임제
6	응급피임약	응급피임제
7	절창	베인상처
8	할창	찢힌상처

꼭 알아야 할 전문용어 표준화 목록

『국어기본법』제17조 제1항을 보면 "국가는 국민이 각 분야의 전문용어를 쉽고 편리하게 사용할 수 있도록 표준화하고 체계화하여 보급하여야 한다"라고 되어 있다. 아울러 제2항에는 이를 위하여 중앙행정기관에 '전문용어 표준화협의회'를 두도록 하였다. 따라서 전문용어란 금융용어, 농업용어, 도로용어, 법률용어처럼 특정 전문 분야에서 사용하는 용어를 가리키는 말이기도 하지만, 동시에 '전문용어표준화협의회'의 의결을 거쳐 표준화된 용어라고 할 수 있다. 2023년 2월 현재 국립국어원 '표준 전문용어' 게시판에 등록되어 있는 전문용어는 752개이다. 참고로 전문용어를 표준화하는 작업은 순화어와 성격이 좀 다르다. 물론 이해하기 어려운 전문용어를 이해하기 쉽게 바꾸는 것이 목적이므로 대부분 순화어로 볼 수 있지만, 순화어가 아닌 것들도 일부 포함되어 있다.

[그림] 국립국어원 누리집 초기 화면에서 다듬은 말로 들어간 화면

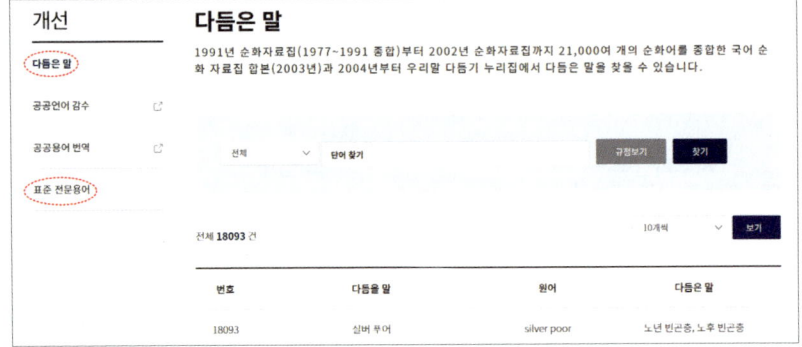

▶ 국립국어원 누리집 초기 화면에서 '다듬은 말'로 들어가면 행정용어 순화어와 표준 전문용어 목록을 확인할 수 있다.

▶ 정부조직법상 45개 부·처(위원회)·청 중 개인정보보호위원회, 고용노동부, 과학기술정보통신부, 국민권익위원회, 국방부, 금융위원회, 기획재정부, 농림축산식품부, 농촌진흥청, 문화체육관광부, 방송통신위원회, 법무부, 보건복지부, 산림청, 산업통상자원부, 소방청, 식품의약품안전처, 여성가족부, 외교부, 인사혁신처, 중소벤처기업부, 해양경찰청, 해양수산부, 행정안전부 등 24곳(53%)이 전문용어 표준화협의회 운영 규정을 두고 있다. 18부 중 교육부, 통일부, 국방부, 환경부, 고용노동부, 국토교통부 등 4곳이, 9처(위원회) 중 국가보훈처, 법제처, 공정거래위원회, 원자력안전위원회 등 4곳이, 18청 중 국세청, 관세청, 조달청, 통계청, 대검찰청, 병무청, 방위사업청, 경찰청, 문화재청, 특허청, 질병관리청, 기상청, 행정중심복합도시건설청, 새만금개발청 등 14곳이 운영 규정을 두지 않고 있다.

(1) 과학기술정보통신부

① 과학기술정보통신부 과학기술분야 표준화 전문용어 전체 목록(2022)

번호	표준화대상어	표준용어
1	CCS(Carbon Capture & Storage)	탄소포집저장
2	IP(Intellectual Property)	지식재산
3	ISS(International Space Station)	국제우주정거장
4	SI(Selectivity Index)	선택성지수
5	TEM(Ttransmission Electron Microscope)	투과성전자현미경
6	그레인(grain)	결정구조
7	데이터 사이언스(data science)	데이터과학
8	디지털 트랜스 포메이션(digital transformation)	디지털전환
9	스크리닝(screening)	선별검사
10	시드 볼트(seed vault)	종자보관소
11	트랜스미션(transmission)	변속기, 변속장치
12	프로톤(proton)	양성자
13	하울링(howling)	소리울림
14	회전블레이드(回轉blade)	회전날개
15	데이터 디바이드(data divide)	데이터격차

② 과학기술정보통신부 방송통신분야 표준화 전문용어 전체 목록(2022)

번호	표준화대상어	표준용어
1	AT(appropriate technology)	적정기술
2	DTG(digital tacho graph)	디지털운행기록계
3	NUI(natural user interface)	동작인식인터페이스, 엔유아이(NUI)
4	OTT(overthetop)	인터넷동영상서비스
5	PDA(personal digital assistant)	개인용정보단말기
6	PP(program provider)	방송채널사용사업자
7	ROS(remote operations service)	원격조작서비스

번호	표준화대상어	표준용어
8	SO(system operator)	종합유선방송사업자
9	URL(uniform resource locator)	인터넷주소
10	공격용 툴킷(Attack Toolkits)	공격도구모음
11	그린 IT(green IT)	녹색정보기술, 친환경정보기술
12	노치 필터(notch filter)	특정주파수차단기
13	드라이브 바이 다운로드 (drivebydownload)	잠입형 악성코드(설치)
14	디지털 멀티미디어 방송 (digital multimedia broadcasting)	디엠비, 디지털 멀티미디어 방송
15	디지털 셀프출판(digital selfpublishing)	전자책 자가출판
16	매니지드 서비스(managed service)	위탁관리서비스
17	멀티 플랫폼 게임(multiplatform game)	다중플랫폼게임
18	범용 가입자 식별 모듈(USIM)	가입자식별칩, 유심(USIM)
19	소모(SOMO)	모바일사무실
20	쇼퍼라마(shopperama)	드라마쇼핑
21	안티 사이트(anti site)	반대사이트
22	앱 스토어(app store)	앱장터
23	언택트(uncontact)	비대면
24	얼리 어답터(early adoptor)	앞선사용자
25	엔스크린(Nscreen)	스크린 이어보기
26	오디오 북(audio book)	소리책
27	웹마스터(webmaster)	누리지기
28	유비쿼터스(ubiquitous)	누루누리, 유비쿼터스
29	전자 바우처(electronic voucher)	전자이용권
30	좀비 PC(zombie PC)	좀비피시(PC)
31	지상파 DMB	지상파 디엠비
32	클라우드 컴퓨팅(cloud computing)	구름 컴퓨팅, 클라우드 컴퓨팅
33	클릭랩 라이선스(clickwrap licence)	화면계약
34	키 로거 공격(key loggr attack)	자판정보탈취
35	키보드 보안(keyboard security)	자판보안
36	킬러 앱(killer App)	돌풍앱
37	탈옥폰(jail breaking phone)	해제폰
38	템피스트(TEMPST)	누설전자파감지기술, 템페스트

번호	표준화대상어	표준용어
39	투명 플랙서블 디스플레이 (transparent flexible display)	투명 휘는 디스플레이
40	파워블로거(power blogger)	유명 블로거
41	플러그 앤 플레이(plug & play)	바로 사용, 플러그 앤 플레이
42	하이브리드(hybrid)	하이브리드, 혼합형
43	혼 스피커(horn loudspeaker)	나팔스피커

▶ 방송통신분야 전문용어 57개 용어 중 무선랜, 블루투스, 사운드카드, 스마트폰, 스파이웨어, 스팸, 위젯, 유에스비(USB), 전자파장해, 재난방송, 증강현실, 초고속디지털가입자회선, 초기화, 홈네트워크 등 14개는 순화대상어와 순화어의 형태가 같아서 목록에서 제외하였다.

(2) 국민권익위원회

• 국민권익위원회 부패방지분야 전문용어 전체 목록(2020, 2022)

번호	표준화대상어	표준용어
1	e-러닝센터(e-learning center)	누리배움터, 온라인배움터, 인터넷배움터
2	가사(假使)	가령, 설령
3	고성토(高成土)	높이쌓은흙, 흙높이쌓기
4	공사 기성률(工事 旣成率)	공사진척도, 공정률
5	그루빙(grooving)	미끄럼방지홈
6	낙전 수입(落錢收入)	미사용수입, 미사용부가수입
7	모바일ISP(mobile ISP)	모바일안전결제 서비스
8	사무장 병원(事務長病院)	비자격자개설병원
9	수상(受傷)	부상
10	슬레이트 지붕(slate)	석면판 지붕
11	웰빙 타운(wellbeingtown)	참살이마을
12	웹 하드(web hard)	웹저장소, 웹파일저장소

번호	표준화대상어	표준용어
13	이동신문고(移動申聞鼓)	달리는 국민신문고
14	지입차(持入車)	개인소유회사차
15	청렴 에듀게임(淸廉 edugame)	청렴 교육용 게임
16	청렴 클러스터(淸廉 cluster)	청렴협의체
17	키즈 카페(kids cafe)	어린이놀이방
18	프로토타입(prototype)	견본품, 시범안, 시제품, 시험제품
19	핑퐁민원(pingpong 民願)	떠넘기기민원
20	필증(畢證)	증명서, 확인증

(3) 국토교통부

① 국토교통부 철도분야 전문용어 전체 목록(2018)

번호	표준화대상어	표준용어
1	격간운행(隔間運行)	감축운행
2	공차(公差)	허용오차
3	량(輛)	칸
4	승계운전(承繼運轉)	교대운전
5	역행운전(力行運轉)	동력운전
6	열차 다이아(列車 diagram)	열차운행도표
7	열차시격(列車時隔)	배차간격
8	운전사령(運轉司令)	운행관제사
9	운전사령실(運轉司令室)	운행관제실
10	운행시격(運行時隔)	운행간격
11	주재소(駐在所)	관리소, 파견분소, 파견소
12	촉지도(觸指圖)	점자안내도
13	타행운전(惰行運轉)	무동력운전
14	퇴행운전(退行運轉)	후진운전
15	편성(編成)	대, 열차, 열차편성
16	핸드레일(handrail)	안전손잡이

② 국토교통부 도로분야 전문용어 간추린 목록(2021)

번호	표준화대상어	표준용어
1	공로(公路)	공공도로
2	기점(起點, 基點)	시작점, 기준점
3	나대지(裸垈地)	빈터
4	노견(路肩)	갓길
5	노폭(路幅)	도로폭
6	다이크(dike, dyke)	배수턱
7	도로 VMS(道路 VMS)	도로전광표지
8	도포(塗布)	바름
9	램프(ramp)	연결로
10	럼블스트립(umble strip)	노면요철포장
11	레커차(recker 車)	견인차
12	루베(ゅうべい)	세제곱미터
13	무빙 보틀넥 현상 (moving bottleneck現象)	병목현상
14	바리케이드(barricade)	차단울타리, 통행차단울타리
15	반생(ばんせん)	묶음철사
16	방현망(防眩網)	눈부심방지망
17	배면(背面)	뒷면
18	벌개제근(伐開除根)	수목제거
19	보틀넥 현상(bottleneck 現象)	병목현상
20	블랙아이스(black ice)	노면살얼음, 도로살얼음
21	블로업(blowup)	도로솟음
22	사인보드(sign board)	안전유도판
23	삭초(削草)	풀베기
24	상행선(上行線)	○○방향
25	스키드마크(skid mark)	밀린자국, 타이어밀린자국
26	시건(施鍵)	잠금
27	시담(示談)	협의
28	심도(深度)	깊이
29	싱크홀(sinkhole)	땅꺼짐
30	아웃트리거(outrigger)	내민지지대

번호	표준화대상어	표준용어
31	안전 펜스(安全 fence)	안전울타리
32	야장(野帳)	현장기록부
33	에코브리지(ecobridge)	생태통로
34	에코코리더(ecocorridor)	생태통로
35	연장(延長)	길이
36	인프라(infrastructure)	기반시설
37	제형(梯形)	사다리꼴
38	주행차로(走行車路)	정속차로
39	크랙(crack)	균열
40	크러셔(crusher)	쇄석기
41	톨게이트(tollgate)	요금소
42	톨비(tollgate費)	통행료
43	패칭(patching)	포장메꿈
44	포트 홀(pot hole)	도로파임
45	프리캐스트(precast)	구조물사전제작, 사전제작
46	하이드롤릭(hydraulic)	수압식, 유압식
47	하행선(下行線)	○○방향
48	함바(はんば)	현장식당
49	헤베(へいべい)	제곱미터
50	TG(tollgate)	요금소

▶ 도로분야 전문용어 58개 중 나라시(고르기), 노가다(현장근로, 현장근로자), 단도리(단속/채비), 데나오시, 데나우시(재시공), 마끼자(줄자), 바라시(해체, 해체작업), 뽀레카, 뿌레카(착암기), 사시낑(삽입철근), 시다(보조원), 시마이(끝), 아시바(작업발판), 오사마리(마무리) 등 12개 용어는 현장에서 일상적으로 사용하는 입말(구어)이므로 목록에서 제외하였다.

③ 국토교통부 철도분야 전문용어 전체 목록(2022)

번호	표준화대상어	표준용어
1	가공전차선(架空電車線)	공중전차선
2	가도교(架道橋)	도로횡단철도교
3	각정열차(各停列車)	각 역 정차열차
4	개찰(改札)	개표
5	개통대(開通待)	신호대기
6	갱문(坑門)	터널 출입구
7	경두레일(硬頭rail)	열처리 레일
8	고상홈(高床form)	높은 승강장
9	고장점 표정장치(故障點 標定裝置)	고장위치표시장치
10	공작차(工作車)	작업차
11	공중사상사고(公衆死傷事故)	일반인 사상사고
12	관통식 정차장(貫通式 停車場)	통과형정거장
13	광궤(廣軌)	넓은 레일간격
14	교측보도(橋測步道)	교량측면보도
15	구축한계(構築限界)	구축 여유공간
16	궤간(軌間)	레일간격
17	궤간게이지(軌間gauge)	레일간격 측정기
18	기대선(機待線)	대기선
19	기외정차(機外停車)	정거장 외 정차
20	단척레일(短尺rail)	짧은레일
21	답면(踏面)	바퀴접촉면
22	대물차(大物車)	특대화물차
23	두단식 정차장(頭端式 停車場)	종단형 정거장
24	레일갱환기(軌條更換機)	레일교환기
25	레일삭정(軌條削正)	레일 면다듬기
26	레일연삭차(軌條 硏削車)	레일연마차
27	레일진체(軌條振替)	레일바꿔놓기
28	멀티플 타이탬퍼(multiple tie tamper)	자갈다짐장비
29	물표(物標)	화물표
30	바라스트 레규레이터(ballast regulator)	자갈 정리장비
31	바라스트 콤팩트(ballast compactor)	자갈 표면다짐장비

번호	표준화대상어	표준용어
32	바라스트 크리너(ballast cleaner)	자갈 치기장비
33	바라스트 포크(ballast fork)	자갈 보충장비
34	발착선(發着線)	도착출발선
35	보선(保線)	선로유지보수
36	복 분기기(複 分岐器)	다중분기기
37	복선기(復線器)	탈선복구기
38	복진(匐進)	레일 밀림
39	비이터(beater)	자갈 다짐기
40	사구간(死區間)	절연구간
41	살화물(撒貨物)	산적화물
42	상용제동(常用制動)	일반제동
43	선로제표(線路諸標)	선로표지
44	섬락(閃絡)	불꽃방전
45	속행열차(續行列車)	후속열차
46	수시수선(隋時修繕)	수시보수
47	수취(受取)	화물받기
48	수탁(受託)	신청접수
49	스크린도어(platform screen door)	승강장 안전문
50	시굴(試掘)	시험굴착
51	시발역(始發驛)	출발역
52	신호모진(信號冒進)	신호위반
53	신호소(信號所)	신호취급소
54	신호현시(信號現示)	신호표시
55	씨비티씨(CBTC)	무선통신열차제어
56	씨티씨(CTC)	열차집중제어장치
57	아이씨디(ICD)	내륙컨테이너기지
58	애로구간(隘路區間)	병목구간
59	양로(楊路)	궤도 높이기
60	에이티씨(ATC)	열차자동제어장치
61	에이티에스(ATS)	열차자동정지장치
62	에이티오(ATO)	열차자동운전장치
63	에이티피(ATP)	열차자동방호장치

번호	표준화대상어	표준용어
64	역 조작반(驛 操作盤)	역 제어판
65	연결열차(連結列車)	환승 열차
66	연선전화기(沿線電話機)	선로변 전화기
67	열차상간(列車相間)	열차 사이 간격
68	운전선도(運轉線圖)	열차 운행 도표
69	운전휴지(運轉休止)	운행 중지
70	유전(遊轉)	엔진 공회전
71	이선운전(異方向運轉)	다른 선로 진입
72	익벽(翼壁)	날개벽
73	장물차(長物車)	평판차
74	저상홈(低床form)	낮은 승강장
75	적차중량(積車重量)	적재무게
76	적치장(積置場)	야적장
77	전식(電蝕)	전기부식
78	전차대(轉車臺)	방향 전환대
79	정기수선(定期修善)	정기보수
80	조발(早發)	빠른 출발
81	차장률(車長率)	차길이율
82	차중률(車重率)	차무게율
83	추진운전(推進運轉)	밀기운전
84	침목갱환(枕木更換)	침목교환
85	콩코스(concourse)	여객합류공간
86	탈선(脫線)	궤도이탈
87	텅레일(tongue rail)	방향전환레일
88	팬터그래프(pantograph)	차량 집전장치
89	포용량(包容量)	유치용량
90	표준궤(標準軌)	표준레일간격
91	하로(下路)	궤도 낮추기
92	해방장치(解放裝置)	분리장치
93	협궤(狹軌)	좁은 레일간격
94	홈대합실(home 待合室)	승강장 대기실
95	홈지붕(—屋蓋)	승강장 지붕

번호	표준화대상어	표준용어
96	활주방지장치(滑走防止裝置)	미끄럼방지장치

(4) 농림축산식품부

• 농림축산식품부 농림축산식품분야 전문용어 전체 목록(2021, 2022)

번호	표준화대상어	표준용어
1	가식(假植)	임시심기
2	가식부(可食部)	먹는 부위
3	계육(鷄肉)	닭고기
4	급이(給餌)	먹이주기
5	난각(卵殼)	알껍데기
6	난백(卵白)	흰자
7	난좌(卵座)	알자리, 알모양용기
8	난황(卵黃)	노른자
9	도복(倒伏)	쓰러짐
10	도압장(屠鴨場)	오리도축장
11	만생종(晩生種)	늦성숙품종
12	모돈(母豚)	어미돼지
13	묘포장(苗圃場)	모밭, 묘목밭, 묘목재배지
14	사료빈(飼料bin)	사료저장통
15	사일로(silo)	사료·곡물 저장탑
16	산물벼(産物벼)	미건조벼
17	생력화(省力化)	노동력절감, 노동력줄이기
18	성엽(成葉)	다자란잎
19	수도(水稻)	논벼
20	수량성(收量性)	생산성
21	수발아(穗發芽)	이삭싹나기
22	양축농가(養畜農家)	축산농가
23	엽병(葉柄)	잎자루
24	예냉(豫冷)	예비냉장

번호	표준화대상어	표준용어
25	웅돈(雄豚)	수퇘지
26	유엽(幼葉)	어린잎
27	일소피해(日燒被害)	햇볕뎀피해
28	입제(粒劑)	알갱이농약
29	작형(作形)	재배형
30	재식(栽植)	심기
31	적과(摘果)	열매솎기
32	적화(摘花)	꽃솎기
33	전정(剪定)	가지치기
34	정식(定植)	아주심기
35	정지(整地)	땅고르기
36	조생종(早生種)	이른성숙품종
37	중생종(中生種)	중간성숙품종
38	직립형(直立形)	곧게선형태
39	착과(着果)	열매달림, 열매맺기
40	초세(草勢)	풀자람새
41	추파(秋播)	가을씨뿌림, 가을씨뿌리기, 가을파종
42	춘파(春播)	봄씨뿌림, 봄씨뿌리기, 봄파종
43	출수(出穗)	이삭나옴
44	피해립(被害粒)	손상알곡
45	후보돈(候補豚)	예비어미돼지, 초산준비돼지

(5) 문화체육관광부

• 문화체육관광부 행정분야 전문용어 전체 목록(2013)

번호	표준화대상어	표준용어
1	DIY(do it yourself)	손수 제작, 손수 짜기, 직접 만들기
2	DM(direct mail)	우편 광고, 우편 광고물
3	OA(office automation)	사무자동화
4	OS(operating system)	운영체계, 운영체제

번호	표준화대상어	표준용어
5	R&D(research and development)	연구 개발
6	RFID(Radio Frequency Identification)	전파 식별
7	SOC(social overhead capital)	사회 기반 시설, 사회 간접 자본
8	UCC(User Created Contents)	손수 저작물, 손수 제작물
9	VOD(video on demand)	다시보기/주문형 비디오
10	가건물(假建物)	임시 건물
11	가건축(假建築)	임시 건축
12	가검물(可檢物)	검사물
13	가결의(假決議)	임시 결의
14	가계약(假契約)	임시 계약
15	가계정(假計定)	임시 계정
16	가도(假道)	임시 도로
17	가사용(假使用)	임시 사용
18	가설무대(假設舞臺)	임시 무대
19	가이드(guide)	길잡이, 안내서, 지침서
20	가이드라인(guideline)	방침, 지침
21	가이드북(guidebook)	길잡이, 안내서, 지침서
22	간선도로(幹線道路)	주요 도로, 중심 도로
23	개찰구(改札口)	표 내는 곳
24	개토(開土)	땅파기
25	거래선(去來先)	거래처
26	게이트(gate)	의혹사건
27	계리(計理)	회계 처리
28	고수부지(高水敷地)	둔치
29	고저(高低)	높낮이
30	과당 경쟁(過當競爭)	지나친 경쟁
31	관유물(官有物)	공공기관 물건
32	교면포장(橋面鋪裝)	다리 포장
33	구배(勾配)	기울기/물매, 비탈, 오르막
34	구휼(救恤)	구제, 구호
35	국지(局地)	일부 지역
36	굴토(掘土)	땅파기

번호	표준화대상어	표준용어
37	그린벨트(greenbelt)	개발제한구역
38	그린웨이(green way)	녹색길
39	그린카(green car)	친환경차
40	글로벌 스탠더드(global standard)	국제 기준
41	금일(今日)	오늘
42	난굴(亂掘)	마구 파냄
43	내역서(內譯書)	명세서
44	내비게이션(navigation)	길도우미, 길안내기
45	네트워크(network)	관계망, 연결망, 연계망
46	네트워킹(networking)	관계망, 연결망, 연계망
47	네티즌(netizen)	누리꾼
48	노미네이트(nominate)	후보 지명
49	노하우(knowhow)	기술, 비결, 방법, 비법
50	노후시설(老朽施設)	낡은 시설
51	뉴스레터(newsletter)	소식지
52	닉네임(nickname)	별명
53	다운사이징(downsizing)	감축, 축소, 줄이기
54	단차(段差)	높낮이 차이
55	답보(踏步)	제자리(걸음)
56	당년(當年)	그해, 올해
57	당월(當月)	그달, 이달
58	당일(當日)	그날, 오늘
59	대사(對査)	대조 확인
60	대조 공부(對照公簿)	장부 대조, 장부 확인
61	대합실(待合室)	기다리는 곳, 맞이방
62	더치페이(dutch pay)	각자내기
63	도장 공사(塗裝工事)	도색 공사, 칠 공사
64	독거노인(獨居老人)	홀로노인, 홀로 사는 노인, 홀몸노인
65	동법(同法)	같은 법/같은 방법, 같은 수법
66	동절기(冬節期)	겨울철
67	드레싱(dressing)	맛깔장/상처 치료, 상처 치료약
68	디브레인(digital brain)	디지털 예산 회계 시스템

번호	표준화대상어	표준용어
69	디지털포렌식(digital forensics)	전자법의학(수사)
70	라이브러리(library)	도서관/자료관
71	라이선스(license)	면허, 면허장, 사용권, 허가, 허가장
72	랜드마크(landmark)	마루지, 상징물
73	로드맵(road map)	(단계별) 이행안
74	로드킬(road kill)	동물 교통사고, 동물 찻길 사고
75	루머(rumor)	뜬소문, 소문, 풍문
76	루미나리아(luminaria)	불빛잔치, 불빛축제/불빛조명시설
77	루미나리에(luminaria)	불빛잔치, 불빛축제/불빛조명시설
78	룸메이트(roommate)	방짝, 방친구
79	리더십(leadership)	지도력
80	리메이크(remake)	(원작) 재구성
81	리빙룸(living room)	거실
82	리콜(recall)	결함 보상, 결함 보상제
83	리폼(reform)	개량, 수선
84	마블링(marbling)	결지방
85	마이너스(minus)	적자, 손해/음극/음성/빼기, 빼기 부호
86	마켓(market)	시장
87	마크맨(mark man)	전담 요원
88	매너리즘(mannerism)	타성
89	매뉴얼(manual)	설명서, 안내서, 지침
90	매점매석(買占賣惜)	사재기
91	매치업(matchup)	맞대결, 일 대 일
92	매칭그랜트(matching grant)	대응 기부, 동반 기부
93	매칭펀드(matching fund)	대응 투자금, 동반 투자금
94	매표소(賣票所)	표 사는 곳, 표 파는 곳
95	맹지(盲地)	도로 없는 땅
96	머스트해브(musthave)	필수품
97	메디컬 비자(medical visa)	의료 비자, 의료 사증
98	메디컬 콜센터(medical call center)	전화 의료 상담실
99	메신저(messenger)	쪽지창
100	메카(mecca)	중심, 중심지

번호	표준화대상어	표준용어
101	멜로디(melody)	가락
102	명일(明日)	내일
103	모바일(mobile)	이동(식)/이동통신
104	모티켓(motiquette)	통신 예절
105	모티브(motive)	동기
106	모티프(motive)	동기
107	몽리 면적(蒙利面積)	수혜 면적, 수혜 넓이, 수혜 지역
108	무빙워크(moving walk)	자동길
109	미션(mission)	임무, 중요 임무
110	바비큐(barbecue)	(통)구이
111	바우처(voucher)	상품권, 이용권
112	바인더(binder)	보관철
113	방침을 득하여(方針을 得하다)	방침을 받아, 방침을 얻어
114	배너(banner)	띠 광고, 막대 광고, 현수막 (광고)
115	버블(bubble)	거품 (현상)
116	버전(version)	판
117	버튼(button)	단추
118	베이비 카시트(baby car seat)	아이안전의자
119	보드마커(board marker)	칠판펜
120	보디라인(body line)	몸매, 체형
121	보이스피싱(voice phishing)	사기 전화
122	보텀업(bottom-up)	상향식
123	복토(覆土)	흙덮기
124	불비한(不備)	갖추어지지 않은
125	불요불급한(不要不急)	필요하지도 급하지도 않은
126	불철주야(不撤晝夜)	밤낮없이
127	불출(拂出)	내줌
128	뷰파인더(view finder)	보기창
129	브로마이드(bromide)	벽붙이사진
130	브로슈어(brochure)	소책자, 안내서
131	블록(block)	구역
132	비전(vision)	이상, 전망

번호	표준화대상어	표준용어
133	비즈니스 네트워킹 허브(business networking hub)	사업 연계 중심, 업무 연계 중심
134	비즈니스 데스크(business desk)	사업부서, 사업부서장
135	사토(沙土/砂土)	모래흙
136	상기(上記)	위(의)
137	상기한 바와 같이(上記)	위와 같이
138	상당액(相當額)	많은 금액, 해당액
139	상존(尙存/常存)	늘 있음
140	샐러리맨(salaryman)	급여생활자, 봉급생활자
141	샘플링(sampling)	표본추출, 표본(화)
142	생계비(生計費)	생활비
143	석식(夕食)	저녁(밥, 식사)
144	선루프(sunroof)	지붕창
145	세계잉여금(歲計剩餘金)	결산 잔액
146	세트 피스(set piece)	맞춤전술
147	세일(sale)	할인판매
148	센서스(census)	(총)조사
149	소맥피(小麥皮)	밀기울
150	소셜 네트워크 서비스(social network service)	누리소통망(서비스)
151	소요(所要)	필요
152	소정 양식(所定樣式)	규정 서식, 정해진 양식(형식, 서식)
153	수범 사례(垂範事例)	모범 사례, 잘된 사례
154	수취인(受取人)	받는이, 받는사람
155	스마트워크(smart work)	원격 근무
156	스카이라운지(sky lounge)	전망쉼터, 하늘쉼터
157	스캔들(scandal)	뒷소문, 추문
158	스케줄(schedule)	계획표, 일정
159	스크린(screen)	화면/영화
160	스크린도어(screen door)	안전문
161	스타일리스트(stylist)	맵시가꿈이
162	스타팅멤버(starting member)	앞장 선수, 선발 선수

번호	표준화대상어	표준용어
163	스터디그룹(study group)	공부 모둠, 공부 모임
164	스토리(story)	이야기
165	스토리보드(story board)	이야기판, 줄거리판
166	스폰서(sponsor)	후원자/광고 의뢰자, 광고주
167	스폿광고(spot廣告)	토막 광고
168	승강장(乘降場)	타는 곳
169	시너지(synergy)	(동반) 상승
170	시운전(試運轉)	시험 운전
171	신분증 패용(身分證 佩用)	신분증 달기
172	실링(ceiling)	상한, 최고 한도, 최고 한도액, 한도액
173	실버시터(silver sitter)	경로도우미/어르신도우미
174	심벌마크(symbol mark)	상징표, 상징표시, 상징표지
175	아우라(Aura)	기품
176	아웃소싱(outsourcing)	외부 용역, 외주, 위탁
177	아이콘(icon)	상징, 상징물/그림 단추
178	아카이브(archive)	기록 보관, 자료 보관소, 자료 저장소/자료 전산화
179	아킬레스건(Achilles 腱)	치명적 약점
180	아티스트(artist)	예술가
181	아트 페스티벌(art festival)	예술 축전, 예술 축제
182	어시스트(assist)	도움
183	에스오에스(SOS)	구조 요청, 조난 신호
184	에스컬레이터(escalator)	자동계단
185	에어라이트(air light)	기둥풍선 입간판, 풍선 광고, 풍선 입간판, 풍선형 입간판
186	엔딩 크레딧(ending credit)	끝자막, 맺음자막
187	연와조(煉瓦造)	벽돌 구조
188	엽연초(葉煙草)	잎담배
189	영조물(營造物)	건축물, 공공시설물, 시설물
190	오일볼(oil ball)	기름 뭉치
191	오일쇼크(oil shock)	석유 파동
192	오토프로그램(auto program)	자동 프로그램

번호	표준화대상어	표준용어
193	오프너(opener)	병따개
194	올인(all in)	다걸기, 집중
195	옵션(option)	선택, 선택 사항
196	워밍업(warming up)	준비 운동, 준비
197	웨딩플래너(wedding planner)	결혼설계사
198	웹서핑(web surfing)	누리 검색, 웹 검색, 인터넷 검색
199	유관 기관(有關機關)	관계 기관, 관련 기관
200	유어행위(遊漁行爲)	낚시
201	유어행위 금지(遊漁行爲禁止)	낚시 금지
202	유인물(油印物)	인쇄물
203	유저(user)	사용자
204	육묘(育苗)	모기르기
205	육우(肉牛)	고기소
206	이모티콘(emoticon)	그림말
207	이벤트(event)	기획 행사, 행사
208	이슈(issue)	논쟁거리, 논점, 쟁점
209	이호조(electronic 戶曹)	지방재정관리시스템
210	인스턴트식품(instant 食品)	즉석 먹거리, 즉석 먹을거리, 즉석식품
211	인우(隣友)	이웃, 지인
212	인터랙티브(interactive)	대화형, 쌍방향, 양방향
213	인테리어(interior)	실내 장식
214	일괄하여(一括)	몰아서, 한꺼번에
215	일시 차입금(一時借入金)	잠시 빌린 돈
216	일실치 않도록(逸失)	놓치지 않도록, 잃지 않도록
217	일용잡급(日傭雜給)	일용직
218	일할 계산(日割計算)	날수 계산, 날짜 계산
219	잔임 기간(殘任期間)	남은 임기
220	잔존 기간(殘存期間)	남은 기간
221	잡 네트워킹(Job Networking)	일 연계망 (형성), 일자리 연계망 (형성)
222	저널리즘(journalism)	언론
223	저류조(貯溜槽)	물저장시설
224	전수(全數)	모두, 전체

번호	표준화대상어	표준용어
225	절사(切捨)	끊어 버림, 잘라 버림
226	접속 도로(接續道路)	연결 도로
227	정수 처분(停水處分)	급수 정지 처분
228	제 규정(諸規定)	각종 규정, 모든 규정, 여러 규정
229	제 수당(諸手當)	각종 규정, 모든 규정, 여러 규정
230	제로베이스(zerobased)	백지상태, 원점
231	제반 요인(諸般要因)	모든 요인, 여러 요인
232	제연경계벽(除燃境界壁)	연기 차단벽
233	제척(除斥)	뺌, 제외
234	조류 인플루엔자(鳥類 influenza)	조류 독감
235	조식(早食)	아침(밥, 식사)
236	중식(中食)	점심(밥, 식사)
237	집수정(集水井)	물 저장고
238	집진 시설(集塵施設)	먼지 제거 시설, 먼지 제거 장치
239	집하(集荷)	모음
240	징구(徵求)	걷기, 거두기, 청구
241	차면 시설(遮面施設)	가리개, 가림 시설
242	차폐(遮蔽)	가림
243	찬스(chance)	기회
244	채널(channel)	경로, 통로
245	천공(穿孔)	구멍 뚫기
246	첨부 서류(添附書類)	붙임 서류
247	체인(chain)	가맹점
248	체크리스트(check list)	점검표
249	출감(出監)	출소
250	카운트다운(countdown)	초읽기
251	캐스팅보트(castingvote)	결정권, 결정표
252	캠프파이어(campfire)	모닥불놀이
253	커플룩(couple look)	짝꿍차림
254	컨디션(condition)	상태, 조건
255	케이스(case)	경우/상자
256	코드(code)	부호/성향

번호	표준화대상어	표준용어
257	코르사주(corsage)	맵시꽃
258	코칭 과학(coaching 科學)	지도 과학
259	콘셉트(concept)	개념
260	쿠폰(coupon)	교환권, 이용권, 할인권
261	타운하우스(town house)	공동전원주택
262	타이틀곡(title 曲)	주제곡
263	타임 서비스(time service)	반짝할인
264	타임캡슐(time capsule)	기억상자
265	태스크포스팀(task force team)	전담 조직, 특별 전담 조직, 특별팀
266	턴키 발주(turnkey 發注)	일괄 발주, 일괄 주문
267	테스터(tester)	체험평가자
268	테이블클로스(tablecloth)	식탁보
269	템플릿(template)	서식
270	토털(total)	총, 총계, 합, 합계
271	톱다운(topdown)	하향식
272	통로암거(通路暗渠)	지하 통로
273	투어(tour)	여행, 관광
274	트랜스 지방(trans 脂肪)	변이지방
275	트레일(trail)	탐방로
276	팁(tip)	도움말, 봉사료
277	파일(file)	서류묶음, 서류철
278	파일럿 프로그램(pilot program)	맛보기 프로그램, 시험 프로그램
279	파트(part)	부분, 일부
280	파트너(partner)	동반자/상대, 상대방
281	팝업창(pop-up 窓)	알림창
282	패딩(padding)	누비옷
283	패셔니스타(fashionista)	맵시꾼
284	패키지 디자인(package design)	꾸러미 디자인, 묶음 디자인
285	패키지 상품(Package 商品)	기획상품, 꾸러미 상품
286	팸투어(Familiarization Tour)	사전 답사 여행, 초청 홍보 여행, 홍보 여행
287	퍼블리시티권(publicity 權)	인격표지권

번호	표준화대상어	표준용어
288	펀드(fund)	기금, 자금
289	페스티벌(festival)	축전, 축제
290	펜네임(pen name)	필명
291	포맷(format)	서식, 양식, 형식
292	포스트잇(postit)	붙임쪽지
293	포토존(photo zone)	사진 촬영 구역, 촬영 구역, 사진 찍는 곳
294	프라임 시간대(prime 時間帶)	주시청시간대, 황금 시간대
295	프레콘서트(preconcert)	사전 공연, 사전 연주회
296	프로슈머(prosumer)	참여형 소비자
297	프로필(profile)	약력, 인물 소개
298	플라모델(plamodel)	조립 모형, 조립장난감
299	플리 바기닝(plea bargaining)	자백감형제, 자백감형제도
300	PL상품(private label 商品)	자체 기획 상품
301	피켓(picket)	팻말, 손팻말
302	피크 기간(peak 期間)	절정 기간, 집중 기간
303	하이파이브(high five)	손뼉맞장구
304	하절기(夏節期)	여름철
305	하중(荷重)	(짐)무게
306	해태(懈怠)하다	게을리하다, 제때 하지 않다
307	핸드폰(hand phone)	손전화, 휴대전화
308	호안(護岸)	기슭 보호, 둑 보호
309	호우(豪雨)	큰비
310	홈스테이(homestay)	가정집묵기, 가정 체험
311	홈헬퍼(home helper)	가사도우미, 가정도우미
312	확폭(擴幅)	폭 넓히기
313	환가(換價)	가치 환산, 값어치, 환산 가액, 환산 값어치
314	횡풍 주의(橫風主義)	옆바람 주의
315	휴대폰(携帶 phone)	휴대전화, 손전화
316	휴테크(休tech)	여가 활용 기술, 여가 활용 방법

(6) 보건복지부

• 보건복지부 보건복지분야 전문용어 전체 목록(2022)

번호	표준화대상어	표준용어
1	CT(Computed Tomography)	컴퓨터단층촬영
2	MRI(Magnetic Resonance Imaging)	자기공명영상
3	경구투여약(經口投與藥)	먹는 약
4	객담(喀痰)	가래
5	모바일 헬스케어(mobile healthcare)	원격건강관리
6	수검자(受檢者)/수진자(受診者)	검사받는 사람/진료받는 사람
7	예후(豫後)	경과
8	요보호아동(要保護兒童)	보호가 필요한 아동
9	자동제세동기(自動除細動器)	자동심장충격기
10	홈닥터(home doctor)	가정 주치의

▶ 최종 심의 단계에서 '케어 코디네이터(돌봄관리자)'와 '제네릭(복제약)'이 제외되었다. 참고로 '복제약'은 '제네릭'에 비해 이해하기 쉬운 용어지만 다국적제약기업이 만들어낸 부정적인 의미를 담고 있어 관련 협회 등에서는 '특허만료약(특허만료의약품)'이라는 대체어를 사용하고 있다.

(7) 산업통상자원부

① 산업통상자원부 전력분야 전문용어 전체 목록(2015, 2021)

번호	표준화대상어	표준용어
1	3권선 계기용 변압기(3捲線計器用變壓器)	3권선전압변성기
2	A-FRTU(Advanced intelligent Feeder Remote Terminal Unit)	양방향제어단말장치
3	AMI(Advanced Metering Infrastructure)	지능형전력계량시스템

번호	표준화대상어	표준용어
4	AMR(Automatic Meter Reading)	원격검침
5	BMS(Battery Management System)	배터리관리시스템, 배터리관리장치
6	CIMS(CO2 Inventory Management System)	탄소배출량관리시스템
7	CT(Current Transformer)	전류변성기
8	DLC(Direct Load Control)	직접부하제어
9	DR(Demand Response)	수요반응
10	D-RTU(Distributed Generation Remote Terminal Unit)	분산전원자동화단말장치
11	DSO(Distribution System Operator)	배전계통운영사업자
12	DTS(Dispersion Temperature System)	케이블온도측정시스템
13	ECT(Electronic Current Transformer)	전자식전류변성기
14	EMS(Energy Management System)	에너지관리시스템, 에너지관리장치
15	ESS(Energy Storage System)	에너지저장장치
16	EV(Electric Vehicle)	전기(자동)차
17	EVT(Electronic Volt Transformer)	전자식전압변성기
18	EZCT(Electronic Zero Current Transformer)	전자식영상전류변성기
19	GIS(Geographic Information System)	지리정보시스템, 지리정보체계
20	GOOSE(Generic Object Oriented Substation Event)	전력기기간신호
21	HAN(Home Area Network)	가정통신망
22	HAS(Home Service Aggregator)	가정용서비스사업자
23	HEMS(Home Energy Management System)	가정에너지관리시스템
24	HVDC(High Voltage Direct Current) 케이블	고압직류송전케이블
25	I-FRTU(Intelligent-Feeder Remote Terminal Unit)	지능형제어단말장치
26	IHD(In-Home Display)	가정용디스플레이
27	I-PIC(Intelligent Power Information Concentrator)	지능형전력정보집중장치
28	I-PIS(Intelligent-Power Information System)	지능형전력정보분석시스템

번호	표준화대상어	표준용어
29	LBS(Location Based Service)	위치기반서비스
30	LE(Load Estimation)	구간부하예측
31	LU(Local Unit)	현장센서단말장치
32	MCU(Main Control Unit)	주제어장치
33	MMS(Maintenance Management System)	유지보수관리시스템
34	MOF(Metering Outfit)	전압전류변성기
35	MSP(Meter Service Provider)	계량서비스제공사업자
36	OF 케이블(Oil Filled cable)	절연유충전케이블
37	OF 케이블 부속설비(Oil Filled Cable 附屬設備)	절연유충전케이블부속설비
38	OLTC(On Load Tap Changer)	부하시전압조정기
39	PCS(Power Conditioning System)	전력조절장치
40	PLC(Power Line Communication)	전력선통신
41	PNA(Power Network Analysis)	전력계통분석시스템
42	PPA(Power Purchase Agreement)	전력구입계약
43	PT(Potential Transformer)	전압변성기
44	SDMS(Smart Distrbution Management System)	스마트배전시스템
45	XLPE 케이블(Cross Linked Polyethylene Cable)	가교폴리에틸렌케이블
46	XLPE 케이블 부속설비(Cross Linked Polyethylene Cable 附屬設備)	가교폴리에틸렌 케이블부속설비
47	ZCT(Zero Current Transfomer)	영상전류변성기
48	ZEB(Zero Energy Building)	에너지자립건물
49	가공배전방식(架空配電方式)	공중배전방식
50	가공지선(架空地線)	피뢰선
51	가선(架線)하다	전선설치, 통신선설치, 전선(을) 설치하다, 통신선(을)설치하다
52	가섭선(架涉線)	공중선
53	가스기밀시험(gas 氣密試驗)	가스누설시험
54	감발(減發)	(발전기) 출력감소
55	강송(强送), 강행송전(强行送電)	수동송전
56	개거(開渠)	개방수로

번호	표준화대상어	표준용어
57	개로(開路)	열린회로
58	개폐속도(開閉速度)	차단기동작속도
59	갤러핑(galloping)	출렁임
60	거치(据置)	설치
61	건전구간(健全區間)	정상구간
62	건주(建柱)하다	(전주를) 세우다
63	경간(徑間)	지지물간거리
64	경완철(輕腕鐵)	ㅁ자형어깨쇠
65	계통병입(系統竝入/系統倂入)	(발전기) 계통연결
66	계통병해(系統竝解)	(발전기) 계통분리
67	곡률반경(曲律半徑)	곡선반지름
68	공가(共架)	(전선, 통신선) 공용설치
69	공칭전압(公稱電壓)	표준전압
70	광분포 온도측정 시스템 (光分布溫度測定 system)	케이블온도측정시스템
71	구배(勾配/句配)	기울기
72	균압환(均壓環)	균일전압고리
73	그리드 패리티(grid parity)	에너지가격균형점
74	근가(根枷)	전주버팀대
75	근입(根入)	밑동묻기
76	금구류(金具類)	금속부속품
77	긍장(亘長)	선로길이
78	긴선(緊線)하다	전선당기기, 전선(을)당기다
79	난조(亂調)	동기운전불안정
80	내용년수(耐用年數)	사용연한
81	내장(耐張)하다	장력을견딤, 장력을 견디다
82	단대단 암호화(端對端暗號化)	끝대끝암호화
83	단자선(端子線)	연결선
84	도괴(倒壞)하다	(철탑) 넘어짐, 넘어지다
85	말구(末口)	위끝
86	메거(megger)	절연저항계
87	밧데리(battery)	배터리, 축전지

번호	표준화대상어	표준용어
88	방전종지전압(放電終止電壓)	방전중지전압
89	방화구획재(防火區劃材)	화재확산방지재
90	변대주(變臺柱)	변압기전주
91	병가(竝架)	전선 병행설치
92	보충전(補充電)	보충충전
93	부스(bus)	모선
94	분류 효과(分流效果)	곁보기효과
95	블랙아웃(blackout)	대정전
96	블레이드(blade)	(풍력 발전기) 날개
97	비보정계수(比補正係數)	전류비보정계수
98	비오차(比誤差)	전류비오차
99	비회(飛灰)	날림재
100	상간 스페이서(相間 spacer)	전선간격유지부속품
101	설페이션(sulphation)	황산화
102	섬락(閃絡)	불꽃방전
103	소내소비전력(所內消費電力)	발전소비전력
104	소손(燒損)되다	(타서) 손상(됨), 손상되다
105	소호 매질(消弧媒質)	아크제거물질
106	쇄정(鎖錠)	잠금
107	수밀형(水密形)	수분침투방지형
108	수소스테이션(水素 station)	수소충전소
109	수트리(水Tree)	수분침투균열
110	수평종하중(水平縱荷重)	수평세로하중
111	수평횡하중(水平橫荷重)	수평가로하중
112	순동예비력(瞬動豫備力)	자동발전예비력
113	스네이크포설(snake 鋪設)	에스형깔기
114	스마트미터(smart meter)	스마트계량기
115	스마트소켓(smart socket)	스마트콘센트
116	승주(昇柱)하다	(전주에) 오르다
117	실장(實長)	(전선) 실제길이
118	실효계기(失效計器)	검정만료전력량계
119	아크시간(arc 時間)	아크지속시간

번호	표준화대상어	표준용어
120	어큐뮬레이터(accumulator)	축압기
121	역섬락(逆閃絡)	역방향불꽃방전
122	연가(撚架)	전선위치바꿈
123	연도(煙道)	연소가스통로
124	연돌(煙突)	굴뚝
125	연선(延線)하다	전선펴기, 전선(을) 펴다
126	연입률(撚入率)	전선꼬임률
127	연장(延長)	(선로) 전선총길이
128	연접(連接)	이웃연결
129	열유건조(熱油乾燥)	절연유고온건조
130	오계량(誤計量)	계량오류
131	오차 계급(誤差階級)	정확도등급
132	완철(腕鐵)	어깨쇠
133	원형 Type 일체형 지상기기(圓形 type 一體形地上器機)	원통일체형지상기기
134	응동(應動)	동작
135	이도(弛度)	처짐 (정도)
136	인가(印加)하다	(전압을) 걸다
137	인류(引留)	(한쪽 끝에서) 잡아당김
138	인홈디스플레이(InHome Display)	가정용디스플레이
139	일액형 접착제(一液形接着劑)	단일액상접착제
140	입도(粒度)	입자크기
141	입상주(入上柱)	(케이블) 연결전주
142	자동 재폐로 차단기(自動再閉路遮斷器)	자동재연결차단기
143	잠동(潛動)	무부하계량
144	장간애자(長幹礙子)	긴애자
145	장방형(長方形)	직사각형
146	재폐로(再閉路)	재연결
147	저회(底灰)	깔림재
148	전기방식(電氣防蝕)	전기부식방지
149	전력 조류(潮流)	전력흐름

번호	표준화대상어	표준용어
150	전선도약(電線跳躍)	전선튐김
151	전원믹스(電源 Mix)	전원구성
152	전위보호기기(前衛保護器機)	부하측보호기기
153	절손(切損)되다	(끊어져) 손상(됨), 손상되다
154	절연유 내압시험(絶緣油耐壓試驗)	절연유내전압시험
155	절전규제(節電規制)	전기사용규제
156	절체(切替)	전환
157	조립식 반할관(組立式半割管)	곡선형케이블보호관
158	조상설비(調相設備)	무효전력 보상장치
159	종단측량(縱斷測量)	세로측량
160	종탄성계수(縱彈性係數)	세로탄성계수
161	증발(增發)	(발전기) 출력증가
162	지상(遲相)	뒤진위상
163	지상고(地上高)	(전선) 높이
164	지선(支線)	지지선
165	지선주(支線柱)	지지선전주
166	지주(支柱)	버팀전주
167	지중저압 입상관(地中低壓立上管)	지중저압오름관
168	직결(直結)	직접연결
169	직매식 관로(直埋式管路)	직접매설관로
170	직매식포설(直埋式鋪設)	직접매설
171	진상(進相)	앞선위상
172	첨가(添架)	전선 첨가설치
173	첨두부하(尖頭負荷)	최대부하
174	초충전(初充電)	초기충전
175	취부(取付)하다	부착하다
176	측압(側壓)	측면압력
177	케이블 입상관(cable 立上管)	케이블오름관
178	킹크(kink)	비틀림
179	타설(打設)하다	(콘크리트 등을) 치다, 치기
180	탄소인벤토리시스템(炭素inventory system)	탄소배출량관리시스템

번호	표준화대상어	표준용어
181	탈조(脫調)	동기운전이탈
182	탈조차단(脫調遮斷)	동기운전이탈차단
183	트립(trip)	차단기자동개방
184	트립프리(trip free)	차단기자동개방우선, 차단우선
185	파형관(波形管)	주름관
186	폐로(閉路)	닫힌회로
187	포설(鋪設)하다	깔다, 깔기
188	풍도(風道)	공기통로
189	피더(feeder)	배전회선
190	한류(限流)	전류제한
191	한류소자(限流素子)	전류제한소자
192	홈형강홈	ㄷ자형강
193	횡진(橫振)	(전선) 흔들림
194	후비보호기기(後備保護器機)	전원측보호기기

▶ '부스'의 규범 표기는 '버스'이다. '내용년수'는 '내용 연수', '밧데리'는 '배터리'가 규범 표기이다.

▶ '덕트'와 '부하배분'의 표준용어는 그대로 '덕트'와 '부하배분'으로 하였다.

② 산업통상자원부 가스분야 전문용어 전체 목록(2019)

번호	표준화대상어	표준용어
1	가스 크로마토그래피 (gas chromatography)	가스분석기
2	가우징(gouging)	홈파기 작업
3	노멀 루베(normal cubic meter)	표준 세제곱미터
4	드라이아웃(dryout)	건조
5	디피에스(DPS)	방제장치
6	런아웃(runout)	(중심축) 이탈
7	로그시트(logsheet)	운영기록지

번호	표준화대상어	표준용어
8	로깅(logging)	기록
9	리콘덴서(recondenser)	재응축기
10	벤트(vent)	배출
11	부압(負壓)	음압
12	부취제(附臭劑)	냄새 첨가물
13	비오지(BOG)	증발가스
14	샘플링 가스(sampling gas)	시료가스
15	샘플링 설비(sampling 設備)	시료(가스) 채취장치
16	샘플링 지점(sampling 地點)	시료(가스) 채취지점
17	샘플링 하우스(sampling house)	시료(가스) 채취실
18	서브머지드 컴버스천 베이퍼라이저(SCV)	액중연소기화기
19	엠시에스(MCS)	주제어장치
20	염소처리설비(鹽素處理設備)	차아염소산염처리 설비
21	오픈 록 베이퍼라이저(ORV)	개방식(해수이용)기화기
22	웜업(warmup)	예열
23	이디엠에스(EDMS)	전기진단감시장치
24	입상배관(立像配管)	수직배관
25	쿨다운(cooldown)	냉각
26	(LNG)터미널, 인수기지	인수기지, 생산기지
27	플러싱(flushing)	(관)세척
28	피앤드아이디(P&ID)	배관설비도면
29	피에프디(PFD)	공정흐름도

(8) 소방청

• 소방청 소방분야 전문용어 전체 목록(2020)

번호	표준화대상어	표준용어
1	굴삭기(掘削機)	굴착기
2	농연(濃煙)	짙은 연기

번호	표준화대상어	표준용어
3	마스터키(masterkey)	만능열쇠
4	부서	배치
5	비점(沸點)	끓는점
6	스크레퍼(scraper)	긁개
7	요구조자(要救助者)	구조대상자
8	융점(融點)	녹는점
9	작동기능점검	작동점검
10	전진배치(前進配置)	근접배치
11	종합정밀점검	종합점검
12	취명(吹鳴), 취명(吹鳴)하다	울림, 울리다
13	투척용소화기(投擲用消火器)	던지는 소화기
14	피스톨관창(pistol管槍)	권총형관창

(9) 외교부

• 외교부 외교분야 전문용어 전체 목록(2021)

번호	표준화대상어	표준용어
1	귀관(貴館)	귀 대사관, 귀 총영사관
2	귀직(貴職)	귀 대사, 귀 총영사
3	노정(露呈)	나타남, 나타냄, 드러남, 드러냄
4	다대(多大)	많음, 큼
5	도과(徒過)하다	지나다
6	본직(本職)	○○○ 장관, ○○○ 외교부장관, ○○○ 대사, ○○○ 총영사
7	불배제(不排除)	배제하지 않음
8	상금(尙今)	아직, 아직까지, 아직까지도
9	아국(我國)	우리나라
10	천거(薦擧)	추천
11	폴로 업(followup)	사후조치, 후속조치

(10) 해양수산부

• 해양수산부 해양수산분야 전문용어 전체 목록(2017)

번호	표준화대상어	표준용어
1	감용기(減容機)	압축기
2	기국통제	자국선박통제
3	기수(汽水), 기수역(汽水域)	갯물/갯물수역
4	나용선(裸傭船)	선체임차
5	낙도보조항로(落島補助航路)	국가보조항로
6	대선(貸船)	선박임대
7	만재흘수선(滿載吃水線)	적재한계선
8	물양장(物揚場)	소형선 부두
9	보링선(boring 船)	해저지반조사선
10	빈산소수괴(貧酸素水塊)	산소부족 물덩어리
11	선유장(船留場)	소형선 정박장
12	송입/송입업체(送入業體)	국내취업/국내취업 알선업체
13	어시장(魚市場)	수산물시장
14	영어(營漁)도우미	어가 도우미
15	예선(曳船)	끌배
16	오니(汚泥)	오염침전물
17	오염우심해역(汚染尤甚海域)	오염심각해역
18	외해양식(外海養殖)	난바다 양식
19	용선(傭船)	선박임차
20	일선수협(一線水協)	단위 수협
21	입식(入殖)	종자넣기
22	잠제(潛堤)	수중방파제
23	재선의무(在船義務)	승선유지의무
24	전재(轉載), 전재하다	옮겨 싣기/옮겨 싣다
25	채묘(採苗)	종자 붙이기
26	치패(稚貝)	새끼조개
27	하주(荷主)	화물주
28	항만국통제(港灣國統制)	입항국 통제

번호	표준화대상어	표준용어
29	해조류(藻類)	바닷말류
30	해중림(海中林)	바다숲
31	허브항(Hub 港)	중심축 항만
32	호안(護岸)	하안보호둑, 해안보호둑
33	흘수선(吃水線)	잠김선
34	황천(荒天)	거친바다, 거친날씨

(11) 행정안전부

• 행정안전부 재난분야 전문용어 전체 목록(2022)

번호	표준화대상어	표준용어
1	기성제(旣成堤)	기존둑, 기존제방
2	농약대(農藥代)	농약비
3	대파대(代播代)	대체 파종비
4	숭상(崧上)	높임
5	완진(完鎭)	완전진화
6	월류(越流)	물넘침
7	인삼(人蔘)천	빛 가림막

꼭 알아야 할
일본어 투 목록

(1) 일본식 한자어 목록

일본식 한자어 목록은 국립국어원(2019)에서 제시한 20개 어휘와 법제처(2021)에서 제시한 76개 어휘를 더하여 총 96개 어휘를 1차 목록으로 구성한 다음, 문화체육관광부·행정안전부, 서울시청·경기도청 등 4개 기관에서 배포한 보도자료를 대상으로 사용 실태를 분석하여 공통적으로 사용된 어휘를 가려 뽑아 2차 목록을 구성하여 4개 기관의 기관별 우선 개선 대상 일본식 한자어 목록을 제시하였다.

▶ 문화체육관광부와 행정안전부는 중앙행정기관의 표본으로서, 서울시청과 경기도청은 지방자치단체의 표본으로서 임의로 선정하였다.

① 국립국어원 꼭 가려 써야 할 일본식 한자어 간추린 목록(2019)

번호	일본식 한자어	대체어
1	가불(假拂)	선지급
2	가처분(假處分)	임시처분
3	거래선(去來先)	거래처
4	견습(見習)	수습
5	고수부지(高水敷地)	둔치
6	고참(古參)	선임
7	구좌(口座)	계좌
8	노견(路肩)	갓길
9	다반사(茶飯事)	예삿일
10	대절(貸切)	전세
11	도합(都合)	합계
12	마대(麻袋)	자루, 포대
13	망년회(忘年會)	송년회
14	모포(毛布)	담요
15	보합세(保合勢)	주춤세
16	불입(拂入)	납입
17	수취인(受取人)	받는 이

18	익일(翌日)	다음 날
19	잔고(殘高)	잔액
20	종지부(終止符)	마침표

 2019년, 국립국어원은 '일본어 투 용어 순화자료집(2005, 2015)'에 실린 1100여 개의 일본어 투 용어 중에 실생활에서 자주 접할 수 있어 개선이 시급한 일본식 한자어 20개를 선정해 발표하였다. 그런데 해당 어휘를 문체부가 2020년 1년 동안 배포한 보도자료 772건을 대상으로 살펴본 결과 '도합(1)' 1개 어휘를 사용한 것으로 나타났고, 충남도청이 2020년 1년 동안 배포한 보도자료 2,215건을 대상으로 살펴본 결과, '거래선(3), 마대(3)' 등 2개 어휘를 사용한 것으로 나타났다. 이와 달리 서울시청이 2020년 1년 동안 배포한 보도자료 3,122건을 대상으로 살펴본 결과 '익일(73), 마대(10), 보합세(5), 가처분(3), 종지부(3), 모포(2), 거래선(2), 고수부지(2), 도합(1)' 등 9개 어휘를 사용한 것으로 나타나 '우선 개선 대상 일본식 한자어 목록'은 기관별로 다르게 지정해야 한다는 것을 알 수 있다.

 국립국어원은 광복 직후부터 펼쳐 온 국어 순화 정책으로 상당수 일본어 투 용어들을 우리말로 정착시키는 데 성공했으나 아직도 일부 공문서에서 일본어 투 용어를 사용하고 있어서 개선이 필요하다며 2019년에 '꼭 가려 써야 할 일본어 투 용어 50개'를 선정하였다. 그런데 이 중 30개는 공문서에 전혀 사용되지 않는 '모찌'나 '쓰키다시'와 같은 일본어 음차어이므로 제외하였다. 위의 20개 용어를 '꼭 가려 써야 할' 일본어 투로 선정한 이유는 딱히 없다.

▶ '일본어 투 용어 순화 자료집(2005)'에는 약 1,100개의 일본어 투 목록이 있고, '알기 쉬운 법령 정비기준(2019)'에는 약 50개, '우리말 도로 찾기'에는 약 300개의 일본어 투 목록이 있다. 이 목록 중에는 더 이상 사용하지 않는 것들도 적지 않고 순화어로 대체하여 사용하기 어려운 것들도 있다.

② 법제처 일본식 한자어 간추린 목록(2021)

번호	일본식 한자어	대체어
1	가도(假道)	임시도로
2	가료(加療)	치료
3	가식(假植)	임시식재
4	가필(加筆)	고쳐 씀
5	감안(勘案)	고려
6	갑상선(甲狀腺)	갑상샘
7	개호(介護)	간병
8	거래선(去來先)	거래처
9	건정(鍵錠)	잠금장치
10	게기(揭記)하다	규정하다
11	견습(見習)	수습
12	계리(計理)	회계처리
13	계출(屆出)	신고, 제출
14	고리(高利)	고금리
15	고아원(孤兒院)	보육원
16	곤색(紺色)	감색
17	공란(空欄)	빈칸
18	공(供)하다	사용되다, 쓰이다, 제공하다
19	관능검사(官能檢査)	감각활용검사, 감각기관활용검사, 관능검사[인간의 오감(五感)에 의하여 평가하는 제품검사]
20	구근(球根)	알뿌리
21	구배(勾配)	경사
22	구좌(口座)	계좌
23	굴삭기(掘削機)	굴착기

번호	일본식 한자어	대체어
24	납골당(納骨堂)	봉안당
25	납득(納得)하다	받아들이다, 수긍하다
26	노임(勞賃)	임금
27	녹비(綠肥)	풋거름
28	대합실(待合室)	대기실, 맞이방
29	두개골(頭蓋骨)	머리뼈
30	마대(麻袋)	자루, 포대
31	명기(明記)하다	명확하게 적다(기록하다/기재하다/작성하다)
32	명찰(名札)	이름표
33	명(命)하다	처분을 하다, 명하다
34	미강(米糠)	쌀겨
35	미불(未拂)	미지급
36	부락(部落)	마을
37	분비선(分泌腺)	분비샘
38	불입(拂入)	납입
39	불하(拂下)	매각
40	빙점(氷點)	어는점
41	사리(砂利)	자갈
42	사찰(査察)	조사
43	시건(施鍵)	잠금
44	시말서(始末書)	경위서
45	어분(魚粉)	생선가루
46	어획고(漁獲高)	어획량
47	연돌(煙突)	굴뚝
48	엽연초(葉煙草)	잎담배
49	음용수(飮用水)	마시는 물, 먹는 물
50	응(應)하다	따르다, 받다, 응답하다
51	이서(裏書)	배서, 서명, 확인
52	일부인(日附印)	날짜도장
53	입회(立會)	참관, 참석, 참여
54	자(者)	사람, 자
55	잔고(殘高)	잔액

번호	일본식 한자어	대체어
56	잔교(棧橋)	구름다리, 부두연결다리, 잔교(棧橋: 다리 모양의 구조물), 잔교(선박을 매어두거나 부두에 닿도록 구름다리 형태로 만든 구조물)
57	저리(低利)	저금리
58	전도(前渡)	선지급
59	절취(截取)	자름, 자르기, 잘라냄
60	절취선(切取線)	자르는 선
61	제전(祭典)	축제, 행사
62	주말(朱抹)하다	붉은 선으로 지우다
63	지득(知得)하다	알게 되다
64	지불(支拂)	지급
65	지참(遲參)	지각
66	청부(請負)	도급
67	추월(追越)	앞지르기
68	침목(枕木)	받침목
69	통달(通達)	도달
70	품신(稟申)	건의
71	하구언(河口堰)	하굿둑
72	하청(下請)	하도급
73	한천(寒天)	우무, 우뭇가사리
74	행선지(行先地)	목적지
75	후불(後拂)	후지급
76	흑판(黑板)	칠판

    2021년, 법제처는 '알기 쉬운 법령 정비기준 제10판'을 펴냈다. 이 책의 부록 2쪽에는 일본식 한자어 76개가 소개되어 있다.

▶ 법제처는 '관능검사'의 순화어를 '감각활용검사'로 바꾸어 쓰는 어휘 형태와 '관능검사(인간의 오감에 의하여 평가하는 제품검사)'로 풀어 쓰는 주석 형태를 함께 제시하고 있다. '어분'은 '생선가루'와 '어분(생선가루)'로, '잔교'는 '구름다리' 또는 '부두연결다리'와 '잔교(다리 모양의 구조물)'로 쓰도록 권고한다. 주석 형태는 순화어가 어색하거나 아직 순화어가 없는 말을 공문서 쓸 때 활용하면 좋다.

▶ 아울러 가리(칼륨), 가성소다(수산화나트륨), 구리스(그리스, 윤활유), 기아(기어), 레자(인조가죽), 모타(모터), 미싱(재봉틀), 바란스(밸런스), 센타(센터), 스라브/슬라브(슬래브, 평판), 엑기스(추출물, 진액), 타이루(타일), 휴즈(퓨즈) 등 일본식 외래어 13개를 소개하고 있다.

(2) 일본어 투 표현

① 법제처 일본어 투 표현 전체 목록(2021)

번호	일본어 투	대체어
1	관(關)하여	을/를, /은/는, 에 관하여, * 생략
2	대(對)하여	을/를, 은/는, 에/에게, 로 하여금, 에 대하여
3	에 있어, 있어서	에서, 할 때, 하여, 는 데(에)
4	에 한(限)하다	에 한정하다, 로 한정하다, 만 해당하다, 만을 말하다, 만을 할 수 있다
5	에 한(限)하여	에서만, 에 한정하여, 으로만, 에만
6	1회(一回)에 한(限)하여	한 번만, 한 차례만, 한 차례에 한정하여
7	2회(二回)에 한(限)하여	두 번만, 두 번까지만, 두 차례만, 두 차례에 한정하여
8	요(要)하는	이 필요한
9	요(要)하지 아니하다	필요로 하지 아니하다, 필요하지 아니하다, 하지 않아도 되다
10	특별한 사유가 없는 한(限)	특별한 사유가 없으면, 특별한 사유가 없을 때에는

번호	일본어 투	대체어
11	필요(必要)로 하는	이 필요한
12	하지 아니하는 한(限)	경우 외에는, 경우가 아니면, 경우를 제외하고는

    2021년 법제처는 '알기 쉬운 법령 정비기준 제10판'을 펴냈다. 이 책의 169쪽에는 일본어 투 표현 약 12개가량이 소개되어 있다.

꼭 알아야 할 자극적 표현 목록

민현식 외(2011). 2011년 행정기관 공공언어 진단 결과보고서. 국립국어원.

번호	자극적 표현	대체어
1	꼭 숙지해야 할	숙지해야 할
2	뒤안길로 사라지다	사라지다
3	바지사장	명의사장
4	발 벗고 나서다	노력하다
5	배를 채우는 구황용 식량	구황용 식량
6	선풍적인 인기	인기
7	시비가 불붙고 있다	시비가 일다, 시비가 불거지다
8	싸구려 중고엔진	값싼 중고엔진
9	열기가 이어질 수 있도록	지원이 이루어지도록
10	열띤 경연으로 뜨겁게 달구어지다	경연을 펼치다
11	열정을 발산하다	재능을 선보이다
12	제일 양호하다	양호하다, 우수하다
13	진검승부	정면대결, 한판대결
14	충정	마음
15	팔 걷고 나서다	적극적으로 지원하다
16	헌신적으로 뒷바라지하다	뒷바라지하다

구본관 외(2016). 2016년 중앙행정기관 공공언어 진단 결과보고서. 국립국어원.

번호	자극적 표현	대체어
1	깜깜이 선거	모르쇠 선거
2	수(秀)up 콘서트	수업 콘서트
3	숲For마켓	슈퍼마켓
4	짝퉁	모조품
5	행복다多 드림dream	행복 다 드림
6	Fun한 수업	재미있는 수업

꼭 알아야 할
고압적·권위적 표현 목록

국립국어원

번호	고압적·권위적 표현	대체어
1	결손가정(缺損家庭)	한부모 가족, 청소년 가장 가족 등
2	교육을 실시하였다	교육 프로그램을 운영하였다
3	없다 할 것이다	없다
4	열악한 여건에서 어렵게 거주하는 무주택 저소득층	무주택 저소득층
5	외국인 근로자 등 소외 계층	외국인 근로자 등
6	작성할 것	작성해 주십시오
7	즉시 제출 바람	제출해 주십시오
8	지시(指示)하다	하다
9	치하(致賀)하다	말하다
10	통보(通報)	알림

법제처

번호	고압적·권위적 표현	대체어
1	과태료(過怠料)에 처(處)하다	과태료를 부과하다
2	승인(承認)을 얻다	승인을 받다
3	시달(示達)	전달, 지시, 통보
4	징구(徵求)하다	제출받다
5	통할(統轄)하다	총괄하다

한국법제연구원

번호	고압적·권위적 표현	대체어
1	감찰(監察)	감사, 조사
2	강사료(講師料)	강연료, 강의료
3	노무자(勞務者)	노동자
4	노숙자(露宿者)	노숙인
5	변명서(辨明書)	답변서, 설명서
6	사정(査正)	감사, 조사
7	사회지도층(社會指導層)	* 삭제
8	소명자료(疏明資料)	설명자료
9	시달(示達)	전달
10	시말서(始末書)	경위서
11	시보(試補)	보조
12	시정조치(是正措置)	개선조치
13	시책(施策)	정책
14	연소자(年少者)	청소년
15	외국인노동자(外國人勞動者)	이민노동자, 이주노동자
16	의연금(義捐金)	기부금, 성금
17	임검(臨檢)	현장조사
18	잡급(雜給)	일급
19	종주국(宗主國)	탄생지
20	주무관청(主務官廳)	담당관청
21	증명사진(證明寫眞)	사진

번호	고압적·권위적 표현	대체어
22	증빙(證憑)	증명
23	지도(指導)	교육
24	통고(通告)	알림
25	혼혈아(混血兒)	다문화 2세

광주시교육청

번호	고압적·권위적 표현	대체어
1	검토 요망(檢討要望)	살펴주기 바랍니다
2	계도(啓導)	예고
3	금(禁)함	할 수 없음
4	기일(期日)을 엄수(嚴守)하다	날짜를 지키다
5	명(命)하다	시키다, 요구하다
6	명(命)함	지정함
7	보고(報告)	제출, 통보
8	시달(示達)	알림
9	엄금(嚴禁)	하지 말 것
10	엄수(固守)할 것	꼭 지켜주시기 바람
11	요망(要望)	요청함
12	임석(臨席)	현장참석
13	적정(適正)을 기(期)함	알맞고 바르게 함
14	지시사항(指示事項)	요구사항, 요청사항
15	철저를 기(期)하기 바람	최선을 다하기 바람
16	치하(治下)	격려, 칭찬

이정복(2008)

번호	고압적·권위적 표현	대체어
1	관저(官邸)	생활관
2	교시(敎示)하다	가르치다, 알려 주다
3	군림(君臨)하다	봉사하다
4	낙점(落點)하다	고르다, 선택하다

번호	고압적·권위적 표현	대체어
5	내려보내다	제공하다
6	대권(大權)	대통령의 권한, 대통령의 자리
7	대로(大怒)하다	깜짝 놀라다
8	독대(獨對)하다	따로 만나다
9	사저(私邸)	개인 주택
10	상신(上申)	보고, 알림, 올림
11	수뇌(首腦)	관리자
12	순시(守視)	방문
13	승인(承認)	인정
14	앙망(仰望)하다	바라다
15	여사(女士)	대통령 부인
16	치사(致謝)	칭찬
17	퍼스트 레이디(first lady)	대통령 부인
18	하달(下達)	전달
19	하례(賀禮)	축하

그 밖의 기관이나 연구자

번호	고압적·권위적 표현	대체어	출처
1	민·형사상 책임(民刑事上 責任)	책임	성남시
2	보고(報告)	통보	성남시
3	손해에 대한 구상권을 행사할 수 없다	그로 인한 책임을 진다	성남시
4	연두교서(年頭敎書)	국정연설	김형주
5	"을"은 특별한 사유가 없는 한 이에 응하여야 한다	* 삭제	성남시
6	지시(指示)	요구	성남시
7	친(親)히	직접	김형주
8	통보(通報)	안내, 알림	경기도

꼭 알아야 할 차별적 표현 목록

국립국어원

번호	차별적 표현	대체어
1	결손가정(缺損家庭)	청소년 가장 가족, 한 부모 가족
2	노인(老人)	어르신
3	미망인(未亡人)	고 ㅇㅇㅇ 씨의 아내
4	벙어리 냉가슴 앓고 있다	말 못 할 고민에 빠졌다
5	서울로 올라가는	서울로 가는
6	소외계층(疏外階層)	취약계층
7	열악한 경제 여건 속에서 어렵게	* 삭제
8	장애인 피아니스트(障礙人 pianist)	피아니스트
9	조선족(朝鮮族)	중국동포
10	조찬(朝餐)	아침식사
11	처녀비행(處女飛行)	첫비행
12	청소부(淸掃夫/淸掃婦)	환경미화원

법제처(2014)

번호	차별적 표현	대체어
1	간질(癎疾)	뇌전증
2	농아인(聾啞)	청각·언어장애인
3	맹도견	안내견
4	불구	장애(또는 삭제)
5	장님	시각장애인
6	장애자(障礙者)	장애인
7	정신병자	정신질환자

▶ 법제처는 2014년 장애인 비하용어를 정비하면서 장애인 차별 표현을 제시하였다.

한국법제연구원

번호	차별적 표현	대체어
1	간호원(看護員)	간호사
2	강사료(講師料)	강의료, 강연료
3	견습(見習)	수습, 실무교육
4	결손가정(缺損家庭)	한부모가족
5	고아원(孤兒院)	아동복지시설
6	노무자(勞務者)	노동자
7	노숙자(露宿者)	노숙인
8	농아(聾兒)	언어장애인
9	도농자매결연(都農姉妹結緣)	도농교류사업
10	맹인(盲人)	시각장애인
11	미숙아(未熟兒)	조산아
12	미혼모(未婚母)	청소년 한부모
13	벙어리장갑(掌匣)	손모아장갑
14	별정(別定)	기간제/위임/계약
15	보육원(保育院)	아동복지시설
16	불구(不久)	장애
17	사역(使役)	일, 봉사, 업무
18	사회지도층(社會指導層)	* 삭제
19	소득수준이 낮은 저소득층	저소득층
20	식품접객업(食品接客業)	식품서비스업
21	심신(心神)	정신
22	양로원(養老院)	노인복지시설
23	역무(役務)	노동
24	연소자(年少者)	청소년
25	외국인노동자(外國人勞動者)	이주노동자, 이민노동자

번호	차별적 표현	대체어
26	외청(外廳)	관리청, 독립청
27	잡상인(雜商人)	* 삭제
28	장애우(障礙友)	장애인
29	재외자(在外者)	외국거주자
30	접견(接見)	만남
31	조선족(朝鮮族)	재중동포
32	학부형(學父兄)	학부모
33	행려(行旅)	무연고

서울시

① 서울시 국어바르게쓰기위원회(2018, 2022) 양성평등 대체어 목록

번호	성차별 대상어	성평등 대체어
1	결손가족(缺損家族)	한부모가족, 조손가족 등
2	공연음란(公然淫亂)	불법 성적 노출
3	낙태(落胎)	임신중단
4	남성적 어조(男性的 語調)	강인한 어조
5	내조(內助)	배우자의 도움
6	녹색어머니회(綠色會)	녹색학부모회
7	딥페이크(deepfake)	허위영상물, 합성영상물
8	리벤지포르노(revenge porno)	성촬영물 유포협박
9	맘카페(mom cafe)	육아카페
10	몰카(몰래camera)	불법촬영
11	불우이웃(不遇)	어려운 이웃
12	손찌검	폭력
13	시댁(媤宅)	시가, 배우자 본가
14	야동(野動)	성착취물, 불법촬영물, 불법성영상물
15	여성적 어조(女性的 語調)	부드러운 어조
16	외가(外家)	어머니 본가
17	외조(外助)	배우자의 도움
18	외(外)할머니	할머니

번호	성차별 대상어	성평등 대체어
19	외(外)할아버지	할아버지
20	유모차(乳母車)	유아차, 아기차
21	장애우(障礙友)	장애인
22	저출산(低出産)	저출생
23	조선족(朝鮮族)	중국동포
24	처가(妻家)	배우자 본가
25	처녀작(處女作)	첫작품
26	친가(親家)	아버지 본가
27	친(親)할머니	할머니
28	친할아버지(親)	할아버지
29	편모(偏母)	한부모
30	편부(偏父)	한부모
31	학부형(學父兄)	학부모

▶ 서울시 국어바르기쓰기위원회는 2018년 3월 27일에는 학부형의 대체어로 학부모를 제시했으나 2022년 6월 20일 학부모의 양성평등대체어로 보호자를 제시하였다.

② 서울시 여성가족재단(2018, 2019, 2020) 서울시 성평등 언어사전

번호	성차별 대상어	성평등 대체어
1	경력단절여성(經歷斷絕女性)	고용중단여성
2	그녀(女)	그
3	낙태(落胎)	임신중단
4	리벤지 포르노(revenge porno)	디지털 성범죄
5	맘스스테이션(Mom's station)	어린이 승하차장
6	몰래카메라(camera)	불법촬영
7	미숙아(未熟兒)	조산아
8	미혼(未婚)	비혼
9	버진로드(virgin road)	웨딩로드

번호	성차별 대상어	성평등 대체어
10	부녀자(婦女子)	여성
11	분모(分母)	윗수
12	분자(分子),	아랫수
13	수유실(授乳室)	아기쉼터
14	스포츠맨십(sportsmanship)	스포츠정신
15	양자(養子)	양자녀
16	여배우(女俳優)	배우
17	여의사(女醫師)	의사
18	여자고등학교(女子高等學校)	고등학교
19	유모차(乳母車)	유아차
20	자(子)	자녀
21	자매결연(姉妹結緣)	상호결연
22	자궁(子宮)	포궁
23	저출산(低出産)	저출생
24	처녀작(處女作)	첫작품
25	처녀출판(處女出版)	첫출판
26	첩(妾)	* 삭제
27	친생자(親生子)	친자녀
28	편부(偏父), 편모(偏母)	한부모
29	학부형(學父兄)	학부모
30	효자상품(孝子商品)	인기상품

안상수 외(2007)

번호	차별적 표현	대체어
1	건국(建國)의 아버지	건국의 조상
2	남자 못지 않은(男子—)	강인한
3	모교(母校)	졸업한 학교
4	세일즈맨(salesman)	판매사원
5	소년원(少年院)	교정학교
6	신사협정(紳士協定)	명예협정

번호	차별적 표현	대체어
7	얼굴마담(madame)	대리사장, 명의사장
8	업계의 맏형(業界)	없음
9	여성 대변인(女性 代辯人)	대변인
10	여성 최초의(女性 最初)	없음
11	유관순 누나(柳寬順-)	유관순 열사
12	자매회사(姉妹會社)	계열사
13	팔방미인(八方美人)	장점이 많은
14	형제애(兄弟愛)	아이들의 우애가 좋다

▶ 안상수 외(2007)는 '유관순'을 '누나'라고 부르는 것은 유관순을 추모하는 주체를 남성에 한정한 성차별 표현이라고 진단한다.

김경애 외(2008)

번호	차별적 표현	대체어
1	경제학의 아버지(經濟學-)	경제학의 대가
2	남자 간호사(男子 看護師)	(간호사)
3	남자 미용사(女子 看護師)	(미용사)
4	내연녀(內緣女)	내연인
5	늠름한(凜凜-)	없음
6	동거남(同居男)	내연인
7	동거녀(同居女)	내연인
8	매춘부(賣春婦)	성매매 여성
9	명품복근(名品腹筋)	외모 관련 표현
10	바깥양반(-兩班)	배우자
11	섹시(sexy)	없음
12	소심남(小心男)	(신중한 사람)
13	스케일 큰(scale)	없음
14	씩씩한	없음
15	안사람	배우자

번호	차별적 표현	대체어
16	앙칼지다	없음
17	앳되어 보이는	없음
18	에스라인(S line)	없음
19	여성스러운 (女性-)	없음
20	여성총리(女性總理)	(총리)
21	여의사(女醫師)	(의사)
22	윤락(淪落)	성매매
23	조각미남(彫刻美男)	없음
24	집사람	배우자

▶ 김경애 외(2008)에서는 가나다 순을 따르지 않고 인명을 나열하는 것도 차별적 표현으로 다룬다.

▶ 김경애 외(2008)가 따로 순화어를 제시하지 않은 차별어 중에 필자가 제시한 순화어는 괄호로 표시하였다.

그 밖의 기관이나 연구자

번호	차별적 표현	대체어	출처
1	가정부(家政婦)	가사도우미	문체부 국민소통실(2021)
2	검은 피카소(-Picasso)	현대판 피카소	김지혜(2022)
3	결손가정(缺損家庭)	한부모가정	조태린(2006)
4	결정장애(決定障礙)	우유부단한 사람	김지혜(2022)
5	결혼이주여성(結婚移住女性)	국제결혼여성	박재현 외(2009)
6	고령자(高齡者)	장년	고용노동부(2016)
7	교통마비(交通痲痺)	교통체증	한국장애인고용공단(2022)
8	기형아(畸形兒)	장애아	한국장애인고용공단(2022)
9	김여사(金女士)	운전미숙자	김소영(2020)
10	깜깜이 환자(-患者)	감염경로불명 환자	김지혜(2022)
11	낙태(落胎)	임신중절	국가인권위원회(2019)

번호	차별적 표현	대체어	출처
12	낙향(落鄕)	고향으로 돌아가다	이정복(2017)
13	녹색어머니회(綠色會)	녹색안전지킴회	문체부 국민소통실(2021)
14	눈 뜬 장님	사리분별을 못하는	장애인권익옹호기관(2003)
15	눈먼 돈	대가 없이 얻은 돈	장애인권익옹호기관(2003)
16	다문화 가정(多文化家庭)	국제결혼가정	박재현 외(2009)
17	다문화 아동(多文化兒童)	국제결혼가정의 자녀	박재현 외(2009)
18	단일민족(單一民族)	한민족	이정복(2017)
19	도공(陶工)	도예가	이정복(2017)
20	레임덕(lame duck)	권력누수현상	김지혜(2022)
21	레이싱걸(racing girl)	레이싱 모델	김소영(2020)
22	마누라	부인	김소영(2020)
23	마미캅(mommy cop)	어린이안전지킴이	김소영(2020)
24	매춘부(賣春婦)	성매매 여성	김소영(2020)
25	명문대(名門大)	유명대학, 인기대학	김지혜(2022)
26	명품 복근(名品腹筋)	뚜렷한 복근	여성정책연구원(2008)
27	모국어(母國語)	자국어	
28	모어(母語)	자국어	
29	무용수(舞踊手)	무용가	이정복(2017)
30	미숙아(未熟兒)	이른둥이	조태린(2006)
31	민식이법		초록우산어린이재단(2020)
32	복덕방(福德房)	공인중개소	박동근(2010)
33	분노조절장애(憤怒調節障礙)	우유부단한 사람	김지혜(2022)
34	브로그래머(brogrammer)		조선일보(2017)
35	배달부(配達夫)	배달원	문체부 국민소통실(2021)
36	버진로드(virgin road)	꽃길	김소영(2020)
37	부녀회(婦女會)	주민회	김소영(2020)
38	부전자전(父傳子傳)	그 부모에 그 자식	이정복(2017)
39	불법체류자(不法滯留者)	무자격체류자, 위법체류자, 체류자격위반자/미등록 체류자	최윤철(2020)/노동부(2019)
40	불우(不遇)이웃	돌봄이웃	건강가족시민연대(2004)

번호	차별적 표현	대체어	출처
41	비강남(非江南)	* 구체적인 지역을 언급	김지혜(2022)
42	비수도권(非首都圈)	* 구체적인 지역을 언급	박재현 외(2009)
43	사생아(私生兒)	혼외자녀	법제처
44	살색(色)	살구색	국가인권위원회(2009)
45	상경(上京)하다	집으로 돌아가다	이정복(2017)
46	선택장애(選擇障礙)	우유부단한 사람	김지혜(2022)
47	수혜자(受惠者)	신청인	초록우산어린이재단(2020)
48	시골	* 구체적인 지역을 언급	이정복(2017)
49	시집가다	결혼하다	조태린(2006)
50	신용불량자(信用不良者)	금융채무연체자, 금융채무불이행자	조태린(2006)
51	양공주(洋公主)	기지촌 성매매 여성	김소영(2020)
52	양식적 병역거부(良心的 兵役拒否)	신념에 따른 병역거부	조태린(2006)
53	여류(女流)	* 삭제	조선일보(2017)
54	여성결혼이민자(女性結婚移民者)	국제결혼여성	박재현 외(2009)
55	여의도 면적(汝矣島 面積)	* 구체적인 면적을 언급	조태린(2006)
56	영부인(令夫人)	대통령 부인	김소영(2020)
57	외할머니(外-)	할머니	충청북도(2023)
58	월급쟁이(月給-)	월급생활자	조태린(2006)
59	윤락녀(淪落女)	성매매 여성	김소영(2020)
60	인부(人夫)	노동자	이정복(2017)
61	일류대학(一流大學)	대학	김지혜(2022)
62	잡상인(雜商人)	이동상인	서울시(2012)
63	장사꾼	상인	이정복(2017)
64	장애(障礙)를 앓다	장애가 있다	장애인권익옹호기관(2003)
65	절름발이 행정(-行政)	불균형적인 행정	장애인권익옹호기관(2003)
66	정상인(正常人)	비장애인	조선일보(2017)
67	정신지체(精神遲滯)	지적장애	교육부(2016)
68	정신분열증(精神分裂症)	조현병	대한정신분열병학회(2011)
69	지방(地方)	* 구체적인 지역을 언급	이정복(2017)
70	집사람	아내	김소영(2020)

번호	차별적 표현	대체어	출처
71	치매(癡呆)	인지저하증	보건복지부(2021)
72	태호·유찬이법		초록우산어린이재단(2020)
73	하준이법		초록우산어린이재단(2020)
74	한음이법		초록우산어린이재단(2020)
75	해인이법		초록우산어린이재단(2020)
76	혼혈아(混血兒)	다문화가정 자녀 2세	건강가정시민연대(2004)
77	화이트닝(whitening)	브라이트닝	조선일보(2017)
78	효자손(孝子−)	등긁개	문체부 국민소통실(2021)

▶ 기관에서 발표한 내용과 중복되는 표현은 따로 밝히지 않았다. 다만, 기관에서 제시한 대체어가 다른 경우에는 예외로 하였다.

▶ 초록우산어린이재단(2020)은 아동피해범죄 사건 피해자의 이름을 딴 법 명도 2차 피해 우려가 있는 차별적 표현으로 꼽았다.

▶ 미망인(未亡人)은 표준국어대사전의 뜻풀이가 "남편은 죽었으나 따라 죽지 못하고 홀로 남아 있는 여자"에서 "남편을 여읜 여자"로 바뀌었다. 그러나 "아내를 여읜 남자"를 가리키는 말이 없다는 점에서 여전히 성차별 표현으로 볼 수 있다.

▶ 문체부 국민소통실(2021)이 '효자손'의 성중립적 표현으로 '등긁개'를 제시했지만 이는 '등긁이'의 사투리이다.

 공공기관 보도자료
'우선 개선 행정용어' 목록

공공기관마다 사용하는 행정용어가 다르고, 같은 행정용어라도 의미가 다를 수 있기 때문에 기관별로 행정용어 사용 실태를 진단하여 '우선 개선 행정용어' 목록을 마련할 것을 제안한다. 이 책에서는 사용 빈도를 고려해 목록을 제시했지만 사용 빈도가 낮더라도 중요도 등을 감안해 목록을 구성할 수 있다. 목록을 마련할 때 (가칭) '행정용어 바르게쓰기위원회'를 구성하여 운영하는 것도 나쁘지 않다.

문체부

번호	순화대상어	순화어
1	간담회	좌담회
2	개소	곳, 군데
3	거점	근거지
4	공모	공개모집
5	공조	협조
6	구현(하다)	실현(하다)
7	도모하다	꾀하다
8	마이스	전시복합산업(MICE)
9	모바일	이동통신
10	부응하다	따르다
11	상당(하다)	상응하는, 적당하다, 적절하다, 타당하다, 해당(하다)
12	선도(하다)	앞서다, 앞선, 우수
13	선제적	우선적
14	세미나	발표회, 토론회
15	스마트	지능형
16	실사	실제 조사
17	엑스포	박람회
18	오픈소스	공개자료, 무료자원, 자원개방
19	원천	근원
20	웰니스	건강관리
21	웹툰	인터넷 연재만화
22	유사하다	비슷하다, 비슷한

번호	순화대상어	순화어
23	유휴	노는, 쉬는
24	일환으로	의 하나로
25	자	사람
26	저변	밑바닥, 밑바탕
27	적시에	제때
28	적정(하다)	알맞은
29	전년도	지난해
30	주도적이다	앞장서다, 앞장선
31	주재(하다)	주관(하다)
32	집적	축적
33	채널	창구, 통로
34	콘퍼런스	학술대회, 학술회의
35	콩쿠르	경연대회
36	펀드	기금, 자금
37	페스타	한류쇼핑관광축제
38	페어	박람회
39	포럼	공개토론회, 토론회
40	플랫폼	소통망

▶ 2022년 1월 1일부터 12월 31일까지 문체부가 배포한 보도자료 총 610건을 대상으로 조사한 결과, 10회 이상 사용된 것으로 나타난 어휘 중 상위 40개를 선별한 목록이다.

▶ '적정'은 명사형 '적정'과 관형사형 '적정한', 서술형 '적정하다'의 순화어를 각각 제시해야 한다. 명사형 '적정'은 '알맞음'으로 대체하는 것보다 '알맞은'으로 대체하는 것이 더 자연스럽기 때문이고, '적정성 검토'처럼 '알맞은'으로 대체하기 어려울 때는 '적절성 검토'처럼 좀 더 쉬운 한자어로 바꿔쓰도록 안내해야 한다.

행안부

번호	순화대상어	순화어
1	AI	인공지능, 조류독감
2	CCTV	감시카메라, 상황관찰기, 폐쇄회로텔레비전
3	R&D	연구개발
4	가용(하다)	쓸 수 있는
5	가점	가산점
6	간담회	좌담회
7	감안(하다)	고려(하다)
8	개소	군데, 곳
9	거점	근거지
10	공모	공개모집
11	공표(하다)	공개발표(하다)
12	관할	담당
13	교부(하다)	발급(하다), 지급(하다)
14	구비(서류)	붙임(서류), 첨부(서류)
15	그룹	단, 집단
16	그린	녹색, 친환경
17	근절하다	뿌리뽑다
18	글로벌	국제적, 세계적
19	내실을 기하다	내실있게 하다
20	내역	명세
21	네트워크	관계망, 연결망, 연계망
22	노후(하다)	낡다, 낡은
23	뉴딜	경제부흥정책(뉴딜)
24	당초	애초
25	대폭	넓게, 많이, 크게
26	도모하다	꾀하다
27	도서	섬
28	독거노인	홀로 노인, 홀몸 노인
29	독려(하다)	장려(하다)
30	드론	무인기
31	등재(하다)	기록(하다), 기재(하다)

번호	순화대상어	순화어
32	마이데이터	개인맞춤형정보, 개인정보
33	만전을 기하다	내실있게 하다, 철저하게 하다, 최선을 다하다
34	명의	이름
35	모니터링	감시, 검토, 관찰, 점검, 조사
36	모바일	이동통신
37	무단으로	불법으로, 함부로, 허락없이
38	발주(하다)	주문(하다)
39	본	이
40	부지	대지
41	비전	이상, 전망
42	사이버	가상, 누리
43	산하	딸린, 딸림
44	상시	늘, 항상
45	선도(하다)	앞서다, 앞선, 우수
46	선제적	우선적
47	세대	가구
48	세미나	발표회, 토론회
49	소관	담당
50	소요(하다)	필요(하다)
51	수의계약	일방지명계약
52	스마트	지능형
53	스토킹	과잉접근행위
54	시연	시행
55	식재(하다)	나무를 심다, 나무심기
56	실증	시험, 실험, 적용, 적용검증
57	심도 있게	깊이 있게
58	애로(사항)	곤란, 어려운 점, 어려움
59	액션플랜	실행계획, 세부계획
60	엑스포	박람회
61	예찰	미리 살피기
62	완강기	하강기
63	운용(하다)	이용(하다), 활용(하다)

번호	순화대상어	순화어
64	워케이션	휴가지 원격근무
65	원스톱	일괄, 통합, 한자리
66	유관기관	관계기관
67	유사(하다)	비슷하다, 비슷한
68	유휴	노는, 쉬는
69	인프라	기반, 기반시설
70	일선	단위, 최일선
71	일제	모두, 종합
72	일환	의 하나로
73	자	사람
74	적극행정	적극행정(불합리한 규제 개선)
75	적기	제때
76	적정(하다)	알맞다, 알맞은
77	전년도	지난해
78	정주	거주
79	조기에	빠르게, 빠른
80	조속(하다)	빨리, 빠른
81	주재(하다)	주관(하다)
82	중대재해	큰 재해
83	직권으로	맡은 권한으로
84	착수(하다)	시작(하다)
85	채널	창구, 통로
86	철저를 기하다	철저하게 하다
87	체납(하다)	밀리다, 밀린
88	총력	온 힘
89	커뮤니티	공동체, 동아리
90	컨설팅	상담, 자문
91	크라우드	자원공유
92	타	다른
93	통보(하다)	안내(하다), 알리다, 알림
94	통지(하다)	알리다, 알림
95	펀드	기금, 자금

번호	순화대상어	순화어
96	포럼	공개토론회, 토론회
97	포털	마당
98	플랫폼	소통망
99	향후	앞으로
100	허위	거짓

▶ 2022년 1월 1일부터 12월 31일까지 문체부가 배포한 보도자료 총 1,097건을 대상으로 조사한 결과, 20회 이상 사용된 것으로 나타난 어휘 중 상위 100개를 선별한 목록이다.

▶ 사용 빈도가 낮은 용어 중에 이해하기 어려운 용어가 적지 않기 때문에 '우선 개선 행정용어' 목록을 선정할 때 빈도수와 함께 이해도를 고려할 필요가 있으며, '(가칭)국어바르게쓰기위원회' 등을 구성하여 최종 목록을 결정하도록 하는 방안을 권장한다.

공공기관 누리집 '우선 개선 행정용어' 목록

현재 중앙행정기관 누리집에서는 더 이상 '로그인'이라는 용어를 사용하지 않는다. 거의 모든 기관이 '들어가기' 또는 '접속하기'로 바꾸어 사용하고 있다. 이와 달리 지자체를 비롯해 일반 공공기관 등에서는 여전히 '로그인'이라는 용어를 그대로 사용하고 있을 뿐만 아니라 외래어·외국어 사용 빈도가 높다.

번호	순화대상어	순화어
1	3D	3차원, 입체
2	CCTV	감시카메라, 상황관찰기
3	CI	기관통합이미지, 기관상징
4	DB	데이터베이스, 자료뭉치(DB)
5	eBook	전자책
6	family	관련
7	FAQ	자주하는 질문
8	FAX	팩스
9	HOME	첫 화면
10	OPEN API	공개에이피아이(API), 프로그래밍 공개형인터페이스
11	Q&A	묻고 답하기
12	QR코드	정보무늬
13	RSS	새소식받기(RSS)
14	SMS	짧은 문자서비스(SMS)
15	SNS	누리소통망, 사회관계망
16	TEL	전화
17	군보	군 소식지
18	다운로드	내려받기
19	로그인	들어가기, 접속하기
20	로컬푸드	향토음식
21	링크	바로가기
22	매뉴얼	설명서, 지침
23	배너	띠광고, 막대광고
24	부속기관	딸린 기관
25	뷰어	문서보기프로그램
26	사이버투어	가상여행
27	사이트맵	누리집 모아보기, 누리집 안내지도
28	시티투어	○○나들이, ○○마실
29	유관기관	관계기관
30	이벤트	행사
31	이메일	전자우편

번호	순화대상어	순화어
32	인트라넷	내부전산망
33	인포존	정보마당
34	챗봇	대화형 상담프로그램
35	카드뉴스	꾸러미소식
36	콜센터	전화상담실
37	팝업존, 팝업창	알림마당, 알림창
38	포털	마당, 소통망
39	포토갤러리	사진자료실
40	홈페이지	누리집

▶ 이 목록은 모든 공공기관 누리집에 적용할 수 있다.

참고문헌

강현철 외(2015). 차별적·권위적 법령용어 및 전문분야에서 관행적으로 사용되는 법령용어의 정비를 위한 개선방안 연구. 한국법제연구원.
구본관 외(2012). 2012년 행정기관 공공언어 진단. 국립국어원.
구본관 외(2016). 2016년 중앙행정기관 공공언어 진단. 국립국어원.
구본관 외(2019). 2019년 어려운 공공용어 진단 기준 마련. 국립국어원.
국가인권위원회(2004). 국가인권위원회 결정례집 차별행위분야. 국가인권위원회.
국립국어원(2014). 2014년 중앙행정기관 공공언어 진단. 국립국어원.
국립국어원(2015ㄱ). 2015년 중앙행정기관 공공언어 진단. 국립국어원.
국립국어원(2015ㄴ). 문장 부호 해설. 국립국어원.
국립국어원(2016ㄱ). 2016년 중앙행정기관 공공언어 진단. 국립국어원.
국립국어원(2016ㄴ). 한눈에 알아보는 문화재 안내문 바로 쓰기. 국립국어원.
국립국어원(2017). 2017년 중앙행정기관 공공언어 진단. 국립국어원.
국립국어원(2018). '마스터 플랜' 말고 '종합 계획'을 세워요! −국립국어원, 필수 개선 행정용어 100개 정착에 노력. 보도자료(2018. 10. 8.). 국립국어원.
국립국어원(2019ㄱ). 2019년 중앙행정기관 공공언어 진단. 국립국어원
국립국어원(2019ㄴ). 꼭 가려 싸야 할 일본어 투 용어 50개. 국립국어원.
국립국어원(2019ㄷ). 알기 쉬운 행정용어. 국립국어원.
국립국어원(2020). 공공언어 감수 전문가 양성을 위한 지침서. 국립국어원.
국립국어원(2021). 유형별로 알아보는 보도자료 작성 길잡이. 국립국어원.
국립국어원(2022ㄱ). (개정판) 한눈에 알아보는 공공언어 바로 쓰기. 국립국어원.
국립국어원(2022ㄴ). 쉬운 공문서 쓰기 길잡이. 국립국어원.
국립국어원·여성정책연구원(2008). 성차별적 언어 표현 사례 조사 및 대안 마련을 위한 연구보고서. 국립국어원.
국립국어원·한국어문교열기자협회(2009). 이런 말에 그런 뜻이? 차별과 편견을 낳는 말들. 국립국어원.
김경애 외(2008). 성차별적 언어표현 사례 조사 및 대안 마련을 위한 연구. 국립국어원.
김미선 외(2017). 2017년 중앙행정기관 공공언어 진단. 국립국어원.
김미선 외(2018). 2018년 중앙행정기관 공공언어 진단. 국립국어원.
김미형(2023ㄱ). 차별어의 발견. 사람in.
김미형 외(2023ㄴ). 공공기관 공문서 언어 사용 평가를 위한 기초 연구. 국립국어원.
김선철(2022). 쉬운 공문서 쓰기 길잡이. 국립국어원.
김소영(2020). 한국어 성차별적 언어 표현의 대안 표현 성격 검토. 한중인문학포럼 발표논문집. 한중인문학포럼.

김은애(2015). 한국어 이중부정표현에 보이는 일본어의 영향. 한국외대.
김지혜(2016). 모욕적 표현과 사회적 차별의 구조. 한국연구재단.
김지혜(2022). 차별적 언어 표현 연구: 사회적 인식 변화에 따라 새롭게 인식된 차별 표현을 중심으로, 어문연구 112. 어문연구학회.
김형주 외(2015). 재난보도 방송언어의 오류 유형 및 개선 방향-세월호 사고를 중심으로. 한말연구 37. 한말연구학회.
김형주 외(2016). 시사토크 프로그램의 방송언어 청정성 평가-메르스 사태를 중심으로. 한민족어문학 72. 한민족어문학회.
김형주 외(2017). 재난보도 방송에 사용된 자극적 표현 연구. 한민족어문학 76. 한민족어문학회.
김형주(2019ㄱ). 문화재 안내문의 주석 사용 실태와 개선안. 공공언어학 1. 한국공공언어학회.
김형주(2019ㄴ). 공공언어 소통성 진단 기준의 문제점과 개선안. 공공언어학 2. 한국공공언어학회.
김형주(2021). 파이썬을 활용한 공공언어 빅데이터 진단 방법 연구. 공공언어학 6. 한국공공언어학회.
농림축산식품부(2016). 누구나 알기 쉬운 농업용어 109개. 농림축산식품부.
농촌진흥청(2016). 알기 쉬운 농업용어집. 농촌진흥청.
문화체육관광부(2020). 국어책임관 길잡이. 문화체육관광부.
문화체육관광부·국립국어원(2014). 쉬운 공공언어 쓰기 길잡이. 국립국어원.
문화체육관광부·한글문화연대(2020). 외국어 표현에 대한 일반 국민 인식조사. 문화체육관광부 보도자료. 2020. 3. 23.
민현식 외(2010). 공공언어 요건 정립 및 진단 기준 개발 연구. 국립국어원.
민현식 외(2011). 2011년 행정기관 공공언어 진단. 국립국어원.
박동근(2010). 공공언어의 차별적 표현에 차별 의식 연구. 입법정책 4(1). 한국입법정책학회.
박용찬(2005). 일본어 투 용어 순화 자료집. 국립국어원.
박재현 외(2009). 사회적 의사소통 연구 지역·민족·인종에 대한 차별적 언어 표현 개선 연구. 국립국어원
박정일(2004). 차별어의 언어학적 연구. 부산외대출판부.
박지순 외(2021). 공공기관 정책명 개선을 위한 실태 조사. 국립국어원.
법제처(2016). 알기 쉬운 법령만들기 백서. 법제처.
법제처(2018). 알기 쉬운 법령 정비기준(제8판). 법제처.
법제처(2020ㄱ). 알기 쉬운 법령 정비기준(제9판). 법제처.
법제처(2020ㄴ). 알기 쉬운 자치법규 정비기준. 법제처.
법제처(2021). 알기 쉬운 법령 정비기준(제10판). 법제처.
법제처(2022). 자치법규 입안 길라잡이. 법제처.
서은아(2021). 행정안전부 순화 대상어 선정의 문제점 고찰. 겨레어문학 67. 겨레어

문학회.
서은아(2022). 은행 보험 약관에 사용된 금융용어 사용 실태. 한말연구 63(31). 한말연구학회.
서은아(2023). 법제처 '알기 쉬운 법령 정비기준'의 일본식 한자어 구성 연구. 영주어문 55. 영주어문학회.
서은아(2024). 온라인 가나다 상담에 나타난 띄어쓰기 질문 유형 고찰. 영주어문 57. 영주어문학회.
성남시(2015). 권위적 행정용어 순화한다. 보도자료(2015. 8. 25.). 성남시.
안상수 외(2007). 성차별적 언어 표현 사례 조사 및 대안 마련을 위한 연구. 국립국어원.
윤운영(1997). 언어에서의 성차별적 표현. 여성연구 8. 부산여대.
이상신 외(2019). 2019년 중앙행정기관 공공언어 진단. 국립국어원.
이정복(2008). 대통령에 대한 언어적 특별 대우 대통령 전용말 또는 21세기 새 궁중말. 한민족어문학 52. 한민족어문학회.
이정복(2017). 한국어와 한국 사회의 혐오, 차별 표현. 새국어생활 27(3). 국립국어원.
이한섭 외(2012). 일본어 투 어휘 자료 구축. 국립국어원.
정한데로 외(2020ㄱ). 보도자료 유형별 표준안 개발. 국립국어원.
정한데로 외(2020ㄴ). 유형별로 알아보는 보도자료 작성 길잡이. 국립국어원.
조태린 외(2006). 사회적 의사소통 연구 차별적, 비객관적 언어 표현 개선을 위한 기초 연구. 국립국어원.
초록우산어린이재단(2020). 사회복지의 날 맞아 "복지현장 차별의 언어 되돌아봐". 사업소식(2020. 9. 15.). 초록우산어린이재단.
최윤철(2020). 이주법제에서의 차별적 표현. 「다문화주의: 현재와 미래」공동학술대회. 한성대 인문과학연구원 · 건국대 이주 · 사회통합연구소 · 이민정책연구원.
최홍열 외(2013). 2013년 행정기관 공공언어 진단 및 진단 자동화 도구 개발. 국립국어원.
최홍열 외(2014). 2014년 행정기관 공공언어 진단 및 진단 자동화 도구 정밀화. 국립국어원.
최홍열 외(2015). 2015년 중앙행정기관 공공언어 진단. 국립국어원.
특허심판원(2005). 심결문 용어 순화 편람. 특허청.
행정안전부(2020). 행정업무운영 편람. 행정안전부.